NEW COM.-PASS
ニューコンパスノート　地理

JN096405

● も く じ ●

Skill up ········ 地理の問題で用いられる図・グラフの読み取り方

1. 「気候」－3種類の表現

都市(標高)	位置	1月	2月	3月	4月	5月	6月	7月	8月	9月	10月	11月	12月	年
東京	35°41′N	5.4	6.1	9.4	14.3	18.8	21.9	25.7	26.9	23.3	18.0	12.5	7.7	15.8
(25.2m)	139°45′E	59.7	56.5	116.0	133.7	139.7	167.8	156.2	154.7	224.9	234.8	96.3	57.9	1598.2

表1

(気象庁資料による)

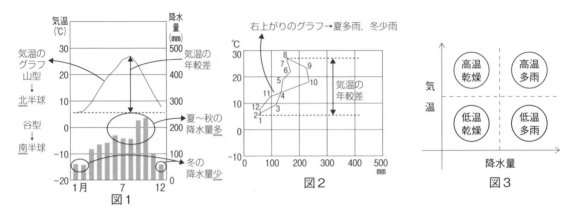

図1　図2　図3

「気候」に関しては表1の「**雨温表**」，図1の「**雨温図**」，図2の「**ハイサーグラフ**」の3種類の表現方法がある（すべて東京のデータ）が，どれも同一のデータを異なる形式で表しているにすぎない。表1は**最大値・最小値**を○で囲んでデータを読み取りやすくするとよい。図1は気温が**折れ線グラフ**，降水量が**棒グラフ**で示されていることに注意。気温のみ出題されたこともある（2013年・B本）。図2はそれぞれの点の位置で気候の特徴を大まかにつかむことが重要である（図3参照）。温帯の場合は**南半球**の判断もポイントである。標高が記載されている場合は**高山気候**にも注意する。

2. 三角図表（三角グラフ）－産業別人口構成など

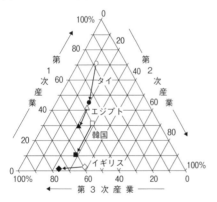

統計年次は，イギリスが1980年と2002年，エジプトが1980年と2000年，韓国が1982年と2000年，タイが1980年と2001年。
『世界国勢図会』により作成。

図4

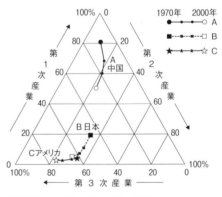

統計年次は，1970, 1980, 1990, 2000年。
『マクミラン新編世界歴史統計』などにより作成。

図5

図4は**産業別人口構成**を表した三角図表であり，20年間の変化を示す（2006年・B本）。大まかにいえば，**発展途上国ほど**グラフの**上に位置**し，先進国になるとグラフの**左下**に向かって下りてくる。ただし，世界的に**第3次産業**がさかんになり，点が全体的に**左下**に位置するようになっている。図5（2013年・B本）は，同様の内容であるが，中国・アメリカ・日本の30年間の推移を示した。

3. 相互の貿易量などを表現する図

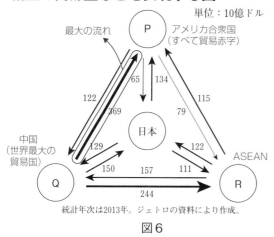

単位：10億ドル

最大の流れ

P　アメリカ合衆国（すべて貿易赤字）

65　134

122　　115

369　　79

日本

中国（世界最大の貿易国）

129　　122

Q　150　157　111　R　ASEAN

244

統計年次は2013年。ジェトロの資料により作成。

図6

　センター試験ではよく用いられた図であり、今後も出題が予想される。図6（2016年・B本）はASEAN（東南アジア諸国連合）、アメリカ合衆国、中国、日本の相互の貿易金額を示している。選択すべき国や地域の人口規模や貿易額、産業発展の度合いなどを考えて判断する。PはQ・R及び日本すべてにおいて貿易赤字であり、世界最大の貿易赤字国であるアメリカ合衆国である。一方、QはP・R及び日本に対して、すべて貿易黒字であり、世界最大の貿易国である中国であることがわかる。残りのRはASEANであり、現在の貿易額はEUを抜き、USMCAに迫る勢いである。

4. レーダーチャート

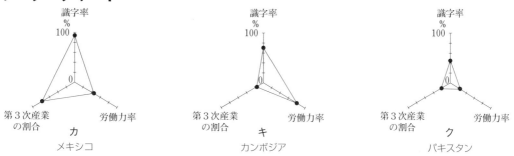

統計年次は、女性の識字率が2015年。女性労働人口に占める第3次産業の割合が2000年～2004年のいずれか、女性の労働力率が2013年。*World Development Indicators*などにより作成。

図7

　レーダーチャートは複数の項目の大きさを一見して比較することのできるグラフである。おもに、それらの項目を属性としてもつ国や地域の特性などを比較するために用いる。各項目の軸は、中心から正多角形状に配置される。クモの巣グラフともいう。図7はカンボジア、パキスタン、メキシコの女性の識字率、女性の労働力率、女性労働人口に占める第3次産業の割合の比較（2009年・B本改）であり、発展の度合や宗教などが解答のポイントである。具体的には、経済が発展するとカ（メキシコ）のように、識字率や第3次産業の割合の比率が大きくなる。一方、稲作がさかんなキ（カンボジア）では、女性の労働力率が高くなる。ク（パキスタン）はイスラーム（イスラム教）を信仰する国家であるため、相対的に女性の地位が低く、すべての項目が小さい。

5. 散布図

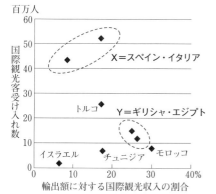

百万人

国際観光客受け入れ数

X＝スペイン・イタリア

トルコ

Y＝ギリシャ・エジプト

イスラエル　チュニジア　モロッコ

輸出額に対する国際観光収入の割合

統計年次は2009年。*World Development Indicators* により作成。

図8

　散布図は、縦軸と横軸の二つの指標に対応したデータを点で示した分布図であり、二つの指標の分布や相関関係が把握できる。正（右上がり）・負（右下がり）の相関や、相関がないこと（分布が不規則）がわかる。図8（2013年・B本）は縦軸が国際観光客受け入れ数、横軸が輸出額に対する国際観光収入の割合を表す。X群は、国際観光客は多いが、輸出額に占める割合は小さい国でスペイン・イタリアが該当する。一方、Y群は、X群ほど観光客は多くはないが（それでも1千万人以上である）輸出額に占める割合が大きい国で、ギリシャ・エジプトが該当する。Y群のギリシャ・エジプトはX群と比較すると経済規模が小さいため、観光収入の割合が相対的に大きくなる。

1 地理的視野の拡大

解答・解説 P.1

Step A ●ポイント整理● _____ に適する語句を入れ，まとめを完成させよう。

❶ 古代の世界観

(1) バビロニア人は，バビロンを中心とした円盤状の世界観をもち，[1]_____ 板に地図を描いた（現存する最古のもの）。

(2) ギリシャ時代に**球面的な世界観**が生まれた。[2]_____はエジプトで地球の円周を測定した。

(3) ローマ時代には[3]_____が**経緯線を用いた世界地図**を経度幅約180度の広がりで作製した（西端：カナリア諸島〜東端：中国長安）。

❷ 中世の世界観

(1) ヨーロッパ世界では，**キリスト教的世界観**が支配的で，球体説を否定し[4]_____マップが作られ，エルサレムを中心とした**平面的な地球観**になった。

(2) イスラーム世界では，ギリシャ・ローマ時代の学術が研究・継承され，イスラームの地理的知識を加味した世界地図がつくられた。

(3) その後，十字軍の遠征（11〜13世紀）によって，イスラームの学術はヨーロッパに伝えられ，またマルコ=ポーロ（13世紀）の『[5]_____』などでヨーロッパ人の地理的視野が拡大した。

❸ 近世以降の世界観

(1) 1492年に**マルティン=ベハイム**が[6]_____を作製した。

(2) 大航海時代には，**コロンブス**が西インド諸島に到達（「新大陸」の発見），**ヴァスコ=ダ=ガマ**が喜望峰回りでインドに到達，[7]_____一行が世界周航することで，**地球球体説が実証**された。

(3) この結果をふまえ，フランドル（現在のベルギーからフランス北部）の[8]_____は経緯線を直線で表した**正角図法**による世界地図を作製した（1569年）。

(4) 20世紀に入ると，アムンゼンの[9]_____点到達で地球の陸地のほとんどが認知された。

❹ 日本人の世界観

(1) 奈良時代に日本最古の日本全図といわれる[10]_____図が作られ，日本列島の輪郭や諸国の位置，五畿七道が示された。

(2) 江戸時代後期には[11]_____が実測によって「**大日本沿海輿地全図**」を作製した。

(3) 明治時代にはいると，**陸軍陸地測量部**が基本地図を作製した。しかし現在は，地形図を**国土交通省**[12]_____が，海図は国土交通省海上保安庁海洋情報部が作製している。

❺ 近年の地理情報と地図

(1) **全球測位衛星システム**（[13]_____）は，人工衛星から電波を受信し，自分の位置を知るシステム（アメリカ合衆国のGPSが有名）。

(2) **地理情報システム**（[14]_____）は，地理的情報をデジタル化し，コンピュータで加工・表示するシステム（行政や企業で活用）。

(3) 人工衛星などのセンサー技術で，土地利用や地下資源の有無を観測することができる。このような遠隔探査=[15]_____により，地球的規模でデータが収集され，幅広く活用されている。

NOTE ✐

Step B　●作業でチェック●

ワーク　Ⓐ～Ⓔの地図の名称とその説明文を記号で選べ。

名称　a　メルカトルの世界地図　b　TOマップ　c　プトレマイオスの世界地図
　　　d　伊能図　e　行基図　f　バビロニアの地図

説明　ア　周囲にオケアノス（大洋）を示し（O），Tは地中海を表す。
　　　イ　等角航法が可能で，海図として利用される。
　　　ウ　山城の国を中心として，五畿七道の道と国の位置が描かれている。
　　　エ　単円錐図法が用いられ，経度約180度・南緯20度までの範囲が表されている。
　　　オ　バビロンを中心に，ティグリス川，ユーフラテス川，ペルシア湾が描かれている。
　　　カ　江戸幕府の命を受け，日本全国の沿岸を実測して作製された。

	名称	説明
Ⓐ		
Ⓑ		
Ⓒ		
Ⓓ		
Ⓔ		

Ⓐ
Ⓑ
Ⓒ
Ⓓ
Ⓔ

Step C　●センター試験・共通テストにチャレンジ●

問1　GISは，地域の望ましい施設配置を検討する際に役立つ。次の図1は，ある地域における人口分布と現在の役所の支所，および追加で配置する支所の候補地点アとイを示したものである。また，図2は，最寄りの支所からの距離別人口割合であり，aとbは，アとイのいずれかに2か所目の支所が配置された後の状況を示したものである。さらに，後の文AとBは，アとイのいずれかに支所を配置するときの考え方を述べたものである。候補地点イに当てはまる距離別人口割合と考え方との組合せとして最も適当なものを，後の①～④のうちから一つ選べ。[22年・A共通テスト本]

現在の役所の支所

100人以上
50～100人
10～50人
1～10人未満
0　1km
国勢調査などにより作成。
図1

現在
a
b
0　20　40　60　80　100%
1km未満　1～2km　2～3km　3km以上
国勢調査などにより作成。
図2

考え方　A　公平性を重視し，移動にかかる負担の住民間の差をできるだけ減らす。
　　　　B　効率性を重視し，高い利便性を享受できる住民をできるだけ増やす。

	①	②	③	④
距離別人口割合	a	a	b	b
考え方	A	B	A	B

問1

問2　次のX～Zの文は，GIS（地理情報システム），GPS（全地球測位システム），リモートセンシング（遠隔探査）のいずれかの技術について，災害時における活用例を示したものである。技術の名称とX～Zとの正しい組合せを，右の①～⑥のうちから一つ選べ。[15年・A追]

X　救助が必要な被災者の現在位置を特定するために，人工衛星からの信号を利用して緯度・経度情報を取得した。
Y　広域にわたる被災状況を把握するために，人工衛星に搭載されたカメラで撮影した被災地の画像を取得した。
Z　災害復興計画を立てるために，数値地図や被災状況などのデータをコンピュータ上で分析して，その結果を地図上に表示した。

	①	②	③	④	⑤	⑥
GIS	X	X	Y	Y	Z	Z
GPS	Y	Z	X	Z	X	Y
リモートセンシング	Z	Y	Z	X	Y	X

問2

共通テスト

② さまざまな地図投影法

Step A ●ポイント整理● _____ に適する語句を入れ，まとめを完成させよう。

1 正積図法

(1) どの区画の面積も縮尺どおりになっている地図。ドットマップでは疎密の錯覚を防ぐために正積性が必要。¹_____ に多く利用される。

(2) ²_____図法は，緯線は等間隔の直線，経線は中央経線を除いて正弦曲線となる。**低緯度地方**で形のひずみが小さい。

(3) ³_____図法は，緯線は直線で高緯度ほど間隔は狭く，経線は楕円曲線となる。**中・高緯度地方**で形のひずみが小さい。

(4) ⁴_____図法は，低緯度地方が正確な²_____図法と中・高緯度地方が正確な³_____図法を⁵_____の緯線で接合させた図法。大陸のひずみが小さいので，普通は海上を通る経線で地図を断裂させる。そのため**陸上の分布図**に適すが，輸出入などを示す流線図には適さない。

2 正角図法

(1) 地表上での角関係が地図上にも同じにあらわれる図法。

(2) ⁶_____**図法**は代表的な図法で，経線は等間隔の平行線，緯線は高緯度ほど間隔が広い平行線として描かれる。緯線方向と経線方向の拡大率を同じにすることで正角性が生まれる。

(3) 経線と常に同じ角度に交わって進む⁷_____**（等角コース）**が⁶_____図法では⁸_____として示されるので**航海図**に使用された。

(4) ⁶_____図法では，高緯度ほど距離・面積が拡大される。緯度⁹_____度で赤道に対して緯線・経線の長さが**2倍**となり，面積は**4倍**となっている。¹⁰_____は表現できないため，北緯80度～南緯60度付近まで描かれ，両極はカットされる。

(5) ⁶_____図法では，距離も方位も正しくないが，**赤道上での東西方位と距離**，大円である**同一経線上**では南北方位と距離がわかる。

3 正距図法

(1) 「正距」とは，ある特定な場所で距離が正しいにすぎない。

(2) ¹¹_____**図法**では，**地図の中心から任意の点**までの距離が正しく，地図の中心と任意の点を結ぶ直線が¹²_____**（大圏コース）**を示す。地図の中心での方位も正しく表現されるため，おもに¹³_____に使われてきた。（¹²_____とは，地球の2地点間の最短経路のこと。）

(3) ¹¹_____図法は周辺部で形と面積のゆがみが大きい。世界全図を描いた場合の外周円は，地図の中心からの地球上の正反対（真裏）の地点である¹⁴_____を示している。したがって，地図の中心から外周円までの距離は地球半周にあたる約¹⁵_____万kmとなる。

(4) 北極を中心にした¹¹_____図法の地図を南緯60度で切って，そのまわりをオリーブの葉で囲ったデザインの旗が¹⁶_____である。

Step B　●作業でチェック●

ワーク 1　次の各図の投影法の名称を答えよ。

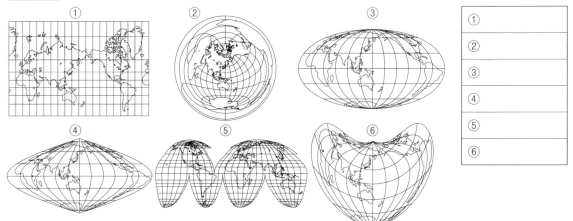

①	
②	
③	
④	
⑤	
⑥	

ワーク 2　図1中の東京からみたペキンの①方位と⑪およその距離をそれぞれの語群から選べ。

①方位	北北西	西北西
⑪距離（km）	2,000	5,000

①方位	⑪距離（km）

ワーク 3　図1中のア～エの地点のうち，2地点間の地球上での距離が最短となる組合せを，次の@～ⓓのうちから一つ選べ。

@　アとイ　　ⓑ　イとウ
ⓒ　ウとエ　　ⓓ　エとア

ワーク 4　図1中のA～Cで示した範囲の地球上の面積について，最も面積が広いものを一つ選べ。

図1

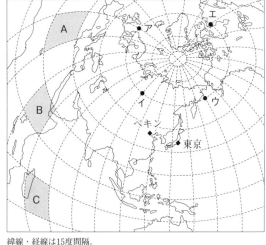

緯線・経線は15度間隔。
東京を中心とした正距方位図法による。
国境線は，設問にかかわる部分のみを記入した。
（注）　ワーク2～4は，[10年・A本改]。

Step C　●センター試験にチャレンジ●

問1　ホモロサイン図法について述べた次の文章中の下線部aとbの正誤の組合せとして正しいものを，下の①～④のうちから一つ選べ。[12年・A追]

　ホモロサイン図法は，aサンソン図法とモルワイデ図法を接合したものであり，海洋を断裂させて陸地の形のひずみを小さくしている。このような特徴から，ホモロサイン図法は，b地理的事象の分布を描くのに適している。

	①	②	③	④
a	正	正	誤	誤
b	正	誤	正	誤

問1

3 地球と時差

解答・解説 P.2

Step A ●ポイント整理● _____ に適する語句を入れ，まとめを完成させよう。

1 地表に関する基本事項

(1) 地球の半径は約¹_____km，地球の全周は約²_____万km。地球の全表面積は約³_____億km²。

(2) 北半球の陸と海の割合は4：6，南半球の陸と海の割合は2：8。地球全体では陸と海の割合は⁴_____。

(3) 陸地の平均高度は⁵_____mで，最高峰はエヴェレスト山で8,848m。 ^(8,850m)

(4) 大陸別の平均高度（高度はm）

大陸名	⁶	⁷	アフリカ	北アメリカ	南アメリカ	ヨーロッパ	⁸
高度	2,200	960	750	720	590	340	340

(5) 国土面積が広い国（面積は万km²）

国名	ロシア	カナダ	⁹	中国	ブラジル	¹⁰	インド
面積	1,710	999	983	960	851	769	329

2 経線・緯線と時差

(1) 経線は**子午線**ともいい，地球をたてに半分にしたときの円周。両極を通るので，最も長くなる。経線は時刻の基準でもある。

(2) ロンドン郊外の旧グリニッジ天文台を通る経線は¹¹_____とよばれ経度0度の基準。この線から東へ東経180度，西へ西経180度の経度180度線が¹²_____の基準。陸地をさけて部分的に経度180度線とずれる。

(3) 緯線は地軸に直角な一平面で地球を輪切りにしたときの円周。**赤道**が最も長く，**極に向かうほど緯線は短くなる**。緯度¹³_____度の緯線は**赤道の2分の1**の長さで，ほぼ¹⁴_____万kmとなる。

(4) 地球の自転の地軸は，公転の軌道面に対して約¹⁵_____傾斜している。このため，夏至や冬至に太陽がちょうど天頂になるのは約¹⁶_____の緯線上であり，この緯線を**回帰線**という。北半球と南半球の回帰線の間がほぼ熱帯の範囲。

(5) 赤道上，あるいは経線上での経度・緯度差1度は，距離にして約¹⁷_____kmである。赤道上や同一経線上にある2点間の距離は計算できる。

(6) 本初子午線を基準とした世界的な標準時を¹⁸_____（GMT）といい，世界中の時刻の基準となっている。日本では**東経135度**を¹⁹_____**子午線**と定め，日本の標準時としている。日本には標準時は1つしかないが，国土の広いアメリカ合衆国ではハワイとアラスカを含めると**6つの標準時**がある。

(7) 地球の自転は24時間で1回転（＝360度）するので，360÷24の計算で，経度差²⁰_____度でちょうど**1時間の時差**が生ずる。

(8) 世界の中で，時刻が一番進んでいるのは**日付変更線**の²¹_____。日本は世界の中では早い時刻となる国の1つである。まさに**日本は「日出ずる国」**。

(9) 時差は東へ行くほど進んだ時刻となり，西へ行くほど遅れた時刻となる。標準時が東経135度の日本が，4月1日の午前10時の時，標準時が0度のロンドンは135÷15＝9で，9時間遅れた4月1日の²²_____時となる。

(10) 日付変更線を越える時差の計算をするときは，時差の計算のほかに日付もかえる。**西から東へ越える**時には日付を²³_____に戻し，**東から西へ越える**時には日付を²⁴_____に進める。

(11) 季節による日照時間の差が大きい高緯度の国々では，昼が長い夏季を中心に時刻を1時間進める²⁵_____**制度**を導入している国々もある。

NOTE

Step B　●作業でチェック●

ワーク 1　右のメルカトル図法で描いた地図の中に赤道，北緯20度線，北緯40度線，北緯60度線，本初子午線，東経140度線，西経120度線，日付変更線を書き込め。

ワーク 2　東京が3月10日18時のとき，サンフランシスコは何月何日の何時になるか計算せよ。

月	日	時

Step C　●センター試験にチャレンジ●

問1　世界各地の時刻を求めるために図中の a のような時差の換算具を作製した。外側の円盤は対象となる地点の時刻を，内側の円盤は基準の地点からの時差を示しており，外側の円盤を回して使用する。東京を18時に出発し，サンフランシスコに9時間後に到着したときの時刻*を示したものが，図中のAとBのいずれかである。A・Bとサンフランシスコ到着日ア〜ウの組合せとして正しいものを，①〜⑥のうちから一つ選べ。[13年・A本]

*サマータイム制度は考慮しない。

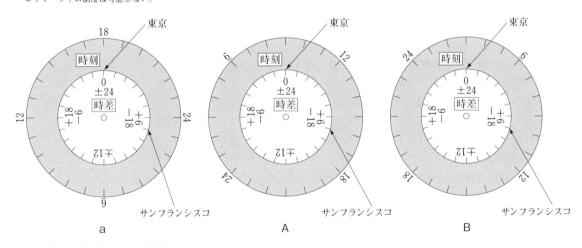

ア　東京を出発した日の前日
イ　東京を出発した日と同日
ウ　東京を出発した日の翌日

	①	②	③	④	⑤	⑥
換算具	A	A	A	B	B	B
サンフランシスコ到着日	ア	イ	ウ	ア	イ	ウ

問1	

4 地図の種類

解答・解説 P.2

Step A ●ポイント整理● _____ に適する語句を入れ，まとめを完成させよう。

1 地図の種類

(1) 土地の起伏や水系などの自然的要素や，交通路や集落などの人文的要素を まんべんなく表記している地図を¹_____図という。国土地理院で発行し ている**地形図・地勢図**が好例。

(2) 地質・土壌・気候など，ある特定の情報だけを表記している地図を²_____図という。旅行に使う道路地図・観光地図，天気図・海図・地質図など。

(3) 野外調査や航空写真などの調査で作製されたのが³_____図で，この地 図の資料やデータを利用して作製した地図は⁴_____図である。

(4) コンピュータや人工衛星の発達により地表の様子を知る⁵_____（**遠隔探査**）や，人工衛星の電波で現在位置を知る**全球測位衛星システム**（⁶_____）といった技術の利用が広まっている。⁶_____の 例としてはアメリカ合衆国の⁷_____が有名である。

(5) 人口や地形などの地理情報をコンピュータで処理し，地図に表現する**地理 情報システム**（⁸_____）が発達し，自然災害に備えた**ハザードマップ** や様々な経済活動をテーマにした²_____図の作製が容易になった。

2 いろいろな統計地図

(1) 一定数量を示す点（ドット）で分布密度の粗密を示す地図は⁹_____とよばれ，**人口分布，家畜頭数，穀物栽培量**を表現するのに適する。

(2) 等しい数値の地点を線で結んだ地図は¹⁰_____とよばれ，**等温線**や **等高線**など，連続的に分布・変化する事象を表現するのに適する。

(3) 物や人の流れの方向・量を矢印の方向・太さで表現した地図は¹¹_____ とよばれ，**石油・石炭の貿易，人口移動**などを表現するのに適する。

(4) 円・棒・立方体・球などの図形の大きさで，統計数字の大きさを表現した 地図は¹²_____とよばれ，国別に特定品目の産出量を示す地図が好例。

(5) 表現する地域の地図そのものを変形した地図は¹³_____（**変形 地図**）とよばれ，国別のGNI（GNP）の大・小の違いを，面積の大・小で 示した地図は好例。

(6) 地域を方形の網目に区切って統計数値を図化する地図は¹⁴_____ とよばれ，行政区域などの既存の区画にとらわれない地域比較が可能。

(7) 地域間の統計数値の違いを色の濃淡や模様の違いで表現した地図は¹⁵_____（**コロプレスマップ**）とよばれ，**行政区別の人口密度図**が好例。 階級区分図は作図の際，**統計数値の最大値と最小値**や**表現したい内容**に合わ せて数段階に区分を行い，各階級を表現する色彩を決める。区分や色彩の決 め方によって**図の印象が大きく変わる**ため作図の際は注意が必要である。読 図の際は，¹⁶_____に着目し，強調されて表現されている内容を読み取 ることが重要である。

(8) これらの統計地図は，ある事柄についての分布を描くことが多く，例えば 米の生産量など数量の絶対値を示したものは¹⁷_____図という。これ に対して人口1人当たりなどの相対値（割合）を示したものは¹⁸_____ 図という。

NOTE

Step B　●作業でチェック●　**ワーク 1**　①〜⑥の統計地図の種類
を答えよ。

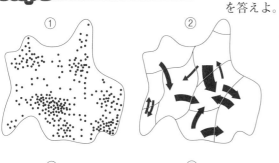

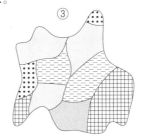

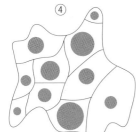

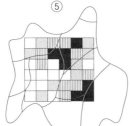

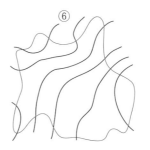

①	
②	
③	
④	
⑤	
⑥	

ワーク 2　次の図は，1877（明治10）年における綿花の生産額を地域別に示
した主題図である。図について説明した次の文中の空欄にあてはまる語句を
答えよ。[05年・B本改]

図は都道府県ごとの綿花の生産
額を，その金額に応じて　⑧
の大きさで表現している　⑥
表現図である。
また，綿花の生産額を金額とい
う絶対値で表現しているので
　⑥　分布図である。

⑧	
⑥	
⑥	

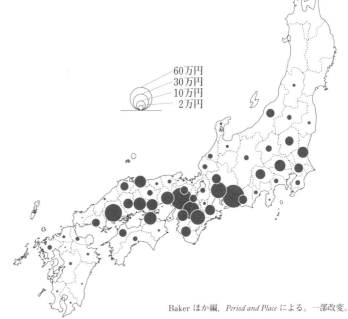

Baker ほか編，*Period and Place* による。一部改変。

Step C　●センター試験にチャレンジ●

問1　ある市街地に複数立地するコンビニエンスストアの特徴を分析する過程で，様々な
主題図を作成した。主題図の表現方法として**適当でないもの**を，次の①〜④のうちから一
つ選べ。[16年・A追]
① コンビニエンスストア各店舗の年間販売額を図形表現図で表現する。
② コンビニエンスストアの分布をドットマップで表現する。
③ 市街地内の地区別人口密度を階級区分図で表現する。
④ 販売されている商品の流通経路を等値線図で表現する。

問1

5 地形図の読図①

Step A ●ポイント整理● _____ に適する語句を入れ，まとめを完成させよう。

1 地形図の基本事項

(1) 日本の地形図は，国土交通省¹_____発行の2万5千分の1地形図が基本図となっている。2万5千分の1地形図は三角点・水準点を基準に，実際の測量や空中写真測量によってつくられた²_____図である。

(2) 三角点は³_____の基準点，水準点は⁴_____の基準点である。

(3) 1枚の5万分の1地形図は，2万5千分の1地形図の4面をもとに編さんされた⁵_____図である。

(4) 地形図の投影法は⁶_____**図法**である。

(5) 縮尺の大小は，⁷_____の大小がそのまま**縮尺の大小**となる。2万5千分の1地形図と5万分の1地形図では，2万5千分の1地形図の方が縮尺は大きい。

(6) 地形図では土地利用や学校，郵便局などの地物（河，橋，建物，境界など地上にあるすべての物の概念のこと）を地図記号で表している。平成14年図式以降，図書館，博物館，老人ホームなどが加わった。

🏛 ⁸_____	🏠 ⁹_____	⚓ ¹⁰_____	📖 ¹¹_____

(7) 国土地理院では地形図のデジタル化として電子国土基本図の整備が進められており，¹²_____や電子地形図25000などが提供されている。

2 等高線の読み方

(1) 等高線には，¹³_____・**主曲線**・第1次補助曲線・第2次補助曲線の4種類あり，その間隔は縮尺ごとに決まっている。

(2) 等高線はとぎれることなく必ず連結し，¹⁴_____となる。ただし，急傾斜で等高線では表現できない場所は「崖」や「岩」などの地図記号で表現される。補助曲線は必要に応じて書き入れるので，途中でとぎれたりする。

(3) 等高線の¹⁴_____**の内側が必ず**¹⁵_____。¹⁴_____の内側が低い場合には「おう地」の地図記号で表現される。

(4) 等高線の**間隔が狭いところは**¹⁶_____な場所。等高線の間隔が広いところは¹⁷_____な場所。

縮尺 ＼ 等高線の種類	計曲線	主曲線	補助曲線	
表し方	———	———	— — —	- - - - -
5万分の1	¹⁸_____m	20 m	10 m	5 m
2万5千分の1	50 m	¹⁹_____m	5 m, 2.5 m	（数値を表示）

地図記号	意味	地形の事例
(小) (大)	20	**カルスト地形**（石灰岩分布地域）の**ドリーネ**や**ウバーレ**，海岸砂丘の窪地，火山の火口など
(岩) (土)	21	岩がけは段丘崖・**海食崖**，土がけは段丘崖・土砂崩れ跡・人工的な造成地の崖など

NOTE ✏

Step B ●作業でチェック●

ワーク 1　次の①〜⑦の地図記号の名称を答えよ。

①	
②	
③	
④	

⑤	
⑥	
⑦	

ワーク 2　次の@〜⑤の地図記号の名称を答えよ。

@		ⓑ	
ⓒ		ⓓ	
ⓔ		ⓕ	

	切取部		ⓒ
	@		ⓓ
	分離帯		ⓔ
	ⓑ		送電線
	渡船		ⓕ

Step C ●センター試験にチャレンジ●

問1　次の図は2万5千分の1地形図である。図から読み取れることがらについて述べた①〜④のうち，適当なものを一つ選べ。［オリジナル］

① 地図記号から神社，郵便局，老人ホーム，警察署，高等学校などの施設が位置していることが分かる。
② 十南台には電子基準点が設置されている。
③ 図の西部を流れる河川は南部から北部へ流れている。
④ 図の東部には大小多くのおう地がみられ，その周囲は荒地や広葉樹林，針葉樹林が広がっている。

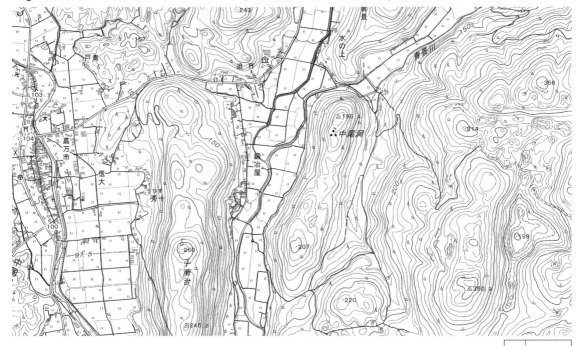

問1 [　]

6 地形図の読図②

解答・解説 P.3

Step A ●ポイント整理● _____ に適する語句を入れ，まとめを完成させよう。

1 尾根と谷の読みとり

(1) 尾根とは，山の峰が続いている場所で，周囲よりも高く見通しがきく。降った雨が流れていく方向を分けるので，¹_____となる。

(2) 尾根は地形図では，**等高線が高い方から低い方へ張り出している部分**。高い方か低い方かの区別は，**閉曲線の内側が必ず高い方**になる。

(3) 尾根を結んだ線を²_____とよぶ。地形図に²_____を書き込むと，山の頂上（ピーク）から，放射状に枝分かれする。この²_____を歩くと仮定すると，自分の左側も右側も自分のいる場所よりも低い。

(4) 谷とは，周囲よりも低く細長いおう地となっている場所で，降った雨が集まって河川の流路となる。地形図では，等高線が**高い方へくい込んでいる部分**。

(5) 谷を結んだ線を³_____とよぶ。地形図に³_____を書き込むと，低い方へ向かって次第に合流し，最後は一本の³_____となり河川の流路となる。

(6) **集水域**とは，谷（河川）の特定の地域において降った雨を集める範囲のことで，⁴_____ともいう。

2 距離・面積・傾斜の読みとり

(1) 距離の計算は，地図上の長さに，地形図の⁵_____をかけると，実際の距離が算出される。

(2) 地図上の１cmは，２万５千分の１地形図では⁶_____m，５万分の１地形図では⁷_____m。実際の距離１kmは，２万５千分の１地形図では⁸_____cm，５万分の１地形図では⁹_____cmで表される。

(3) 面積の計算は，実際の１km²が２万５千分の１地形図では４cm×４cm＝**16cm²**となる。例えば，２万５千分の１地形図上で，長さ３cmと８cmの辺からなる長方形の実際の面積を計算すると¹⁰_____km²となる。

3 新旧の地形図の比較

(1) 旧城下町として発達した都市では，旧地形図では寺町とよばれ，¹¹_____が集中する場所や歴史的な地名などがみられる。城郭周辺部には都市の中心である¹²_____が形成されていることが多い。新地形図では郊外に市街地迂回のため¹³_____が建設され，¹⁴_____化による住宅だけでなく，学校や警察などの行政機関も郊外に建設される傾向がみられる。

(2) 都市近郊では，台地（洪積台地）や丘陵地の尾根は削られ，谷は埋められ団地が造成。旧地形図では谷は¹⁵_____として利用され，集落は**塊村**で集落を結ぶ道路や用水路は**細く曲線的**。新地形図では道路や用水路は**直線的**。

(3) 海岸付近では，港湾や河川の整備が進み，**塩田や干潟**などが¹⁶_____や**埋立地**に変わっていく。旧地形図では砂堆地形（砂州や砂丘）が海岸に並行に存在し，その間の低地は¹⁷_____（潟湖）や**湿地**となっている。新地形図では¹⁷_____は干拓などにより水田化され，河川の河口付近では河岸や海岸に護岸工事が行われ，¹⁸_____の地図記号がみられるようになる。

(4) 河川沿いの原野では，旧地形図では**蛇行した河川**の名残である¹⁹_____湖や**後背湿地を示す湿地**，またかつて農村の主要作物であった²⁰_____の土地利用がみられる。新地形図では湿地は水田化され，河川沿いには堤防（盛土された道路として示される場合が多い）が築かれ，²⁰_____はみられなくなる。

NOTE

Step B　●作業でチェック●

① 地図中に主な「尾根線」を━━で，「谷線」を----で書き込め。

② ダムX・Y・Zの集水域を示せ。

③ ダムQに最大水深が40mになるように貯水した場合のダム湖の水面の範囲を示せ。

④ A・B・Cの各地点から，尾根すじをたどってP地点まで歩くとすると，どの地点からの場合が最も近いか。

⑤ この地形図の中で，読み取れる最も高い等高線と最も低い等高線の高度差はおよそ何mか。

④	⑤	m

ワーク　下の地形図は読図用に作成した等高線のみのものである。次の①～⑤の作業や問いに答えよ。[共通一次改]

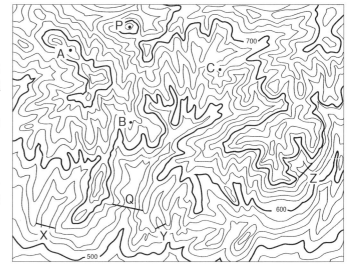

Step C　●センター試験にチャレンジ●

問1　右の図は，1954年と2006年の2万5千分の1地形図を示したものである。図から読み取れることがらについて述べた①～④のうち，適当でないものを一つ選べ。[12年・B追]

1954年

2006年

問1

① 湖岸に埋立地が造成され，文化施設や港が整備された。
② 市街地が拡大し，市役所が郊外に移転した。
③ 新高田（しんたかだ）や四ツ塚町（よつづかちょう）の周りに，新興住宅地ができた。
④ 宮司町（みやしちょう）の西側に，新しい河川が開削された。

7 地形図の読図③，地域調査

解答・解説 P.4

Step A ●ポイント整理● _____ に適する語句を入れ，まとめを完成させよう。

1 地形と土地利用・集落立地の関係

(1) 日本の河川上流の谷底平野には¹_____が発達することが多い。高位（高い）段丘面は高燥のため畑・果樹，低位（低い）段丘面は水田に利用。河川沿いの低地（氾濫原）は洪水の危険性が高いため，集落はあまり立地しない。

(2) 扇状地の**扇央**（せんおう）では，河川は**伏流**（ふくりゅう）することが多く，**乏水地**のため土地利用は畑，果樹園，森林などが多い。戦前には中部地方では²_____の土地利用が卓越。

(3) 扇状地の**扇端**（せんたん）では，³_____がみられ，古くから集落立地した。

(4) 台地（洪積台地）と沖積低地との境にある段丘崖下には³_____がみられたため，台地の周囲に集落が列状に立地し，村落形態は⁴_____となる。

(5) 台地（洪積台地）上は**乏水地**のため土地利用は畑，果樹園，森林となる。部分的に地下水位が高い⁵_____がある地域以外では集落立地は遅れた。

(6) 河川の中下流の沖積平野（氾濫原）では高燥で水害から比較的安全な⁶_____の上に集落が立地する。等高線からは判断できないことが多いので，河川沿いの細長い集落の形状や畑などの土地利用から判断する。

(7) 土地条件が悪い低湿地・沼沢地や水利に恵まれない台地（洪積台地）上には，江戸時代以降の開墾によって生まれた⁷_____集落がみられる。

(8) 海岸平野では，海岸線に沿って浜堤や砂丘が何列も発達し，これらの微高地に集落がみられる場合が多い。内陸ほどその形成された時期が⁸_____。

2 地域調査

(1) 地域調査は，事前の準備，現地での調査，事後の整理の３つの段階がある。

(2) 事前の準備では調査の課題を設定し調査地域を選定する。その地域に関する文献・統計資料・地図を集めその概要を把握する。これを⁹_____調査または¹⁰_____調査とよぶ。

(3) **市勢要覧**や郷土史誌，統計資料などによって調査地域の産業の特徴やその歴史を知ることができる。**地形図**や¹¹_____からは地域の自然や土地利用などの把握ができ，また新旧の資料を比較することで地域の歴史的な変化の様子がわかる。

(4) 地形図からは家屋一戸ごとの形状などの詳細についてはわからない。また現在の物流や人的な移動の状況を知ることはできない。

(5) ¹²_____は，家屋一戸ごとの住所と住民の氏名がわかるが，人口構成や統計的な事項については知ることができない。

(6) 現地での調査は**フィールドワーク**といい，¹³_____調査または¹⁴_____調査という。**聞き取り調査**や**観察調査**が主体で，現地資料を収集し，関係者の話を聞いて**フィールドノート**にメモをする。これら収集した資料をまとめて¹⁵_____資料といい，発表する論文や報告書などのための価値をもつ資料となる。

(7) ¹³_____調査・¹⁴_____調査においては，例えば農業についての調査の場合には**農業協同組合**，商業については**商工会議所**での聞き取りなどが有効である。

(8) 事後の整理としては，調査によって得られた統計資料やデータなどを整理して，地図やグラフを作成し，不足する調査項目については，¹⁶_____調査を行い，調査の課題についての報告書（レポート）などを作成する。

NOTE

(9)　調査した統計資料を地図化するために，<u>　　　　　　　　　　　</u>(GIS)
の利用が有効である。GISとは，**文字や数字，画像などを地図と関連付けて
コンピュータ上に表現する仕組み**である。例えば，防災対策の地図を作製す
る場合，防災施設の分布，壊れやすい家屋の分布，災害弱者の所在地など，
別々の情報を一枚の地図に簡単に重ね合わせて表現することができ，様々な
情報の関連性が一目でわかる。

Step B　●作業でチェック●

ワーク 1　右の地図は読図用に作成
したものである。次の①〜⑤の問い
に答えよ。[共通一次]

①　この地形図のaの部分の地形は
　　何か。

②　この地形図のaのような土地の
　　利用を考える場合，次から最も不
　　適当なものを一つ選べ。
　　[果樹園，集落，野菜畑，水田，
　　桑畑]

③　この地形図のbのような土地は，
　　一般にどのように利用されている
　　と考えられるか。次から一つ選べ。
　　[果樹園，集落，野菜畑，水田，
　　桑畑]

④　この地形図のc・d・eの組合
　　せからなる地形を何というか。

⑤　この地形図のa・b・c・d・
　　eの各地形面のうち，集落立地が
　　ほとんどみられないと思われるも
　　のを二つ選べ。

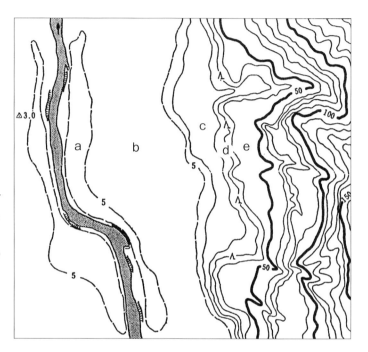

①	②	③
④	⑤ 　　・	

ワーク 2　次の表は，
最上地域の市町村ご
とに15歳未満人口割
合，人口密度，野菜
の産出額の値を示し
たものであり，ア〜
ウは，いずれかの指
標について作成した
地図である。アとイ
は色が濃いほど，ウ
は円の面積が大きい
ほど大きな値を示し
ている。表のⒶ〜Ⓒ
の指標を示している
のはア〜ウのどれか。

[10年・B本改]

		新庄市	金山町	舟形町	真室川町	最上町	大蔵村	鮭川村	戸沢村
Ⓐ	15歳未満人口割合（%）	13.0	12.0	10.3	10.0	11.3	11.9	10.4	9.5
Ⓑ	人口密度（人／km²）	169.3	37.9	49.3	22.9	28.6	17.0	37.9	19.4
Ⓒ	野菜の産出額（億円）	5.8	3.6	7.7	5.5	5.0	4.3	2.5	1.6

統計年次は2014〜15年。国勢調査などにより作成。

Ⓐ	Ⓑ	Ⓒ

Step.C ●センター試験・共通テストにチャレンジ●

問1　小鳴門海峡付近の景観変化に関心をもったタクミさんは，新旧の地形図を比較した。
次の図は，1948年と2005年の2万5千分の1地形図（原寸，一部改変）である。図から読
み取れる変化を述べた文として**適当でないもの**を，下の①〜④のうちから一つ選べ。[13
年・B本]

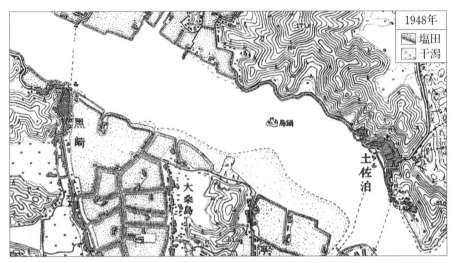

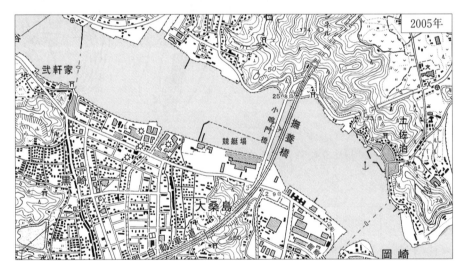

①　塩田跡地は市街地化が著しいが，水田の市街地化はすすんでいない。
②　海峡中に存在する島の上を通過するかたちで，橋が架けられた。
③　海峡南岸の干潟の一部は埋め立てられ，大規模な施設が立地した。
④　海峡を横断する渡し船は存続しているものの，航路の数が減少している。

問1 ⬚

問2　長野県飯田市の高校に通うリュウさんたちは，飯田市の地域調査を行った。この地域調査に関する次の問いに答えよ。［22年・B共通テスト追改］

(1)　リュウさんたちは，飯田市の自然環境を理解するために，飯田市を南北に流れる天竜川の流域全体に関する特徴を図書館やインターネットで調べ，次の図1〜3を入手した。これらの図をもとにしたリュウさんたちによる会話文中の下線部①〜④のうちから，**誤りを含むもの**を一つ選べ。

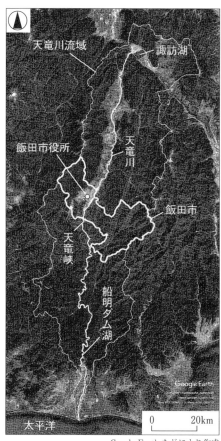

Google Earth などにより作成。

図1

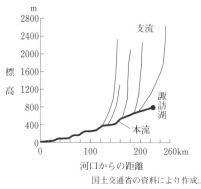

国土交通省の資料により作成。

図2

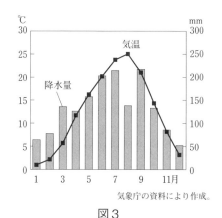

気象庁の資料により作成。

図3

リュウ　「天竜川流域を示した図1を見ると，天竜川は，諏訪湖を出た後に南下し，太平洋にそそいでいるよ。飯田市よりも上流の①天竜川の左岸と右岸の流域面積を比較すると，左岸の方が広くなっているね」

ウ　タ　「図1の天竜峡よりも上流では河川に沿って市街地や農地が広がっているけれど，②天竜峡から船明ダム湖にかけては，より山がちになっているね」

ミドリ　「天竜川の本流と支流の河床の標高と，河口からの距離との関係を示した図2を見ると，③天竜川に合流している支流の勾配は，天竜川の本流よりも緩やかなことがわかるね」

リュウ　「天竜川の流量はどうなっているのだろう。図3の飯田市の雨温図から，④天竜川の水量は冬よりも夏の方が多くなると考えられるね」

ウ　タ　「こうした河川の特徴を活かして，飯田市から河口部まで木材を運搬していたそうだよ」

ミドリ　「天竜川の流域全体から，飯田市の自然環境の特徴が理解できるね」

問2 (1)

(2)　リュウさんたちは，飯田市の市域が天竜川をまたいで広がっていることに興味をもち，飯田市の地表面の傾斜，人口，小学校と児童数に関する次の図4を作成した。図4から読み取れることがらについて述べた文として最も適当なものを，後の①〜④のうちから一つ選べ。

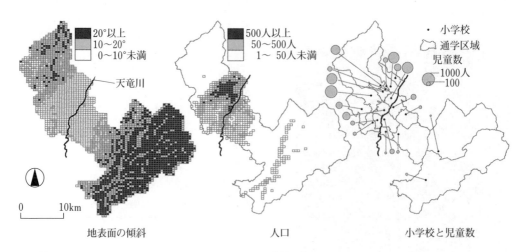

傾斜および人口は500mメッシュで示した。人口でメッシュのない範囲はデータなし。
統計年次は，人口が2015年，児童数が2019年。国土交通省の資料などにより作成。

図4

① 天竜川に沿った地表面の傾斜が小さい地域は，人口が少ない。
② 天竜川から離れた地表面の傾斜が大きい地域は，小学校の通学区域が広い。
③ 天竜川の東側の方が，西側に比べて児童数が多い。
④ 小学校は地形条件や人口にかかわらず，均等に分布している。

問2 (2)

(3)　リュウさんたちは，地理院地図の機能を活用して作成した次の図5を見ながら現地調
査を行い，地形の特徴を確認した。リュウさんたちが話し合った会話文中の下線部①〜
④のうちから，**誤りを含むもの**を一つ選べ。

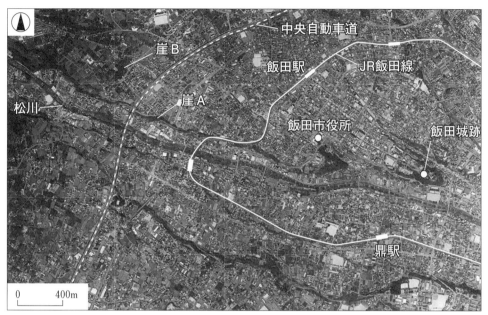

図5

リュウ　「市街地には，天竜川の支流である松川（まつかわ）が西から東に流れているよ。飯田駅や
　　　　飯田市役所は松川の北側にあるね。崖Aは松川の流れに沿っているけど，崖B
　　　　は松川の流れにほぼ直交するから，①崖Bは，松川による侵食でつくられたも
　　　　のではないと思うよ」

ウ　タ　「②飯田城跡は，段丘の末端付近に立地しているね」

ミドリ　「JR飯田線には大きく曲がっている箇所があるね。③駅がある場所の標高は，
　　　　鼎駅（かなえ）の方が飯田駅よりも高いね」

リュウ　「④中央自動車道は，松川がつくった氾濫原と段丘面を横切って建設されてい
　　　　るね」

問2 (3)

8 世界の大地形

解答・解説 P.4

Step A ●ポイント整理● _____ に適する語句を入れ，まとめを完成させよう。

1 プレート運動と大地形の形成

(1) 大陸や大山脈などの**大地形**の形成や**地殻変動**，火山活動は**プレート**の相対運動で生じる[1]_____**営力**が原因であるという考えを[2]_____という。プレートの境界には，2つのプレートが遠ざかる[3]_____境界，異なる方向に動く**ずれる境界**，押し合う[4]_____境界の3つがある。

(2) [3]_____境界ではプレートが生まれ互いに遠ざかる。海洋底の大山脈である[5]_____がその場所。東アフリカの[6]_____から紅海への大地の裂け目は新しく[3]_____境界。ここでは**火山活動が活発で地震も発生**。

(3) **ずれる境界**ではプレートが水平にずれ動き，**横ずれ断層**となっている。北アメリカのカリフォルニアの[7]_____断層が代表。

(4) [4]_____境界のうち**大陸プレート**同士がぶつかる境界では，アルプス山脈やヒマラヤ山脈などの**大褶曲山脈**がつくられるが，**火山活動は活発ではない**。**海洋プレート**が他のプレートの下に沈み込む境界では，日本列島のような[8]_____（島弧）が形成され，海底は急に深くなり[9]_____が発生。**火山活動は活発**で火山列や富士山と同じような成層火山が多く分布する。

2 造山帯（新期造山帯と古期造山帯）

(1) プレート運動によって**地殻変動**が起こる地域を[10]_____とよび，高い山脈が形成される地域が**造山帯**である。造山帯で中生代以降から現在まで地殻変動が続いている地域は[11]_____**造山帯**とよばれ，地震や火山活動が活発。

(2) [11]_____造山帯には，**アルプス＝ヒマラヤ造山帯**と[12]_____**造山帯**の2系統がある。**マグマ**の作用により**銅**，**銀**，**すず**などの**非鉄金属**や褶曲作用によりできた地層中には[13]_____などの資源に恵まれる。

(3) 2億年以上前に地殻変動を終え，侵食を受けて低くなだらかになった造山帯は[14]_____**造山帯**とよばれる。ユーラシアの[15]_____**山脈**や北アメリカの[16]_____**山脈**のほか，スカンディナヴィア，グレートディヴァイディングの各山地とヨーロッパのアルプス以北の各山地が該当する。

(4) [14]_____造山帯では，大森林が広がっていた古生代後期に**褶曲**運動が起こったため[17]_____が豊富で，ヨーロッパでは産業革命の原動力の1つとなった。

(5) **テンシャン（天山）山脈**，**アルタイ山脈**は[14]_____造山帯だが，インドプレートがユーラシアプレートへ衝突したことで，再び隆起し急峻な山地となった。

3 安定陸塊

(1) 先カンブリア代に地殻変動を受けた後，数億年にわたる侵食で平原や高原となる地域。安定陸塊は，古生代以降の水平な地層からなる台地や高原の[18]_____と，先カンブリア代の古い地層が露出している[19]_____からなる。

(2) 安定陸塊はプレートの境界から離れているため，**地震や火山活動がほとんど起こらない地域**である。しかし東アフリカの大地溝帯から紅海にかけての地域は，大陸プレートを押し広げているため地震や火山活動がみられる。

(3) 安定陸塊のゆっくりした昇降運動を[20]_____運動という。**鉄**が大量に海底に沈殿した時代から大きな地殻変動がないので，[21]_____が豊富に分布。

NOTE ✎

ピルバラ地区に大規模な鉄山がある[22]＿＿＿＿＿＿＿＿＿，イタビラ鉄山の

ある[23]＿＿＿＿＿＿，シングブーム鉄山のある[24]＿＿＿＿＿，中国，アメリ

カ合衆国，カナダなど主要生産国・輸出国の多くが安定陸塊にある。

Step B　●作業でチェック●

ワーク　右の図は，世界の大地形の分布
を示したものである。次の①～④の問い
に答えよ。[05年・B本改]

① 図のⒶ～Ⓓに該当する名称を語群か
ら選べ。

安定陸塊	海嶺
古期造山帯	新期造山帯

①	Ⓐ	
	Ⓑ	
	Ⓒ	
	Ⓓ	

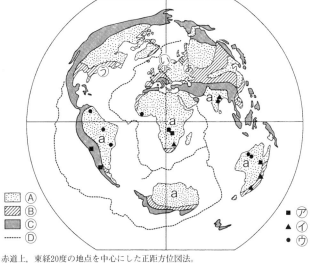

赤道上，東経20度の地点を中心にした正距方位図法。
貝塚爽平ほか編『日本の平野と海岸』などにより作成。

② 図のaで示された地域は，かつて1つの大陸を構成してい
た。その大陸名を答えよ。

② ＿＿＿＿＿＿＿＿＿＿＿＿

③ 図のⒶ～Ⓒに該当する資源名を語群から選べ。

石炭	鉄鉱石	銅鉱

③	㋐		㋑		㋒

④ 図のあ～うに該当する造山帯を語群から選べ。

ウラル造山帯	アパラチア造山帯	カレドニア造山帯

④	あ	
	い	
	う	

Step C　●センター試験にチャレンジ●

問1　図中の太線は，主なプレート境界の位置を表している。
図中のA～Dの地域・海域を説明した文として**適当でないも
の**を，次の①～④のうちから一つ選べ。[12年・B本]

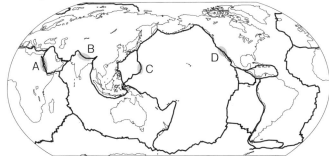

United States Geological Surveyの資料などにより作成。

① A海域は，広がるプレート境界にあり，
アフリカ東部の地溝帯の一部が沈水したも
のである。

② B地域は，せばまるプレート境界にあり，
プレートどうしが衝突し，大山脈が形成さ
れている。

③ C海域は，広がるプレート境界にあり，
地球内部からマグマが上昇して，海嶺が形
成されている。

④ D地域は，ずれるプレート境界にあり，
両プレートが水平方向にずれる断層が形成
されている。

問1 ▢

問2　世界の大地形について説明した文として最も適当なものを，次の①～④のうちから一つ選べ。[14年・B追]

① アフリカ大陸東部の大地溝帯は，海洋プレートが大陸プレートの下に沈み込むことによって形成されたものである。

② アンデス山脈は，古生代から現在まで活発な造山運動を受けているため，高く険しい山脈となっている。

③ カナダ楯状地は，長期間にわたる侵食を受けており，起伏の小さい地形となっている。

④ 東ヨーロッパ平原は，卓状地からなっており，地震や火山噴火が頻繁に生じている。

問2 ▢

9 山地地形

解答・解説 P.5

◉カルデラの
なりたち

Step A ●ポイント整理● _____ に適する語句を入れ，まとめを完成させよう。

❶ 地殻変動（褶曲山地・断層山地）

(1) プレート境界のうち¹_____境界では，地殻や堆積物が横からの力によって圧縮され地層が押し曲げられる²_____構造をもつ大山脈が形成。

(2) 大陸プレート同士が衝突している¹_____境界には大規模な**褶曲山地**が形成される。インド・オーストラリアプレートがユーラシアプレートと衝突することで³_____山脈とその北に広がる⁴_____高原が形成されているが，大陸プレート同士の衝突のため⁵_____**活動はみられない。**

(3) 地殻変動で，ある面を境に地層がくい違う現象を⁶_____という。過去数十万年間に繰り返し活動している⁶_____を⁷_____といい，日本の内陸に多数存在が確認。⁷_____の活動で地震が発生する場合に，地震の規模は小さくても，直下型の場合にはその被害は⁸_____なる傾向がある。

(4) プレートの境界のうち⁹_____境界では，大地が引き裂かれて大規模な⁶_____や断層崖に区切られた¹⁰_____が発達。⁹_____境界が地表面に現れている東アフリカには**大地溝帯**が発達し，地溝湖もみられ，地震や火山活動も活発。また¹¹_____では大地の裂け目を**ギャオ**とよび火山活動が活発。

(5) 断層山地

名　称	特　徴	例
12 _____	両側を2本の断層に挟まれた山地	テンシャン（天山）山脈，木曽山脈など
13 _____	片側が断層で急崖，一方が緩傾斜の山地	シエラネヴァダ山脈など

❷ 火　山

(1) 火山が分布する地域は**プレートの境界**。狭まる境界と広がる境界のほか，プレートの特定の箇所に火山が発達する¹⁴_____とよばれる場所がある。

(2) 狭まる境界のうち海洋プレートが沈み込むところでは，ある程度の深さでプレートの一部が¹⁵_____となり，上昇後に地表面に噴出すると溶岩とよばれ火山を形成する。その溶岩は一般に**粘性が強く，爆発的な噴火が多い。**溶岩噴出と火山灰降下を繰り返して富士山のような¹⁶_____や**溶岩円頂丘**，爆発によって山体を吹き飛ばした¹⁷_____などを形成する。

(3) 広がる境界では，マントルからマグマが供給され大規模な火山活動により大山脈が形成。そのほとんどが海底の¹⁸_____であり，陸上に現れているのはアイスランドと東アフリカの大地溝帯から紅海にかけての地域である。

(4) ¹⁴_____としては，太平洋プレート上の¹⁹_____諸島がある。インド半島はかつて移動してきた時に，¹⁴_____から溶岩噴出があったためデカン高原には溶岩台地が広がるが，現在では火山は分布していない。

(5) 広がる境界や¹⁴_____の溶岩は一般に**粘性が弱く，流動性に富み，穏やかな噴火が多い。**そのためアイスランドやハワイ諸島の火山の形状は，緩やかな傾斜をもつ²⁰_____**火山や溶岩台地**となる。

(6) 火山の起こす災害には，噴火による直接的な被害のほか，火山灰の放出で起きる**異常気象**や，ガスや火山灰が斜面を速い速度で流れ下る²¹_____，火山体の崩壊にともなう土石流，泥流などがある。

NOTE

(7)　火山のもたらす恵みとしては，温泉や地熱発電の利用や観光地などを提供するだけでなく，火山灰や溶岩は**豊かな土壌**をもたらす。デカン高原の²²＿＿＿＿＿や，ブラジル高原の²³＿＿＿＿＿が代表。

Step B　●作業でチェック●　　**ワーク1**　さまざまな火山の形についてまとめた次の表の①〜⑥に該当する語句を語群から選べ。

火山の形状	ドーム状	円すい状	傾斜が緩やか
名称	火山岩尖・鐘状火山 （がんせん）	① ＿＿＿＿	② ＿＿＿＿
特徴	周りの岩石を吹き飛ばしながら土地を押し上げ，マグマ（溶岩）が現れる。	大きな爆発を伴い，噴出物の降下と溶岩の流出を繰り返す。	マグマに粘り気がなく流れやすいため，傾斜の緩やかな山となる。
図			
おもな火山岩	流紋岩	③ ＿＿＿＿	④ ＿＿＿＿
マグマの粘性	⑤ ＿＿＿＿	⟵ ⟶	⑥ ＿＿＿＿

楯状火山	成層火山
安山岩	玄武岩
小さい	大きい

ワーク2　右の図の a 〜 p のうち，火山がほとんど分布していない地域を 6 つ選べ。

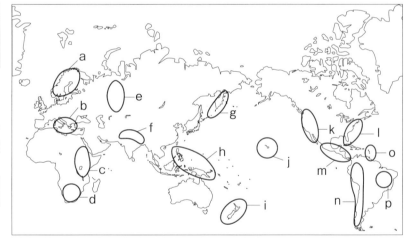

Step C　●センター試験にチャレンジ●

問1　アフリカ，オーストラリア，南アメリカの各大陸とニュージーランドの地形・地質，および地震・火山活動について述べた文として最も適当なものを，次の①〜④のうちから一つ選べ。[04年・B本]

① アフリカ大陸は，主に安定陸塊から成るが，南部に新期造山帯の山脈が位置し，そこでは地震・火山活動が活発である。

② オーストラリア大陸は，中部から西部は主に安定陸塊から成るが，東海岸沿いに新期造山帯の山脈が連なり，そこでは地震・火山活動が活発である。

③ 南アメリカ大陸は，中部から東部は主に安定陸塊から成るが，西海岸沿いに新期造山帯の山脈が連なり，そこでは地震・火山活動が活発である。

④ ニュージーランド北島は，主に安定陸塊から成るが，ニュージーランド南島は新期造山帯に位置し，そこでは地震・火山活動が活発である。

問1 ☐

10 平野地形 解答・解説 P.5

◉河岸段丘が できるまで ◉河岸段丘の ドローン空撮 ◉扇状地がで きるまで ◉氾濫原がで きるまで ◉三角州がで きるまで

◉台地のなり たち

Step A ●ポイント整理● _____ に適する語句を入れ，まとめを完成させよう。

1 侵食平野

(1) 内的営力により形成された地形は，¹_____ によってくずれ，河川・氷河などにより侵食され，土砂として運搬されて低いところに堆積される。このような作用を引き起こす力を²_____ **営力**という。

(2) 内的営力により隆起した原地形が，河川などによる侵食や風化で削られ，やがて平坦な³_____ になっていく一連の変化を⁴_____ という。

(3) 長い年月の間，造山運動がなかった**安定陸塊**には大規模な侵食平野がみられる。侵食によって先カンブリア時代の岩石が露出した平原を⁵_____ という。先カンブリア時代の岩石を古生代以降の水平な地層が覆い，その表面がさらに侵食された平原は⁶_____ という。

(4) ⁵_____ の例としてはバルト楯状地，カナダ楯状地などが好例で，所々に，かたい岩石が侵食からとり残された⁷_____ がそびえている。

(5) ⁶_____ には地表面の起伏が少ない⁸_____ 平野がみられ，ここでは周囲が急崖となるテーブル状の⁹_____ や塔状のビュートがみられる。地層が少し傾いていると，やわらかい地層部分は早く侵食されて非対称の¹⁰_____ 地形を形成。パリ盆地周辺，ロンドン盆地，メキシコ湾岸，五大湖周辺に分布。

2 堆積平野

(1) 河川，波，氷河などによって土砂の侵食，¹¹_____，堆積の作用が生じる。土砂が堆積してできた平野が**堆積平野**で，河川の堆積作用でつくられた¹²_____ 平野と海底の堆積面が陸化してできた¹³_____ 平野とに分けられる。

(2) 山地に降った雨は河川となり，傾斜が急な山地では大地を下方に削り（下方侵食・下刻），¹⁴_____ が形成される。その後河川が谷の両側を削り（側方侵食・側刻）谷底を広げると¹⁵_____ 平野が形成される。土地の隆起や海面低下などにより河川の侵食力が復活すると¹⁶_____ が形成される。

(3) ¹²_____ 平野は上流から**扇状地，氾濫原，三角州**の各地形に区分できる。現在でも洪水の災害を受けやすい。河川の中・下流では**軟弱な地盤**であるため，地下水の汲み上げによる¹⁷_____ や地震の際の¹⁸_____ **化**，また三角州では台風の際の**高潮**の危険性などが指摘されている。

(4) 扇状地の**扇央**(せんおう)では特に砂礫が厚く堆積しているので河川の水は**伏流**(ふくりゅう)し，普段は¹⁹_____ となっていることが多く集落立地は遅れた。伏流した地下水は**扇端**(せんたん)で湧出するため，集落立地がみられるのは**扇頂**(せんちょう)と**扇端**。洪水対策で堤防を高くすると河床(かわどこ)が上昇して²⁰_____ となる事例が扇状地ではみられる。

(5) 氾濫原では河川は**蛇行**し，旧流路跡の²¹_____ **湖**もみられる。河道近くには洪水時に運ばれた砂礫が堆積した²²_____ の微高地がみられ，集落や果樹園，畑などに利用。その背後には粘土質の土砂が堆積した²³_____ **湿地**がみられ，多くは**水田**に利用されるが，未だに沼沢地のところもある。

(6) 三角州では河川は**分流**し，粘土質の土砂が堆積し低湿である。肥沃であるために農地として利用が進んだ。三角州の形状として，ミシシッピ川は²⁴_____ **状**，ナイル川は²⁵_____ **状**，テヴェレ川は²⁶_____ **状**の好例。

(7) 堆積平野には**台地**と**低地**が分布することがある。台地は古い時代の扇状地や三角州が隆起して形成。台地は一般に地下水面は²⁷_____，水利に恵まれないため畑や果樹園，雑木林などに利用され集落立地は遅れた。しかし水利技術の進歩で水田化が進み，大都市近郊ではゴルフ場やニュータウン開発も進んだ。

NOTE

Step B ●作業でチェック● **ワーク 1** 次の図の侵食平野の①〜⑤の地形名を答えよ。

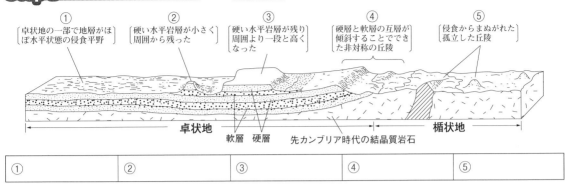

① [卓状地の一部で地層がほぼ水平状態の侵食平野]
② [硬い水平岩層が小さく周囲から残った]
③ [硬い水平岩層が残り周囲より一段と高くなった]
④ [硬層と軟層の互層が傾斜することでできた非対称の丘陵]
⑤ [侵食からまぬがれた孤立した丘陵]

卓状地　軟層　硬層　先カンブリア時代の結晶質岩石　楯状地

①	②	③	④	⑤

ワーク 2 次の各図の②〜⑥の名称を答えよ。

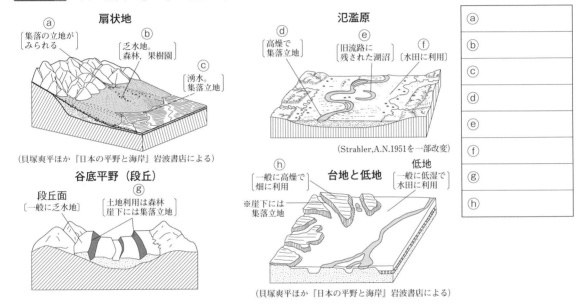

扇状地
③ [集落の立地がみられる]
⑤ [乏水地。森林，果樹園]
ⓒ [湧水。集落立地]
(貝塚爽平ほか『日本の平野と海岸』岩波書店による)

氾濫原
④ [高燥で集落立地]
ⓔ [旧流路に残された湖沼]
ⓕ [水田に利用]
(Strahler,A.N.1951を一部改変)

谷底平野（段丘）
段丘面 [一般に乏水地]
⑧ [土地利用は森林。崖下には集落立地]

台地と低地
ⓗ [一般に高燥で畑に利用]
※崖下には集落立地
低地 [一般に低湿で水田に利用]
(貝塚爽平ほか『日本の平野と海岸』岩波書店による)

②	
⑤	
ⓒ	
④	
ⓔ	
ⓕ	
⑧	
ⓗ	

Step C ●共通テストにチャレンジ●

問1 人々の生活の場は，自然の特性を生かして形成されていることがある。次の図は，日本の河川の上流から下流にかけての地形を模式的に示したものであり，下のア〜ウの文は，図中の地点A〜Cにおける典型的な地形と土地利用の特徴について述べたものである。A〜Cとア〜ウとの正しい組合せを，下の①〜⑥のうちから一つ選べ。[18年・プレテスト]

ア 河川近くの砂などが堆積した微高地は古くからの集落や畑などに，河川から離れた砂や泥の堆積した水はけの悪い土地は水田などに利用されてきた。

イ 砂や礫(れき)が堆積して形成された土地で，地下にしみこんだ伏流水が湧き出しやすく，水が得やすいため集落が形成されてきた。

ウ 3地点の中では形成年代が古く，平坦な地形で，水が得にくいため開発が遅れる傾向があり，用水路の整備にともない水田や集落の開発が進んだ。

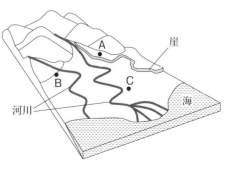

崖　A　C　海　B　河川

	①	②	③	④	⑤	⑥
A	ア	ア	イ	イ	ウ	ウ
B	イ	ウ	ア	ウ	ア	イ
C	ウ	イ	ウ	ア	イ	ア

問1

11 海岸地形

解答・解説 P.6

Step A ●ポイント整理● _____ に適する語句を入れ，まとめを完成させよう。

❶ 沈水海岸

(1) **土地の沈降**または**海面の上昇**によってできる海岸。尾根は岬となり，谷は海水が進入し，**おぼれ谷**となる。一般に**海岸線は**[1]_____になる。

(2) 起伏の多い**壮年期の山地**が沈水した海岸地形を[2]_____という。V字谷はおぼれ谷となり，漁港などが発達するが後背地が狭いため，大きな都市は発達しない。地震の際の**津波被害**が大きい場合もある。例：スペイン北西岸，三陸海岸，韓国南部

(3) **氷河地形のU字谷**が沈水した海岸地形を[3]_____という。沈水したU字谷の深度は深く，その奥行きは深い。比高の大きな崖が発達するため，大きな都市の発達はみられない。高緯度でかつて氷河が発達した地域にみられる。例：ノルウェー，アラスカ，カナダ西岸，チリ南部，ニュージーランド南島

(4) 土砂の流入の少ない**堆積作用が弱い河川**の河口付近が沈水して，ラッパ状に湾入した海岸を[4]_____（三角江）という。堆積作用の小さい**安定陸塊**の河川にみられる。後背地に恵まれるため**大きな都市が発達する**。例：ラプラタ川，テムズ川，ロアール川，セーヌ川，ガロンヌ川，エルベ川

❷ 離水海岸

(1) **土地の隆起**または**海面の下降**によってできる海岸。浅海の海底面が離水（干上がる）して地上に現れる。一般に**海岸線は**[5]_____（直線的）になる。

(2) 浅海の**堆積面**が離水してできた平野を[6]_____という。**砂浜海岸**となり海岸砂丘などが発達。港湾には恵まれないため，鹿島港，苫小牧港などの人工の[7]_____の開削が必要。例：アメリカの大西洋海岸平野，千葉県の九十九里浜

(3) 浅海の**侵食面の海食台**が，離水してできた段丘を[8]_____という。例：佐渡の西海岸，高知県の室戸岬

❸ 海岸にみられるさまざまな地形

(1) 山地や台地が海に面している地域では海食（波食）作用で[9]_____とよばれる急崖が形成される。侵食された砂礫は**沿岸流**によって浜に堆積する。

(2) 沿岸流によって運ばれた砂礫が海岸から**細長く突き出したもの**を[10]_____という。例：アメリカ東岸のコッド岬，北海道の野付崎，静岡県の三保松原

(3) 湾に沿って発達した[10]_____が伸びて，**湾口を閉じる**ようになったものを[11]_____という。[11]_____によって閉じられた海域を[12]_____（潟湖）という。例：鳥取県の弓ヶ浜（夜見ヶ浜）と中海，京都府の天橋立と阿蘇海。

(4) 離れていた島が[11]_____でつながった場合，この[11]_____のことを[13]_____（陸繋砂州）といい，連結された島は[14]_____という。例：博多湾の志賀島，紀伊半島の潮岬，北海道の函館山，湘南の江の島

(5) 海岸に堆積した砂礫が[15]_____により運ばれ堆積したものを[16]_____といい，日本では冬の[17]_____**季節風が卓越**するため日本海沿岸の各地によく発達する。太平洋側では鹿島灘や遠州灘の海岸にもみられる。

(6) 内湾の河口付近では引き潮時に陸化する[18]_____が広がり豊かな生態系が広がるほか，農地の拡大のために[19]_____が行われてきた。

(7) ダムの建設などに伴い砂の流入が減少し海岸侵食の進行や生活廃水が流れ込み，[12]_____の[20]_____化などの環境問題が起きている事例がある。

NOTE

Step B　●作業でチェック●

ワーク 1　次の図の①〜⑧の地形名を答えよ。

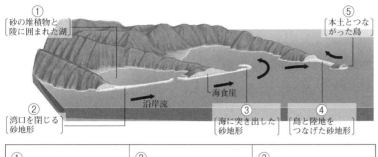
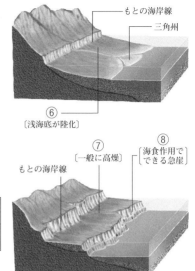

①〔砂の堆積物と陵に囲まれた湖〕

②〔湾口を閉じる砂地形〕

←沿岸流

←海食崖

③〔海に突き出した砂地形〕

④〔島と陸地をつなげた砂地形〕

⑤〔本土とつながった島〕

もとの海岸線／三角州

⑥〔浅海底が陸化〕

もとの海岸線

⑦〔一般に高燥〕

⑧〔海食作用でできる急崖〕

①		②		③
④		⑤		⑥
⑦		⑧		

ワーク 2　右の地図は，世界の特徴ある海岸地形の分布地域を示している。a〜mの地域を海岸の種類別にグループ分けせよ。

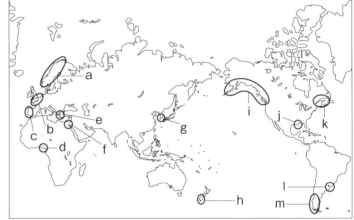

海岸の種類	該当する地域

Step C　●センター試験にチャレンジ●

問1　次の図2中のア〜ウは，図1中のA，スペイン北西部，フランス北部のいずれかの地域の海岸線を同じ縮尺で示したものである。また，下の図3のカとキは，その湾の海面下の横断面形を模式的に表している。A地域に該当する海岸線と湾の模式的な横断面形の組合せとして正しいものを，次の①〜⑥のうちから一つ選べ。〔02年・B本改〕

	①	②	③	④	⑤	⑥
海岸線	ア	ア	イ	イ	ウ	ウ
横断面形	カ	キ	カ	キ	カ	キ

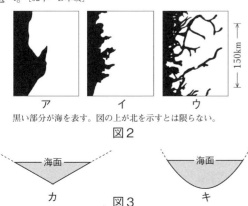

黒い部分が海を表す。図の上が北を示すとは限らない。

図2

←海面→

カ

←海面→

キ

図3

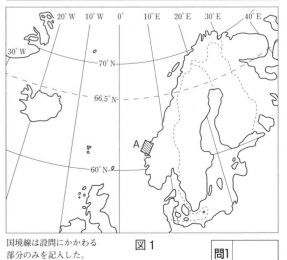

国境線は設問にかかわる部分のみを記入した。

図1

問1

12 その他の地形

解答・解説 P.6

◀カールのド
ローン空撮

◀カルスト地
形のなりたち

Step A ●ポイント整理● _____ に適する語句を入れ，まとめを完成させよう。

1 氷河地形

(1) 過去の寒冷な**氷期**には高緯度地域の大陸には巨大な[1]_____（氷床{ひょうしょう}）が，また中・低緯度地域の山地には**山岳氷河**が発達していた。

(2) 氷河の侵食作用で，山頂付近には半円状の窪地の[2]_____（圏谷{けんこく}）がつくられる。谷は[3]_____となるなど特徴ある地形がつくられる。氷河によって削られた土砂は氷河の末端まで運ばれ[4]_____などの堆積地形となる。

(3) 氷期における[1]_____は，北半球では**北ヨーロッパ**を中心にイギリス・ドイツ中部まで，北米では**ハドソン湾**を中心に**五大湖周辺**まで，南半球では**南米南端，ニュージーランド南島，南極大陸**にそれぞれ分布していた。そのためこれらの地域の海岸には[3]_____が沈水した[5]_____がみられる。

(4) [1]_____のあった地域は，氷河によって豊かな表土が削られてしまったことと，元々高緯度で気候環境が厳しいことで穀物栽培には適さず，[6]_____などの農牧業が発達。しかし，削られた表土が，風で運ばれ堆積した土壌は[7]_____とよばれ豊かな土壌で，北米の[8]_____は**世界的なとうもろこし地帯**。

(5) 氷期と**間氷期**の気候変化による海面の高さの変動を**氷河性海面変動**といい，氷期には現在より120ｍほど海面は低く[9]_____は離水し，現在の海岸に面した平野には深い谷があった。近年は**地球温暖化**に伴う氷河融解による海面上昇で，海岸付近や太平洋の島々では災害が懸念される。

2 カルスト地形

(1) 石灰岩が炭酸ガスを含む雨水や地下水に[10]_____された地形。スロベニア西部，ディナルアルプス山脈の北西端に位置するカルスト地方にこの地形が発達することに由来。

(2) [10]_____によって地表には小おう地の[11]_____が発達し，これが連結して細長い窪地の**ウバーレ**となり，さらには[12]_____とよばれる**溶食盆地**が発達。一般に地表水は乏しく地下水系が発達し，地下には[13]_____が発達。

(3) 石灰岩の[10]_____で残った残留土壌は**赤色の土壌**となり，地中海沿岸ではこれを[14]_____とよび，カルシウムなどに富み，やや肥沃。

(4) 世界や日本に分布する石灰岩の多くは，かつて海中で[15]_____としてつくられたもの。したがって，[15]_____が分布する低緯度地域の島々にも[11]_____や[13]_____などの**カルスト地形**が発達。

(5) [15]_____は，陸地の沈降や海面の上昇によってその発達段階から3つの段階がある。島の周囲に密着して形成される[16]_____，海岸との間に礁湖{しょう}をいだく**堡礁{ほしょう}**，礁湖を囲んで輪のようになる[17]_____である。

3 乾燥地形

(1) 乾燥地帯で，風化・風食作用が卓越した地域の地形。乾燥地帯の砂漠では砂丘を連想しがちだが，砂丘のみられる**砂砂漠はあまり多くはない**。岩盤が地表に露出した[18]_____や，**礫{れき}砂漠**が大部分である。

(2) 乾燥地帯の河川は，激しい降雨のときだけ水がみられる[19]_____（涸川{かれ}）や，外洋まで流れ出さない[20]_____が多い。しかし，中には湿潤地帯に源を発し，乾燥地帯を貫いて流れる[21]_____もある。例：ナイル川，ティグリス川，ユーフラテス川など

(3) 中国内陸部の乾燥地帯では砂塵が舞い上がり，日本に運ばれ[22]_____となり降り注ぐ。中国で大気汚染物質を吸着するため環境被害などが懸念される。

NOTE

Step B ●作業でチェック●　**ワーク ①**　次の図の①〜⑨の地形名を答えよ。

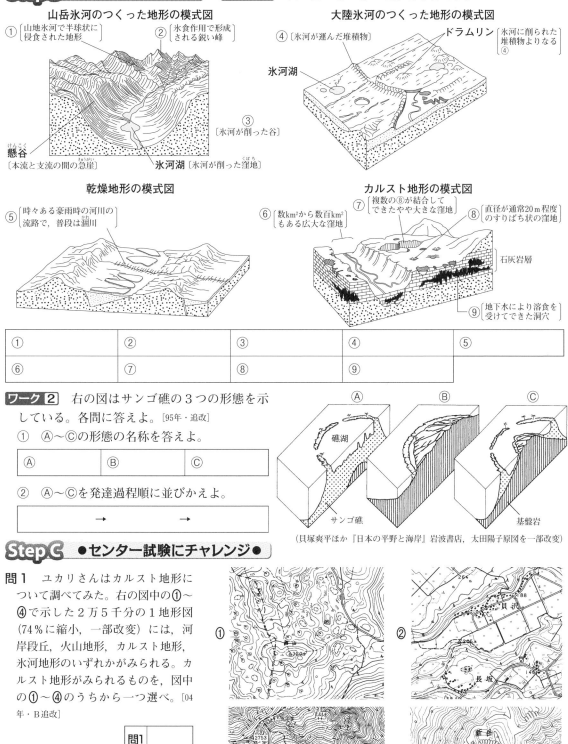

山岳氷河のつくった地形の模式図

① 〔山地氷河で半球状に侵食された地形〕

② 〔氷食作用で形成される鋭い峰〕

③ 〔氷河が削った谷〕

懸谷（けんこく）〔本流と支流の間の急崖〕

氷河湖〔氷河が削った窪地（くぼち）〕

大陸氷河のつくった地形の模式図

④ 〔氷河が運んだ堆積物〕

ドラムリン〔氷河に削られた堆積物よりなる〕④

氷河湖

乾燥地形の模式図

⑤ 〔時々ある豪雨時の河川の流路で，普段は涸川（かれがわ）〕

カルスト地形の模式図

⑦ 〔複数の⑧が結合してできたやや大きな窪地〕

⑥ 〔数km²から数百km²もある広大な窪地〕

⑧ 〔直径が通常20m程度のすりばち状の窪地〕

石灰岩層

⑨ 〔地下水により溶食を受けてできた洞穴〕

①	②	③	④	⑤
⑥	⑦	⑧	⑨	

ワーク ②　右の図はサンゴ礁の３つの形態を示している。各問に答えよ。[95年・追改]

① Ⓐ〜Ⓒの形態の名称を答えよ。

Ⓐ	Ⓑ	Ⓒ

② Ⓐ〜Ⓒを発達過程順に並びかえよ。

→	→

礁湖

サンゴ礁

基盤岩

(貝塚爽平ほか『日本の平野と海岸』岩波書店，太田陽子原図を一部改変)

Step C ●センター試験にチャレンジ●

問1　ユカリさんはカルスト地形について調べてみた。右の図中の①〜④で示した2万5千分の1地形図（74％に縮小，一部改変）には，河岸段丘，火山地形，カルスト地形，氷河地形のいずれかがみられる。カルスト地形がみられるものを，図中の①〜④のうちから一つ選べ。[04年・B追改]

問1 [　　　]

① ②

③ 杓子平

④ 新岳

13 気候要素と気候因子

解答・解説 P.7

◀大気循環のしくみ

Step A ●ポイント整理●

_____ に適する語句を入れ，まとめを完成させよう。

1 気候要素と気候因子

(1) 大気の状態や大気中で起こるさまざまな現象を[1]_____という。さらに，一年周期で繰り返される大気現象を[2]_____という。

(2) [2]_____を構成する，**気温，降水量，風**などを，[3]_____という。

(3) [3]_____に影響を与える（気候の地域差を生む），**緯度，高度，地形，海流**などを，[4]_____という。

2 気 温

(1) 海抜高度が100m上がるごとに，気温は約0.65度下がる。これを[5]_____という。

(2) 気温の一日の変化と一年の変化をそれぞれ[6]_____，[7]_____という。

年較差	小 ◀――――――――――▶ 大	
緯 度	[8]_____緯度	[9]_____緯度
隔海度	小	大
位 置	大陸[10]_____岸	大陸[11]_____岸

3 大規模な風系と降水

(1) 地球の表面付近では高圧帯から低圧帯へ**大気大循環**が発生。

(2) **赤道付近**では空気が暖められ**上昇気流**が発生し[12]_____帯ができる。**降水が多く**，高緯度側から[13]_____風が吹き込む。

(3) **緯度20～30度付近**では**下降気流**が発生し[14]_____帯ができる。**乾燥し，砂漠気候**が広がる。ここから高緯度側に[15]_____風が，低緯度側に[13]_____風が吹き出す。

(4) **極付近**では気温が低いため**下降気流**が発生し[16]_____帯ができる。**降水は少ない**が，気温が低いため蒸発量が降水量を下回り**湿潤**となる。ここから低緯度側に[17]_____風が吹き出す。

(5) **緯度40～60度付近**では低緯度からの[15]_____風と，高緯度からの[17]_____風が衝突。**上昇気流**が発生し[18]_____帯ができ，**降水が多い**。

(6) [13]_____風は北半球では[19]_____風，南半球では[20]_____風となる。

(7) [15]_____風上空の強い西風は[21]_____とよばれ，気候変動に影響を与える。

4 季節風（モンスーン）

(1) 季節によって風向が変わる風を[22]_____とよび，海と陸の比熱や熱容量が違うことが気圧差となり生じる。

季節	大陸	〔風向〕	海洋	雨季・乾季
夏	高温（低気圧）	◀――	低温（高気圧）	[23]_____
冬	低温（高気圧）	――▶	高温（低気圧）	[24]_____

NOTE

Step B　●作業でチェック●

ワーク1　図1は大気の大循環を示している。ⓐ〜ⓒにあてはまる地上付近における風の名称を答えよ。

ⓐ	風
ⓑ	風
ⓒ	風

ワーク2　図1中の①〜④の地帯の地表上の風向を，↑↑↑，↓↓↓，→→→，←←←，↗↗↗，↖↖↖，↙↙↙，↘↘↘，のいずれかの記号で図1中に記入せよ。

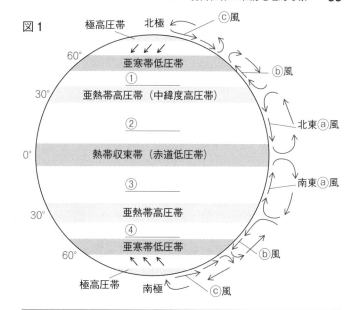

図1

極高圧帯　北極　ⓒ風
60°　亜寒帯低圧帯
①
30°　亜熱帯高圧帯（中緯度高圧帯）
②
0°　熱帯収束帯（赤道低圧帯）
③
30°　亜熱帯高圧帯
④
60°　亜寒帯低圧帯
極高圧帯　南極　ⓒ風
ⓑ風
北東ⓐ風
南東ⓐ風
ⓑ風

ワーク3　表は局地風（地方風）を説明している。㋐〜㋕（㋐〜㋔は図2参照）の局地風の名称を，語群から選べ。

やませ　シロッコ　ミストラル　フェーン　ボラ　ブリザード

名　称	地　域	性　質	風向
㋐	アルプス山脈北麓	高温乾燥	南
㋑	サハラ砂漠→イタリア	高温多湿（砂まじり）	南
㋒	南仏ローヌ河谷	寒冷	北
㋓	アドリア海沿岸	寒冷	北東
㋔	北米	寒冷（吹雪をともなう）	北
㋕	北海道〜東北地方の**太平洋岸**	低温湿潤	北東

図2　地中海周辺の拡大図

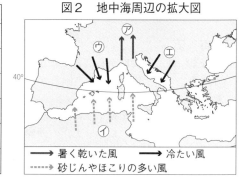

—→ 暑く乾いた風　　—→ 冷たい風
┈▶ 砂じんやほこりの多い風

Step C　●センター試験にチャレンジ●

問1　右の図は，1月と7月に特徴的にみられる気圧帯の位置を模式的に示したものである。図から読み取れることがらやその背景について述べた文として下線部が**適当でないもの**を，下の①〜④のうちから一つ選べ。
[20年・B本]

① アの緯度帯では，下降気流の影響で，<u>年間を通じて雨が降りにくい</u>。

② イの緯度帯では，上昇気流の影響で，<u>年間を通じて多量の雨が降りやすい</u>。

③ ウの緯度帯では，<u>1月ごろに雨季のみられる気候が形成されやすい</u>。

④ エの緯度帯では，<u>7月ごろに高温で乾燥する気候が形成されやすい</u>。

問1 [　　]

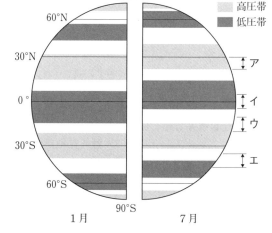

90°N
60°N
30°N　　　　　　　ア
0°　　　　　　　　イ
　　　　　　　　　ウ
30°S
60°S　　　　　　　エ
90°S
1月　　　7月

高圧帯
低圧帯

福井英一郎ほか編『日本・世界の気候図』などにより作成。

14 陸水・海洋

Step A ●ポイント整理● _____ に適する語句を入れ，まとめを完成させよう。

1 地球上の水

(1) 地球上の水の約97％は¹_____である。

(2) 残りの約３％が陸水で，そのうち約76％が²_____，約23％が³_____
__である。

2 海 洋

(1) 海洋は地球表面積の約⁴_____％を占める。

(2) 水深⁵_____m程度までの大陸周辺の緩傾斜地を⁶_____とよび，地
形的には大陸の一部に含まれる。海水は栄養分に富み**好漁場**を形成する。

(3) 水深約3,000～6,000ｍの比較的平坦な深海底を⁷_____とよび，**全海
底面積の約80％**を占める。

(4) ⁷_____にそびえる山脈状の高まりを⁸_____とよび，**地震や火山活
動がさかん**。ここは**マントルの上昇部でプレートが生成される場所**である。

(5) 大陸や弧状列島に沿った深さ6,000ｍ以上の細長く深いところを⁹_____
とよび，**地震や火山活動がさかん**である。ここは**マントルの下降部でプレー
トが消滅する場所**である。

3 海 流

(1) 海流には，低緯度から高緯度に流れる¹⁰_____と，高緯度から低緯度に
流れる¹¹_____とがある。両者がぶつかるところを¹²_____とよび，**好
漁場**を形成する。

(2) 海流は風の影響を強く受け，おもに**北半球では時計回り**，**南半球では反時
計回り**となるため，おもに大洋の**西側で暖流**が，**東側で寒流**が流れる。

4 西岸気候と東岸気候

(1) 西岸気候と東岸気候の特徴

	偏西風の風向	気温の年較差	季節風の影響	熱帯低気圧
西岸気候	海洋から吹く	¹³_____い＝**海洋性気候**	受けない	襲来しない
東岸気候	大陸から吹く	¹⁴_____い＝**大陸性気候**	受ける	襲来する

5 地下水

(1) 地表から最も浅い不透水層上に蓄えられた地下水を¹⁵_____という。

(2) ２つの不透水層に挟まれた地下水を¹⁶_____という。水源が高い
位置にある場合は圧力を受けるため，¹⁷_____井戸を掘ると自噴する。
これを**自噴井**もしくは鑽井（さんせい）とよび，**ケスタ地形**が発達しているところに多く
みられ，オーストラリアの**大鑽井盆地**が代表例。

(3) 部分的な不透水層上に蓄えられた地下水を¹⁸_____とよび，**台地上では
集落が立地**する。

6 地表水（河川水）

(1) 日本の河川は**流量の季節変化が大きく**，河況係数（最大流量÷最小流量）
が¹⁹_____い。さらに河川の**長さが短く勾配が急**であることから**河川の利
用がしにくい**。

Step B　●作業でチェック●

ワーク1　次の図は地球上の水の割合を示している。①〜⑤に該当する語句を，下から選べ。

海水　陸水　地下水　地表水　氷河

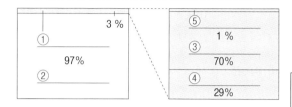

ワーク3　次の図の⑦〜㋚に適する海流名を，右の語群から選べ。

ワーク2　次の図は地下水のようすを示している。ⓐ〜ⓓに適する語句を答えよ。

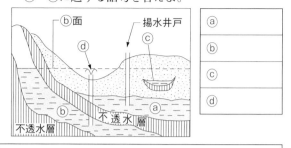

ⓐ	
ⓑ	
ⓒ	
ⓓ	

カリフォルニア海流　北大西洋海流　アラスカ海流 ペルー（フンボルト）海流　親潮（千島海流） ラブラドル海流　ベンゲラ海流　メキシコ湾流 カナリア海流　黒潮（日本海流）　北太平洋海流

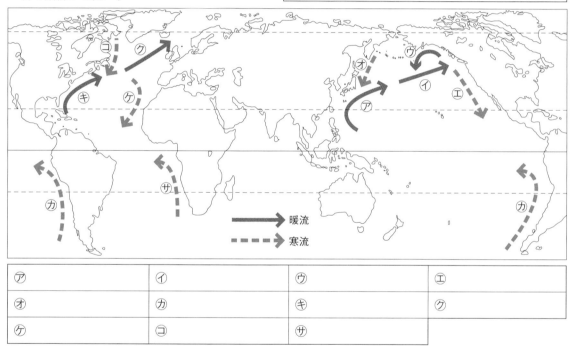

⑦		⑦		⑦		㋒	
㋔		㋕		㋖		㋗	
㋘		㋙		㋚			

Step C　●センター試験にチャレンジ●

問1　右の図中に示した海水温の分布と，それに関連した現象について述べた文として**適当でないもの**を，次の①〜④のうちから一つ選べ。［13年・B追］

① 主に太平洋赤道海域の中部から東部において，海水温が平年より高い状態が続く現象のことを，エルニーニョ現象という。

② 大西洋北部の北アメリカ沿岸部には潮境（潮目）が存在し，海水温の急激な変化がみられる。

③ 南回帰線付近の南アメリカ大陸周辺では，南極近海から流れ込む寒流の影響を受ける東側沖合の方が，西側沖合よりも海水温が低くなっている。

④ ヨーロッパの気候が緯度の割には温暖である理由の一つとして，大西洋北部における海水温の高さがあげられる。

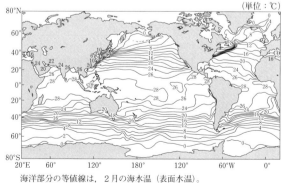

（単位：℃）

海洋部分の等値線は，2月の海水温（表面水温）。
『理科年表』により作成。

問1	

15 自然災害と防災

解答・解説 P.8

Step A ●ポイント整理● _____ に適する語句を入れ，まとめを完成させよう。

1 風水害

(1) 日本では，**梅雨前線・秋雨前線の停滞**や，**台風**の通過のたびに，洪水や土石流が起こる。また，暴風によって海水が吹き寄せられて¹_____が発生する。

(2) 洪水により堤防が決壊して**外水氾濫**が起きたり，都市部などでは河川への排水が追いつかずに**内水氾濫**が起こる。

2 地震災害

(1) 地震の震源地は，変動帯（プレートの境界）に集中している。

(2) 海溝では，**沈み込むプレートがずれる**ことで巨大地震が発生し，それにともない海水が押し上げられて²_____が発生する。

(3) 大陸プレート内では³_____に沿ったところで**直下型**の地震が起きる。震源が浅いため，局部的に揺れが大きく大災害をもたらすこともある。

3 対策

(1) 災害の危険性を地図にあらわした⁴_____（防災地図）で，住んでいる地域の災害を想定しておくことが重要である。

(2) 災害発生時には，まず自分の命を守る行動をとり（**自助**），近隣の人と助け合って救助を行い（**共助**），公的機関の支援を受ける（**公助**）ことが基本になる。

4 様々な気候現象

(1) 大量の人工熱の放出や，熱をたくわえる性質の人工構造物におおわれて植物が少ないことから，**都心部の気温が周辺部に比べて高くなることを**⁵_____現象という。

(2) ⁶_____現象とは，南アメリカのペルー沖の**太平洋東部で海面水温が高くなる**現象をさす。これは**貿易風が弱まる**ことで，湧昇流（冷水のわき上がり）が弱まって発生する。

(3) ⁷_____現象とは，逆に，**太平洋東部で海面水温が低くなる**現象をさす。これは**貿易風が強まる**ことで，湧昇流が強まって発生する。これらの現象が発生すると，世界で**異常気象**が起こりやすくなる。

5 世界の自然災害

年	世界の自然災害	年	日本の自然災害
1960	チリ地震・津波	1960	チリ地震による津波被害
1980	セントヘレンズ火山噴火〔アメリカ合衆国北西部〕	1983	日本海中部地震・津波
1991	ピナトゥボ火山噴火〔フィリピン北部〕	1991	雲仙普賢岳噴火・火砕流〔長崎〕
2004	スマトラ島沖地震・津波〔インドネシア〕	1993	北海道南西沖地震・津波
2005	ハリケーン"カトリーナ"風水害〔アメリカ合衆国南部〕	1995	阪神・淡路大震災
2008	四川大地震〔中国・四川省中部〕	2004	新潟県中越地震
2010	ハイチ地震	2007	新潟県中越沖地震
2010	エイヤフィヤトラヨークトル火山噴火〔アイスランド〕	2011	東日本大震災・津波
2011	カンタベリー地震〔ニュージーランド〕	2014	御嶽山噴火
2011	タイ・カンボジア大水害	2016	熊本地震
2013	フィリピン台風被害	2019	令和元年東日本台風

NOTE

Step B　●作業でチェック●

ワーク　次の図1・2は，エルニーニョ現象もしくはラニーニャ現象を表している。①〜⑤に該当する語句を語群より選び答えよ。

図1　①現象

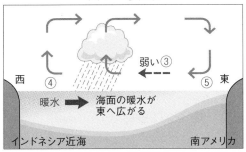

図2　②現象

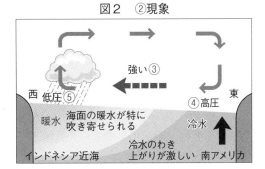

図3　通常の年の様子

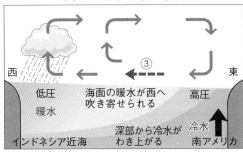

| エルニーニョ　ラニーニャ　多雨　少雨 |
| 貿易風 |

①	現象	②	現象
③		④	
⑤			

Step C　●センター試験にチャレンジ●

問1　地震にともなう液状化現象の発生範囲は地形と関係がある。次の図は，東日本大震災時のある地区における液状化発生範囲と，同じ地区の地形の分布を示したものであり，図中のア〜ウは，旧河道，自然堤防，台地のいずれかである。地形名称とア〜ウとの正しい組合せを，下の①〜⑥のうちから一つ選べ。[16年・A本]

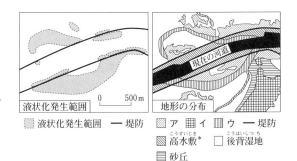

*河川敷のうち洪水時のみに水が流れる一段高い場所。
国土交通省の資料などにより作成。

	①	②	③	④	⑤	⑥
旧河道	ア	ア	イ	イ	ウ	ウ
自然堤防	イ	ウ	ア	ウ	ア	イ
台　地	ウ	イ	ウ	ア	イ	ア

問1 ☐

問2　次の図を見て，エルニーニョ現象とその影響について述べた文として最も適当なものを，下の①〜④のうちから一つ選べ。[10年・B追]

① P海域の海面水温が平年より高くなり，Q地域では平年より雨が多い傾向になる。
② P海域の海面水温が平年より高くなり，Q地域では平年より雨が少ない傾向になる。
③ P海域の海面水温が平年より低くなり，Q地域では平年より雨が多い傾向になる。
④ P海域の海面水温が平年より低くなり，Q地域では平年より雨が少ない傾向になる。

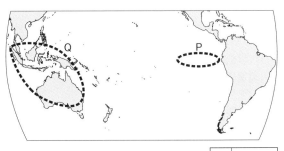

問2 ☐

16 気候帯と気候区

解答・解説 P.8

Step A ●ポイント整理● _____ に適する語句を入れ，まとめを完成させよう。

1 ケッペンの気候区分

(1) ある指標によって気候をいくつかの地域に区分した分類方法を**気候区分**という。

(2) **ケッペン**は**植生分布**に注目して，植生の変化を基準に，気温と降水量を指標として世界の気候の区分を行った。

(3) まず，世界の気候を，**樹林気候**と**無樹林気候**に区分した。

(4) 無樹林気候は，乾燥によるものを**乾燥帯（B）**，寒冷によるものを**寒帯（E）**とした。

(5) 気温によって，樹林気候と寒帯（E）を区分した。

気候帯		最寒月平均気温	最暖月平均気温	植生
熱帯（A）		↑¹ ____℃以上		熱帯林
温帯（C）		↑² ____℃以上		常緑・落葉広葉樹林
冷帯（D）			↑³ ____℃以上	針葉樹林
寒帯（E）	ツンドラ気候（ET）		↑⁴ ____℃以上	ツンドラ
	氷雪気候（EF）			氷雪（植生なし）

2 乾燥帯（B）の区分

(1) 乾燥帯（B）は，**降水量より⁵_____が多い**。つまり，⁵_____（気温によって変化する）と年降水量がつり合うところを**乾燥限界**とし，**年降水量が乾燥限界を下回る場合**に乾燥帯となる。

(2) 乾燥帯（B）はさらに，乾燥限界の半分の数値を基準として，それを年降水量が上回る場合は⁶_____**気候（BS）**，逆に下回る場合は⁷_____**気候（BW）**に区分される。BWは乾燥のため**植物被覆がみられない**。

3 寒帯（E）の区分

(1) 寒帯（E）は，最暖月平均気温⁴____℃を境目に，**ツンドラ気候（ET）**と**氷雪気候（EF）**に区分される。EFは寒冷のため**植物被覆がみられない**。

4 樹林気候（A・C・D）の細区分

(1) 降水量の季節配分によって区分し，**小文字のs・w・f**で表現。

| 夏季乾燥⁸____ | 冬季乾燥⁹____ | 年中湿潤¹⁰____ |

(2) Aについては，独自の基準で区分を行った（p.40参照）。

(3) さらに，C・Dについては，気温の季節ごとの特長により，**小文字のa〜d**で区分。重要なのはaとbの区分で，aは最暖月平均気温¹¹____℃以上（夏高温の意味）。

5 雨温図・ハイサーグラフ

(1) ともに気候グラフの一種で，月別の気温と降水量の値が用いられる。

(2) 気温では**最暖月・最寒月**に注目し，降水量では**乾季・雨季**の有無とともに**最多雨月・最少雨月**の降水量に注目する。

Step B　●作業でチェック●

ワーク１　表１は気候区分の記号を説明したものである。①〜⑥に該当する語句を，下の語群から選べ。

夏乾燥・冬雨　年中平均して降雨　22℃以上
冬乾燥・夏雨　ｆとｗの中間型　22℃未満

表１

w：①	冬の最少雨月降水量×10 ≦夏の最多雨月降水量
s：②	夏の最少雨月降水量×3 ≦冬の最多雨月降水量
f：③	
m：④	

a〜dの区分		最暖月平均気温	月平均気温	最寒月平均気温
	a	⑤		
	b	⑥	10℃以上が4か月以上	
	c		10℃以上が1〜3か月	−38℃以上
	d			−38℃未満

ワーク２　表２の@〜mに該当する気候記号を答えよ。

表２

気候帯		気候帯記号の説明	気候区	
樹林気候	A（熱帯）	最寒月平均気温 18℃以上	@ _____	（熱帯雨林気候）
			b _____	（弱い乾季のある熱帯雨林気候）
			c _____	（サバナ気候）
	C（温帯）	最寒月平均気温 −3℃以上 18℃未満	d _____	（地中海性気候）
			e _____	（温暖冬季少雨気候）
			f _____	（温暖湿潤気候）
			g _____	（西岸海洋性気候）
	D（亜寒帯（冷帯））	最寒月平均気温 −3℃未満かつ 最暖月平均気温 10℃以上	h _____	（亜寒帯（冷帯）湿潤気候）
			i _____	（亜寒帯（冷帯）冬季少雨気候）
無樹林気候	B（乾燥帯）	降雨が少なく乾燥	j _____	（砂漠気候）
			k _____	（ステップ気候）
	E（寒帯）	最暖月平均気温 10℃未満	l _____	（ツンドラ気候）
			m _____	（氷雪気候）

ワーク３　表３は大陸ごとにケッペンの気候区別の面積を示したものである。⑦〜㋖に該当する気候記号を答えよ。

表３

区　分	陸地全域	ユーラシア	アフリカ	北アメリカ	南アメリカ	オーストラリア	南極大陸
⑦	9.4%	3.5%	19.8%	2.8%	26.9%	7.9%	－ %
㋑	10.5	3.9	18.8	2.4	36.5	9.0	－
㋒	14.3	15.9	21.5	10.7	6.7	25.8	－
㋓	12.0	10.2	25.2	3.7	7.3	31.4	－
Cw	7.5	9.6	13.1	2.0	6.7	6.8	
㋔	1.7	2.2	1.3	0.8	0.3	7.9	
Cfa・Cfb	6.2	5.7	0.3	10.7	14.0	11.2	
㋕	16.5	25.8	－	43.4	－	－	－
㋖	4.8	13.4	－	－	－	－	－
ET	6.4	9.8		17.3	1.6	－	3.6
EF	10.7	－		6.2	－	－	96.4

（ワグナーによる）

ワーク４　図は仮想大陸上にケッペンの気候区分を模式化したものである。Ⓐ〜Ⓙに該当する気候記号を答えよ。

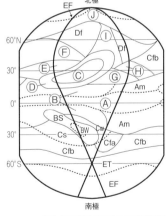

Ⓐ	Ⓑ	Ⓒ	Ⓓ	Ⓔ	Ⓕ	Ⓖ	Ⓗ	Ⓘ	Ⓙ

Step C　●センター試験にチャレンジ●

問１　次の図は，仮想大陸でのケッペンの区分による11の主要な気候区 Af（Amを含む）・Aw・BS・BW・Cf・Cs・Cw・Df・Dw・ET・EF の水平分布を模式的に示したものである。図の気候区の境界線のうち，太線Zに接しない気候区を，下の①〜⑥のうちから一つ選べ。〔オリジナル〕

① Cs　② Cw　③ Cfa
④ Cfb　⑤ Df　⑥ Dw

問1 □

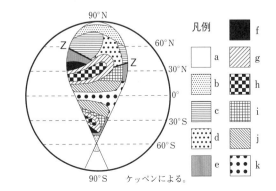

凡例
■ f
□ a
▨ g
▨ b
▨ h
▦ c
▥ i
▨ d
▨ j
▨ e
▨ k

ケッペンによる。

17 熱 帯

解答・解説 P.9

Step A ●ポイント整理● _____に適する語句を入れ，まとめを完成させよう。

1 熱帯雨林気候（Af）

(1) 赤道周辺に分布し，一年中[1]_____帯の影響下にあることから，一年中高温多雨で乾季がない。

(2) 気温は年較差より日較差が[2]_____いことから，「夜は熱帯の冬」といわれる。

(3) 午後には[3]_____とよばれる，激しい対流性降雨に見舞われる。

(4) **多種類・多層構造の常緑広葉樹からなる密林に覆われ**，これを[4]_____という。アマゾン川流域では[5]_____とよばれる。

(5) 林業は，数少ない**有用材**（ラワン，チーク，マホガニーなど）の伐採が中心。

(6) 土壌は，**酸性でやせた赤色土**の[6]_____が広がる。

(7) 農業は，伝統的に**自給的**な[7]_____農業（いも類を栽培）が行われてきたが，1970年代以降は**商品作物のプランテーション**農業が増加。そこでは乾季を必要としない**天然ゴム，油やし，カカオ**を栽培。

(8) 高温多湿の環境のもとで発生する，マラリヤ，黄熱病，デング熱などの様々な[8]_____病がみられる。これらは蚊やツェツェバエを媒体とする。

2 弱い乾季のある熱帯雨林気候（Am）

(1) 弱い乾季がみられ，アジアでは[9]_____の影響が強い地域に分布する。

(2) 夏季の季節風（モンスーン）による降雨が多いため，乾季に一部落葉する[ ]_____が生育する。日光が地面まで達するため，ツタ，シダに覆われ歩行が困難な密林を形成する。**東南アジアやアフリカでは**[10]_____とよばれる。

(3) アジアでは，大河流域の沖積平野で[11]_____農業が発達し，人口が集中している。

3 サバナ気候（Aw）

(1) 熱帯雨林気候の高緯度側に分布し，**雨季と乾季が明瞭**。

(2) 夏（高日季）→[1]_____帯の影響下＝雨季
   冬（低日季）→[12]_____帯の影響下＝乾季

(3) 植生は[13]_____とよばれる，**疎林**（バオバブなど）を含む**熱帯長草草原**が生育する。**乾季が明瞭**なため，乾季には草は枯れ，樹木もほとんどが落葉する。同様な植生は，南アメリカの**オリノコ川流域では**[14]_____，ブラジル高原では[15]_____，**パラグアイでは**[16]_____とよばれる。

(4) 土壌は，酸性でやせた赤色土の[6]_____が広がるが，**デカン高原では**[17]_____，**ブラジル高原では**[18]_____とよばれる玄武岩が風化した肥沃土（ひよく）が広がり，それぞれ**綿花**や**コーヒー**の栽培がさかんである。

Step B　●作業でチェック●

ワーク１　図１の①～③に該当する気候記号と，④の最少雨月降水量をそれぞれ答えよ。

図１　Ａ気候の分類

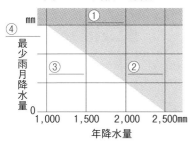

図２

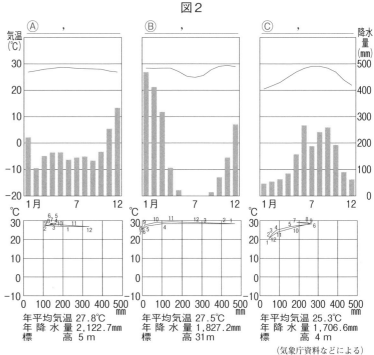

ワーク２　図２の雨温図・ハイサーグラフに，月平均気温18℃と，月平均降水量60mmの線を記入せよ。

年平均気温 27.8℃　　年平均気温 27.5℃　　年平均気温 25.3℃
年 降 水 量 2,122.7mm　年 降 水 量 1,827.2mm　年 降 水 量 1,706.6mm
標　　　高 5 m　　　標　　　高 31m　　　標　　　高 4 m

ワーク３　図２の雨温図・ハイサーグラフが表す気候区名を記号で答えよ。また，図３中から都市名を選べ。

（気象庁資料などによる）

図３

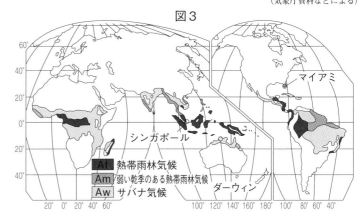

Af　熱帯雨林気候
Am　弱い乾季のある熱帯雨林気候
Aw　サバナ気候

Step C　●センター試験にチャレンジ●

問１　図１は東南アジアの地図である。図２は，図１に示すシンガポール，スラバヤ，バンコク，マニラの４都市における月降水量の年変化を示したものである。スラバヤに該当するものを，図２中の①～④のうちから一つ選べ。［01年・Ｂ本］

図１

図２

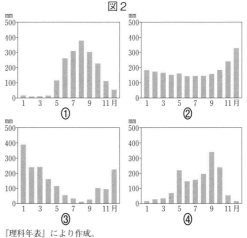

『理科年表』により作成。

問1 [　　　　　]

18 乾燥帯

Step A ●ポイント整理● _____ に適する語句を入れ，まとめを完成させよう。

1 降水のみられる条件

(1) 降水がみられるためには，十分な水蒸気と**上昇気流**が必要である。

(2) 上昇気流が生じる具体例として，山地の風¹_____側，収束帯を形成する
²_____圧帯，暖気団と寒気団が接する前線帯などがある。

(3) 逆に，下降気流の発生するところでは降雨はみられない。具体例として，
山地の風³_____側，⁴_____圧帯などがあげられる。

2 乾燥気候の分布と成因

(1) 乾燥帯の面積は，陸地全体の**4分の1**以上にもなる。

(2) 熱帯地域の砂漠は**大陸西岸**にみられる。ここでは沖合を流れる⁵_____
の影響で水蒸気の供給が少なく，また**大気が安定**（下層が寒冷で上層が温
暖）するため上昇気流が起こりにくい。**海岸砂漠**ともよばれ，南アメリカの
⁶_____砂漠（⁷_____**海流の影響**）や，アフリカ南部の⁸_____
____砂漠（⁹_____**海流の影響**）などがある。

(3) **回帰線付近の亜熱帯地域**には，最も広く砂漠が広がる。これは一年中¹⁰__
_____帯の影響下にあるために形成され，サハラ砂漠やオーストラリ
アのグレートサンディー砂漠，アフリカ南部のカラハリ砂漠などがある。

(4) 温帯地域の砂漠には，2つの成因がある。1つは**一年中卓越風の山地風**
³_____**側**に位置する場合で，アルゼンチン南部の¹¹_____地方（**偏
西風とアンデス山脈**），アメリカ合衆国西部（**偏西風とロッキー山脈**）など
が該当する。もう1つの成因は，**隔海度が大きい**ため，海洋からの水蒸気が
届きにくい場合で，**タクラマカン砂漠やゴビ砂漠**が該当する。

3 砂漠気候（BW）

(1) 土壌は，**強いアルカリ性**の¹²_____**土壌**である**砂漠土**が広がる。

(2) まれな降雨時に出現する河川を¹³_____（涸川）という。

(3) 湧水地や井戸，¹⁴_____**河川**沿いの**オアシス**では，灌漑による**オアシス
農業**が行われ，¹⁵_____，小麦，綿花などの集約的な生産が行われ
る。過剰な灌漑による土壌の¹²_____化が問題となっている。

4 ステップ気候（BS）

(1) 砂漠気候の周辺に分布し，年降水量が250〜750mmと少ないため，¹⁶_____
_____とよばれる**短草草原**が生育する。

(2) **弱い雨季**がみられるが，雨季は砂漠気候をはさんで高緯度側では**低日季**に，
逆に低緯度側では**高日季**におとずれる。

(3) 土壌は腐植を含む¹⁷_____がひろがる。温帯の境界部など比較的降水
量が多い地域では最も肥沃な土壌である，¹⁸_____が分布。その例として，
ウクライナ周辺の¹⁹_____，北アメリカ大陸の²⁰_____
_____，アルゼンチンの²¹_____などがあって，そこでは世界的な
²²_____地帯が形成されている。

(4) 旧大陸（ウクライナを除く）では伝統的に，牧草を求めて家畜とともに住
居を移動させる²³_____が，新大陸では**企業的な農牧業**がみられる。

NOTE

Step B　●作業でチェック●

ワーク 1　図1の①・②に該当する気候記号を答えよ。

図1　B気候の分類
（r＝乾燥限界，　t＝年平均気温，　p＝年降水量）

冬に乾燥（w型）：r＝20（t＋14）
平均して降雨（f型）：r＝20（t＋7）
夏に乾燥（s型）：r＝20t

$\frac{1}{2}$r ≦ p ＜ r → ①
or
p ＜ $\frac{1}{2}$r → ②

ワーク 2　図2は緯度別の年降水量と蒸発量を示したものである。ⓐ～ⓒに適する語句を，語群から選べ。

降水量　蒸発量　回帰線

図2

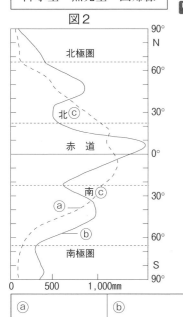

ⓐ	ⓑ	ⓒ

ワーク 3　図3の雨温図・ハイサーグラフが表す気候区名を記号で答えよ。また，図4中から都市名を選べ。

ワーク 4　図4の⑦～⑤に該当する海流名，山脈名，地方名を答えよ。また，図4に南北回帰線を記入せよ。

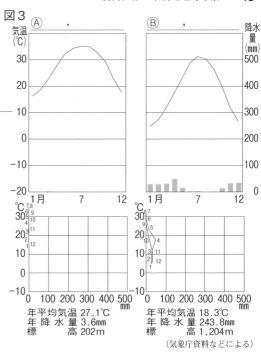

年平均気温　27.1℃
年降水量　3.6mm
標高　202m

年平均気温　18.3℃
年降水量　243.8mm
標高　1,204m

（気象庁資料などによる）

図4

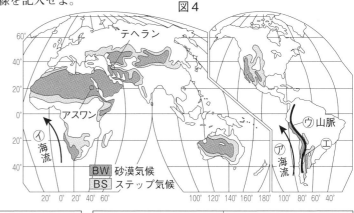

BW　砂漠気候
BS　ステップ気候

⑦	海流	⑦	海流
⑤	山脈	⑤	（地方）

Step C　●センター試験にチャレンジ●

問1　次の図を見て，世界の乾燥地域の分布について述べた下の文章中の下線部①～④のうちから，**適当でない**ものを一つ選べ。［12年・B追］

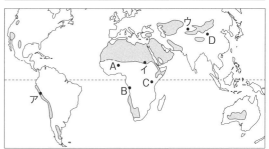

Atlas du 21e siècle により作成。

　図中に濃く示されている部分は，年降水量200mm以下の降水量の少ない地域であり，北緯および南緯15度から30度付近に分布する傾向がある。これは，①亜熱帯高圧帯下にあって上昇気流が発生しにくいことが大きな原因である。しかし，アジアや北アメリカ大陸の東岸には分布しない。これは，②季節風が南東側の海洋から大陸に向かって吹く時期に水蒸気の供給がなされるためである。一方，赤道に近い大陸西岸の低緯度帯でも乾燥地域がみられる場合がある。これは，③付近の海水温が相対的に低く，降水の原因となる上昇気流が起こりにくいことが理由である。また低緯度帯には，南北に走る山脈の存在により，④偏西風が山脈を吹きおりて下降気流が卓越することから，一年を通して乾燥する地域もある。

問1

19 温 帯

解答・解説 P.10

Step A ●ポイント整理● _____ に適する語句を入れ，まとめを完成させよう。

1 地中海性気候（Cs）

(1) 緯度30〜40度の**大陸西岸**に分布する。

(2) 夏季→¹_____帯の影響下＝乾燥

冬季→²_____帯の影響下＝降水が多い

(3) オリーブやコルクがしなど夏季の乾燥に耐える硬い葉をもつ，常緑広葉樹の³_____樹が生育する。

(4) 気候の特色を生かした⁴_____農業が発達している。

夏季（乾燥）→乾燥に強い**樹木作物（果樹）**の栽培

冬季（降水）→**冬小麦**の栽培

(5) 夏季の乾燥により牧草が枯れるため，夏季には山地に家畜を移動し，冬季に低地にもどる⁵_____がみられる。

2 西岸海洋性気候（Cfb）

(1) 緯度40〜60度（地中海性気候の高緯度側）の**大陸西岸**に分布する。

(2) ⁶_____風と**暖流**の影響を受けるため，緯度のわりに**冬季が温暖**で，気温の年較差が⁷_____い。降水は**年間を通じて安定**している。

(3) ブナ，コナラなどの⁸_____が生育する。

(4) 土壌は肥沃な⁹_____が分布し，**混合農業**，**酪農**，**園芸農業**が発達。

3 温暖冬季少雨気候（Cw）

(1) **大陸東岸**や，**サバナ気候の高緯度側**に分布する。

(2) 中国南部〜インド北部の地域が中心で，¹⁰_____の影響を強く受け，夏季の高温多雨を利用した**稲作**や**茶**の栽培がさかんで，中には米の¹¹_____が行われる地域もある。

(3) シイ，カシなどの，葉が厚く光沢をもつ¹²_____が生育する。

(4) アフリカや南アメリカの地域は，**サバナ気候の連続**で，緯度や標高が高く気温が低いことから温帯に区分される。

4 温暖湿潤気候（Cfa）

(1) 緯度30〜40度の**大陸東岸**に分布する。

(2) ¹⁰_____の影響を受け，気温の年較差が¹³_____く，四季が明瞭。

(3) 低緯度側では¹²_____が生育し，高緯度側では⁸_____に**針葉樹**がまじる**混合林**がみられる。

(4) 土壌は肥沃な⁹_____が広がる。ステップとの境界付近には，北アメリカの**プレーリー土**やアルゼンチンの**パンパ土**などの**黒土（黒色土）**が分布。

(5) 夏から秋にかけて，東アジアでは¹⁴_____，北アメリカでは¹⁵_____とよばれる，**熱帯低気圧**が接近して災害をもたらす。

(6) 東アジアでは夏季の高温多雨を利用した**稲作**がさかんで，アメリカ合衆国の中央平原東部やアルゼンチンの湿潤パンパでは，**とうもろこし**，**大豆**などの栽培がさかん。

NOTE

Step B ●作業でチェック●

図2

ワーク 1

図1の①～⑦に該当する気候記号・数字を答えよ。

ワーク 2

図2の雨温図・ハイサーグラフに，月平均気温22℃，18℃，−3℃の線を記入せよ。

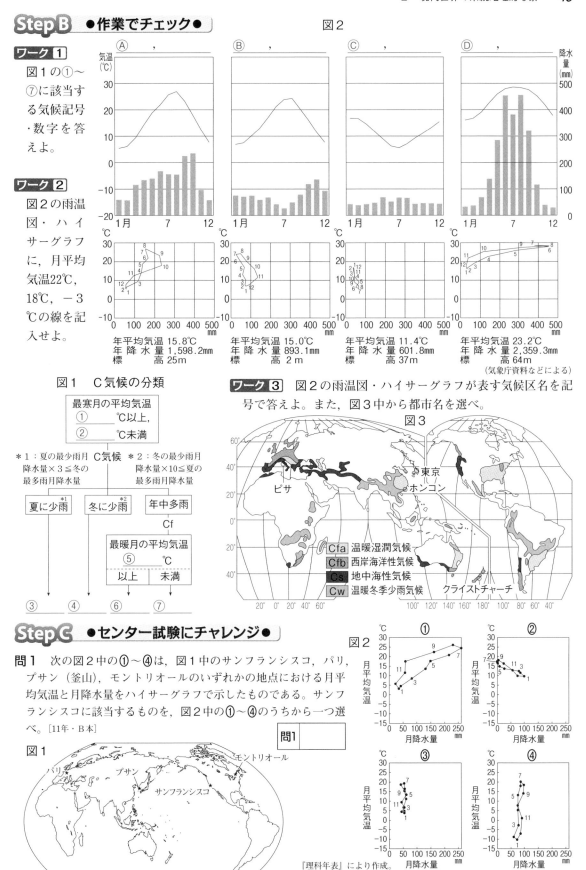

Ⓐ　　，　　　　　Ⓑ　　，　　　　　Ⓒ　　，　　　　　Ⓓ　　，

年平均気温 15.8℃　　　年平均気温 15.0℃　　　年平均気温 11.4℃　　　年平均気温 23.2℃
年降水量 1,598.2mm　　年降水量 893.1mm　　年降水量 601.8mm　　年降水量 2,359.3mm
標　　高 25m　　　　　標　　高 2 m　　　　標　　高 37m　　　　標　　高 64m

（気象庁資料などによる）

図1　C気候の分類

最寒月の平均気温
① 　℃以上，
② 　℃未満

＊1：夏の最少雨月降水量×3≦冬の最多雨月降水量　C気候　＊2：冬の最少雨月降水量×10≦夏の最多雨月降水量

夏に少雨＊1　　冬に少雨＊2　　年中多雨 Cf

最暖月の平均気温
⑤ 　℃
以上　　未満

③　　④　　⑥　　⑦

ワーク 3　図2の雨温図・ハイサーグラフが表す気候区名を記号で答えよ。また，図3中から都市名を選べ。

図3

ピサ　東京　ホンコン

Cfa 温暖湿潤気候
Cfb 西岸海洋性気候
Cs 地中海性気候
Cw 温暖冬季少雨気候

クライストチャーチ

Step C ●センター試験にチャレンジ●

問1　次の図2中の①～④は，図1中のサンフランシスコ，パリ，プサン（釜山），モントリオールのいずれかの地点における月平均気温と月降水量をハイサーグラフで示したものである。サンフランシスコに該当するものを，図2中の①～④のうちから一つ選べ。[11年・B本]

問1 ☐

図2

図1

パリ　モントリオール　プサン　サンフランシスコ

『理科年表』により作成。

20 亜寒帯（冷帯）・寒帯・高山気候　　解答・解説 P.10

Step A ●ポイント整理● ＿＿＿＿＿に適する語句を入れ，まとめを完成させよう。

1 亜寒帯(冷帯)（D）

(1) 亜寒帯（D）は，¹＿＿＿＿半球のみに分布する。

(2) 夏は比較的高温だが**冬は厳寒**になる，気温の年較差が²＿＿＿＿い³＿＿＿＿**性気候**である。

(3) 少数の樹種からなる**針葉樹林**が成育し，これを⁴＿＿＿＿＿とよぶ。

(4) 土壌は，**酸性で灰白色のやせた**⁵＿＿＿＿＿＿が分布している。

2 亜寒帯(冷帯)湿潤気候（Df）

(1) ⁶＿＿＿＿＿＿＿帯の影響で一年中降水量がある。

(2) **春小麦の栽培や混合農業，酪農**などが行われる。

3 亜寒帯(冷帯)冬季少雨気候（Dw）

(1) ⁷＿＿＿＿＿＿から**中国東北部**にかけての地域のみに分布。

(2) 冬は⁸＿＿＿＿＿**高気圧**により**降水量が少なく厳寒**で，北半球の寒極を形成する。農業はほとんど行われず，**林業やトナカイの遊牧**がさかん。

(3) 一年中土壌が凍結する⁹＿＿＿＿＿**土**が分布する。

4 寒帯（E）

(1) 一年中寒冷で，森林は生育できない。

5 ツンドラ気候（ET）

(1) 短い夏に**草やコケ類**が生育し，これを¹⁰＿＿＿＿＿とよぶ。

(2) 土壌は酸性のやせた**ツンドラ土**が分布。農業は不可能で，アザラシなどの**狩猟やトナカイの遊牧**を行う北アメリカに居住するエスキモー（イヌイット）や北ヨーロッパに居住するサーミなどが生活している。

6 氷雪気候（EF）

(1) **南極大陸**と¹¹＿＿＿＿＿＿＿島の内陸部のみに分布する。

(2) **大陸氷河**に覆われ，**アネクメーネ（無居住地域）**を形成している。

7 高山気候（H）

(1) 標高が高くなるとともに気温は低下するため，熱帯地域では生活しやすく¹²＿＿＿＿＿都市が発達している。

(2) 気温の日較差は，標高が高くなると大きくなる。熱帯地域は気温の年較差が小さいため，気温の日較差が気温の年較差よりも¹³＿＿＿＿＿くなる。

(3) 気温の日較差が大きいため，**衣類の重ね着**をして体温調節を行う。

(4) 平地と比較して**紫外線が強い**。そのため，**つばの広い帽子**をかぶる。

(5) 農牧業は，標高と気温に応じて変化する。標高が特に高い地域では¹⁴＿＿＿＿＿が中心で，アンデス地域では¹⁵＿＿＿＿＿（荷役用），¹⁶＿＿＿＿＿（採毛用）が，チベットではウシ科の¹⁷＿＿＿＿＿（運搬用など）が飼育される。

(6) 標高による気温の差を利用して，ヨーロッパのアルプス山脈では¹⁸＿＿＿＿＿が行われている。

NOTE

Step B ●作業でチェック●

ワーク 1 図1，図2の①〜⑦に該当する気候記号・数字を答えよ。

図1 D気候の分類

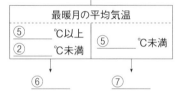

```
最寒月の平均気温
①____℃未満
最暖月の平均気温
②____℃以上
       │
     D気候
   ┌───┴───┐
年中多雨    冬季に少雨＊
  │          │
  ③          ④
```

＊：冬の最少雨月降水量×10≦夏の最多雨月降水量

図2 E気候の分類

```
最暖月の平均気温
②____℃未満
       │
     E気候
┌──────┴──────┐
⑤____℃以上   ⑤____℃未満
②____℃未満
  │           │
  ⑥           ⑦
```

ワーク 2 図3の雨温図・ハイサーグラフのⒶⒷに月平均気温10℃・－3℃の線を，また，©に月平均気温10℃・0℃の線を記入せよ。

ワーク 3 図3の雨温図・ハイサーグラフが表す気候区名を記号で答えよ。また，都市名を図4中から選べ。

図3

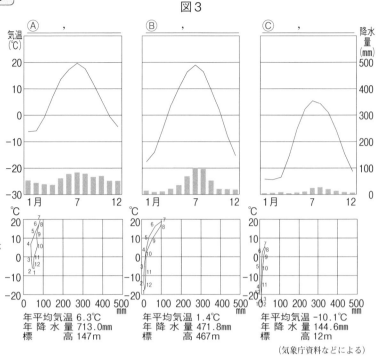

年平均気温 6.3℃
年降水量 713.0mm
標高 147m

年平均気温 1.4℃
年降水量 471.8mm
標高 467m

年平均気温 -10.1℃
年降水量 144.6mm
標高 12m

（気象庁資料などによる）

図4

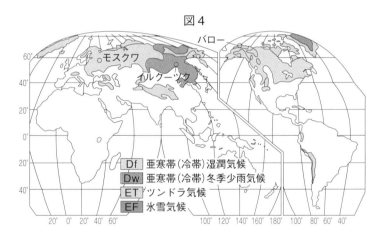

Df	亜寒帯(冷帯)湿潤気候
Dw	亜寒帯(冷帯)冬季少雨気候
ET	ツンドラ気候
EF	氷雪気候

Step C ●センター試験にチャレンジ●

問1 右の図は，緯度や標高が異なる4地点（赤道付近の標高約2,500mと約30m，北緯45度付近の標高約2,500mと約30m）における月平均気温の年変化を示している。このうち，赤道付近の標高約2,500m地点のものとして適当なものを，図中の①〜④のうちから一つ選べ。[98年・ＡＢ共通追]

問1 [　　　　]

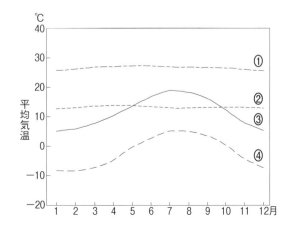

21 気候と植生・土壌

解答・解説 P.11

Step A ●ポイント整理● _____ に適する語句を入れ，まとめを完成させよう。

1 気候と植生

(1) ケッペンは植生をもとに，気温と降水量を用いて気候を区分したため，**ケッペンの気候区分と植生分布はほぼ一致**する。

2 土 壌

(1) 気候と植生の影響を受けて生成された土壌を[1]_____**土壌**といい，土壌のもとになる岩石の影響を受けて生成された土壌を[2]_____**土壌**という。

3 成帯土壌

(1) 熱帯では，多雨のため土壌中の養分が失われ，**酸化鉄，酸化アルミニウム**が集まることで，**赤色・酸性**の[3]_____が分布。

(2) 半乾燥地域の[4]_____は，枯れ草が厚い腐植を形成する**最も肥沃な土壌**で世界的な**小麦地帯**と一致。ウクライナ〜西シベリアの[5]_____，アメリカ中央平原の[6]_____，アルゼンチンの[7]_____などがある。降水量が少ない地域では，腐植が減り[8]_____が分布。

(3) 乾燥地域では塩分が地表面に集積した**アルカリ性**の[9]_____が分布。

(4) 温帯の**落葉広葉樹**地域では，腐植を含む肥沃な[10]_____が分布。

(5) 亜寒帯（冷帯）の[11]_____とよばれる針葉樹林の広がる地域では，寒冷で有機物の分解が進まないため，**酸性で灰白色**の[12]_____が分布。

(6) ツンドラ地帯では，**強酸性・灰褐色のツンドラ土**が分布する。

4 間帯土壌

土壌名	分布地域	色	母 岩	農 業
[13]	**地中海沿岸**	赤褐色	[17]	果樹栽培
[14]	**ブラジル高原南部**	赤紫色	玄武岩	[18]_____栽培
[15]	**デカン高原**	黒色	玄武岩	[19]_____栽培
[16]	**中国の黄土高原**	黄色	砂漠の細砂	綿花・小麦
※風積土	ハンガリーのプスタ	黄色	氷河に削れた細砂	とうもろこし

5 気候帯と植生帯・土壌帯との関係

緯度	気候帯	植 生	土 壌
低 ↑	熱帯（A）	[20]	[3]
	温帯（C）	暖帯林（照葉樹，硬葉樹）	赤黄色土
		温帯林（落葉広葉樹と針葉樹の混合林）	[10]
	亜寒帯（D）	針葉樹林（[11]_____）	[12]
↓ 高	寒帯（E）	ツンドラ	ツンドラ土
		氷雪	氷雪

乾湿	気候帯	植 生	土 壌
湿潤 ↑	熱帯	[20]	[3]
		サバナ	
	温帯	温帯長草草原〜ステップ	[4]
↓ 乾燥	乾燥帯	ステップ〜砂漠	[8]
		砂漠	[9]

NOTE

Step B　●作業でチェック●

ワーク 1　図1は気候帯と植生・土壌の変化を示している。①～⑨に該当する植生・土壌名を答えよ。

図1

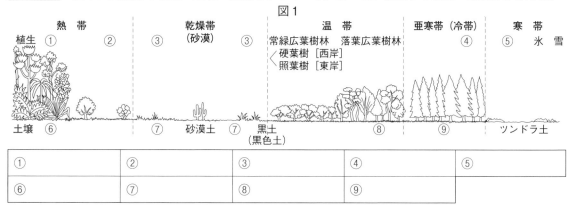

①	②	③	④	⑤
⑥	⑦	⑧	⑨	

ワーク 2　図2のア～ケの植生，ⓐ～ⓓの間帯土壌名を答えよ。

図2

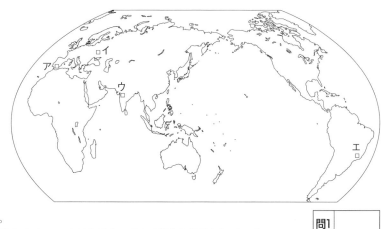

㋐
㋑
㋒
㋓
㋔
㋕
㋖
㋗
㋘
㋙

ⓐ	ⓑ	ⓒ	ⓓ

Step C　●センター試験にチャレンジ●

問1　次の①～④の文は，右図中のア～エのいずれかの地点付近で典型的にみられる土壌と農業の特徴を述べたものである。イに該当するものを，次の①～④のうちから一つ選べ。[11年・B本]

① 玄武岩などが風化して生成した肥沃な土壌のテラローシャがみられ，主にコーヒーが栽培されている。

② 玄武岩の風化で生成した肥沃な土壌のレグールがみられ，主に綿花や雑穀が栽培されている。

③ 石灰岩が風化して生成した土壌のテラロッサがみられ，主に果樹が栽培されている。

④ 草原地帯に分布する肥沃な土壌のチェルノーゼムがみられ，主に小麦やトウモロコシが栽培されている。

問1 □

22 日本の地形・気候

解答・解説 P.11

Step A ●ポイント整理● _____ に適する語句を入れ，まとめを完成させよう。

1 日本の地形

(1) 日本の面積は約¹_____万km²。約14,000の島嶼からなる。

(2) 日本列島はプレートの**狭まる境界**に位置し，5つの**島弧**からなる²_____列島で，前面には**海溝**が平行している。

(3) 日本列島では4枚のプレートが重なり合い，海洋プレートの**太平洋プレート**と³_____プレートが，大陸プレートの⁴_____プレートとユーラシアプレートの下へ沈み込んでいる。

(4) 世界でも地殻運動や**地震**，**火山活動**が最も活発な地域の1つである。

(5) **プレート型の地震**の際には，海底が海水を押し上げて⁵_____が発生。大陸プレート内にも多くの⁶_____が分布し，**直下型の地震**が発生する。

(6) 沈み込んだ海洋プレートにより，活発な⁷_____活動がもたらされ，地上に⁷_____帯が形成。⁷_____帯の海溝側のふちである⁷_____前線は，海溝とほぼ平行している。

(7) 本州の中央部に大地溝帯の⁸_____があり，これは⁴_____プレートとユーラシアプレートの境界をなす。その**西縁**が⁹_____構造線である。⁸_____により，日本列島は**東北日本**と**西南日本**に大きく分けられる。

(8) 西南日本はさらに，¹⁰_____**構造線**によって，**内帯**と**外帯**に分けられる。

(9) 日本は**急峻な山地**が多く，河川の長さが短く**勾配が急**であるため，梅雨前線や台風にともなう豪雨での**洪水被害**や**土砂災害**が多い。

(10) 日本は世界でも自然災害の多い国であるため，自治体ごとに¹¹_____（災害予測図）が作られ，避難の経路や場所の確保に努めている。

2 日本の気候

(1) ケッペンの気候区分で日本の気候は，北海道の大部分と本州中北部の内陸部は¹²_____気候，本州以南の低い土地は¹³_____気候に分類。

(2) **大陸東岸**に位置し，**季節風（モンスーン）**の影響で，気温の年較差が¹⁴_____く，四季が明瞭である。

(3) 冬は，**シベリア気団（寒冷乾燥）**からの¹⁵_____**季節風**が日本海で水蒸気を吸収し，**日本海側に多くの雪**を降らせる。**太平洋側は晴天で乾燥**する。

(4) 春と秋は，高気圧と低気圧が交互に通過（天気の周期的変化）。

(5) 初夏には，**小笠原気団（高温湿潤）**と¹⁶_____**気団（冷涼湿潤）**の間にできた**梅雨前線**が停滞し¹⁷_____となる。**秋雨・秋霖**も同様の原因で発生。

(6) 夏は，**小笠原気団**から¹⁸_____**季節風**が吹き，蒸し暑い気候となる。

(7) 初秋は，秋の長雨（**秋雨・秋霖**）がおとずれる。また，熱帯低気圧の¹⁹_____が襲い，激しい風雨により大きな被害をもたらす。

(8) 代表的な**地方風（局地風）**である²⁰_____は，初夏の頃に北海道から東北地方の**太平洋側**に吹く**冷涼湿潤**な北東風で，²¹_____の原因にもなる。

3 開発に伴う災害と防災

(1) 都市化に伴い後背湿地などへの宅地の増加や舗装面の増加などによって，雨が地下に浸透しないため，²²_____水害が発生しやすくなった。

(2) 埋立地などでは，地震の際に水分の多い砂層が揺れを受けて液体のようになり，建物が沈下する²³_____現象が発生しやすい。

NOTE

Step B ●作業でチェック●

ワーク 1　図1の①〜④のプレート名，Ⓐ⑥の断層名，Ⓒの地溝帯名を答えよ。

①	プレート	②	プレート
③	プレート	④	プレート
Ⓐ		Ⓑ	
Ⓒ			

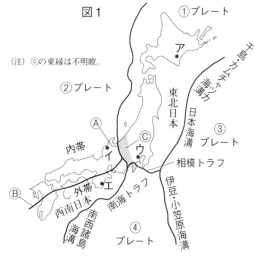

図1

(注)　Ⓒの東縁は不明瞭。

ワーク 2　図2のⓐ〜ⓓの雨温図に該当する都市を，図1のア〜エから選べ。

図2

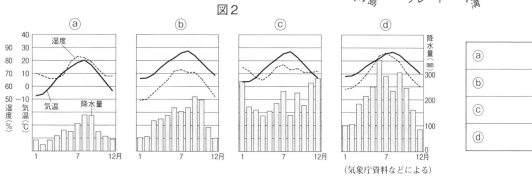

(気象庁資料などによる)

ⓐ	
ⓑ	
ⓒ	
ⓓ	

Step C ●センター試験にチャレンジ●

問1　下の図中のア〜ウは，金沢市，静岡市，長野市のいずれかの月平均気温と月降水量を示したものである。ア〜ウと都市名との正しい組合せを，右の①〜⑥のうちから一つ選べ。[13年・B追改]

	①	②	③	④	⑤	⑥
金沢市	ア	ア	イ	イ	ウ	ウ
静岡市	イ	ウ	ア	ウ	ア	イ
長野市	ウ	イ	ウ	ア	イ	ア

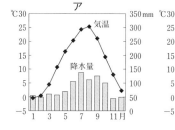
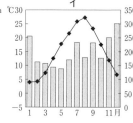
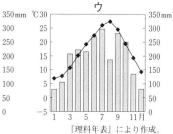

『理科年表』により作成。

問1

問2　秋田県横手市の気候を，岩手県の釜石市，北上市のものと比較してみた。次の表1中のア〜ウは，これら3都市の気温年較差と12〜2月の3か月間における日照時間を示したものである。ア〜ウと都市名との正しい組合せを，下の①〜⑥のうちから一つ選べ。[05年・B追]

表1

	気温年較差（℃）	12〜2月の日照時間(時間)
ア	26.2	140.4
イ	22.3	390.6
ウ	25.2	239.7

気象庁の資料により作成。

	①	②	③	④	⑤	⑥
ア	釜石市	釜石市	北上市	北上市	横手市	横手市
イ	北上市	横手市	釜石市	横手市	釜石市	北上市
ウ	横手市	北上市	横手市	釜石市	北上市	釜石市

問2

23 環境問題

Step A ●ポイント整理● _____に適する語句を入れ，まとめを完成させよう。

1 熱帯林の破壊

(1) **熱帯林の破壊原因**として考えられるのは，以下の通り。
・先進国や中国への木材輸出のための**大量伐採**（東南アジア）。
・**えびの養殖**などのため沿岸部の¹_____林の伐採（東南アジア）。
・肉牛飼育のための**牧場開発や鉱物資源開発**（ブラジル）。
・人口増加のため自然回復を待たずに行われる²_____（熱帯各地）。
・油やしなどのプランテーション拡大による開発（東南アジア）。

(2) 熱帯林の破壊は酸素の減少（**二酸化炭素吸収量の減少→地球温暖化**），
³_____低下による洪水や土壌侵食，水収支の変化による**地球的規模で
の気候変動**，野生生物種の絶滅などを引き起こす。

(3) ロシアでは⁴_____の無秩序伐採による森林破壊が生じている。

2 砂漠化

(1) 自然的要因として地球的規模の**大気変動**や砂丘の移動があげられる。

(2) 人為的要因として人口増加に伴う**耕地の拡大**や休閑期間の短縮による**地力
の低下**（過耕作），家畜の増加が牧草の再生力を上回る⁵_____，薪炭材
などの過伐採，過剰な灌漑による農地への塩類集積など。

(3) 砂漠化が深刻な地域は**サハラ砂漠南縁**の⁶_____**地方**である。

3 酸性雨

(1) 酸性雨は欧米の広範な地域で森林が枯れたり，湖沼の魚が死んだり，石灰
岩や金属の建物が溶解・腐食する被害を引き起こした。また⁷_____では
石炭消費や自動車が急激に普及し，**環境対策も後手にまわり**，硫黄酸化物を
含む酸性雨は，「空中鬼」（酸雨）と呼ばれる。2013年には大気汚染物質PM
2.5が⁷_____の大都市を覆い問題化。

(2) 対策として湖や土壌への⁸_____散布のほか，原因となる汚染物質の排
出を減らすため，排煙脱硫装置などを設置。

(3) 北半球では汚染物質が⁹_____によって東へ運ばれるため，1つの国
だけでは解決できず，隣国と協力することが必要である。

4 地球温暖化

(1) 主因は化石燃料の燃焼が考えられるが，¹⁰_____，**フロン**なども
温室効果ガスである。

(2) 予想される被害は，海水の膨張・氷河の溶解による**海面上昇と低地での浸
水被害**（バングラデシュ，モルディヴ，キリバス，オランダのポルダーな
ど），気候変動による**砂漠化の進行**や植生の変化による**食料減産**などが考え
られる。太平洋上の国¹¹_____では地球温暖化の影響で全島民の国外移
住が決定し，**ニュージーランドへの移住**が進行中である。

(3) 1997年に採択された「¹²_____議定書」で先進国全体で5％という二酸
化炭素排出量の削減割り当てが行われた（1990年水準を基準）。しかしアメ
リカ合衆国がこの議定書から離脱し，のち最大排出国となる中国も加わって

NOTE

いなかった。2015年，COP21で[13]_____協定が成立し，温暖化対策の新しい枠組みを採択。2017年アメリカ・トランプ政権は再びこの協定から離脱を表明，2020年11月正式離脱。2021年2月復帰（バイデン政権）。

5 オゾン層の破壊

(1) [14]_____は成層圏の**オゾン層**を破壊し，地表への**紫外線量を増加**させる。

(2) 1970年代末から毎年春に**オゾンホール**が生じ，紫外線の増加が[15]_____や白内障を増加させたり，植物プランクトンの絶滅や遺伝子への影響により，生態系を脅かすと指摘されている。

(3) 1987年の**モントリオール議定書**により，[14]_____は段階的に制限され，先進国では**1995年特定フロンの生産・消費を全廃**した。

6 環境問題への取り組み

(1) **国連環境計画**（略称[16]_____，本部はケニアの**ナイロビ**）は，地球環境問題に取り組む組織として，**ワシントン条約**（絶滅の恐れのある野生動植物の種の国際取引に関する条約），[17]_____条約（有害廃棄物の越境移動及びその処分の規制に関する条約），[18]_____条約（生物の種の減少を防止するための条約）などの事務局の運営管理をしている。

(2) 1992年ブラジルのリオデジャネイロで**地球サミット**（国連環境開発会議）が「[19]_____」をスローガンに開かれ，リオ宣言とともに行動計画のアジェンダ21を採択した。

(3) **ユネスコ**では[20]_____条約により，かけがえのない文化財や自然を破壊から守り保護し，次世代に残すよう提唱している。

(4) [21]_____条約は，1971年に採択された湿地の保存に関する最初の国際条約である。2023年6月現在日本では釧路湿原（北海道），谷津干潟（千葉），藤前干潟（愛知）など53か所が指定。

(5) [22]_____ブックとは絶滅の恐れのある野生生物を世界的規模でリストアップした資料集のことである。

(6) ドイツの[23]_____は**環境首都**として注目されている。交通政策（**パーク＆ライド**，市街地への自動車乗り入れ制限）やエネルギー政策（水力，バイオマス，太陽光），エコ住宅，観光（ゼロエミッションホテル）など，町づくりの視点に自然を優先させる意識が浸透している。

7 日本の環境問題

(1) 高度経済成長期に**四大**[24]_____**病**をはじめとする[24]_____が発生した。その後，法律の整備や新技術の開発などを進め，工場が原因の発生件数は減少。近年は日常生活での環境汚染が問題化。**例：ごみの増加**

(2) 2度の石油危機を経て日本の**省エネルギー技術**や**環境対策技術**は世界のトップレベルにある。**例：**[25]_____車，各種の**リサイクル**システム

(3) 大都市での**ヒートアイランド現象**や[26]_____豪雨による雨水によって，浸水する**都市型災害**の発生頻度が高くなっている。

(4) [27]_____やウォームビズの導入は温暖化対策の1つであり，LED電球など電力消費を抑えた製品も次第に普及してきている。

NOTE

Step B　●作業でチェック●

ワーク 1　次の図中に示された@〜①に該当する環境問題を次のア〜エから選べ。

> ア　成層圏オゾン層の破壊　　イ　砂漠化　　ウ　酸性雨　　エ　熱帯林の破壊

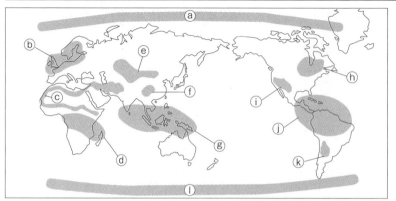

@	ⓑ
ⓒ	ⓓ
ⓔ	ⓕ
ⓖ	ⓗ
ⓘ	ⓙ
ⓚ	ⓛ

（通商産業省『2000年の産業構造』による）

ワーク 2　次の図の空欄にあてはまる地球環境問題を次から選び，図中に記入せよ。

> 砂漠化　酸性雨　地球温暖化　オゾン層破壊　熱帯林の減少

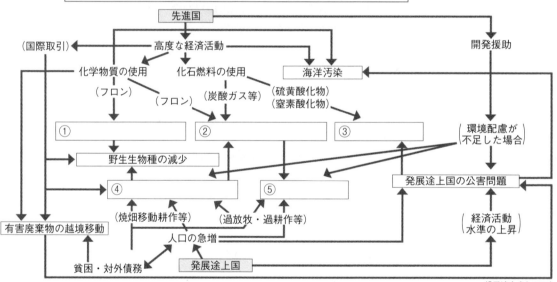

（『環境白書』1990）

ワーク 3　次の図は，1990年，2020年の二酸化炭素排出量の国・地域別割合を示したものである。Ⓐ〜Ⓒにあてはまる国名を語群から選べ。[04年・追改]

> アメリカ合衆国　中国　ロシア

Ⓐ	
Ⓑ	
Ⓒ	

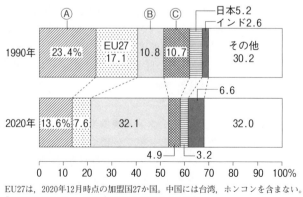

EU27は，2020年12月時点の加盟国27か国。中国には台湾，ホンコンを含まない。
『EDMCエネルギー・経済統計要覧』2023により作成。

Step C　●センター試験・共通テストにチャレンジ●

問1　下のア～ウの文は，右の図中のＡ～Ｃのいずれかの地域で起こってきた人為的原因による環境問題について述べたものである。ア～ウとＡ～Ｃとの正しい組合せを，下の①～⑥のうちから一つ選べ。［11年・Ｂ本］

ア　国境を越えてきた大気汚染物質がもたらす酸性雨により，この地域の河川や湖沼では水質が酸性化し，水棲生物が死滅する被害があった。

イ　この地域では，商業伐採や農園造成がすすんだことにより，多くの樹種を特徴とする森林が減少し，そこに生息する希少生物が絶滅の危機にある。

ウ　この地域を流れる河川には，世界最大規模の水力発電ダムが建設されており，流域の生態系への影響が懸念されている。

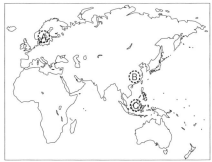

	①	②	③	④	⑤	⑥
ア	A	A	B	B	C	C
イ	B	C	A	C	A	B
ウ	C	B	C	A	B	A

問1 [　　]

問2　世界の環境問題への取組みについて述べた文として下線部が**適当でないもの**を，次の①～④のうちから一つ選べ。［20年・Ａ本］

① オゾン層の破壊の影響による皮膚癌を予防する対策として，南半球のいくつかの国では，紫外線から身を守るための教育プログラムが普及している。

② 酸性雨への対策として，欧米の国々を中心に，工場や自動車からの大気汚染物質の排出が規制されている。

③ 生物の多様性を保全する対策として，発展途上国では，緑の革命がすすめられてきた。

④ 地球温暖化の対策の一つとして，ヨーロッパのいくつかの国では，二酸化炭素の排出を抑制するための課税制度が導入されている。

問2 [　　]

問3　地球温暖化の影響や対策について述べた文として下線部が**適当でないもの**を，次の①～④のうちから一つ選べ。［18年・Ａ追］

① 1990年代以降，地球温暖化問題への対策が国際会議の場で盛んに議論されているが，国家・地域間の利害関係は複雑化している。

② 温帯地域では，気温上昇によってマラリアの感染リスクの低下が予測されている。

③ 北極海沿岸の一部では，海氷面積の縮小により，ホッキョクグマの個体数減少が問題視されている。

④ ヨーロッパでは，二酸化炭素の排出削減のために化石燃料に課税する炭素税を導入した国が多い。

問3 [　　]

問4　環境意識の高まりや技術開発により，紙の生産には，木材から作られるパルプに加え，古紙の再生利用が進められている。次の図は，いくつかの国におけるパルプと古紙の消費量を示したものである。図中のア～ウはアメリカ合衆国，カナダ，ドイツのいずれか，凡例ＸとＹはパルプと古紙のいずれかである。ドイツとパルプとの正しい組合せを，後の①～⑥のうちから一つ選べ。［23年・Ｂ共通テスト本］

	①	②	③	④	⑤	⑥
ドイツ	ア	ア	イ	イ	ウ	ウ
パルプ	X	Y	X	Y	X	Y

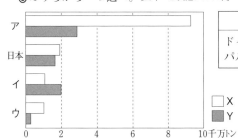

統計年次は2019年。FAOSTATにより作成。

問4 [　　]

24 農牧業の立地条件

解答・解説 P.13

Step A ●ポイント整理● _____ に適する語句を入れ，まとめを完成させよう。

❶ 自然的条件

(1) **積算温度**とは作物の生育期間の毎日の平均気温の総和をいい，各作物ごとに適温が必要である。**例**：水稲約2,400℃，小麦約1,900℃

(2) 栽培限界には水平限界として，年平均気温0℃の等温線がほぼ一致する。

(3) 降水量は乾燥限界を超えない範囲で，次の目安の農業形態が可能である（年降水量mm）。～農耕不適～250～牧畜～500～畑作～1,000～稲作

(4) 乾燥地域では**乾燥農法**（¹_____）や**灌漑**施設の整備によって農地が拡大している。

(5) 地形によっては工夫をした耕作地があり，傾斜地では**棚田**（ジャワ島や長野県姨捨など），段々畑の**階段耕作**やアメリカ合衆国での²_____（土壌侵食や肥料流出防止）などがみられる。

(6) 土壌では熱帯の³_____や亜寒帯（冷帯）の⁴_____は，酸性が強いために農業には不適である。一方沖積土の分布する平野は，稲作に好適である。

(7) 特定の地域に分布する土壌（間帯土壌）は，特定の作物と密接な関係にある。**例**：インド・デカン高原のレグールと綿花栽培，ブラジル高原のテラローシャとコーヒー栽培など

❷ 社会的条件

(1) 農牧業は**市場の規模やそれとの距離**によってその形態や農作物の種類が決定される。ドイツの農業経済学者チューネンは『⁵_____』（1826年）の中で，農業の立地を地代や輸送費との関係からモデル化した。それによれば，市場に近いほど集約的で遠いところほど⁶_____的な農業となる。

(2) 耕作法の改善は資本と技術の進歩によって促進される（耐寒性・耐乾性品種や多収穫品種の開発，化学肥料の使用，機械化など）。

(3) 1887年に実用化された⁷_____により南半球からヨーロッパへ食肉の輸送が始まり，新たな生産地が生まれた。

(4) 労働力が豊富なアジアでは集約的な農業が行われ，機械化が進んでいる新大陸では粗放的な農業が行われる傾向にある。

❸ 生産性と集約度

(1) 集約度とは単位面積当たりの土地に，どのくらい**資本や労働力を投下した**かを示す度合いである。投下量が多ければ⁸_____的となり，少なければ粗放的となる。

(2) **資本集約度**は機械や肥料などをどれだけ投下しているかを計る割合である。

(3) **労働集約度**は労働量をどれだけ投下しているかを計る割合である。

(4) 生産性とは単位面積や単位時間当たりに投下した労働量に対して，**どれだけの収量があったのか**を示す度合いである。

(5) ⁹_____は単位面積（耕地1ha）当たりの生産量を目安にし，労働力や肥料の投下量に比例する。

(6) ¹⁰_____は労働量（農民1人当たり）に対しての生産量をさし，技術の進歩や機械化に比例する。

NOTE

Step B　●作業でチェック●

ワーク①　次にあげる農牧業の形態を経済発展により類型化した場合，どこにあてはまるか，記号を記入せよ。

a　プランテーション農業　b　焼畑農業　c　混合農業　d　集約的稲作農業　e　集約的畑作農業
f　遊牧　g　酪農　h　企業的牧畜　i　オアシス農業　j　園芸農業　k　企業的穀物・畑作農業
l　地中海式農業

伝統的農牧業	商業的農牧業	企業的農牧業
＿＿　＿＿　＿＿　＿＿	＿＿　＿＿　＿＿　＿＿	＿＿　＿＿　＿＿

ワーク②　次の図は農作物の伝播ルートである。図中の①～④に該当する文化形態を記入し，それぞれに代表的な作物名の記号を右から選べ。

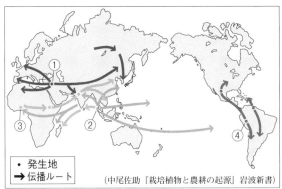

（中尾佐助『栽培植物と農耕の起源』岩波新書）

・　発生地
→　伝播ルート

A　ヤムいも　B　バナナ　C　ビート
D　ひょうたん　E　じゃがいも
F　とうもろこし　G　かぼちゃ
H　ごま　I　小麦　J　さとうきび
K　タロいも

	文化形態	作　物
①	農耕文化	
②	農耕文化	
③	農耕文化	
④	農耕文化	

ワーク③　右の図は労働生産性と土地生産性の関係を概略的に示したものである。図中の⑦～㋓に該当するものを次のうちから選べ。

アジア諸国　アフリカ諸国　先進国　新大陸諸国

⑦		⑦	
⑨		㋓	

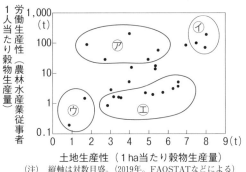

（注）　縦軸は対数目盛。（2019年。FAOSTATなどによる）

Step C　●センター試験にチャレンジ●

問1　今日では，小麦は多くの地域で栽培され，ほぼ年間を通して世界のどこかで収穫されている。右の図は，いくつかの小麦生産国について，小麦の収穫期，春小麦および冬小麦の播種期を示したものであり，①～④は，イギリス，インド，オーストラリア，フランスのいずれかである。インドに該当するものを，図中の①～④のうちから一つ選べ。［09年・B本］

	1	2	3	4	5	6	7	8	9	10	11	12 月
①				△	△	△	△					
②									△	△	△	
③			○	○						△	△	△
中 国			○	○				△	△			
アメリカ合衆国			○	○	○		△	△	△			
④				○	○				△	△	△	

　　収穫期　　○　春小麦の播種期
△　冬小麦の播種期

長尾精一『世界の小麦の生産と品質　上巻』により作成。

問1	

25 伝統的農牧業①

解答・解説 P.13

Step A ●ポイント整理● _____ に適する語句を入れ，まとめを完成させよう。

① 伝統的とは

(1) ¹_____は世界の農業地域を，作物と家畜の組み合わせや生産方法，労働・資本・経営の集約度などを指標に区分した。

(2) 世界各地の気候を反映し自然発生的に成立した自給的農牧業（農民が自ら生産した農産物を主に**自家消費**している形態）は，伝統的な農牧業に区分。焼畑農業や遊牧，粗放的定住農業，オアシス農業などが該当し，アジアにおける集約的稲作農業や集約的畑作農業も含めることができる。

(3) 農村人口が多いアジア地域では，たくさんの労働力を耕地に投入する集約的な農業が行われており，おおよそ年降水量²_____mmを境として，稲作地域と畑作地域に分けられる。また，³_____**労働を中心とした零細経営**（れいさい）が多く，畜力を用いた農耕や灌漑法で，穀物を栽培しているところが多い。

(4) 近年は農産物の流通網が発達し，自給的性格の農業から販売を目的とした商業的な農業に変化してきている地域も多い。

② 焼畑農業

(1) 山林や草原を焼いてその⁴_____を**肥料**とする。主な作物は**キャッサバ**，**タロいも**，**ヤムいも**，陸稲，ひえなどであり，雨季の始まりに播種（はしゅ）の植えつけを行い，木の長い棒（ハック）を農具として用いる。

(2) 作物により地力が数年で低下してしまうため，別の地域に移動しなければならない。地力回復には年月を要するため，広大な土地を必要とする。近年は人口増加により移動期間が短くなり⁵_____減少の原因にもなっている。

(3) 分布：インド～東南アジア，アフリカ中南部，ラテンアメリカ熱帯地方

③ 遊牧

(1) 自然の牧草や水を求めて，家畜とともに一定の地域を移動する農業形態。生産性は低い（粗放的）。

(2) 主な家畜は乾燥地で⁶_____，**ヤギ**，馬（モンゴル），**ラクダ**（西アジア），寒冷地や高地では**ヤク**（チベット），**リャマ・アルパカ**（アンデス地方），**トナカイ**（北極海沿岸）。

(3) 国境を越えて移動することが多いため，各国の政府は遊牧民の定住化を進めている。例：クルド人（トルコ，イラン，イラク，シリアなどにまたがる）

(4) 遊牧民としては，アラビア半島の⁷_____，北アフリカのトゥアレグ人，アジアのモンゴル人，スカンディナヴィア半島のサーミが有名であり，モンゴル人は組み立て式のテント（**ゲル**）で移動する。

NOTE 🖉

Step B　●作業でチェック●

①遊牧	②焼畑農業	③オアシス農業

ワーク 1　図1のa〜cから①遊牧，②焼畑農業（原始的定着農業を含む），③オアシス農業に該当する記号を選べ。

ワーク 2　図2の①〜④はそれぞれ何という作物か，語群から選べ。

キャッサバ	タロいも	綿花
なつめやし	ヤムいも	カカオ

①	②
③	④

ワーク 3　図3のⒶ〜Ⓒ地点付近では遊牧が行われている。Ⓐ〜Ⓒ地点付近のいずれかにおける特徴的な家畜を写真ア〜エからそれぞれ選び，家畜名を答えよ。[08年・B追改]

Ⓐ	写真	家畜名
Ⓑ	写真	家畜名
Ⓒ	写真	家畜名

図1　(D.Whittlesey などによる)

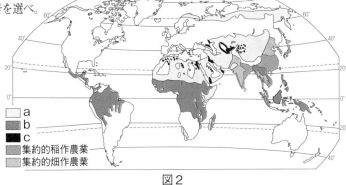

a
b
c
集約的稲作農業
集約的畑作農業

図2

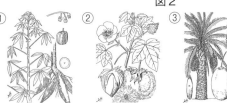

① ② ③ ④

（星川清親『栽培植物の起原と伝播』二宮書店）

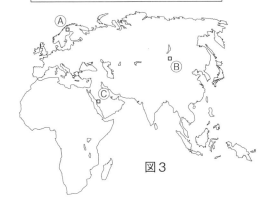

図3

ア

イ

ウ

エ

Step C　●共通テストにチャレンジ●

問1　世界には家畜とともに暮らす人々がいる。次の図中の**A〜C**は，水牛，トナカイ，ラクダを家畜として利用する主な地域に含まれる，いずれかの地点の年降水量と気温の年較差を示したものである。また，後の文ア〜ウは，図中の**A〜C**を含む地域のいずれかでみられる家畜について説明したものである。**A〜C**とア〜ウとの組合せとして最も適当なものを，後の①〜⑥のうちから一つ選べ。[22年・A共通テスト本]

ア　乾燥に強く，水を飲まずに長時間の移動が可能で，交通・運搬のほか，乳や肉は食料，毛は織物，皮は衣服などとして利用されている。

イ　寒さに強く，そりでの運搬のほか，肉や血は食料，皮は衣服や住居，骨や角は薬や道具などの材料として利用されている。

ウ　農地の耕作や運搬に使われるほか，乳や肉は食料，皮は衣服，角は印材などとして利用されている。

mm　　　　　　　　　　　　　　℃

気温の年較差
年降水量

『理科年表』により作成。

問1

	①	②	③	④	⑤	⑥
A	ア	ア	イ	イ	ウ	ウ
B	イ	ウ	ア	ウ	ア	イ
C	ウ	イ	ウ	ア	イ	ア

共通テスト

26 伝統的農牧業②

解答・解説 P.14

Step A ●ポイント整理● _____ に適する語句を入れ，まとめを完成させよう。

■1 オアシス農業

(1) 乾燥地域での**湧水地**や¹_____河川からの水を利用，地下水路による灌
漑で穀物などを集約的に栽培する農業である。

(2) 作物は自給用の小麦やとうもろこしをはじめ，**換金作物**として綿花や果実，
なつめやしなどを栽培する。

(3) イランでは地下水路が発達しており，²_____とよぶ（北アフリカ
ではフォガラ，アフガニスタンではカレーズ）。

■2 集約的稲作農業

(1) ³_____による多雨（年降水量1,000mm以上）と夏の高温を利用して，
水利のよい**沖積平野**に多く分布している。中国の⁴_____流域や東南アジ
アのメコン川流域，⁵_____川流域，インドの⁶_____川流
域が代表的である。またインドネシアの⁷_____島やフィリピンのルソ
ン島では山地の斜面を階段状の水田にした⁸_____の景観が見られる。

(2) 東アジア（中国，韓国，日本）では，灌漑設備が整い単位面積あたりの収
量も多く，土地生産性も高い。二毛作も行われる。

(3) 東南アジア（タイ，ベトナム）では，土地生産性は低いものの生産費が安
いため**価格競争力**があり，余剰米を輸出している。

(4) 多収量品種を導入することで発展途上国の食料問題を解決しようとする改
革を「⁹_____」といい，食料増産に寄与した。しかし多収量品種の
導入は灌漑施設や多量の肥料，農薬，人手を必要とするなどの問題もある。

(5) タイやカンボジアで栽培される¹⁰_____とは，増水期の水位とともにイ
ネが生長し，水位が3〜4mになると穂先が水面に出てそれを収穫する稲で
ある（単位面積あたりの収量は少ない）。

(6) 南アジア（インド，バングラデシュ，パキスタン）では，灌漑設備が不十
分で天水田が多く，栽培技術の水準も低いため単位面積あたりの収量が低い。
インドでは「⁹_____」によって1970年代に米の輸出国となり，2010
年代にはタイやベトナムとともに輸出国の上位を占めるまでになった。一方
「⁹_____」の恩恵を受けられなかった農民は牛の飼育を始め，牛乳の
集荷システムの確立と相まって，牛乳生産量が増加しインド人の栄養改善に
も寄与（「**白い革命**」と称す）。

■3 集約的畑作農業

(1) 集約的稲作地域に隣接し，年降水量500〜1,000mmほどの地域に分布して
いる集約的で自給的な畑作農業である。

(2) 作物は自給作物として小麦，あわ，きび，ひえ，こうりゃんなど，**換金作
物**として綿花，大豆，たばこ，落花生などを栽培している。

(3) 分布：中国・華北〜東北地方。インド・**デカン**高原（**レグール・綿花**）〜
ガンジス川中・上流域。パキスタン・パンジャブ地方（インダス川上流域）。

NOTE

図1

Step B ●作業でチェック●

ワーク 1　図1中の①〜④の線は何を示
しているか，ア〜エからそれぞれ選べ。

ア　海抜3,000m
イ　海抜　500m
ウ　年降水量1,000mm
エ　1月の平均気温10℃

(注)ウ　年降水量1,000mmは800〜1,000mm程度である
　　との見方もある。

①	②
③	④

(Chi-Yun Chang『中国の気候と
人間』などによる)

ワーク 2　図2は南アジアの農業地域を示している。
ⓐ〜ⓔに該当する農作物名を語群から選べ。また，
Ⓐの年降水量は何mmか答えよ。

図2

小麦　　茶　　綿花　　米　　ジュート		
ⓐ	ⓑ	ⓒ
ⓓ	ⓔ	

Ⓐ年降水量	mm

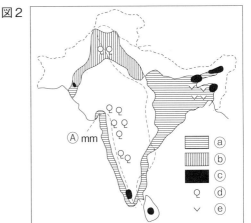

Step C ●センター試験にチャレンジ●

問1　次の表は，インドネシア，タイ，フィリピン，ベトナムの4か国における農業に関
する統計を示したものである。タイに該当するものを，表中の①〜④のうちから一つ選べ。
[01年・B本改]

	農業就業者の割合* （％）(2019年)	穀物自給率 （％）(2019年)	米の生産量 （万t）(2021年)	天然ゴムの生産量 （万t）(2021年)
①	31.4	123	3,358	464
②	37.2	109	4,385	127
③	28.5	89	5,442	312
④	22.8	71	1,996	43

*農林水産業就業人口÷就業人口×100　　　　　　（『世界国勢図会』2022/23などにより作成）

問1 [　　]

問2　アジア各国の農業生産について述べた文として最も適当なものを，次の①〜④のう
ちから一つ選べ。[04年・B本]

① フィリピンでは，アメリカ合衆国と日本の企業がバナナを大規模に栽培し，主に日本
へ輸出している。

② バングラデシュでは，ガンジス，ブラマプトラ（ジャムナ）両河川の三角州（デル
タ）で稲作が行われ，米は古くから輸出農産物の首位を占めてきた。

③ マレーシアでは，油ヤシやゴムの栽培が第二次世界大戦前に中国系住民によって始め
られ，戦後，コーヒーやカカオ栽培に転換されていった。

④ パキスタンでは，インダス川流域で灌漑設備が整うにつれて野菜栽培が盛んとなり，
小麦の総生産量を上回るようになった。

問2 [　　]

㉗ 商業的農牧業

解答・解説 P.14〜

◆オランダの
チューリップ

Step A ●ポイント整理● _____ に適する語句を入れ，まとめを完成させよう。

❶ 商業的とは

(1) ヨーロッパで発達した商業的農牧業の形態は，中世の耕地を３つに分けて地力を回復するために，３分の１の耕地を休閑とする¹_____**式農業**から分化したものである。

(2) 19世紀に入ると¹_____式農業は，休閑地にかぶ・てんさいなどの根菜類や牧草を導入し，麦類と輪作する²_____**農業**へと変化した。

(3) 産業革命により，都市に人口が集中して農産物の需要が増えると，その販売を目的とした商業的農牧業へと発展した。

(4) 新大陸からヨーロッパに安価な³_____が輸入され始めると，商業的農牧業はそれ以外の農産物を中心とする**商業的混合農業・酪農・園芸農業**へと地域的な分化が進んだ。

(5) 主に⁴_____山脈以南の地中海沿岸で行われていた古代の二圃式農業は，夏の乾燥で穀物栽培ができないため，冬穀物（小麦など）と休閑地からなる農業形態であった。これから⁵_____式農業へと発達した。

❷ 家　畜 (注) 統計年次は2021年。

(1) 牛はショートホーンの肉牛と**ホルスタイン種**，ジャージー種の⁶_____に分けられ，農業形態に応じて飼育されている。

(2) 中国南部〜南アジアでは**水牛**，ネパールやチベットでは⁷_____が飼育され，耕作や荷物運搬等に利用されている。

(3) **ヒンドゥー教**では⁸_____は**神聖な動物**であるため，食べることが禁じられている。頭数は⁸_____・羊・豚・馬の順に多い。

(4) **豚は最も食肉生産が多い家畜**であり，世界各地で飼育されているが，⁹_____では不浄な動物として食肉が禁じられている。

(5) 羊は遊牧や企業的牧畜地域で飼育され，毛用（**メリノ種**），肉用，乳用に用いられる。頭数は中国，インド，オーストラリア，ナイジェリアの順に多い。また，羊毛の生産は中国，オーストラリア，ニュージーランドの順に多い。

(6) リャマと¹⁰_____は**アンデス地方**で飼育されるラクダ科の動物であり，荷役や食用，織物の原料となる。両者は雑種化が進み区別しにくい。

❸ 混合農業

(1) 混合農業とは，穀物・飼料作物の栽培と肉牛・豚・鶏などの家畜を飼育し，¹¹_____**の販売を中心**とする農業である。

(2) 穀物や牧草，根菜類を合理的に輪作し，地力を保持しながら機械化を進め，化学肥料を多量投下するため，労働生産性・土地生産性がともに高い。

(3) 分布地域は西ヨーロッパをはじめ，新大陸では19世紀以降，大規模な混合農業地域に発達したアメリカ合衆国の**コーンベルト**，アルゼンチンの**湿潤パンパ**などである。

(4) 主な栽培作物は小麦・ライ麦・てんさい（ビート）・ばれいしょ・とうもろこし・アルファルファなどである。

NOTE ✏

4 酪　農

(1)　**乳牛**を飼育し生乳を生産・加工して乳製品を作る農業である（畜産加工業）。消費地に近い地域では牛乳・クリームを，遠隔地では[12]＿＿＿＿＿＿やチーズの生産が多い。

(2)　穀物栽培に適さず牧草・飼料作物（根菜類・ライ麦・えん麦）の生産に適する夏冷涼湿潤な地域で，大消費地の近くに発達する。

(3)　設備や技術の改善に多くの資本を投下するため，高度に**集約的な経営**が行われている。

(4)　アルプス地方では乳牛を冬季は舎飼いし，春〜秋にかけて**アルプ**といわれる高地の牧場で飼育する[13]＿＿＿＿＿＿が行われている。

(5)　アメリカ合衆国・五大湖の周辺や北西ヨーロッパ（[14]＿＿＿＿＿＿＿＿，オランダが中心），アルプス山麓が主な分布地域である。これらに共通しているのは，かつて[15]＿＿＿＿＿＿に覆われていたやせ地であり，不利な条件を克服して，酪農を成立させた。

5 園芸農業

(1)　大都市の近郊では，その都市への出荷を目的に，**野菜・果樹・花卉**などを栽培する**近郊農業**が発達する。

(2)　限られた農地に，資本・労働力・肥料を投下し，**集約的な栽培**を行うため，土地生産性が高い。

(3)　大消費地から遠隔地で行われる園芸農業を遠郊農業といい，市場出荷のために遠距離を輸送するので，**輸送園芸**＝[16]＿＿＿＿＿＿＿＿＿＿＿ともいわれる。

(4)　輸送園芸では市場より温暖な気候を利用し，きゅうり，トマト，なすなどを栽培する**暖地農業**や，冷涼な気候を利用しキャベツ，白菜，レタスなどを栽培する**高冷地農業**がある。

(5)　ガラス温室や[17]＿＿＿＿＿＿＿＿＿などの施設を利用して集約的に野菜・果樹・花卉を促成・抑制栽培する園芸農業を**施設園芸**という。

(6)　近郊農業の主要地域は，アメリカ合衆国東岸・西ヨーロッパであり，特にオランダでは**球根栽培が有名**である。遠郊農業は地中海沿岸やアメリカ合衆国の[18]＿＿＿＿＿＿半島でさかんである。

(7)　近年は**鮮度保持技術**の進歩や[19]＿＿＿＿＿貨物便などにより，高速輸送が可能となったため，野菜の貿易量は増加している。特にヨーロッパでは地中海諸国で生産された野菜が，ドイツやイギリスへ輸出されている。

6 地中海式農業

(1)　地中海性気候の**夏の高温乾燥に対応**し，自給的な混合農業に耐乾性のある樹木園芸が結合した農業形態である。

(2)　夏の高温乾燥のために牧草が枯れてしまい，家畜はやぎや羊が多い。夏の高温乾燥に強いレモン，オレンジなどの[20]＿＿＿＿＿**類**，ぶどう，**オリーブ**，**コルクがし**を栽培し，温暖湿潤な冬は小麦を栽培する。

(3)　主な地域は地中海沿岸をはじめ，ヨーロッパ人の新大陸への移動にともない，アメリカ合衆国の[21]＿＿＿＿＿＿＿＿州やチリ中部，オーストラリア南部，南アフリカ共和国などに広がっている。

Step B ●作業でチェック●

ワーク 1　図1の⑦～⑦はそれぞれ，牛，豚，羊のどの分布を示しているか，また写真①～③の家畜は何か答えよ。

⑦	
⑦	
⑦	

①	
②	
③	

①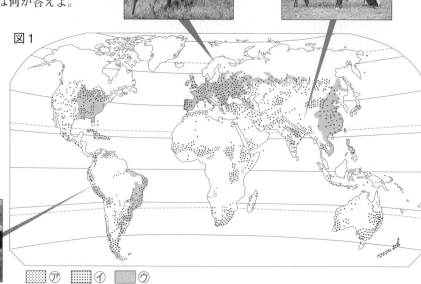
③

図1

②

▦ ⑦　▦ ⑦　▤ ⑦

ワーク 2　右の表はヨーロッパの主な国の農業指標である。ⓐ～ⓓに該当する国名を下の語群から選んで答えよ。

フランス　デンマーク
イギリス　オランダ

ⓐ	
ⓑ	
ⓒ	
ⓓ	

	農業従事者1人当たり農用地（ha）(2019年)	国土面積に対する割合（%）(2019年)		農林水産業就業人口率(%)(2019年)	食料自給率（%）(2019年)			
		耕地・樹園地	牧場・牧草地		小麦	野菜類	肉類	牛乳・乳製品
ⓐ	49.8	25.3	47.1	1.0	98.8	41.6	78.1	89.0
ⓑ	40.8	34.8	17.4	2.5	199.7	68.4	103.3	104.0
ドイツ	32.4	34.1	13.6	1.2	125.2	41.0	129.1	106.0
ⓒ	41.3	60.5	5.2	2.2	125.8	44.4	403.5	201.0 (09年)
ⓓ	9.8	31.1	22.8	2.1	18.6	563.2	346.6	162.0
スイス	12.2	10.7	27.4	2.6	44.2	48.5	81.4	101.0
イタリア	14.3	31.5	12.8	3.9	61.5	169.5	81.7	86.0
スペイン	32.9	33.5	18.9	4.0	54.2	216.1	152.2	89.0
日　本	1.9	12.1	1.6	3.4	15.7	81.5	61.0	59.0

（『世界の統計』2023などによる）

ワーク 3　図2のⒶ～Ⓓは，ヨーロッパのオリーブ・小麦・じゃがいも・ぶどうの四つの農作物について，主な生産地域を示したものである。それぞれどれに該当するか答えよ。［94年・追改］

Ⓐ		Ⓑ	
Ⓒ		Ⓓ	

図2

Ⓐ 　Ⓑ 　Ⓒ 　Ⓓ

「Diercke Weltatlas」(1986) により作成。

Step C ●センター試験・共通テストにチャレンジ●

問1　デンマークにおける自然環境と主な農牧業の特徴との関係について説明した文として最も適当なものを，次の①〜④のうちから一つ選べ。[06年・B本改]

① 気候が温和で，土壌が肥沃であるため，穀物やテンサイ，ジャガイモなどの生産が行われている。

② 冬は温暖湿潤であるが，夏は高温乾燥であるため，オレンジやコルクがしなどの栽培が行われている。

③ 季節的な乾燥や低温などにより，飼料となる草が不足するため，トナカイの遊牧が行われている。

④ 日照時間が短く冷涼であり，かつてあった氷河の影響を受けて土地がやせているため，牧草を栽培し，乳牛を飼養する酪農が行われている。

問1 ☐

問2　次の①〜④の文は，アルゼンチン，インド，オーストラリア，スイスのいずれかの国の畜産業の特徴について述べたものである。アルゼンチンに該当するものを，次の①〜④のうちから一つ選べ。[09年・B本]

① 19世紀後半の冷凍技術の発達により遠隔の大消費地へ牛肉の輸出が可能となり，平坦で肥沃な土地に広がる大牧場での牛の飼育が盛んになった。

② 乾燥した地域が広く分布することから，スペインを原産地とするメリノ種が多く飼育され，世界最大の羊毛の輸出国となっている。

③ 乳牛を，夏には山地で放牧し，冬には麓の牛舎で飼育する移牧が行われ，バターやチーズなどの乳製品を生産している。

④ 牛や水牛の飼育頭数が多く，役畜として利用されてきたほか，近年は流通網の整備や品種改良などにより乳の生産量が増加し，「白い革命」とよばれる。

問2 ☐

問3　次の図は，いくつかの食肉について，世界に占める生産量が1％以上の国・地域における生産量に占める輸出量の割合を示したものである。図中のA〜Cは，牛肉，鶏肉，羊肉のいずれかである。品目名とA〜Cとの正しい組合せを，後の①〜⑥のうちから一つ選べ。[23年・B共通テスト本]

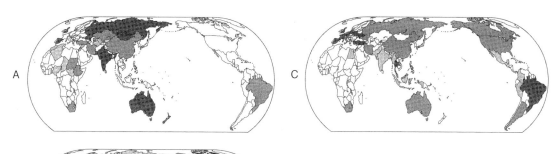

■ 高位
▨ 中位
░ 低位

加工品などを含む。牛肉には，水牛，ヤクなどの肉を含む。
統計年次は2019年。FAOSTATにより作成。

	①	②	③	④	⑤	⑥
牛　肉	A	A	B	B	C	C
鶏　肉	B	C	A	C	A	B
羊　肉	C	B	C	A	B	A

問3 ☐

共通テスト

28 企業的農牧業

解答・解説 P.15

▲アメリカ合衆国の小麦の栽培　▲アメリカ合衆国の綿花の収穫

Step A ●ポイント整理●

_____ に適する語句を入れ，まとめを完成させよう。

1 企業的とは

(1) 産業革命後の新大陸では，主にヨーロッパ市場に向けて大規模な企業的農業が発達した。背景には人口増加による食料需要の拡大と¹_____の開通による輸送が可能になったことがある。

(2) 特徴は，各地域の自然条件に合った作物を**単一栽培する**²_____**適作**であることと，経営規模が大きく大量の資本を投入し，最新の農業技術を利用する**企業的な経営**にある。

2 企業的穀物・畑作農業

(1) 大型の農業機械を利用し，労働生産性が極めて高い。しかし経営規模が大きいため粗放的で，単位収量は少ない。

(2) アメリカ合衆国では地下水を利用した**センターピボット**とよばれる巨大円形灌漑施設や土壌侵食防止のために³_____**耕作**を行っているところもある（センターピボットはサウジアラビアでも導入多し）。

(3) 小麦を中心とした単一耕作のため，年による価格変動がみられる。そのため⁴_____（巨大穀物商社）は独自の人工衛星で，主産地の画像の分析，収穫量の予測・調整を行い，価格決定に支配的な力をもつ。

(4) 分布地域は北アメリカの⁵_____〜**グレートプレーンズ**，南アメリカの**パンパ**，ウクライナ，オーストラリアの南東部などである。

3 企業的牧畜（企業的放牧業）

(1) 新大陸の半乾燥地域でみられる大規模・粗放的な牧畜であり，牧草や家畜の品種改良・飼育方法の改善の面で科学的な経営が行われている。

(2) 19世紀後半の⁶_____**船の就航**は南半球での企業的牧畜を発展させる要因となった。また，**缶詰の発明**の影響も大きい。

(3) アメリカ合衆国では比較的狭い柵内に多数の子牛を濃厚飼料で飼育する**フィードロット方式**の大規模肥育場が増加しており，その立地は⁷_____から西部に移ってきている。

(4) ⁸_____とよばれる農業関連産業は，農作物の生産だけではなく加工や流通・販売・外食産業も含む総称。農家の生産資材や農薬・肥料などの供給・農産物の買い取りを通して農家への影響力が大きい。

(5) 分布地域は北アメリカの**グレートプレーンズ**，南アメリカの⁹_____，**パタゴニア**，**カンポ**，オーストラリアの¹⁰_____**盆地**，ニュージーランド，南アフリカなど。

4 プランテーション農業

(1) 19世紀を中心に熱帯・亜熱帯の**旧植民地で成立**した農業形態である。欧米人の資本・技術と住民の安価な¹¹_____が結合し，熱帯地方特有の工業原料や嗜好品を**単一耕作（モノカルチャー）**により大量生産する。

(2) 第二次世界大戦後，植民地の独立により欧米資本の経営から国有化や現地資本の経営に変化したり，分割して自作農の所有となったところもあるが，**流通は従来のまま先進国資本の支配下**におかれているものが多い。

NOTE

(3)　立地は輸出に都合のよい海岸部に発達している。農産物の分布は，スリラ
ンカ・インドの茶，タイ・インドネシアの天然ゴム，ガーナ・コートジボ
ワールのカカオ，ブラジル・ベトナム・コロンビアのコーヒー豆，フィリピ
ン・エクアドルのバナナ，キューバ・ブラジルのさとうきびなど。

Step B　●作業でチェック●

ワーク 1　図1に年降水量500mmの線を記入せよ。
また図1中の①〜⑤に該当する語句を記入せよ。

①
②
③
④
⑤

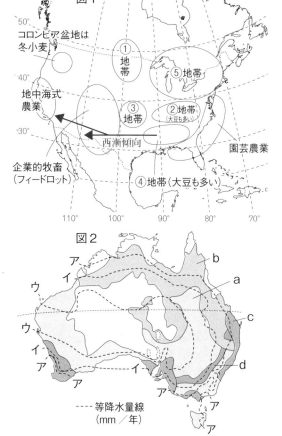

ワーク 2　図2で年降水量Ⓐ500mmとⒷ250mmの線
をア〜ウからそれぞれ選び，なぞれ。また①牧牛，
Ⅱ牧羊，Ⅲ酪農地域はa〜dのどれか。

Ⓐ500mm
Ⓑ250mm

①牧牛
Ⅱ牧羊
Ⅲ酪農

Step C　●センター試験にチャレンジ●

問1　次の表は，いくつかのプランテーション作物について，生産量の上位5か国と，それぞれの国の生産量が
世界に占める割合を示したものであり，ア〜ウは，茶葉，天然ゴム，パーム油の生産量のいずれかである。ア〜
ウと作物名との正しい組合せを，右の①〜⑥のうちから一つ選べ。［15年・B本改］

（単位：％）

順位	ア		イ		ウ	
1位	インドネシア	59.0	中 国*	48.8	タイ	33.1
2位	マレーシア	25.2	インド	19.4	インドネシア	22.3
3位	タイ	3.5	ケニア	8.3	ベトナム	9.1
4位	コロンビア	2.1	トルコ	5.1	中国	5.3
5位	ナイジェリア	1.7	スリランカ	4.6	インド	5.3

	①	②	③	④	⑤	⑥
ア	茶葉	茶葉	天然ゴム	天然ゴム	パーム油	パーム油
イ	天然ゴム	パーム油	茶葉	パーム油	茶葉	天然ゴム
ウ	パーム油	天然ゴム	パーム油	茶葉	天然ゴム	茶葉

*台湾，ホンコン，マカオを含まない。
統計年次は2021年。パーム油は2020年。
FAOSTATにより作成。

問1 [　　]

問2　農産物流通と農業政策にかかわる特徴や課題について述べた文として**適当でないも**
のを，次の①〜④のうちから一つ選べ。［15年・B本］
①　アメリカ合衆国には，穀物メジャーとよばれる大規模な多国籍企業の本拠地が存在し
ており，世界の穀物市場に強い影響を与えている。
②　オーストラリアは，イギリスに重点を置いたかつての農産物輸出戦略を，アジアを中
心とした輸出戦略に転換してきた。
③　日本では，農産物市場の対外開放にともなって，小規模な農家を保護するために営農
の大規模化を抑制する政策がとられるようになった。
④　ヨーロッパの共通農業政策は，主な農産物の域内共通価格を定め，安価な輸入農産物
に課徴金をかけたため，域外の国々との貿易摩擦が発生した。

問2 [　　]

29 世界の農業の現況

解答・解説 P.16

Step A ●ポイント整理● _____に適する語句を入れ，まとめを完成させよう。

1 現 況　(注) 統計年次は2021年。

(1) 世界の穀物生産量は1970年代以降２倍以上に増加。しかし耕地面積に大きな変化はない。農業技術の高度化による¹_____の増加が要因。

(2) 人類は全人口を養える食料を生産しているが，平等に配分されておらず，特に消費は偏在し「北の飽食，南の飢餓」が併存している。飢餓人口は９億人以上で²_____以南のアフリカと南アジアに集中。

(3) ³_____とは小麦や米などを品種改良し，高収量を目指した一連の運動。特にアジアで普及し米の増産をもたらした。インドでは1970年代に米の輸入国から輸出国へと転換した。

(4) ⁴_____とは動物性タンパク質や脂肪を炭水化物に換算し，家畜を太らせるために必要な飼料の量も考慮して算出。一般に生活水準の向上とともに**肉類や油脂類の消費が増える。**

(5) ⁵_____はかつて大豆や小麦の輸出国であったが，経済発展と共に生活水準が向上し，食料輸入が増加。特に大豆は世界貿易量の６割を輸入。

2 農産物の特徴

(1) **三大穀物**とは，**米，小麦，とうもろこし**であり，米はアジア，小麦は⁶____帯以外の各地，とうもろこしは北アメリカでの生産が多い。

(2) **三大いも類**は，**じゃがいも，さつまいも，**⁷_____であり，じゃがいもは亜寒帯（冷帯），さつまいも，⁷_____は熱帯での生産が多い。

(3) **三大飲料**（嗜好品）は**コーヒー，**⁸_____，**茶**であり，ともにプランテーションでの生産が多い。

(4) 原産地と現在の主産地とは一致しない例が多い。例：作物名 [原産地→主産地]　大豆 [中国→アメリカ合衆国]　じゃがいも [中南アメリカ→ヨーロッパ]　天然ゴム [アマゾン流域→東南アジア]　⁹_____ [エチオピア→南アメリカ]　⁸_____ [オリノコ川流域→ギニア湾岸]

3 主要な農産物　(注) 統計年次は2021年。

(1) **米**：中国・¹⁰_____下流域原産が有力。水稲は**ジャポニカ種**（約２割），**インディカ種**が（約８割）あり。他に畑で栽培される陸稲など。成育中の気温は17〜18℃，**年降水量は1,000mm以上。**米の大半はアジアで生産され，域内消費の¹¹_____的性格が強い。貿易量も生産量の数％であるが，アメリカ合衆国では商品作物として栽培されている。

(2) **小麦**：西アジア〜カフカス地方原産。栽培時期により春小麦は冬小麦よりも寒冷な地方にみられる。**年降水量500mm程度。**小麦は生産量の２割以上が輸出され，商品作物的性格がある。新大陸の国は企業的穀物農業，西欧は単位収量の多い集約的な農業が行われる。各国の小麦収穫期を一覧にしたのが¹²_____である。国の位置や気候帯を反映し，一年を通して世界各地での栽培の様子がわかる。

(3) **とうもろこし**：熱帯アメリカ原産。コロンブスによりヨーロッパにもたらされた。温暖多雨の気候に向く。**飼料としての取引が大半。**

(4) **大豆**：中国北部地域原産。用途は広くしょうゆ，豆腐などの食用や油脂原料，**飼料作物**としても重要。生産・輸出はともにブラジルが世界一。

NOTE

Step B　●作業でチェック●

ワーク 1　図1は，アジア*，北アメリカ**，ヨーロッパ***のそれぞれの地域について，主要穀物****の生産量と輸出入量*****の世界の総量に対する割合を示したものであり，①～③は，生産量，輸出量，輸入量のいずれかの指標である。それぞれどれが該当するか答えよ。［07年・A本改］

　　*トルコを含む。　**メキシコを除く。
　***ＣＩＳ（独立国家共同体）のうち，ウクライナ，ベラルーシ，モルドバ，ロシアを含む。
****小麦，米，とうもろこしの合計。　*****地域内貿易を含む。

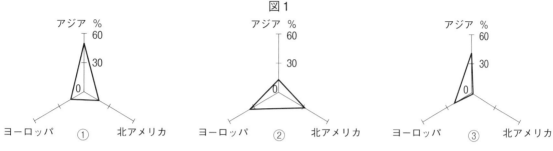

図1

①	②	③

統計年次は，生産量が2011年，輸出入量が2010年。
ＦＡＯの資料により作成。

ワーク 2　図2は，主な国の供給熱量自給率の推移（試算）を示したものである。ⓐ～ⓒに該当する国名を語群から選べ。

| 日本　　ドイツ　　オーストラリア |
| アメリカ合衆国 |

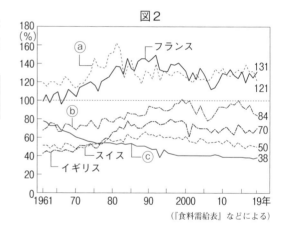

図2

（『食料需給表』などによる）

Step C　●共通テストにチャレンジ●

問1　熱帯の自然環境や食物，農業の特徴について確認したマリナさんたちは，地球的課題の一つである食料問題との関係について考えた。次の図は，穀物自給率を国・地域別に示したものである。図を見て話し合った会話文中の下線部①～④のうちから，**誤りを含むもの**を一つ選べ。［22年・A共通テスト追］

マリナ　「①アジア，アフリカ，南アメリカの中で，穀物自給率が100％未満の国はアフリカに多くみられるね」

トオル　「②アフリカの穀物自給率が低い国々では，主に輸出用の穀物が生産されるために，自国で消費する主食用穀物が不足しているね」

ユウナ　「穀物自給率が低い国の中でも，③マレーシアのように，経済発達によって国民所得が増えて輸入穀物への依存が高まっているところもあるよ」

マリナ　「一方で，④ブラジルのように，農地面積が広いため，安定した食料の確保が可能で穀物自給率が高く，輸出もしている国もあるね」

■100％以上　■50～100％　□50％未満　□データなし

中国の数値には台湾，ホンコン，マカオを含まない。経線・緯線は30°間隔。
統計年次は2017年。FAOSTATにより作成。

| 問1 | |

30 林 業

解答・解説 P.16

Step A ●ポイント整理● _____ に適する語句を入れ，まとめを完成させよう。

1 現況 (注) 統計年次は2020年。

(1) 気候帯とともにそれぞれの森林の性質は異なり，林業の成り立ちも異なる。一般に林業は有用材が集まる**単相林（純林）**の方が立地には好適。

(2) 木材の用途は輸出される国際的な商品としての[1]_____材と，自給用の[2]_____材に分けられる。後者は主に発展途上国での消費が多い。

(3) 木材の生産はアメリカ合衆国，**インド**，中国で多く，輸出はロシア，[3]_____，アメリカ合衆国など亜寒帯（冷帯）林の国が上位である。輸入は[4]_____，アメリカ合衆国，日本が多い。

(4) **インドネシア**，[5]_____，フィリピンでは1980年代に丸太の輸出を禁止し，国内加工して輸出する形態へと変化した。それが日本の木材輸入先に反映されており，現在は亜寒帯林（北洋材）の輸入が多い。

(5) アマゾン川流域での熱帯林減少は農業開発（牧場・畑地）や鉱山開発が原因である。ロシアでは亜寒帯林伐採後に永久凍土が融解し，[6]_____が放出され，**温暖化要因**として問題になっている。

2 日本の林業 (注) 統計年次は2015～2020年。

(1) 日本は約[7]_____%が森林である。林地が急斜面で伐採・搬出困難な場所が多い。また林家の約6割は1～3ha未満の山林規模しかなく，100ha以上は約0.5％にすぎない。

(2) 戦後の復興期に木材需要が急増したため，1964年に**木材を**[8]_____化した。以後，コスト高の国産材の需要は減少し，安価な輸入材が増加した。

(3) 戦中戦後に伐採されたあとへの植林（主にスギなど）から70年以上経ち，今が伐採期にあたるが，放置されているところが多く**山林の荒廃**が指摘されている。近年，スギ花粉症対策の苗木の生産も増加中。

(4) **林業就業者の高齢化**（約3割が60歳以上），**後継者難**（40年間で就業者が3分の1へ），**輸入材との競合**（コスト高）など，課題は多い。

(5) 日本国内での紙生産の約70％は[9]_____の再利用によるもの。

3 森林環境保全

(1) 森林の様々な機能に注目し，**持続可能な開発**が求められる。例：[10]_____涵養，土壌侵食防止，二酸化炭素吸収，酸素供給，野生生物の生息場所，生物多様性の維持，森林浴など

(2) 木材は重くかさばる割には安価なため，輸送費が価格を左右する。そのため環境負荷の視点からは[11]_____が効果的であり，**ウッドマイルズ（ウッドマイレージ）**の発想もある。

(3) 林業再生の取り組みとして**山地酪農（育林放牧）**という方法がある。[12]_____と飼料代節約，糞尿により土壌の肥沃化を達成できる。

(4) 漁業者による森づくり（[13]_____林の保全）として，河川上流の植樹を行っている地域もある（森林の消失が河川を通じて海洋環境へ影響するため）。

NOTE

Step B　●作業でチェック●　ワーク①　表の①〜⑦に該当する語句を語群から選べ。

	特　徴	利用樹種	分　布
熱帯林	・樹種混在，密林 ・焼畑，①材に利用 ・硬木	高級家具材（紫檀・黒檀，マホガニー），合板材・建築材（④，チーク）	・赤道付近 ・アマゾン川流域の⑤ ・東南アジア（ジャングル） ・アフリカ⑥盆地
温帯林	②林が多い （シュバルツバルトなど）	暖：常緑広葉樹（カシ，シイ，クス，オリーブ） 　　落葉広葉樹（ブナ，ナラ，クリ，ケヤキ） 冷：針葉樹（スギ，モミ，ヒノキ，トウヒ）	・温帯南部に照葉樹林 ・Cs気候区に硬葉樹林 ・東北日本や欧州は混合林
亜寒帯 （冷帯）林	・針葉樹の純林（③） ・建築材やパルプ材に利用 ・搬出時に融雪季の河川を利用 ・軟木	針葉樹（スギ，モミ，ヒノキ，トウヒ，カラマツ，トドマツ）	・亜寒帯気候区 ・カナダ，⑦，北欧で林業が発達

人工　タイガ　薪炭　ラワン コンゴ　ロシア　セルバ

①	材	②	林	③	④
⑤		⑥		⑦	

ワーク②　右の図は日本の木材輸入先の推移を示したものである。このグラフから読みとれる文として**不適切なもの**を一つ選べ。　□

（注）木材は「丸太」と「製材・加工材等」の合計値。

a　2020年はアメリカ合衆国・カナダからの米材ならびにロシアからの北洋材が50％以上を占めている。

b　南洋材の割合は1965年から減り続けている。

c　南洋材は輸入先の主産地（国）が年々変化している。

d　熱帯林の破壊は，国際的な環境問題となっている。

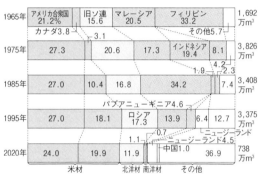

（『森林・林業統計要覧』2022などによる）

Step C　●共通テストにチャレンジ●

問1　リナさんたちは，環境への負荷の軽減に寄与する森林資源に注目し，資源とその利用についてまとめた。次の図は，いくつかの国における森林面積の減少率，木材輸出額，木材伐採量を示したものであり，K〜Mはエチオピア，ブラジル，ロシアのいずれか，凡例タとチは薪炭材と用材*のいずれかである。ブラジルと薪炭材との正しい組合せを，後の①〜⑥のうちから一つ選べ。［22年・B共通テスト本］

*製材・ベニヤ材やパルプ材などの産業用の木材。

	①	②	③	④	⑤	⑥
ブラジル	K	K	L	L	M	M
薪炭材	タ	チ	タ	チ	タ	チ

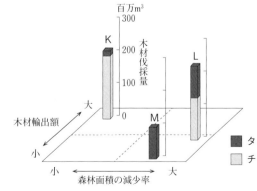

森林面積の減少率は1995年から2015年までの変化。森林面積の減少率と木材輸出額は相対的に示してある。統計年次は2017年。FAOSTATなどにより作成。

問1　□

共通テスト

31 水産業

解答・解説 P.17

Step A ●ポイント整理● _____ に適する語句を入れ，まとめを完成させよう。

1 水産業の発達と形態　(注) 統計年次は2020年。

(1)　水産業は天然の魚介類を採取する**漁業**と，卵から成魚まで人間が育てる**養殖業**，人工ふ化させ稚魚の状態まで育てた後に放流して育ったものを漁獲する¹_____漁業，及び水産加工からなる。

(2)　湖沼や河川での水産業は²_____漁業・養殖業という。中国では後者の漁獲高が多く，²_____養殖業による生産は世界の50％以上を占める。

(3)　養殖業や¹_____漁業は計画的な生産や価格の安定化という長所もあるが，³_____汚染や過密養殖などの問題が生じている。

(4)　漁船や漁具の進歩，⁴_____船の発明などで**漁場は沿岸→沖合→**⁵_____へと拡大。漁獲量は増えたが乱獲されたため，水産資源の枯渇が懸念される。

(5)　現在多くの国で⁶_____**海里（約370km）排他的経済水域（EEZ）**を設定し，水産資源を保護。EEZによって外国漁船の入漁制限や入漁料取得が可能。

2 漁場の条件

(1)　自然的条件は⁷_____が発生しやすい**大陸棚やバンク（浅堆）**の存在，寒暖流が出合う**潮境（潮目）**があること。

(2)　社会的条件は消費市場の存在，高度な漁法と保存を可能にする資本や技術があること，漁業をめぐる国際関係（条約や協定）も影響が大きい。

3 現況　(注) 統計年次は2020年。

(1)　1980年代まで日本とソ連が漁獲高上位であった（ペルーは年変動大）。1990年代に⁸_____が養殖の生産量を伸ばし，ペルーも⁹_____の豊漁で漁獲量が増加。2000年代にはインドやインドネシアで増加傾向。

(2)　国連食糧農業機関（FAO）は各国で総漁獲可能量（TAC）を魚種別に定めることを進め，日本も水産資源の量的管理として7種を設定している。

(3)　世界の漁獲高（養殖を含まない）は中国（世界の約15％），インドネシア（約8％），ペルー（約6％），インド（約6％），ロシア（約6％）の順。

(4)　捕鯨は国際捕鯨委員会（IWC）の協定で，1988年から¹⁰_____**捕鯨は禁止**。ただし，調査捕鯨や先住民による伝統的な捕鯨などは認められている。日本は，2019年にIWCを脱退し¹⁰_____捕鯨が再開された。

4 日本の水産業　(注) 統計年次は2020年。

(1)　かつては世界一の水産国であったが，現在の漁獲量は8位。しかし1日1人当たり食用魚介類供給量では世界でも上位である。

(2)　世界の1970年代の⁶_____海里排他的経済水域（当時は漁業専管水域）の設定や¹¹_____による燃料費高騰などで遠洋漁業が激減した。また1980年代後半からは漁獲高が最大であった沖合漁業も¹²_____の不漁で減少傾向にある。日本の空港の水産物取扱額1位は¹³_____空港（「¹³_____漁港」ともよばれている）。

(3)　東南アジア諸国で日本向けに¹⁴_____の養殖がさかんであるが，¹⁵_____林の伐採や海洋汚染の問題が生じている。

NOTE

Step B ●作業でチェック● │ **ワーク 1** │ 表の①～⑤にあてはまる語句を答えよ。

漁　場	海　流		バンク（浅堆）	特　　徴
	暖流	寒流		
北西太平洋 （日本近海）	黒潮 （①海流）	親潮 （②海流）	・大和堆 ・武蔵堆	・世界最大の漁獲量 ・暖海魚（さば，いわし，かつお，まぐろ） ・寒海魚（さけ，ます，にしん，すけとうだら）
北東太平洋 （北アメリカ西岸）	アラスカ海流	③海流	―	・消費地に遠く缶詰，冷凍工場が発達 ・日本人移民が漁場を開発 ・さけ，ます，かに，たら
南東太平洋 （ペルー沖）	―	ペルー （フンボルト）海流	―	・海域に湧昇流 ・④は魚粉（フィッシュミール）に加工 ・1970年代，⑤現象で不漁となるが，1990年代に豊漁へ
北東大西洋 （ヨーロッパ近海）	北大西洋海流	東グリーンランド海流	・ドッガーバンク ・グレートフィッシャーバンク	・トロール漁法発祥地 ・たら戦争（イギリスとアイスランドの間でたら漁を巡り衝突） ・たら，にしん
北西大西洋 （北アメリカ・ニューファンドランド島近海）	メキシコ湾流	ラブラドル海流	・グランドバンク ・ジョージバンク	・流氷，濃霧が多い ・フランス人による漁場開発（フランス領の島有り） ・たら，にしん

①	海流	②	海流	③	海流	④	
⑤	現象						

│ **ワーク 2** │ 右の図は国別漁獲量の推移である。Ⅰ日本，
Ⅱ中国，Ⅲペルーはa～cのうちのどれか。

Ⅰ日本	Ⅱ中国	Ⅲペルー

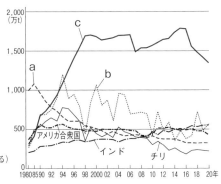

（注）養殖を含まない。
（『日本国勢図会』による）

Step C ●共通テストにチャレンジ●

問1 右の図は，カツオ・マグロ類を使用したツナ缶詰の生産量と輸入量について，世界に占める割合が1％以上の国・地域を示したものである。図に関することがらについて述べた文章中の下線①～④のうちから，最も適当なものを一つ選べ。［23年・B共通テスト追］

　ツナ缶詰の主要な生産地をみると，インド洋の島嶼国（とうしょ）では，①原料の漁獲域に近いことをいかして，ツナ缶詰が生産されている。また，ヨーロッパでは，②市場に近い内陸国にツナ缶詰の工場が多く立地している。
　ツナ缶詰の消費について考えると，アメリカ合衆国やスペインでは，③自国生産によって，国内需要のほとんどを充足しているといえる。また，西アジアや北アフリカでは，④伝統的な食文化を背景に，ツナ缶詰はほとんど消費されていない。

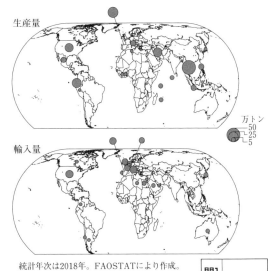

生産量

輸入量

万トン
50
25
5

統計年次は2018年。FAOSTATにより作成。

問1

共通テスト

32 日本の農業

Step A ●ポイント整理● _____ に適する語句を入れ，まとめを完成させよう。

1 日本農業の変遷

(1) 戦前は地主制の下，**稲作と養蚕（ようさん）**が中心。戦後，農村の民主化，農業経営の合理化を目指して¹_____が行われ，**自作農中心**の経営へ移行した。

(2) 1942年の²_____制度は戦後も引き継がれ，米はすべて政府が買い入れることで農家の所得の安定を図った。

(3) 1960年代の高度経済成長により，農業は他産業との所得格差が広がり若者の就農者が減少，**兼業化も進行**した。

(4) 1970年代は米の消費量が減少していたため，**余剰米**の増加に対して³_____政策（**生産調整**）を実施した。付加価値の高い野菜や果実，花卉（かき）生産に転換する農家も増加した。

(5) 1991年，**牛肉，⁴_____の輸入が自由化**した。

(6) 1993年，米の凶作による外米（タイ米など）の緊急輸入をきっかけに，1995年²_____制度は廃止（部分的米の市場開放）。1999年には米の関税化開始。

(7) 2001年にはねぎ，生しいたけ，いぐさに⁵_____を発動。

(8) 2000年代に入りアジアの富裕層向けに，高品質の日本産農産物の輸出が増加。

(9) 2009年，⁶_____法が改正され，農業生産法人（一般企業など）による農業への参入規制が緩和された。

(10) ⁷_____の今後に注目が集まる中，JA（農協）改革も進行。

2 現状と課題　(注) 統計年次は2019～2022年。

(1) 農家の経営規模は零細（れいさい）で一農家当たりの平均耕地面積は約3.3ha。就農率は約３％と低く，農業就業者の⁸_____化も進んでいる。また販売農家（全体の約60％）のうち，農業所得が主である主業農家の占める割合は約20％で，副業的農家や自給的農家の割合が増加している。

(2) 農薬や化学肥料を用いる集約的な農業であり，⁹_____生産性は高く，単位面積あたりの農業生産額は極めて高い。

(3) 耕地面積は国土の11.6％で世界平均とほぼ同じだが，牧場・牧草地率は1.6％しかない。半分以上（54.4％）は水田である。

(4) ¹⁰_____による食料自給率は約40％であるが，飼料を含む穀物はそれを下回る。一方，生産額ベースによる自給率は約60％。

(5) 大豆，とうもろこしはともにアメリカ合衆国からの輸入が多いが，大豆は¹¹_____など南米諸国からの輸入が増大。肉類や牛乳，乳製品の自給率はやや高いが，その飼料はほとんどを輸入に依存している。

(6) 野菜は都市周辺での**近郊農業**，温暖な高知，宮崎では**促成栽培**，長野や群馬の高冷地では夏のキャベツやレタス栽培など，¹²_____園芸（トラックファーミング）がさかんである。

(7) 過去40年間で農業就業人口は約７割減少したが，農地面積は約２割減少に留まっており，少数の農家による高効率な経営が増加している一面もある。

(8) ¹³_____園芸はガラス温室やビニールハウスなどで初期投資を要するが，出荷調整，病虫害予防，品質の安定性などにより高い生産性を誇り設置面積も増加。

NOTE

Step B ●作業でチェック●

ワーク 次の表は，2022年（野菜類は2021年）の農畜産統計である。①～⑥には農畜産物を，ⓐ～ⓔには道県名をそれぞれ下から選択せよ。

品 目	全国計	1位		2位		3位		4位		5位	
①	726.9万t	新潟	63.1	ⓐ	55.3	秋田	45.7	山形	36.5	宮城	32.7
小麦	98.8万t	ⓐ	60.9	福岡	7.5	佐賀	5.7	愛知	3.0	三重	2.4
野菜類	2兆1,467億円	ⓐ	2,094	茨城	1,530	ⓑ	1,280	熊本	1,186	愛知	1,031
②	73.7万t	青森	43.9	ⓒ	13.3	岩手	4.8	山形	4.1	福島	2.4
③	68.2万t	和歌山	15.3	愛媛	10.9	ⓓ	10.3	熊本	7.5	長崎	4.0
④	16.3万t	山梨	4.1	ⓒ	2.9	岡山	1.5	山形	1.4	福岡	0.7
茶（生葉）	33.1万t	ⓔ	13.0	ⓓ	12.9	三重	2.6	宮崎	1.5	京都	1.3
⑤	137.1万頭	ⓐ	84.6	栃木	5.5	熊本	4.4	岩手	4.0	群馬	3.4
肉牛	261.4万頭	ⓐ	55.3	ⓔ	33.8	宮崎	25.5	熊本	13.4	岩手	8.9
⑥	894.9万頭	ⓔ	119.9	宮崎	76.4	ⓐ	72.8	群馬	60.5	ⓑ	58.3

農畜産物	ぶどう 豚 りんご 米 みかん 乳牛	道県名	北海道 長野 静岡 千葉 鹿児島

Step C ●センター試験にチャレンジ●

問1 次の図は，日本の耕地面積と作付・栽培延べ面積*の推移を示したものである。図から読み取れることがらとその背景について述べた下の文章中の下線部①～④のうちから，**適当でないもの**を一つ選べ。[19年・B追]

*各年の作付・栽培延べ面積は，同一の農地における農作物の作付・栽培面積の合計。

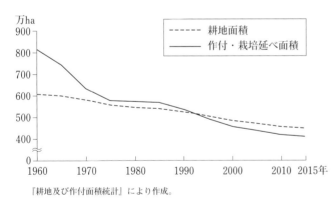

『耕地及び作付面積統計』により作成。

1990年以前は作付・栽培延べ面積が耕地面積を上回っており，2015年時点よりも①1年の間に複数回利用される耕地面積が大きかったと考えられる。その後，耕地面積と作付・栽培延べ面積ともに減少しているが，その度合いから②耕作放棄地が増加していることが読み取れる。

こうした傾向の背景には，都市化の進展における農地の転用や③農業人口の減少・高齢化があげられる。一方で，近年，効率的な農地の利用に関する取組みがすすめられている。例えば，④農地を分割することで，労働生産性を高めて収益をあげようとする農業生産法人が増加している。

問1 ☐

問2 農業のグローバル化とそれに関連したことがらについて述べた文として**適当でないもの**を，次の①～④のうちから一つ選べ。[09年・B本]

① EU（欧州連合）は，EU域内各国間での農産物の関税を撤廃する一方で，域外からの安価な輸入農産物に課徴金を課している。

② 穀物メジャーとよばれる巨大な穀物商社は，世界の穀物価格の形成に大きな影響を与えている。

③ 日本は農産物を輸入に依存する程度が高まっており，輸入相手国の不作の影響を受けやすくなっている。

④ 米は小麦と比べて世界の総生産量に対する総輸出量の割合が高い。

問2 ☐

33 食料問題

解答・解説 P.18

Step A ●ポイント整理● _____ に適する語句を入れ，まとめを完成させよう。

1 発展途上国と先進国

(1) 発展途上国では人口急増，内戦，政情不安，自然災害などで食料増産がままならない。そのため大量の¹_____ が発生している地域もある。また植民地時代の経済体制が今も続き，輸出用の**商品作物**を単一栽培する**プランテーション農業**が維持され，主食の生産が後手になっている。

(2) 先進国では世界中から食料が輸入されており，²_____ 類の消費も多いことから，**オリジナルカロリー**で考えると多量のカロリー消費となる。

(3) 発展途上国への食料援助は³_____（FAO）や**世界食糧計画**（WFP）を通じて行われている。日本も⁴_____（JICA）の人材派遣や**非政府組織**（NGO）により農業技術支援を行っている。

(4) 近年，世界貿易におけるルール作りにおいて，農産物の自由化の流れ（輸入関税の撤廃など）が強まっている。

2 農業関連の動き

(1) ⁵_____（巨大穀物商社）とは穀物市場を支配する多国籍商社のことであり，価格形成や国家政策をも左右する影響力を持つ。

(2) ⁶_____とは農業関連産業の総称で，生産，加工，流通，販売に至るまで幅広い分野がある。⁵_____はその代表的な存在。

(3) ⁷_____商品取引所で世界の主要穀物価格は決定する。近年，**投機資金の流入**によって，豊作・不作に関係なく価格が上下している。

(4) ⁸_____（GMO）は**アメリカ合衆国**，⁹_____，**アルゼンチン**で積極的に導入され，¹⁰_____，**とうもろこし**，**綿花**は輸出品の大半をこれが占めている。

(5) さとうきびやとうもろこしなどの原料を発酵させて作る燃料が¹¹_____。⁹_____ではこれを燃料とした自動車が一般的。

(6) 「農地収奪」と訳される¹²_____は他国の農地を買収し，食料生産を行う農業投資のこと。投資側は¹³_____国，人口大国，西欧で，東欧，中南米，アフリカの安価で肥沃な農地が買収されている。

3 農業の新しい考え方

(1) 適正な価格で発展途上国の農作物を購入し，生産者の生活向上を支援するあり方を¹⁴_____（**公正な貿易**）という。

(2) 食料の輸入重量に輸送距離を掛けたものが¹⁵_____である。日本は総量でも国民1人当たりの値でも世界一。この値を小さくするには適地適作で作られた地元のものを旬の時期に摂ることが肝要。

(3) 食料を水資源に換算したものが**仮想水**（¹⁶_____）。畜産物は家畜とそのエサを作るための水も含まれるため，計算上は大量消費していることになる。例：牛丼1杯＝風呂13杯分

(4) 地元で作られた農産物をその地域で消費する¹⁷_____は，資源の節約やCO₂排出量の削減になる。¹⁵_____や¹⁶_____の観点からも推奨されている。

(5) 日本では**BSE問題**や事故米問題などを契機に食の安全性に関心が高まり，牛肉や米の¹⁸_____（**生産履歴追跡**）が確立。

NOTE

Step B　●作業でチェック●

ワーク 1　図1は，世界の人口と主な農畜産物の生産割合を示したものである。ⓐ～ⓒに該当するものを語群から選べ。

穀物	肉類	いも類

ⓐ	ⓑ	ⓒ

ワーク 2　図2は日本の主な食料の品目別自給率（重量ベース）の推移を示したものである。①～⑤に該当する品目を語群から選べ。

大豆	とうもろこし	米	鶏肉	牛肉

①	②	
③	④	⑤

図1　（2016～2021年）

	先進国		発展途上国		
世界計 人口 79.1億人	ヨーロッパ 6.7%	アメリカ合衆国4.3 その他3.0	アジア59.4	アフリカ 17.6	ラテンアメリカ 8.3 その他0.7
ⓐ 3.3億t	12.9	13.5	40.3	5.1 5.1	15.3 7.8
ⓑ 8.5億t	5.8	2.5 1.2 41.2	32.5	6.0	10.8
ⓒ 28.5億t	8.3	16.7	3.6 47.0	6.1	7.8 10.5

（注）先進国はDAC（開発援助委員会）加盟国。　　　（FAOSTATによる）

図2

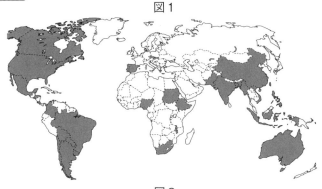

（『食料需給表』による）

Step C　●センター試験にチャレンジ●

問1　農業の生産性向上のための取組みの一つとして，遺伝子組み換え作物の導入がある。次の図1は，遺伝子組み換え作物を商業用に栽培している国（2019年）を示したものであり，図2は，その作付面積の推移を示したものである。図1と図2から読み取れることがらとその背景について述べた次の文章中の下線部①～④のうちから，**適当でないもの**を一つ選べ。[12年・B本改]

　遺伝子組み換え作物は，遺伝的性質の改変を行い，農薬や病気，害虫に対する耐性を高めた品種で，安定した供給が期待できることから，①アメリカ合衆国やカナダでは，アグリビジネス企業などによりいち早く導入された。このほか，アルゼンチンやブラジル，中国，インドといった②農産物の生産，あるいは輸出が多い国々で栽培されている。南北アメリカにおいては作付面積が増加傾向にある一方で，安全性などへの懸念から遺伝子組み換え作物の導入には慎重な国々もみられる。③EU（欧州連合）加盟国内でも遺伝子組み換え作物が栽培されているが，その作付面積は小さい。日本も慎重な立場をとる国の一つであり，④加工食品用の遺伝子組み換え作物の輸入を禁止している。

図1

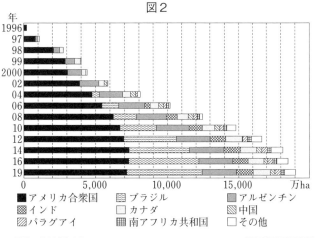

図2

中国には台湾を含む。
図1，2ともISAAAの資料により作成。

問1	

34 エネルギー資源

解答・解説 P.18

Step A ●ポイント整理● _____ に適する語句を入れ，まとめを完成させよう。

1 エネルギー資源の消費

(1) **1次エネルギー**とは，¹_____，石油，水力・風力などのように，天然のまま利用できるエネルギーのことをいう。また，**2次エネルギー**とは，²_____，LPG（液化石油ガス），LNG（液化天然ガス）などのように1次エネルギーを加工したエネルギーのことである。

(2) 1960年代後半に，³_____の消費が¹_____の消費を上回り，**エネルギー革命**が進んだ。**1973年の第4次中東戦争**により第1次⁴_____，**1979年のイラン革命**により第2次⁴_____が起こり³_____の価格が高騰した。その後，代替エネルギーの開発，省エネルギー対策が進み³_____の消費は減少傾向になる。⁵_____は，環境汚染を起こさない**クリーンエネルギー**として輸送技術の発達にともない1970年代以降消費量が増加した。

2 石 炭 (注) 統計年次は2019年。

(1) 北半球の中緯度に多く分布し，世界の大炭田は⁶_____造山帯に多い。国別産出量は⁷_____，インド，インドネシアで世界の約70％を占める。⁷_____が最大の輸入国で，輸出ではインドネシア・⁸_____で約60％を占める。アフリカでは，南アフリカ共和国が最大の産出国で輸出国でもある。

(2) 消費が多い国は中国，⁹_____，アメリカ合衆国，ロシア，ポーランドなどの産出国である。

3 石油・天然ガス (注) 統計年次は2019〜2021年。

(1) 多くは褶曲構造をもった¹⁰_____造山帯の地層の背斜部にある。その分布は著しく偏在しており，埋蔵量の約50％が西アジアに集中している。産出量ではサウジアラビアなどの西アジアの国々，アメリカ合衆国，ロシアなどが多い。ヨーロッパでは北海油田をもつ¹¹_____，ノルウェーが輸出国である。**アメリカ合衆国は，産出量も多いが消費量も多いため世界有数の輸入国**である。日本は，中国，アメリカ合衆国，インド，韓国に次ぐ輸入国で，西アジアへの依存度が高い。

(2) アメリカ合衆国，イギリス，フランス，オランダなどの巨大石油会社のことを¹²_____（国際石油資本）とよぶ。また，産油国の組織としては，**石油輸出国機構**（¹³_____），**アラブ石油輸出国機構**（¹⁴_____）がある。西アジアの¹⁵_____は非アラブであるため，¹⁴_____には加盟していない。

(3) **天然ガスは油田付近で産出**し，アメリカ合衆国，ロシア，カナダなどが産出国である。日本では輸送コストがかかるため，**LNG（液化天然ガス）**としてオーストラリアやマレーシア・ブルネイ・¹⁶_____などの東南アジアの国からの輸入が多い。

4 電 力 (注) 統計年次は2019年。

(1) 世界の発電量の約60％が火力発電で，残りが水力発電と原子力発電などである。水力発電中心の国は，氷河湖の多い¹⁷_____，ノルウェー，熱帯の多雨地域のブラジルなどである。フランスは原子力発電の割合が高い。

(2) **地熱発電**は，火山国であるイタリア・ニュージーランドなどでみられる。**潮汐発電**としては¹⁸_____のランス発電所が有名である。

NOTE

Step B ●作業でチェック●

ワーク 1 図1は主要国の1次エネルギー燃料別供給割合＊を示したものである。①～④に該当する国名を語群から選べ。

```
カナダ　中国
アメリカ合衆国　フランス
```

①
②
③
④

ワーク 2 図2は石炭，原油，天然ガスの産出（2020～21年），貿易（2020年）を示したものである。各項目のⓐ～ⓕに該当する国名を語群から選べ。

```
日本　アメリカ合衆国　中国　ロシア
オーストラリア　サウジアラビア
```

ⓐ		ⓑ	
ⓒ		ⓓ	
ⓔ		ⓕ	

図1 (2019年)

石炭 3.0%　天然ガス　水力 2.0　地熱・その他

国	石炭	石油	天然ガス	原子力	水力	地熱・その他
①	3.0%	石油 29.3	15.5	原子力 42.9	2.0	7.3
②	4.5%	33.7	38.3	8.6	—	10.7 / 4.2
イギリス	3.4%	34.7	39.2	8.6	—	13.8 / 0.3
日本	27.8%	38.4	22.2	—	1.6	6.0
ドイツ	18.3%	33.9	25.7	6.6	0.6	14.9 / 4.0
③	12.4%	35.8	33.5	9.9	1.1	7.3
④	61.1%	19.1	7.3	—	2.7	6.6 / 3.2

＊各国の供給割合からは，それぞれの国の1次エネルギーの産出状況，輸入状況を読み取ることができる。
（『世界国勢図会』2022/23）

図2

石炭

| 産出量 68.0億t | ⓐ 57.4% | インド 10.5 | インドネシア 8.1 | ロシア 6.3 | 4.9 | その他 12.8 |
（オーストラリア／アメリカ合衆国）

| 輸出量 13.1億t | インドネシア 31.0% | ⓑ 29.7 | ロシア 15.3 | 5.6 | 5.2 | 4.5 | その他 8.7 |
（南アフリカ共和国／コロンビア）

| 輸入量 12.6億t | 中国 24.0% | インド 17.0 | ⓒ 13.7 | 韓国 9.1 | その他 27.8 |
（ベトナム 4.3／（台湾）4.1）

原油

| 産出量 52.2億kL | 18.5% | 12.2 | ⓓ 12.2 | 6.0 | その他 42.1 |
（アメリカ合衆国／カナダ／中国4.4／サウジアラビア／イラク4.6）

| 輸出量 20.6億t | ⓔ 16.3% | ロシア 11.6 | 8.2 | 7.7 | 7.6 | 5.9 | その他 43.7 |
（イラク／カナダ／アメリカ合衆国／アラブ首長国連邦）

| 輸入量 21.4億t | 中国 25.4% | ⓕ 13.6 | インド 9.2 | 6.2 | 5.4 | その他 36.3 |
（日本／ドイツ3.9／韓国）

天然ガス

| 産出量 4.04兆m³ | ⓕ 23.1% | ロシア 17.4 | 6.4 | 5.2 | その他 39.2 |
（イラン／カタール4.4／中国／カナダ4.3）

| 輸出量 1.24兆m³ | ⓓ 19.3% | 12.1 | 10.2 | 8.7 | 5.7 | その他 35.1 |
（アメリカ合衆国／カタール／カナダ／ノルウェー／オーストラリア）

| 輸入量 1.21兆m³ | 中国 10.8% | ⓒ 6.9 | 6.0 | 5.5 | その他 62.1 |
（ドイツ／アメリカ合衆国／8.7／イタリア）

（国連資料などによる）

Step C ●センター試験にチャレンジ●

問1 世界のエネルギー供給の過半を占める化石燃料は，地域的に偏在することから資源をめぐる紛争の原因となったり，その利用に際しては環境に負の影響を与えることが懸念されている。次の図中のA～Dの地域・海域で発生した資源・エネルギーをめぐる問題について述べた文として最も適当なものを，下の①～④のうちから一つ選べ。〔12年・B本〕

① Aの地域では，石炭の採掘権をめぐって分離独立運動が起こり，多数の餓死者や死傷者を出した。

② Bの地域では，ロシアとヨーロッパを結ぶ天然ガスの鉄道輸送網が整備されているが，関税設定をめぐり産出国と経由国との間で紛争が起きている。

③ Cの地域では，戦争により油田が破壊され，火災や周辺海域への重油の流出により，深刻な海洋汚染や大気汚染を引き起こした。

④ Dの海域では，石油の埋蔵が確認されたことなどを背景に，中国，フィリピン，インドネシアなど複数の国が群島の領有権をめぐって争っている。

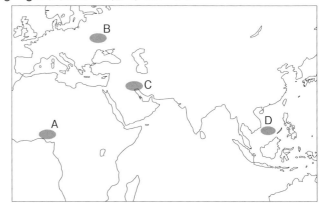

問1

35 鉱産資源

解答・解説 P.19

Step A ●ポイント整理● _____ に適する語句を入れ，まとめを完成させよう。

1 鉄鉱石　(注) 統計年次は2019～2021年。

(1) 鉄鉱石の産出は，産業革命以後[1]_____の鉱山が中心であったが，20世紀になると，[2]_____や旧ソ連が主要産出国になった。第二次世界大戦後は規模が小さく質の劣るヨーロッパの鉱山にかわって，[3]_____やオーストラリアで新しい鉱山開発が進んだ。

(2) 広く世界に分布しているが，**安定陸塊**により多く分布している。**産出国上位は面積上位国が多い。**

	1位	2位	3位	4位	5位
産出国	[4]_____	[3]_____	中国	インド	ロシア
輸出国	[4]_____	[3]_____	南アフリカ共和国	[5]_____	ウクライナ

(3) 日本は[4]_____，[3]_____からの輸入が多い。アメリカ合衆国は[3]_____，[5]_____などの南北アメリカから輸入している。

2 銅　鉱

(1) 電線・電気器具に利用されている**銅**は，世界最大の露天掘り銅山（チュキカマタ銅山）がある[6]_____のほか，発展途上国ではペルーやコンゴ民主共和国・ザンビアなどでの産出が多い。

(2) ザンビア，コンゴ民主共和国の国境地帯は[7]_____とよばれている。

3 ボーキサイト　(注) 統計年次は2019～2020年。

(1) 熱帯・亜熱帯地域で産出される**ボーキサイト**は[8]_____の原料である。地中海沿岸（旧ユーゴスラビアなど）でも産出。

(2) 産出国は，[4]_____，中国，ギニア，ブラジル，インド，ジャマイカなどである。

(3) [8]_____は，精錬で大量の電力を消費するので「**電気の缶詰**」といわれている。生産量の多いのは中国，ロシア，カナダ，オーストラリア，アメリカ合衆国などで，ボーキサイトの産出国とは一致しない。

4 その他の鉱産資源　(注) 統計年次は2019～2020年。

(1) 缶詰の缶のブリキの原料である**すず**の産出は，中国，[9]_____，ミャンマーなどのアジアの国で多い。ペルー，ボリビアなどでも産出。

(2) インドネシア，フィリピン，ロシア，カナダ，[10]_____領ニューカレドニアなどで産出する**ニッケル**はニクロム線や合金などに利用。

(3) **金**は中国，オーストラリア，ロシア，アメリカ合衆国，[11]_____で産出が多く，**銀**はメキシコやペルーなどのラテンアメリカの国々で多く産出される。**ダイヤモンド**は，ロシア，ボツワナ，カナダ，コンゴ民主共和国，オーストラリア，アンゴラ，[11]_____などの国々で多い。

5 レアメタル（希少金属）

(1) **レアメタル**は，「**産業のビタミン**」といわれ，エレクトロニクスや原子力などの**先端技術産業**（ハイテク産業）には欠くことができない金属類で，タングステン，モリブデン，コバルト，クロム，マンガン，チタンなどである。産出地は偏在している。[11]_____はレアメタルの宝庫である。

NOTE

Step B　●作業でチェック●

ワーク 1　図1は鉱産資源の国別産出量の割合を示している。①～⑦にあてはまる鉱産資源名を語群から選べ。

> ボーキサイト　すず　金　鉄鉱石　銀　銅　ニッケル

図1　　　　　　　　　　　　　　　　　　　　　　　　　　（2019～20年）

	世界計	構成		用途
①	15.2億t	オーストラリア 37.1%／ブラジル 16.2／中国 14.8／インド 8.4／ロシア4.6／その他 18.9		建築・土木
②	3.91億t	オーストラリア 26.7%／中国 23.7／ギニア 22.0／ブラジル 7.9／インドネシア 5.3／その他 14.4		航空機 建築資材
③	2,040万t	チリ 28.4%／ペルー 12.0／中国 8.3／コンゴ民主共和国 6.3／アメリカ合衆国 6.2／その他 38.8		電線 電気機械
④	3,300t	中国 11.5%／9.9／ロシア 9.2／6.1／5.3／アメリカ合衆国／ガーナ4.3／ペルー3.9／その他 45.6		装身具 貴金属
⑤	2.37万t	メキシコ 23.4%／中国 14.3／ペルー 11.7／チリ 6.6／その他 44.0／オーストラリア／カナダ／インドネシア4.2		装飾品 貨幣
⑥	26.4万t	中国 31.8%／インドネシア 20.1／ミャンマー 11.0／7.8／コンゴ民主共和国 6.6／その他 22.7		ハンダ ブリキ缶
⑦	261万t	インドネシア 32.7%／12.4／ロシア 10.7／8.0／7.0／6.1／その他 23.1／ニューカレドニア／ペルー／フィリピン／カナダ／オーストラリア		ステンレス鋼 メッキ・IC機械

（『日本国勢図会』2023/24などによる）

①	
②	
③	
④	
⑤	
⑥	
⑦	

図2

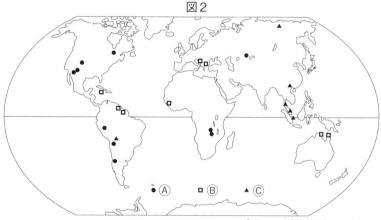

ワーク 2　図2の記号Ⓐ～Ⓒは，すず，銅，ボーキサイトの主な鉱山の分布を示したものである。Ⓐ～Ⓒに該当する鉱山資源名を答えよ。［93年・本改］

Ⓐ	
Ⓑ	
Ⓒ	

「ディルケ世界地図帳」ほかによる。

Step C　●センター試験にチャレンジ●

問1　レアメタル（希少金属）について述べた文として**適当でないもの**を，次の①～④のうちから一つ選べ。［10年・B本］

① レアメタルには地球上に存在が少ない金属のほか，技術的理由や費用の面で純粋なものを抽出するのが難しい金属も含まれる。

② レアメタルの埋蔵には地域的なかたよりがあり，その産出や輸出に国の経済が大きく影響される産出国がみられる。

③ レアメタルの大半は，技術の進歩によりリサイクルが容易になったため，近年は地下資源の採掘が減少傾向にある。

④ レアメタルは，半導体やエレクトロニクスなどの先端技術産業に欠かせないため，先進国では備蓄もすすめられている。

問1	

36 世界と日本の資源・エネルギー問題 解答・解説 P.19〜

Step A ●ポイント整理● _____ に適する語句を入れ，まとめを完成させよう。

1 石油をめぐる動き

(1) 地下資源やエネルギー源となる[1]_____燃料は偏在しており，消費する
先進国と生産する発展途上国という不均衡な構図がある。

(2) **資源ナショナリズム**の台頭により，産油国は[2]_____（国際石油資本）
から原油価格や産油量の決定権を獲得した。石油を戦略物資化し，**2度の石
油危機（オイルショック）**が起きた。

(3) 1974年に先進国は**国際エネルギー機関（IEA）**を結成し，エネルギー安全
保障の観点で，備蓄やエネルギー源の多様化，**石油輸出国機構（OPEC）**以
外の原油産地の開発を進める（原油価格上昇で採掘が可能となった一面もあ
る）。例：[3]_____油田，アメリカ・アラスカ州のプルドーベイ油田など

(4) 2000年代以降，[4]_____などの新興国の需要増加などにより，原
油価格は上昇傾向にある。

(5) アメリカ合衆国では近年，[5]_____や[6]_____の採
掘精製技術が向上し，生産量が急増している（**シェール革命**）。

2 再生可能エネルギー

(1) 自然の力を利用した**太陽光，水力**，[7]_____，**風力，バイオマスエネル
ギー**のほか，廃棄物を用いるリサイクルエネルギーや排熱を利用する[8]____
_____システムも実用化されてきている。

(2) 風力発電は偏西風帯下西ヨーロッパで早く普及したが，近年は[9]_____，
アメリカ合衆国，インドで発電量が多い。ほとんどの国で**固定価格買い取り
制度（FIT）**を導入している。

(3) [7]_____発電は火山国でさかん。環太平洋造山帯に属するアメリカ合衆
国，[10]_____，インドネシア，メキシコで発電量が多い。

(4) 環境負荷は低いものの供給の安定性や高い発電費用の負担など，課題は多
い。

(5) 2011年3月11日，東日本大震災での福島第一原発事故後，「**脱原発**」を表
明した国は，[11]_____，スイス，イタリア，ベルギーである。一方，推
進国はフランスや産油国などである。

3 日本の資源・エネルギー問題

(1) 1960年代の**エネルギー革命**後，1人当たりのエネルギー消費量は世界で上
位にある。

(2) [12]_____以外の鉱産資源は輸入に頼っているのが現状であり，工業立
国維持のためには多角的な資源供給国の確保が必要である。

(3) 2度の石油危機を乗り越えた日本は，[13]_____，省資源化技術
が高い水準にあり，**スマートシティ**の構想も実証実験中である。

(4) 都市に眠る鉱山として[14]_____が注目され，廃棄物から貴金属や**レ
アメタル**をリサイクルする技術が確立されつつある。

(5) 日本近海には**熱水鉱床**や**マンガン団塊**，[15]_____（燃え
る氷）の存在が確認されているが，まだ実用段階には至っていない。

NOTE ✎

Step B　●作業でチェック●

ワーク 1　図1〜3の①〜④にあてはまる国名を右の語群から選べ。

アメリカ合衆国　中国
フィリピン　ドイツ

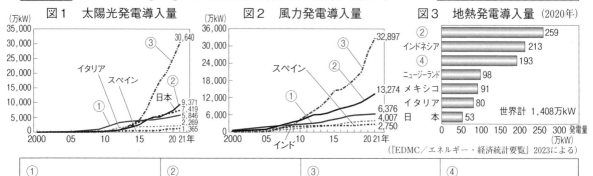

『EDMC／エネルギー・経済統計要覧』2023による）

①	②	③	④

ワーク 2　図4は日本が輸入している資源の輸入相手国である。㋐〜㋒にあてはまる国名を語群から選べ。

アラブ首長国連邦　インドネシア
オーストラリア

図4
(2022年)

原油 15,662万kL
サウジアラビア 39.4%
㋐ 37.8
クウェート 8.2
カタール 7.0
その他 7.6

LNG 7,200万t
㋑ 42.7%
ロシア 9.5
アメリカ合衆国 5.7
5.3
4.5
ブルネイ 4.0
カタール
㋒ 3.5
オマーン 3.5
その他 4.6
パプアニューギニア 16.7
マレーシア

石炭 18,300万t
㋑ 66.4%
㋒ 14.1
ロシア 6.3
カナダ 5.8
その他 7.4

（財務省「貿易統計」）

㋐	㋑	㋒

Step C　●共通テストにチャレンジ●

問1　次の表は，いくつかの国における化石燃料と再生可能エネルギーについて，発電量と総発電量*に占める割合を示したものである。表をもとに環境への負荷について話し合った，先生とリナさんたちとの会話文中の下線部 e 〜 g について，正誤の組合せとして正しいものを，後の①〜⑧のうちから一つ選べ。[22年・B共通テスト本改]

*化石燃料と再生可能エネルギーのほか，原子力などを含む。

	化石燃料		再生可能エネルギー	
	発電量(億kWh)	総発電量に占める割合(%)	発電量(億kWh)	総発電量に占める割合(%)
中　国	51,740	66.6	22,251	28.7
アメリカ合衆国	25,733	60.4	8,587	20.2
日　本	7,377	72.5	2,245	22.1
ドイツ	2,434	42.5	2,633	46.0
カナダ	1,161	17.8	4,373	67.1
世界全体	164,554	61.3	76,691	28.6

再生可能エネルギーは，水力，太陽光，地熱，風力などの合計。中国の数値には台湾，ホンコン，マカオを含まない。
統計年次は2020年。IEA"Data and statistics"により作成。

先　生：「環境への負荷を，化石燃料と再生可能エネルギーの二つから考えてみましょう。化石燃料による発電は環境への負荷が大きく，再生可能エネルギーによる発電は環境への負荷がきわめて小さいとした場合，表から環境への負荷はどのように考えられますか」

リ　ナ：「e 国別でみた環境への負荷は，中国が最も大きくなるのではないでしょうか」

ナオキ：「人口を考慮して環境への負荷を考えると，f 1人当たりでみた環境への負荷は，アメリカ合衆国が最も大きくなると思います」

カオル：「近年は再生可能エネルギーも普及しているので，国ごとで評価するときには，発電量の大小ではなく構成比で考えるのが重要だと思います。g 発電量の構成比でみると，ドイツが環境への負荷が最も小さい構成比であると考えます」

エミコ：「持続可能な資源利用に向けて環境への負荷を軽減する方法を考えていくことが重要ですね」

	①	②	③	④	⑤	⑥	⑦	⑧
e	正	正	正	正	誤	誤	誤	誤
f	正	正	誤	誤	正	正	誤	誤
g	正	誤	正	誤	正	誤	正	誤

問1

共通テスト

37 世界の工業

解答・解説 P.20〜

Step A ●ポイント整理● _____ に適する語句を入れ，まとめを完成させよう。

1 工業の発達

(1) 工業の歴史は，手工業から始まり，問屋制家内工業へ発展した。その後，17世紀のヨーロッパにおいては，資本家が工場で製品を製造する¹_____工業（マニュファクチュア）に移行した。

(2) 18世紀後半のイギリスにおいては，²_____革命（道具から機械への技術革新と，これにともなう経済・社会の大変革）が始まった。工業も生産工程において機械化が進み，³_____工業の段階へ移行した。また，蒸気機関の発明や鉄道の開通により，工業はさらに発展した。

(3) ²_____革命の発祥地はイギリスのランカシャー地方で，水車を動力にした⁴_____工業が発達した。紡績・織布機などの機械発明や，⁵_____を動力源とする蒸気機関の普及が生産の増大につながった。

(4) ²_____革命後は，繊維製品などの**軽工業**の発達とともに，鉄鋼業，機械工業などの**重工業**が成立した。20世紀に入るとドイツやアメリカ合衆国を中心に，化学工業や自動車工業などの⁶_____工業が発達し，第二次産業革命ともよばれる。自動車の生産においては，大量生産方式が確立した。この時期には，⁷_____の利用が急増した。⁷_____は燃料だけでなく，**素材工業**（繊維，樹脂など）を発展させた。

(5) 第二次世界大戦後は，工業の⁸_____化と大規模化が進んだ。また，コンピュータや産業用ロボットなどが使用され始め，⁹_____（イノベーション）により生産力が向上した。

2 工業の現状

(1) 近年では¹⁰_____産業（ハイテク産業）や集積回路（IC）などの半導体を生産する**エレクトロニクス産業**が著しい成長をみせている。また，情報化の進展とともに¹¹_____技術（IT）関連の製品開発も行われている。

(2) 先進国間の企業協力が進んで工業の**グローバル化**が進展しており，世界の多くの国々で事業を展開する¹²_____企業も多い。また，航空機の製造にみられるような，**国際分業**による製造が行われるようになった。

(3) 医薬品や情報通信機器などの分野では新しい知識が必要とされ，これにより利益を生み出す**知識産業**が注目されている。研究や開発によってつくり出された知識は¹³_____権によって保護されている。

3 工業の種類

(1) **軽工業** 日常生活に用いる比較的重量の軽い製品をつくる。例：繊維，衣服，食料品・飲料，印刷，¹⁴_____（陶磁器，ガラス，セメント）など

(2) **重工業** 鉄鋼など比較的重量の重い製品をつくる。化学工業と合わせて⁶_____工業と総称される場合が多い。例：金属（鉄鋼），輸送用機械（自動車），電気機器など

(3) **化学工業** 原料を化学的に処理して，原料とは異なる性質の物質をつくる。例：石油化学，化学肥料，化学繊維，合成樹脂など

(4) ¹⁰_____産業（ハイテク産業） 最先端の技術を用いてつくる。例：バイオテクノロジー，エレクトロニクスなど

NOTE

4 工業の立地

⑴ ドイツの経済学者ウェーバー（1868〜1956）の工業立地論では，工業生産で利潤を最大にする場所に工場が立地する。利潤を大きくするためには生産費（**輸送費・労働費**など）の節約が必要である。なかでも，**輸送費**が最も重要であり，**輸送費**が最低になる場所に工場は立地する。

⑵ **普遍原料**（どこにでもあるもの）の場合，輸送しなくてよい15＿＿＿＿＿に立地する。水を原料とするビール，清涼飲料水がこの例である。

⑶ **局地原料**（産地が限られるもの）のうち，**純粋原料**（原料と製品の重量が変わらないもの）の場合は，原料産地と消費地のどちらでもよく，一般に16＿＿＿＿＿が安価な場所に立地する。製造過程で多くの人手を必要とする繊維（縫製品）がこの例である。

⑷ **局地原料**のうち，**重量減損原料**（製品にすると重量が軽くなるもの）の場合は，輸送費のむだをはぶくため，17＿＿＿＿＿産地に立地する。原料の重量に比べ製品の重量が大きく減少する鉄鋼，セメントがこの例である。

⑸ おもな立地条件による工業の分類

	分類	おもな立地条件	例
立地型別	17＿＿＿指向型工業	重量減損原料を使用	鉄鋼，非鉄金属，紙・パルプ，セメント・陶磁器
	18＿＿＿指向型工業	大量の工業用水を使用（冷却用水，洗浄用水，原料用水など）	鉄鋼，紙・パルプ，化学繊維，集積回路（IC），醸造（清酒は重量だけでなく水質も重要）
	19＿＿＿指向型工業	大量の電力を使用	アルミニウム，化学肥料
	15＿＿＿指向型工業	・普遍原料を使用し，製品の重量大・市場の情報や流行を重視	・ビール，清涼飲料水・印刷・出版，高級衣服
	16＿＿＿指向型工業	労働力への依存度が大きい	繊維（縫製品），各種の組立工業（電気機械，精密機械など）
	20＿＿＿指向型工業	海外からの輸入原料に依存	鉄鋼，石油精製，石油化学
	21＿＿＿指向型工業	軽薄短小型の高付加価値製品	エレクトロニクス製品（ICなど）

5 工業立地の移動

⑴ **綿工業** 消費地から17＿＿＿産地への立地移動がみられる。特に中国においては，豊富で安価な労働力を求めての立地移動で，17＿＿＿産地に近い大都市周辺の省を中心に工場が立地している。

⑵ **鉄鋼業** 17＿＿＿が重いため，17＿＿＿産地に立地していた。しかし，技術進歩による17＿＿＿使用の低下，国内資源の枯渇と高コスト，輸入原料への依存などから，消費地や輸入港付近の20＿＿＿部への立地移動がみられる。

⑶ **電気機械工業** 製品開発地から安価な労働力が得られる地域への移動がみられる。日本からアジアの新興工業地域（NIEs）への工場移転，そして**東南アジア諸国連合**（22＿＿＿＿＿＿）諸国への工場移転がその例である。

		特　色	国／地域／都市
6 繊維工業	綿	労働力指向型工業。綿製品は繊維製品の中で最も消費量が多い。近年は原料生産国であって，低廉で豊富な労働力に恵まれる国々に生産の中心が移行している。	イギリスの[23]＿＿＿＿地方，中国，インド，パキスタン，インドネシアなど。
	毛織物	ヨーロッパの在来工業。中世にベルギーのフランドル地方で発達し，その後，イギリスの[24]＿＿＿＿＿＿が中心となった。	ヨーロッパの国々が中心であるが，トルコ・イランなども。
7 金属工業	鉄鋼	鉄鉱石や石炭を原料とし，先進国のほか，BRICSの国々で生産が多い。特に中国は生産量が世界一である。[25]＿＿＿＿産地・[26]＿＿＿＿産地立地型から[27]＿＿＿＿立地型へ移動している。 **中国** バオトウ　アンシャン　フーシュン　タイユワン　ペキン　ランチョウ　シーアン　チョンチン　ウーハン　ハンチョウ　[28]＿＿＿＿ ▲ 鉄鉱石　○ おもな工業都市　0　1,000km	[27]＿＿＿＿立地型－スパローズポイント（アメリカ），ダンケルク・フォス（フランス），タラント（イタリア）など。
	アルミニウム	ボーキサイトを原料とし，製造過程で大量の[29]＿＿＿＿を消費するため，安価な[29]＿＿＿＿の得やすい地域に立地する。	中国，ロシア，カナダ，ノルウェー，オランダ，オーストラリアなど。
8 機械工業	自動車	総合的な組立工業で，部品を製造する関連企業の工場をもつ。2000年以降，中国の生産台数が伸びている。次に，アメリカ・日本・ドイツ・韓国が上位の生産国である。 **北アメリカ** パルプ・製紙・製粉　モントリオール　オタワ　機械　ボストン　綿・毛織物　トロント　自動車　鉄鋼・自動車　ニューヨーク　衣服・印刷・食料品　シカゴ　食料品・鉄鋼　ピッツバーグ　鉄鋼・機械　ボルティモア　鉄鋼・航空機　フィラデルフィア　鉄鋼・車両・石油　[30]＿＿＿＿ □ おもな工業地域　○ おもな工業都市　0　500km	ヴォルフスブルク（ドイツ），コヴェントリ（イギリス），パリ（フランス），豊田（日本）など。
	電子	「産業の米」と呼ばれる[31]＿＿＿＿の生産が中心である。製品の付加価値が高く，[32]＿＿＿＿であるため，工場は空港付近や高速道路沿いに立地する。	[33]＿＿＿＿（アメリカ・カリフォルニア州・サンノゼ付近），[34]＿＿＿＿（アメリカ・テキサス州），[35]＿＿＿＿（日本・九州地方），シリコンロード（日本・東北地方）など。
9 化学工業	石油化学	石油や天然ガスを原料とし，薬品，肥料，合成樹脂，合成繊維，合成ゴムなどを生産する。原料の供給から製品の生産まで各工場が互いに結合した[36]＿＿＿＿を形成する。	太平洋ベルト地帯。鹿嶋（茨城），千葉・市原（千葉），川崎（神奈川），四日市（三重），倉敷（水島）（岡山）など。

NOTE

Step B　●作業でチェック●

ワーク 1　図1は工業化の歴史的過程を示している。①〜③に該当する語句を語群から選べ。

工場制機械工業　　問屋制家内工業　　工場制手工業（マニュファクチュア）

図1

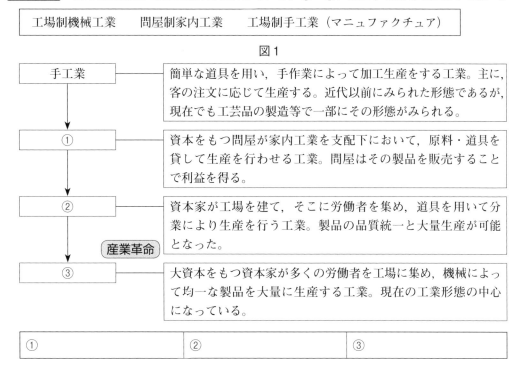

①	②	③

ワーク 2　図2・3は20世紀までの工業の変化を示したものである。ⓐ〜ⓒに該当する語句を語群から選べ。

軽（繊維）工業　　先端技術産業（ハイテク産業）　　重化学工業

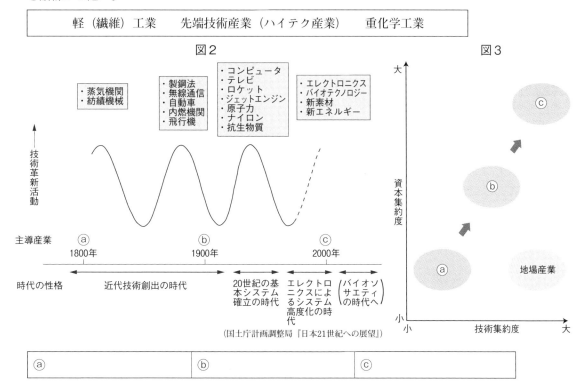

（国土庁計画調整局『日本21世紀への展望』）

ⓐ	ⓑ	ⓒ

ワーク 3 工業製品の主要な基礎素材である鉄鋼の生産地は，世界的な産業再編の影響を受けて変化している。図4中の④〜④は，アメリカ合衆国，韓国，中国*，日本のいずれかにおける粗鋼の生産量の推移を示したものである。④〜④に該当する国名を答えよ。［06年・B本改］

*台湾を含まない。

④	⑧
ⓒ	④

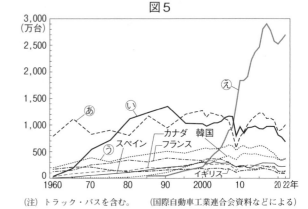

図4

百万トン

『日本国勢図会』により作成。

ワーク 4 図5は主要国の自動車生産台数の推移を示したものである。あ〜えに該当する国名を語群から選べ。

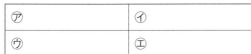

アメリカ合衆国　中国　ドイツ　日本		
あ	い
う	え

図5

(注) トラック・バスを含む。　(国際自動車工業連合会資料などによる)

ワーク 5 図6は主な電気電子機器の国・地域別生産の割合を示したものである。⑦〜⑨に該当する製品名を語群から選べ。

携帯電話　薄型テレビ　デジタルカメラ　パソコン	
⑦	④
⑨	④

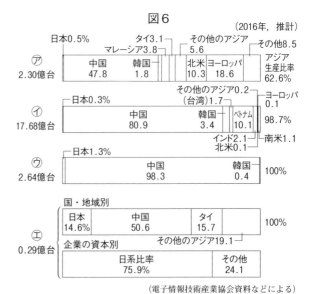

図6

(2016年，推計)

(電子情報技術産業協会資料などによる)

Step C　●センター試験にチャレンジ●

問1　右の表は，原料産地に立地を指向するいくつかの工業について，生産量の上位5か国とそれぞれの世界全体に占める割合を示したものであり，①～④は，砂糖*，セメント，パルプ，ワインのいずれかである。セメントに該当するものを，表中の①～④のうちから一つ選べ。［11年・B本改］

*粗糖換算。
中国にはホンコンを含まない。
統計年次は，ワイン，砂糖，セメントが2020年，パルプが2021年。
『日本国勢図会』などにより作成。

問1

（単位：%）

順位	①	②	③	④
1位	アメリカ合衆国 (25.4)	中　国 (56.8)	ブラジル (22.2)	イタリア (19.5)
2位	ブラジル (11.8)	インド (7.0)	インド (16.7)	フランス (16.5)
3位	中　国 (9.5)	ベトナム (2.3)	中　国 (6.0)	スペイン (15.3)
4位	カナダ (7.5)	アメリカ合衆国 (2.1)	タイ (4.8)	中　国 (7.5)
5位	スウェーデン (5.9)	トルコ (1.7)	アメリカ合衆国 (4.4)	アメリカ合衆国 (7.1)

問2　次の図中のア～ウは，工作機械生産額，パルプ生産量，綿織物生産量のいずれかについて，上位8位までの国・地域とそれらが世界全体に占める割合を示したものである。ア～ウと指標名との正しい組合せを，①～⑥のうちから一つ選べ。［13年・B本］

	①	②	③	④	⑤	⑥
工作機械生産額	ア	ア	イ	イ	ウ	ウ
パルプ生産量	イ	ウ	ア	ウ	ア	イ
綿織物生産量	ウ	イ	ウ	ア	イ	ア

問2

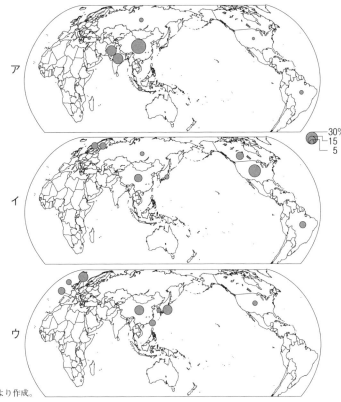

統計年次は2008年。
日本化学繊維協会『繊維ハンドブック』などにより作成。

問3　次のア～ウの文章は，最終消費財である衣服，自動車，PC（パーソナルコンピュータ）のいずれかの，世界における生産状況を述べたものである。ア～ウと品目との正しい組合せを，下の①～⑥のうちから一つ選べ。［06年・B本］

ア　全世界の生産量の大半をアジアが占めている。中国では，先進国の企業から受託して生産する企業が成長し，先進国の企業の一部を買収したものもある。

イ　高価格製品は，現在でもイタリアやフランスなどの先進国で生産が盛んである。低価格製品は，労働力の安価な発展途上国で生産が増加している。

ウ　先進国の巨大な多国籍企業が，世界各地に生産拠点を置いている。インド，中国，ブラジルなどの生産国では，多国籍企業と現地企業との合弁企業が中心となって生産している。

	①	②	③	④	⑤	⑥
ア	衣　服	衣　服	自動車	自動車	ＰＣ	ＰＣ
イ	自動車	ＰＣ	衣　服	ＰＣ	衣　服	自動車
ウ	ＰＣ	自動車	ＰＣ	衣　服	自動車	衣　服

問3

38 世界の工業地域

解答・解説 P.21

Step A ●ポイント整理● _____ に適する語句を入れ，まとめを完成させよう。

1 先進工業地域（ヨーロッパ・アメリカ合衆国）

(1) 西ヨーロッパでは，産業革命以降，鉄鉱山や[1]_____**地域**に工業地域が成立した。しかし，1960年代以降は，原燃料が石油や天然ガスへ移行したため，臨海部に工業地域が移動した。

(2) 現代の工業の中心は，オランダの[2]_____，フランスのマルセイユ，フォスなどの臨海部やロンドン，パリなどの大都市周辺部である。また，イギリス南部からオランダ，ドイツ南西部，イタリア北部に至る工業地帯は[3]_____とよばれる。イタリアのヴェネツィアやフィレンツェ周辺は[4]_____とよばれ，高い技術で皮・繊維・家具製品などがつくられている。

(3) アメリカ合衆国では，エレクトロニクスや航空宇宙産業などの[5]_____**産業**（ハイテク産業）が第二次世界大戦後発達した。1970年代以降は，北緯37度以南の地域が新しい工業地域として発達し，[6]_____とよばれるようになった。また，自動車・石油産業などの巨大企業の多くは[7]_____**企業**で世界経済への影響力が強い。

2 新興工業地域（東南アジア）

(1) アジアの国々では第二次世界大戦後，外国から輸入していた繊維・雑貨などの製品を国内で生産する[8]_____**型**の工業化が進展した。しかし自国の経済発展には結びつかず，1960年代からは安価で豊富な[9]_____力を活かして輸出向け製品をつくる[10]_____**型**の工業へと転換した。

(2) 韓国，台湾，ホンコン（香港），[11]_____は外資導入などの工業化政策により発展をとげ，[12]_____とよばれる。

(3) マレーシア，タイ，インドネシアなどの**東南アジア諸国連合**（[13]_____）の国々でも工業化が進展し，[14]_____区を設置するなどして外国企業の誘致を行った。

3 BRICS諸国   (注) 統計年次は2021年。

(1) 経済発展の著しい[15]_____，ロシア，インド，中国，南アフリカ共和国などの11か国は総称して[16]_____とよばれる。

(2) [15]_____では，サンパウロを中心とした南部に自動車・航空機産業が発達している。また，[17]_____川中流の都市マナオスには**自由貿易地区**をつくり，外国企業を誘致した。

(3) ロシアでは，原油や天然ガスなどの豊富な資源を背景に2000年頃から経済成長が復活した。主要工業地域はサンクトペテルブルクやモスクワなどがある。

(4) インドでは，1980年代から自由化政策がとられ，1990年代に[18]_____**経済**から**市場経済**に転換された。その結果外国企業が進出し，IT・自動車産業などが発達した。[19]_____はIT産業の中心都市で，インドのシリコンヴァレーとよばれている。

(5) 中国では，おもに沿岸部に**経済特区**をつくり，鉄鋼や家電製品などの製造業を中心に工業化を推し進めた。自動車やスマートフォンなどの生産で世界一の割合を占め，[20]_____とよばれている。

(6) 南アフリカ共和国は，豊富な石炭・鉄鉱石・レアメタル資源の輸出がさかん。アフリカ最大の工業国で[21]_____の輸出国。

NOTE

Step B　●作業でチェック●

ワーク 1　　次の図はアメリカ合衆国の先端技術（半導体）産業集積地域を示したものである。①～⑥に該当する名称を語群から選べ。また，⑦北緯37°以南の工業の発展が著しい地域の名称を答えよ。

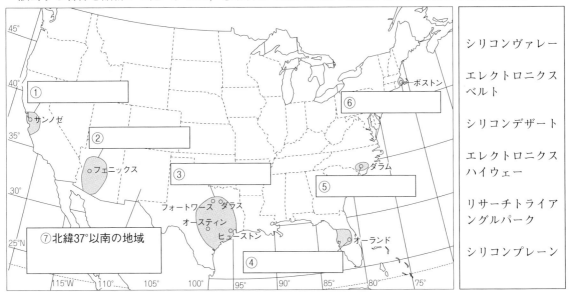

ワーク 2　　次の@～@の文章は，アメリカ合衆国，オランダ，日本，ロシアのいずれかの国における工業地域の分布とその特徴について述べたものである。@～@に該当する国名を答えよ。［05年・B本改］

@　この国では，北東部を中心に重化学工業が発達してきた。1970年代以降は，気候が温暖で土地や労働力が安価な南部や西部でも，先端技術産業が発達している。

ⓑ　この国では，輸出入に便利で消費地にも近い臨海部に，重化学工業が発達した。電気機械・電子工業は内陸部にも立地したが，近年では外国に進出する企業も増えている。

ⓒ　地下資源に恵まれないこの国では，商業や貿易に重点がおかれ，近隣諸国に比べて重化学工業化が遅れた。しかし，現在では，可航河川の下流に築かれた大規模港湾を拠点にして，石油化学工業が発達している。

ⓓ　この国では，世界有数の地下資源の産地を中心に，重化学工業のコンビナートが建設された。1990年代以降は，市場経済への転換により，国営企業の民営化が進んでいる。

@	
ⓑ	
ⓒ	
ⓓ	

Step C　●センター試験にチャレンジ●

問 1　　次のア～ウの文は，右の図中のA～Cのいずれかの地域における産業の特徴について述べたものである。ア～ウとA～Cとの正しい組合せを，次の①～⑥のうちから一つ選べ。［11年・B本］

ア　高級毛織物など繊維工業が盛んであったが，近年では大学や研究所との産学連携によって，先端技術産業が発展してきている。

イ　石油化学工業が発達しているほか，NASA（アメリカ航空宇宙局）の基地があり，航空宇宙産業も盛んである。

ウ　交通の利便性が高く，周辺の鉱産資源を利用した鉄鋼業や機械工業，自動車工業が発達したが，近年ではIT産業などへの業種転換も行われている。

問1

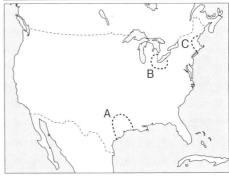

	①	②	③	④	⑤	⑥
ア	A	A	B	B	C	C
イ	B	C	A	C	A	B
ウ	C	B	C	A	B	A

39 日本の工業

解答・解説 P.21

Step A ●ポイント整理● _____ に適する語句を入れ，まとめを完成させよう。

1 日本の工業の特色

(1) 日本は，明治維新以降，国家政策により工業化を推進したが，その中心は
¹_____工業などの軽工業であった。第二次世界大戦後の²_____戦争が
契機となり，³_____成長期を経て，世界的な工業国に成長した。

(2) 工業原料の多くを海外に依存するため，工業地域の多くは輸出入に便利な
⁴_____地域に立地する。関東地方から九州地方北部の臨海工業地域は
⁵_____とよばれる。

(3) 1960年代までの工業の中心は¹_____工業であったが，⁶_____，造船
などの⁷_____型の工業が中心となった。その後は，自動車や電気機
械，一般機械など，**付加価値**の高い製品の割合が高くなった。

(4) 日本の工業製品の輸出が多くなると，アメリカ合衆国，ヨーロッパ諸国と
の間に⁸_____問題が起きた。そのため，日本企業は工場を海外に移
転し，現地で生産するようになった。

(5) 1985年以降，円高の進行により安価な労働力や工業用地を求めて，⁹_____
_____諸国に進出する企業が増加した。生産拠点の海外進出によって日本国
内では¹⁰_____が起きた。また，2000年代に入ると，より安価な
労働力を求めて中国に進出する企業が増加した。

(6) 現在の日本では，新技術や高度な知識をもとに製品を開発し商品化する
¹¹_____ビジネス（創造型企業）も出現している。また，ゲームや
アニメーションなどを制作する¹²_____産業に国際的な競争力があ
り，注目を集めている。

2 日本のおもな工業地域　(注) 統計年次は2019年。

(1) 三大工業地帯とは，京浜・¹³_____・阪神工業地帯をさす。戦前は阪神
工業地帯，戦後は京浜工業地帯が中心であったが，現在は自動車工業が中心
の¹³_____工業地帯が最大の出荷額である。京浜工業地帯の特徴は，印刷
出版業が他地域に比べ多い。また，¹³_____工業地帯では自動車のほかに，
繊維や陶磁器などの窯業に特徴がある。

(2) かつては四大工業地帯であった北九州工業地帯であるが，鉄鋼業の衰退と
ともにその地位は大幅に低下した。代わって¹⁴_____工業地域（茨城県，
栃木県，群馬県）や瀬戸内工業地域の伸びが著しい。¹⁴_____工業地域
を代表する自動車工業都市には，太田市（群馬県）がある。

(3) 工業出荷額が多い都道府県

総出荷額	¹⁵_____，¹⁶_____，静岡，大阪，兵庫
輸送用機械	¹⁵_____，¹⁷_____，神奈川，福岡，群馬
電気機械器具	愛知，静岡，兵庫，大阪，栃木
石油・石炭製品	千葉，神奈川，大阪，岡山，山口，北海道
鉄鋼業	愛知，兵庫，¹⁸_____，大阪，広島

(4) 工業出荷額が多い都市：¹⁹_____市（愛知県），川崎市（神奈川県），
²⁰_____市（千葉県），横浜市（神奈川県），²¹_____市（岡山県）。

Step B ●作業でチェック●

ワーク 1　次の図は，主な工業地帯・工業地域の2019年の工業製品出荷額割合を示したものである。ⓐ～ⓔに該当する工業地帯・工業地域名を語群から選べ。

> 瀬戸内　中京　阪神
> 東海　北九州

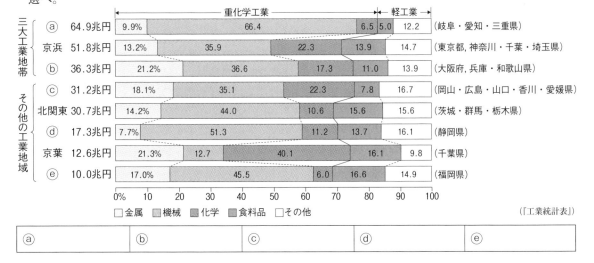

		金属	機械	化学	食料品	その他	
	ⓐ	64.9兆円	9.9%	66.4	6.5	5.0	12.2	（岐阜・愛知・三重県）
三大工業地帯	京浜	51.8兆円	13.2%	35.9	22.3	13.9	14.7	（東京都，神奈川・千葉・埼玉県）
	ⓑ	36.3兆円	21.2%	36.6	17.3	11.0	13.9	（大阪府，兵庫・和歌山県）
その他の工業地域	ⓒ	31.2兆円	18.1%	35.1	22.3	7.8	16.7	（岡山・広島・山口・香川・愛媛県）
	北関東	30.7兆円	14.2%	44.0	10.6	15.6	15.6	（茨城・群馬・栃木県）
	ⓓ	17.3兆円	7.7%	51.3	11.2	13.7	16.1	（静岡県）
	京葉	12.6兆円	21.3%	12.7	40.1	16.1	9.8	（千葉県）
	ⓔ	10.0兆円	17.0%	45.5	6.0	16.6	14.9	（福岡県）

重化学工業／軽工業

（『工業統計表』）

ⓐ	ⓑ	ⓒ	ⓓ	ⓔ

ワーク 2　次の図は，主な工場の分布を示したものである。①～④に該当する工業を語群から選べ。

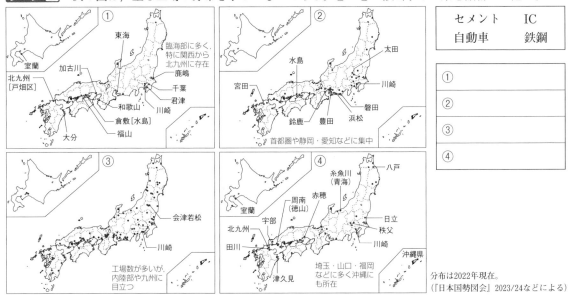

> セメント　IC
> 自動車　鉄鋼

①	
②	
③	
④	

分布は2022年現在。
（『日本国勢図会』2023/24などによる）

Step C ●センター試験にチャレンジ●

問1　1990年代以降における日本の産業の立地動向に関して述べた文として**適当でないも**のを，次の①～④のうちから一つ選べ。［07年・B追］

① ソフトウェア産業は，通信手段が高度に発達したため，大都市を離れて自然環境に恵まれた地方小都市に立地する傾向が強い。

② 出版業は，市場との結びつきが強いため，国内の大都市へ立地する傾向が続いている。

③ 自動車工業は，輸出環境の悪化や中国をはじめとする新たな市場の拡大とともに，海外での現地生産がすすんでいる。

④ 電機・電子部品製造業は，中国との競争が激しくなり，産業の空洞化が進行している地域もある。

問1	

40 第3次産業

解答・解説 P.22

Step A ●ポイント整理● _____ に適する語句を入れ，まとめを完成させよう。

1 第3次産業　(注) 統計年次は2020年。

(1) 産業は，**第1次産業**（農業，林業，水産業），**第2次産業**（鉱業，製造業，建設業など），**第3次産業**（商業，運輸業，金融業，観光業，公務，教育業など）に区分される。発展途上国では¹_____産業の割合が高い。経済発展とともに第2次・第3次産業人口が増加する。先進国では第3次産業の割合が高い。

(2) 日本における第3次産業の内訳では，約21％の人が²_____に従事している。情報化の進展による新たな第3次産業として，情報通信業に従事する人も増えている。

2 消費活動（商業）

(1) ³_____業とは，直接消費者に商品を販売する職種のことである。⁴____業とは，生産者（農林水産業，製造業）から仕入れた商品を，³____業に対して販売している職種である。⁴_____業の商圏は広いため，巨大都市や⁵_____**都市**（札幌，仙台，広島，福岡）のある都道府県が販売額上位を占める。

(2) 現在は，デパート，スーパー，コンビニエンスストア，アウトレットモールなどの多様な商業（流通）形態がある。デパートは，大都市圏のターミナル駅周辺や市街地に立地する。総合スーパーは⁶_____**郊外**のロードサイド型の立地が他業種よりも多い。総合スーパーの進出により，地方都市の中心商店街の衰退が著しい。

3 余暇活動（観光）

(1) 日本の余暇活動（レジャー）は，週末や祝日，⁷_____**ウィーク**，お盆，年末年始に集中するため，交通機関や宿泊施設では，繁忙期と閑散期の利用率の差が大きい。

(2) 日本のレジャーは多様化しているが，経済情勢が厳しい中で，安価・近距離・⁸_____**時間**の旅行が好まれる傾向にある。

(3) 『レジャー白書』2019年版によると，これからやってみたいレジャーとしては，年代性別を問わず，⁹_____**旅行**が第1位を占める。

(4) **新たな余暇活動**：¹⁰_____**ツーリズム**とは，都市部の住民が農山村に滞在し，自然・文化・農業体験をする旅行のことである。また¹¹_____**ツーリズム**とは，自然環境や地域の歴史や文化をふまえた生態系を意識し，それを学びながら観光することである。

(5) **観光地としての世界遺産**：世界遺産になることで注目が集まり，観光ツアーが次々と企画されている。課題は，観光客の受け入れ態勢の整備と，管理・保全体制の確立である。人気の世界遺産には，マチュピチュの歴史保護区（¹²_____），イグアス国立公園（¹³_____，アルゼンチン），アンコールワット（¹⁴_____），ガラパゴス諸島（エクアドル），ヴェネツィアとその潟（¹⁵_____）などがある。

NOTE

Step B ●作業でチェック●

ワーク 1　図1は新型コロナウイルス流行以前の日本人海外旅行者の旅行者数を示したものである。図1から読みとれる文には○，そうでないものには×をつけよ。

① 旅行先は中国が最も多く，韓国よりも30万人多い人々が訪れている。

② 中国・(台湾)・(ホンコン)を合計した中国圏へは，500万人以上が訪れている。

③ 海外旅行が増加した背景には，円高の影響がある。

④ 旅行先は，アジア諸国のほうがヨーロッパ諸国よりも多い。

⑤ アメリカへ多くの人々が訪れている理由は，航空機料金が安くなったためである。

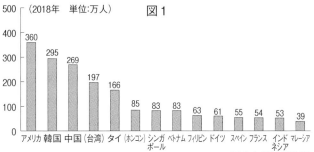

図1

（日本政府観光局資料）

①	②
③	④
⑤	

ワーク 2　図2は，いくつかの国の国際旅行収入と国際旅行支出との関係を示したものであり，ⓐ～ⓓは，アメリカ合衆国，スイス，日本，フランスのいずれかである。ⓐ～ⓓに該当する国名を答えよ。[07年・A本改]

ⓐ	ⓑ
ⓒ	ⓓ

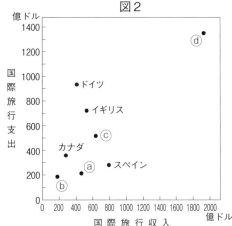

図2

統計年次は2019年。『観光白書』により作成。

Step C ●センター試験にチャレンジ●

問1　次の表は，いくつかの国における第3次産業就業者割合と第3次産業の業種別構成比を示したものであり，①～④は，アラブ首長国連邦，スイス，デンマーク，フィリピンのいずれかである。スイスに該当するものを，表中の①～④のうちから一つ選べ。[13年・B本]

問1　[　]

（単位：％）

		①	②	③	④
	第3次産業就業者割合	75.3	73.3	72.8	50.3
第3次産業の業種別構成比	流通関連サービス（卸小売・運輸・通信など）	27.7	28.9	32.2	52.7
	消費関連サービス（飲食・宿泊・家事など）	3.9	9.7	23.0	15.6
	生産関連サービス（金融・不動産など）	17.8	24.2	15.4	7.7
	社会関連サービス（教育・保健衛生・社会事業・公務など）	42.6	30.4	22.5	18.3
	その他	8.0	6.9	6.9	5.6

統計年次は2008年。国際労働機関の資料により作成。

問2　都市における消費・余暇活動について述べた文として，下線部が**適当でないもの**を，次の①～④のうちから一つ選べ。[14年・B本]

① 経済成長の著しいブラジルの大都市では，大規模なショッピングセンターが多くの買い物客を集めている。

② 先進国の消費文化が普及したインドの大都市では，外資系のファストフード店が多くの利用客を集めている。

③ 都市観光が盛んなアメリカ合衆国の都市では，城壁に囲まれた旧市街地の歴史的建造物が多くの観光客を集めている。

④ フランスのリゾート地として知られる都市では，長期滞在型の宿泊施設が多くのバカンス客を集めている。

問2　[　]

41 交通・通信の発達

解答・解説 P.22〜

◆閘門式運河のしくみ

Step A ●ポイント整理● _____ に適する語句を入れ，まとめを完成させよう。

1 交通の発達

(1) 2地点間の移動に要した時間の長短を[1]_____距離といい，19世紀の交通革命で大幅に短縮，20世紀半ば以降に航空機の発達で更に短縮された。

(2) 現代の交通は**新幹線**やフランスの[2]_____，ドイツの**ICE**，スペインの**AVE**や**ジャンボジェット機**の登場で，より高速化・大型化・国際化が進行している。近年，韓国，台湾，中国でも高速鉄道の開通が続いている。

(3) 旅客や貨物の輸送手段は国土面積や形（島国や大陸国家），産業構造などの違いにより特色がある。先進国の中で日本は鉄道比率が高く，アメリカ合衆国は[3]_____の利用が多い。また大陸国家は輸送に[4]_____を使用し，石油や天然ガスを**安価**に**長距離**でも**大量輸送**が可能。

2 鉄道交通

(1) 産業革命以降20世紀前半までは「鉄道の世紀」であり，アメリカ合衆国，カナダ，ロシアの[5]_____鉄道は開拓鉄道の性格をもっていた。

(2) 航空交通と競合するヨーロッパでは，[6]_____など都市間輸送の列車運行に特化し，近年では東欧へのネットワークが拡大している。

(3) ドイツでは[7]_____方式による都市内交通が広まり，低床設計の[8]_____が都心と郊外を結んでいる（日本では富山市が先駆）。

(4) 日欧諸国は旅客中心の輸送であるのに対し，資源産出国は貨物輸送が中心となっている（但しアメリカ合衆国の鉄道輸送はほとんどが貨物）。

(5) 長所：旅客，貨物の大量・高速・安全・安価・定時性輸送が可能。エネルギー効率が良い。二酸化炭素排出量も少なく環境負荷が少ない。

(6) 短所：建設時に多額の資本が必要。維持費が多くかかる。地形の制約があり，コースが固定される。輸送弾力性（臨機応変な対応）に乏しい。

3 自動車交通

(1) [9]_____**（車社会化）**とは自動車が生活の中で広範に利用されるようになった現象をいう。

(2) 高速自動車道は先進国で発達しており，産業や観光などでの役割が大きい。ドイツの[10]_____，イタリアのアウトストラーダ，フランスのオートルート，イギリスのモーターウェイなどがある。

(3) 国際自動車道としては南北アメリカ大陸を縦断するパンアメリカン・ハイウェイやアジアハイウェイがある。

(4) 道路交通網の整備は[11]_____の普及をもたらし，それによって通信販売の売り上げが増加した一面もある。

(5) 長所：ドアからドアへ輸送が可能。輸送弾力性がある。少ない資本で操業可能。

(6) 短所：大量輸送に適さない。定時性に劣る。燃料費が高くつく。大気汚染，騒音，交通事故，交通渋滞が問題化。

4 航空交通 (注) 統計年次は2021年。

(1) 世界の航空網は**ハブ＆スポーク構造**になっており，大型機は[12]_____間に就航，そこで中小型機に乗り換えて目的の空港へ向かう。

(2) [12]_____の条件は4,000m級滑走路を複数もち，国内線と国際線の

NOTE

接続がスムーズで，24時間運用できることである。

(3) 日本の地方空港は韓国の¹³＿＿＿＿＿＿国際空港を¹²＿＿＿＿＿＿として，そのスポーク路線に組み込まれている。

(4) ¹⁴＿＿＿＿＿国際空港は輸出入額ともに日本有数の貿易港である。取扱品目の上位は電子関連部品や食品，高級魚などである。

(5) ¹²＿＿＿＿＿の経済効果は大きく，先進国の大都市だけでなく，¹³＿＿＿＿＿，シャンハイプードン（上海浦東），ホンコン（香港），バンコク，シンガポールなどアジアでも主導権争いがある。

(6) アフリカの航空路線網は旧宗主国（主に¹⁵＿＿＿＿＿と**フランス**）とのつながりが現在も続いており，大陸内での都市間移動には不便である。

(7) アラブ首長国連邦の¹⁶＿＿＿＿＿とアメリカのアラスカ州アンカレジは国際空港を整備し物流の中継基地化に成功。アジア，欧米，アフリカ間の¹²＿＿＿＿＿として世界の物流を大きく変化させた（アンカレジは貨物に特化）。

(8) 長所：高速移動が可能。経路の地形的制約が小さい。

(9) 短所：運賃が高いがLCCも就航。気象の影響を受けやすい。輸送量が小さい。

⑤ 水上交通　(注) 統計年次は2022年。

(1) 原油を運ぶ¹⁷＿＿＿＿，鉱石や穀物輸送のバルクキャリア，トラック輸送と連絡がよい¹⁸＿＿＿＿＿船などに専門化・大型化が進んでいる。

(2) 国際航路では，インド洋と地中海を結ぶ¹⁹＿＿＿＿運河，大西洋と太平洋を結ぶ²⁰＿＿＿＿運河（16年拡張工事完了）の役割が大きい。他に**マラッカ海峡，ジブラルタル海峡，ホルムズ海峡**も国際海峡として重要である。

(3) 保有船数は，戦前の英，米，日，ノルウェー，独の順から**パナマ，リベリア**，マーシャル諸島，（ホンコン），シンガポールへと変化。パナマ，リベリアは²¹＿＿＿＿国として有名。

(4) ヨーロッパでは，河川の勾配が緩やかで流量変化が小さい点を活かし，運河や²²＿＿＿＿川，ドナウ川などの**国際河川**によって，北海，バルト海，地中海，黒海が結ばれている。

(5) ホンコンやシンガポールは²³＿＿＿＿**貿易**港として¹⁸＿＿＿＿＿取扱い量が多いが，中国の港湾が¹⁸＿＿＿＿＿取扱い量では上位を占める。

(6) 地方港湾からの貨物を集荷し大型コンテナ船で大量輸送できる海上輸送の中心港を²⁴＿＿＿＿港湾といい，韓国のプサン（釜山）新港は代表例。

⑥ 通 信　(注) 統計年次は2021年。

(1) ²⁵＿＿＿＿＿は当初は軍事利用が目的だったが，1990年頃に商業利用が可能となり急速に普及。現在の利用者数が世界一の国は²⁶＿＿＿＿である。

(2) 海底敷設されている²⁷＿＿＿＿＿は大容量通信を支えるインフラであり，現在も世界中の海底に増設が続いている。

(3) ²⁸＿＿＿＿はアンテナ基地局設置などのインフラ整備が固定電話よりも容易なため，発展途上国で急速に普及している。

(4) ²⁹＿＿＿＿（EC）は²⁵＿＿＿＿＿上で売買を行い，パソコンですべてを完了するシステム。企業間（BtoB），企業と消費者間（BtoC）の取引がある。

(5) 先進国と発展途上国の間には情報技術の恩恵に格差があり，途上国内でも富裕層と大多数の人々の間に格差がある。この格差が³⁰＿＿＿＿である。

(6) ³¹＿＿＿＿＿の感染やサイバーテロによるシステムダウンなど，情報化社会の進展は同時にマイナス面もはらんでいる。

(7) 2010年からの中東・アラブ諸国での民主化運動（「アラブの春」）の背景には，³²＿＿＿＿（ツイッターなど）の存在があったと指摘されている。

NOTE

Step B ●作業でチェック●

ワーク 1 次の図はおもな国のインターネットの普及率を示したものである。①〜④に該当する国名を語群から選べ。

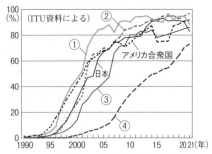

| イギリス　中国　フランス　スウェーデン |

①	②	③	④

ワーク 2 表1はインターネットで使用されている言語について示したものである。あ〜えに該当する言語を語群から選べ。

表1　（2020年3月）

順位	言語	インターネット利用者数（百万人）	全インターネット人口に対する割合(%)	言語におけるインターネット普及率(%)	2000〜2021年の成長率(%)	話者人口（百万人）（2021年推定）
1	あ	1,186	25.9	77.5	742.9	1,531
2	い	888	19.4	60.1	2,650.4	1,477
3	スペイン語	364	7.9	70.4	1,511.0	517
4	う	237	5.2	53.0	9,348.0	448
5	インドネシア語, マレー語	198	4.3	64.6	3,356.0	306
6	え	172	3.7	59.0	2,167.0	291
7	フランス語	152	3.3	35.2	1,164.6	432

(Internet World Statsによる)

| 中国語 |
| ポルトガル語 |
| アラビア語 |
| 英語 |

あ	
い	
う	
え	

ワーク 3 表2はおもな国の通信メディアの数値を示したものである。ⓐ〜ⓔに該当する国名を語群から選べ。

表2

国　名	郵便数（百万通）（2015年）	固定電話契約数（万件）（2020年）	100人当たり（件）	移動電話契約数（万件）（2020年）	100人当たり（件）
日　本	17,981	6,198	49.0	19,506	154.2
ⓐ	4,480	18,191	12.6	171,841	119.4
インドネシア	⁽⁰⁸⁾455	966	3.5	35,562	130.0
韓　国	3,810	2,386	46.5	7,051	137.5
ⓑ	2,165	500	7.2	11,629	166.6
イ ギ リ ス	¹³⁾17,964	3,204	47.2	7,901	116.4
ⓒ	19,302	3,830	45.7	10,740	128.2
アメリカ合衆国	142,449	10,153	30.7	35,148	106.2
ⓓ	⁽⁰⁷⁾335	478	10.9	4,556	103.9
ⓔ	8,045	3,065	14.4	20,584	96.8
オーストラリア	3,862	620	24.3	2,745	107.7

（『世界国勢図会』2022/23）

| ブラジル　　ドイツ |
| アルジェリア　　タイ |
| 中国 |

ⓐ	
ⓑ	
ⓒ	
ⓓ	
ⓔ	

ワーク 4 写真Ⓐ〜Ⓓの貨物船の種類を次の語群から，その特徴をア〜エから選べ。

Ⓐ	Ⓑ	Ⓒ	Ⓓ

ア　船倉が巨大なタンクになっていて原油を運ぶ。
イ　鉱石，木材，穀物などをそのまま積み込んで運ぶ。
ウ　巨大な冷蔵施設を搭載し，低温液化した天然ガスを運ぶ。
エ　箱型コンテナを積載し，港での荷揚げがスムーズになった。

| コンテナ船 |
| バルクキャリア |
| LNG船　　タンカー |

Ⓐ　　　　,	Ⓑ　　　　,	Ⓒ　　　　,	Ⓓ　　　　,

StepC ●センター試験・共通テストにチャレンジ●

線種の違いは交通手段の違いを表す。

問1　次の図は，日本から西ヨーロッパへの時代別の主要な旅客輸送経路の一つを，それぞれ模式的に示したものである。図中の①～④は，1884（明治17）年，1934（昭和9）年，1964（昭和39）年，2002（平成14）年のいずれかの時点における，所要時間が最短の経路である。それぞれの所要時間は，約44日，約15日，約19時間，約13時間であった。1964（昭和39）年の経路に該当するものを，図中の①～④のうちから一つ選べ。[09年・A本]

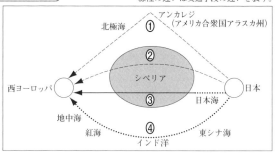

問1 [　　　]

問2　次の図は，ヨーロッパの主要な都市の空港*における，ヨーロッパ以外から到着する航空便の旅客数の内訳を，出発地域別に示したものである。図中のカ～クはパリ，フランクフルト，マドリードのいずれか，凡例AとBはアフリカと北アメリカ**のいずれかである。パリと北アメリカとの正しい組合せを，後の①～⑥のうちから一つ選べ。[22年・B共通テスト本]

*一つの都市に複数の空港が存在する場合は合計値。
**北アメリカにはメキシコを含まない。

	①	②	③	④	⑤	⑥
パ リ	カ	カ	キ	キ	ク	ク
北アメリカ	A	B	A	B	A	B

■ A　▨ 西アジア　▤ 東アジア
▨ B　▥ 中央・南アメリカ　□ その他

統計年次は2018年。
Eurostat により作成。

問2 [　　　]

問3　次の表は，いくつかの国における日刊新聞について，発行部数，発行部数の増加率，発行紙数（発行タイトル数）を示したものであり，①～④は，アメリカ合衆国，日本，ブラジル，マレーシアのいずれかである。ブラジルに該当するものを，表中の①～④のうちから一つ選べ。[13年・B本]

	発行部数（万部）	発行部数の増加率(%)	発行紙数
①	6,729	-4	110
②	5,139	-9	1,453
③	899	39	673
④	475	85	50

統計年次は，発行部数と発行紙数が2008年，発行部数の増加率が2003～2008年の変化。『日本新聞年鑑』などにより作成。

問3 [　　　]

問4　情報通信技術の革新と，産業や生活とのかかわりについて述べた文として**適当でない**ものを，次の①～④のうちから一つ選べ。[09年・A本]

① 通信技術と時差を利用し，遠隔地間で連携しながら効率的に開発業務を行うソフトウェア産業が出現した。

② インターネットの普及にともない，不正アクセスなどによる不法行為やコンピュータウィルスによる被害が国境を越えた問題となってきた。

③ 大陸間の海底ケーブル網の敷設密度は，経済活動が活発な国が多く存在する北半球のほうが，南半球より高い。

④ 人口密度の低い国では，携帯電話は固定電話に比べて施設整備のコストが高いため，普及していない。

問4 [　　　]

問5　中国とブラジルでは，交通網の発達や輸送手段に違いがみられる。次の表は，両国を含む国土面積の広大ないくつかの国について，鉄道貨物輸送量と国内航空貨物輸送量を示したものであり，①～④は，アメリカ合衆国，インド，中国*，ブラジルのいずれかである。中国に該当するものを，表中の①～④のうちから一つ選べ。[20年・B本]

*台湾，ホンコン，マカオを含まない。

	鉄道貨物輸送量（億トンキロ）	国内航空貨物輸送量（百万トンキロ）
①	27,027	15,619
②	23,087	5,948
ロシア	22,986	772
③	6,658	620
④	2,677	575

トンキロは，各貨物のトン数に輸送した距離を乗じた値。
統計年次は2014年。
World Development Indicators などにより作成。

問5 [　　　]

42 世界の貿易

解答・解説 P.24

Step A ●ポイント整理● _____ に適する語句を入れ，まとめを完成させよう。

1 貿易の形態

(1) 工業製品を相互に輸出入する貿易を[1]_____貿易という。

(2) 先進国が工業製品を輸出し，発展途上国が食料品や工業原料などの一次産品を輸出する貿易を[2]_____貿易という。

(3) 資本主義国と旧社会主義国（旧ソ連・東欧）間の貿易を[3]_____貿易という。世界貿易に占める割合は少ない。

(4) 輸入した製品などを再輸出する貿易を[4]_____貿易という。シンガポール・オランダなど貿易依存度の高い国で行われている。

(5) [5]_____（公正な貿易）とは，発展途上国で生産された農産物などを公正な価格で購入し，人々の生活を支援する取り組みである。

2 国際貿易機関

(1) 世界貿易機関（[6]_____）は，関税などの貿易障害をなくし貿易の自由化を進めた関税と貿易に関する一般協定（GATT）が発展的に解消して，1995年に発足し，サービス，貿易，投資，知的財産権の保護などの諸問題を協議する。また，自由貿易協定（FTA）の締結を認めている。

(2) 国際通貨基金（[7]_____）は，為替相場の安定と発展途上国の貿易促進を目的とした国際連合（国連）の金融専門機関である。

(3) 国連貿易開発会議（[8]_____）は，南北問題や南南問題の解決を目的として設置された国連の機関であり，発展途上国の貿易と開発について担当している。

(4) 国際復興開発銀行（[9]_____）は，別名世界銀行ともいわれ，発展途上国へ開発のための融資を行っている。

3 主要国の貿易の特徴 (注) 統計年次は2021年。

(1) アメリカ合衆国 輸出入貿易額は中国に次いで世界2位であるが，貿易赤字が続く。太平洋側のシアトルやロサンゼルスなどに工場がある[10]_____が重要な輸出品目。輸出は[11]_____，輸入は中国が最大相手国。

(2) イギリス 北海油田の[12]_____が輸出品目。アメリカ合衆国との貿易が多い国である。

(3) フランス EU諸国との貿易が多く，輸出入ともに[13]_____が最大相手国。また，EU最大の農業国であるため，農産物も輸出。

(4) ドイツ 輸出入貿易額では世界3位で，輸出入ともに工業製品が多い。原油輸入国。輸出はアメリカ合衆国やフランスが主な貿易相手国。

(5) イタリア 先進工業国のなかでは，繊維産業がさかんなため，[14]_____が重要な輸出品目になっている。

(6) オーストラリア 鉄鉱石，[15]_____，金などの鉱産資源と小麦や羊毛などの農畜産物が輸出品目。輸出入ともに[16]_____が最大相手国。

(7) ブラジル カラジャスなどで産出する[17]_____や鉄鋼が重要な輸出品目で，自動車の割合も高い。輸出入ともに中国が最大相手国。

(8) インドネシア 石炭，LNG（液化天然ガス），原油が重要な輸出品目。輸出入ともに，[18]_____が最大相手国。日本との関係においては，日本の貿易赤字が続いている。

(9) ナイジェリア [19]_____が輸出品目のほとんどを占めるモノカルチャー経済の国である。カカオ豆も輸出品となっている。

NOTE ✎

Step B ●作業でチェック●

ワーク 1　次の図は世界の輸出貿易の比率（推移）を示したものである。①～④に該当する国名・国家群を語群から選べ。

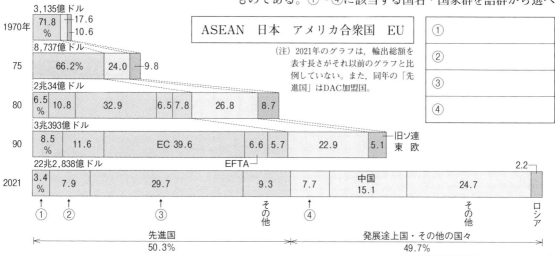

ASEAN　日本　アメリカ合衆国　EU

（注）2021年のグラフは、輸出総額を表す長さがそれ以前のグラフと比例していない。また、同年の「先進国」はDAC加盟国。

①	
②	
③	
④	

（『世界国勢図会』2022/23などによる）

ワーク 2　次の表ⓐ～ⓓは、インドネシア、マレーシア、フィリピン、および日本の4か国それぞれの輸出入において、金額でみた順位1位から5位までの品名を示したものである。ⓐ～ⓓに該当する国名を答えよ。

［01年・B本改］

ⓐ	
ⓑ	
ⓒ	
ⓓ	

ⓐ
順位	輸　出	輸　入
1	パーム油	機械類
2	石炭	石油製品
3	機械類	鉄鋼
4	鉄鋼	プラスチック
5	衣類	繊維品

ⓑ
順位	輸　出	輸　入
1	機械類	機械類
2	野菜・果実	自動車
3	精密機械	石油製品
4	銅	鉄鋼
5	ニッケル鉱	プラスチック

ⓒ
順位	輸　出	輸　入
1	機械類	機械類
2	石油製品	石油製品
3	パーム油	プラスチック
4	衣類	精密機械
5	精密機械	鉄鋼

ⓓ
順位	輸　出	輸　入
1	機械類	機械類
2	自動車	原油
3	精密機械	液化天然ガス
4	鉄鋼	医薬品
5	プラスチック	衣類

統計年次は2020年。　　　　　　　（『世界国勢図会』2022/23）

Step C ●センター試験にチャレンジ●

問 1　次の図は、ASEAN（東南アジア諸国連合）加盟国*の輸出入額の総計に占める主要な国・地域別の割合を示したものであり、AとBは、1980年または2017年のいずれか、アとイは、日本またはASEAN**のいずれかである。Aに該当する年とアに該当する国・地域との正しい組合せを、次の①～④のうちから一つ選べ。［12年・B追改］

*ASEAN加盟国は、1980年が5か国、2017年が10か国。　**ASEAN諸国間の貿易を意味する。

	A	ア
①	1980年	日　本
②	1980年	ASEAN
③	2017年	日　本
④	2017年	ASEAN

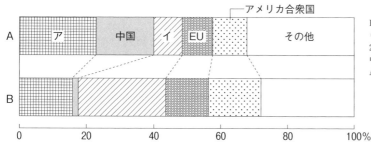

EU（欧州連合）については、1980年は旧EEC（ヨーロッパ経済共同体）6か国、2017年のEUは28か国。
中国には、台湾、ホンコン、マカオを含まない。
ASEAN-JAPAN Centreの資料により作成。

問1	

43 日本の貿易

解答・解説 P.24

Step A ●ポイント整理● _____ に適する語句を入れ，まとめを完成させよう。

1 戦前，戦後の変化　(注) 統計年次は2011〜2021年。

(1) 日本は資源に乏しく，食糧などの農産物や工業原料を大量に輸入し，それを製品化して輸出する¹_____ が主体である。輸出入貿易額は**中国**，²_____，**ドイツ**，オランダに次いで世界5位。

(2) 明治以来慢性的な**輸入超過**であったが，1960年代半ばより³_____ に転じた（2011〜2015年，2018〜2019年，2021年は輸入超過）。アメリカ合衆国をはじめとした国に対しては貿易黒字であるが，⁴_____，オーストラリア，インドネシア，産油国などの国に対しては貿易赤字である。

(3) 巨額な貿易黒字が原因で，特にアメリカ合衆国との間で1980年代に⁵_____ が問題になってきた。繊維，鉄鋼，カラーテレビ，⁶_____，半導体などがその対象となり，農産物の**輸入自由化**も求められた。

(4) 主な輸出品は，電気・精密などの機械類や自動車などで，工業製品が輸出の大半を占める。輸入品では，電気機械などの機械類，衣類などの繊維製品や，⁷_____，LNG（液化天然ガス）などの原料・燃料も多い。

(5) 2023年6月現在，**経済連携協定**（⁸_____）を，17の国や地域と結んでいる。

2 主な貿易相手国　(注) 統計年次は2021年。

(1) **アメリカ合衆国** 貿易相手国として輸出入ともに重要。輸出品は，機械類と⁶_____ で，輸入品では⁹_____ などの食料品を除くと，原料・燃料，工業製品がほとんどを占める。

(2) **中国** 貿易では，日本は輸出額より¹⁰_____ のほうが多く貿易赤字である。主な輸出品としては¹¹_____ と電気機器である。

(3) **インドネシア** 輸入品は，¹²_____ や石炭などの原料・燃料である。

(4) **オーストラリア** 輸入品の約85％が，原料・燃料である。輸入品はLNG，¹³_____ で約60％を占める。そのほかに，鉄鉱石，肉類などが輸入品目。

(5) **ニュージーランド** 輸入品はキウイフルーツ・チーズなどの果実・食料品であることが特徴。

(6) **カナダ** 主な輸入品は¹³_____ やなたね，木材，肉類など。

(7) **ブラジル** 輸入品の1位は¹⁴_____。そのほかに，肉類，コーヒー，アルミニウムなどが輸入品目。

3 主な輸入品の相手国　(注) 統計年次は2021年。

(1) **原油** ¹⁵_____，アラブ首長国連邦，クウェート，カタールなど。西アジアで約90％。

(2) **石炭** ¹⁶_____ からの輸入が約70％を占める。インドネシア，ロシア，アメリカ合衆国，カナダなど。

(3) **鉄鉱石** ¹⁶_____，ブラジルで約80％を占める。

(4) **牛肉** ¹⁶_____ からの輸入が約40％を占める。

(5) **小麦** ²_____，カナダ，オーストラリアなど。

(6) **大豆** アメリカ合衆国，¹⁷_____，カナダ，中国など。

NOTE

Step B ●作業でチェック●

ワーク 次の円グラフは，日本の貿易（地域別・品目別輸出入）について第二次世界大戦前と近年の比較を示している。①～⑦に該当する地域名・品目名を語群から選べ。

> 北アメリカ　アジア　原油
> 綿花　繊維品　自動車　生糸

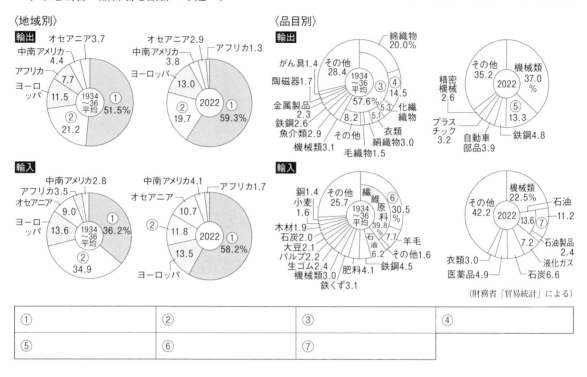

（財務省「貿易統計」による）

①	②	③	④

⑤	⑥	⑦	

Step C ●センター試験にチャレンジ●

問1 次の図は，日本とマレーシアとの間の貿易額上位品目の構成比を示したものである。図中のア～ウは，マレーシアから日本への輸出（1993年），マレーシアから日本への輸出（2021年），日本からマレーシアへの輸出（2021年）のいずれかである。ア～ウと輸出国・輸出相手国（年）との正しい組合せを，下の①～⑥のうちから一つ選べ。[06年・A本改]

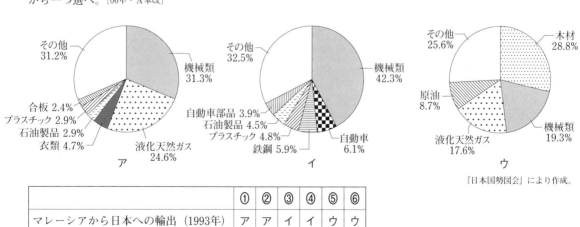

『日本国勢図会』により作成。

	①	②	③	④	⑤	⑥
マレーシアから日本への輸出（1993年）	ア	ア	イ	イ	ウ	ウ
マレーシアから日本への輸出（2021年）	イ	ウ	ア	ウ	ア	イ
日本からマレーシアへの輸出（2021年）	ウ	イ	ウ	ア	イ	ア

問1 ☐

44 世界の人口

解答・解説 P.25

Step A ●ポイント整理● _____ に適する語句を入れ，まとめを完成させよう。

1 人口分布 (注) 統計年次は2022年。

(1) **エクメーネ（居住地域）** は全陸地の約90％を占める。一方，無居住地域を¹_____という。エクメーネの限界には，極限界・乾燥限界・高距限界がある。**穀物の栽培限界**は，最暖月平均気温²_____℃の等温線，年降水量250mmの等降水量線にほぼ一致する。

(2) **世界の総人口**は約79億人。毎年約1億人の増加があり，これは，ほぼ³_____（国名）の人口にあたる。人口密度は，約61人／km²でアジアとアフリカが高い。

(3) **地域別人口**では，⁴_____が世界総人口の約60％で，⁴_____とアフリカで75％を超える。発展途上国での人口増加が著しい。

(4) 人口⁵_____人以上の国（14か国） (注) 統計年次は2022年。（　）は人口（万人）。

アジア【7か国】	中国	(142,593)	アフリカ【3か国】	ナイジェリア	(21,593)
	インド	(141,232)		エチオピア	(12,182)
	⁶	(27,462)		エジプト	(11,013)
	パキスタン	(23,352)	ロシア	ロシア	(14,473)
	バングラデシュ	(17,030)	南北アメリカ【3か国】	アメリカ合衆国	(33,750)
	日本	(12,428)		⁷	(21,482)
	フィリピン	(11,467)		メキシコ	(12,702)

(5) ヨーロッパには，⁵_____人以上の国がなく，ドイツが最大人口である。

(6) おもな組織の人口

東南アジア諸国連合（ASEAN）【10か国】	約6.8億人
欧州（ヨーロッパ）連合（EU）【27か国】	約4.4億人
米国・メキシコ・カナダ協定（⁸_____）	約5.0億人

2 人口の増減

(1) **人口増加率**は，一定期間内における総人口に対しての人口増加数の割合で，自然増加率と⁹_____増加率を合わせた数値である。大陸別でみると，¹⁰_____が最も人口増加率が高い。

(2) **自然増加率**＝出生率－¹¹_____率（千分率・パーミル）。出生率は発展途上国で高い。死亡率は，高齢社会のヨーロッパなどの国々で高い。高出生率・低死亡率で，発展途上国では，¹²_____とよばれる人口急増がみられる。

(3) 多産多死型から多産少死へ，そして少産少死へと変化していくことを，¹³_____（**人口革命**）という。

(4) **多産多死型**(人口漸増型)－高出生率・高死亡率，乳児死亡率が高い。
多産少死型(人口急増型)－高出生率・低死亡率，人口爆発，発展途上国に多い。
少産少死型(人口停滞・微増型)－低出生率・低死亡率，先進国に多い。
少産多死型(人口減少型)－**静止人口**，死亡率が出生率を上回る。

3 人口構成

(1) 年齢区分－**年少人口**（0～14歳），**生産年齢人口**（15～64歳），¹⁴_____**人口**（65歳以上）で区分。富士山型（ピラミッド型），釣鐘型（ベル型），¹⁵_____型，星（都市）型，ひょうたん（農村）型に区分できる。

(2) **産業別人口構成** 第1次産業人口率－発展途上国では50％以上の国が多い。第2次産業人口率－ブルガリア，ポーランド，チェコなどで30～40％台。第3次産業人口率－先進国で高く，中でも新大陸の面積上位国（アメリカ合衆国，カナダ，オーストラリア）で特に高い。

NOTE

Step B　●作業でチェック●

ワーク 1　次の図は4か国の人口ピラミッドである。①〜④に該当する国名を語群から選べ。

韓国　スウェーデン　エチオピア　インド

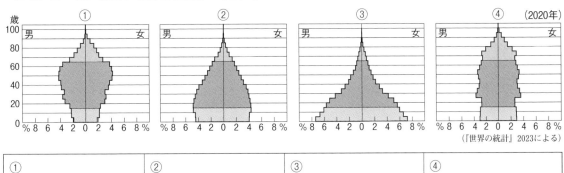

（2020年）

（『世界の統計』2023による）

①	②	③	④

ワーク 2　次の表は人口転換モデルと近年の出生率・死亡率を示したものである。ⓐ〜ⓒに該当する人口動態の型を語群から選べ。

少産少死　多産多死　多産少死

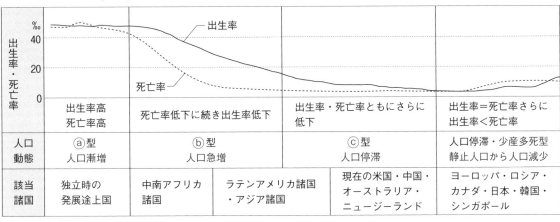

	出生率高 死亡率高	死亡率低下に続き出生率低下		出生率・死亡率ともにさらに低下	出生率＝死亡率さらに 出生率＜死亡率
人口 動態	ⓐ型 人口漸増	ⓑ型 人口急増		ⓒ型 人口停滞	人口停滞・少産多死型 静止人口から人口減少
該当 諸国	独立時の 発展途上国	中南アフリカ 諸国	ラテンアメリカ諸国 ・アジア諸国	現在の米国・中国・ オーストラリア・ ニュージーランド	ヨーロッパ・ロシア・ カナダ・日本・韓国・ シンガポール

ⓐ	ⓑ	ⓒ

Step C　●センター試験にチャレンジ●

問 1　現代世界の大きな課題として急激な人口増加があり，その過程は地域により異なる。
次の図中のA〜Cは，アフリカ，北アメリカ*，ヨーロッパのいずれかの地域における1700年から2020年の人口の推移を示したものである。A〜Cと地域名との正しい組合せを，下の①〜⑥のうちから一つ選べ。[11年・B本改]　*アメリカ合衆国およびカナダ。

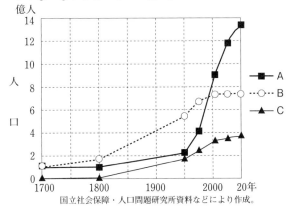

国立社会保障・人口問題研究所資料などにより作成。

	A	B	C
①	アフリカ	北アメリカ	ヨーロッパ
②	アフリカ	ヨーロッパ	北アメリカ
③	北アメリカ	アフリカ	ヨーロッパ
④	北アメリカ	ヨーロッパ	アフリカ
⑤	ヨーロッパ	アフリカ	北アメリカ
⑥	ヨーロッパ	北アメリカ	アフリカ

問1

45 世界の人口問題

解答・解説 P.25

Step A ●ポイント整理● _____ に適する語句を入れ，まとめを完成させよう。

1 人口移動

(1) 人口移動の理由には，経済的・政治的・宗教的理由がある。政治的理由の例では，イギリスの受刑者の流刑地として開拓が始まった¹_____への移民がある。また，宗教的理由の例としては，²_____のアメリカ合衆国への移動，ユダヤ人国家³_____建国のためのパレスチナへの移動（**シオニズム運動**）などがある。

(2) 16世紀以降の⁴_____へのスペイン・ポルトガルなどの南ヨーロッパからの移民では，**先住民**（インディオ）との混血化が進んだ。

(3) ⁴_____のスペイン語圏からアメリカ合衆国への移住者のことを，⁵_____という。

(4) 中国から主に⁶_____に移住した中国人は⁷_____とよばれ経済活動に従事しており，**フーチエン（福建）省**や**コワントン（広東）省**出身が多い。

(5) 農業・鉱工業労働者として東南アジアやアフリカなどへ移住したインド人は⁸_____とよばれている。

(6) トルコ，旧ユーゴスラビア，南ヨーロッパ（イタリア南部やギリシャなど）からより高い賃金を求めて，移住し定住する外国人労働者のことをドイツでは⁹_____とよんでいる。

(7) **難民**とは，戦争や政治・宗教などをめぐる対立で迫害を受ける可能性があるため他地域への移住を余儀なくされた人々のことをいう。

(8) 地方の農村地域から就学・就職などで都市へ移動していた人が，都市の過密と地方の開発により，出身地に戻っていく現象のことを¹⁰_____ターンという。

2 人口問題（発展途上国）

(1) **発展途上国**では多産少死型（高出生率・低死亡率）の人口急増の国が多い。人口急増は食糧問題を引き起こし，人口急増に食糧増産が追いつかない状況である。また，砂漠化などの環境問題も深刻化している。首都への人口集中も進み，深刻な都市問題が発生し都市周辺部に¹¹_____（不良住宅街）が形成される。都市人口率も，発展途上国で急増している。

(2) 貧困から，また社会保障の不備から労働力として子どもを必要としているため**人口抑制策**が進まない。中国では人口抑制策として，1979年から，¹²_____政策を実施していた（現在では廃止）。ラテンアメリカでは宗教上の理由（カトリック）により，人口抑制はあまり進んでいない。

3 人口問題（先進国）

(1) 先進国では，¹³_____（**女性1人が生涯に産む子どもの平均数**）の低下により少産少死型社会になりつつある。また，平均寿命が伸び，¹⁴_____社会（老年人口率7％以上），**高齢社会**（同14％以上）になり，介護・社会保障などさまざまな問題が起きつつあり対応が迫られている。

(2) 生産年齢人口の減少により，労働力不足の問題も深刻化している。

NOTE

Step B　●作業でチェック●

ワーク1　次の図は，1950～1990年代のドイツ（旧西ドイツ）における外国人労働者数の推移を示したものである。①～④に該当する国名を語群から選べ。

> イタリア　　トルコ
> 旧ユーゴスラビア　　ギリシャ

①	②
③	④

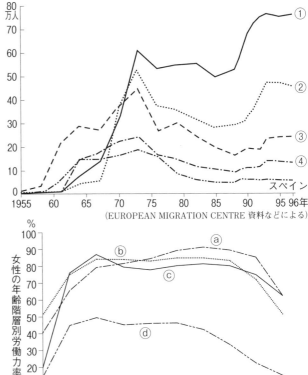

（EUROPEAN MIGRATION CENTRE 資料などによる）

ワーク2　次の図は，カナダ，トルコ，日本，フィンランドのいずれかの国における女性の年齢階層別労働力率を示したものである。ⓐ～ⓓに該当する国名を答えよ。[07年・B追改]

ⓐ	ⓑ
ⓒ	ⓓ

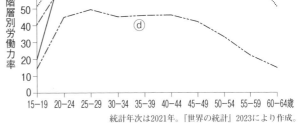

統計年次は2021年。『世界の統計』2023により作成。

Step C　●センター試験・共通テストにチャレンジ●

問1　次の図は，いくつかの国について，老年人口率が7％，14％，21％に達した年，または達すると予測されている年を示したものであり，①～④は，カナダ，中国*，日本，フランスのいずれかである。カナダに該当するものを，図中の①～④のうちから一つ選べ。

[21年・B共通テスト第二日程]

*台湾，ホンコン，マカオを含まない。

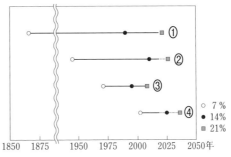

図中の点線は予測を示す。*World Population Prospects* などにより作成。

問1	

問2　人口問題への各国の対応について述べた文章として，下線部が**適当でないもの**を，次の①～④のうちから一つ選べ。[07年・B追改]

① インドでは人口増加を抑制するため，1950年代以降家族計画を推進した。また，<u>工業化の進展により国民の所得水準が向上したことで，農村を中心に出生率が低下している。</u>

② インドネシアでは，都市の発達した島に人口が集中し，人口分布の不均衡が社会問題となっている。そのため，<u>第二次世界大戦後からは，周辺の島の熱帯林地域への移住計画がすすめられている。</u>

③ スウェーデンでは，合計特殊出生率が低下し，人口停滞が懸念された。そのため，<u>保育施設や育児休業制度など女性が働きながら育児に取り組むための環境が整えられてきている。</u>

④ 中国では，1979年から「一人っ子政策」をすすめたため出生率は低下した。<u>近年は，年齢構成などのアンバランスの是正に向けて，政策の見直しが行われていたが，廃止が決定した。</u>

問2	

共通テスト

46 日本の人口・人口問題

解答・解説 P.26

Step A ●ポイント整理● _____ に適する語句を入れ，まとめを完成させよう。

1 日本の人口　(注) 統計年次は2015〜2022年。

(1) **日本の総人口**は，約1.24億人で世界で[1]_____位。アジアでは，[2]_____に次いで6位である。**人口密度**は，約329人／km²で世界的な人口稠密国である。

(2) 人口分布には著しい偏りがみられ，東京・[3]_____・名古屋の三大都市圏を中心にした地域に人口が集中している。

・**人口500万人以上の都道府県（9都道府県）**—東京，[4]_____，大阪，愛知，埼玉，千葉，兵庫，[5]_____，福岡（人口順）

・**人口100万人未満の県（10県）**—秋田，福井，[6]_____，和歌山，鳥取，[7]_____，徳島，香川，高知，佐賀

・**人口100万人以上の都市**—東京23区，横浜，大阪，名古屋，[8]_____，福岡，川崎，神戸，京都，さいたま，[9]_____，仙台（人口順）

(3) **人口増加率の高い都道府県**—東京，沖縄，埼玉，神奈川，愛知。沖縄は[10]_____増加率が日本で最も高かったが，2021年から2022年にかけて人口減少となった。

・社会増加率の高い都道府県—東京，埼玉，神奈川，千葉。

(4) **産業別人口構成割合**—日本の就業者総数は約6,547万人。[11]_____次産業が約74%，第2次産業が約23%，第1次産業は約3%にすぎない。

・第1次産業従事者の割合が高い県—[12]_____，高知，熊本，[13]_____，岩手，鹿児島，秋田。東北や南九州の県が高い。

・第2次産業従事者の割合が高い県—[14]_____，滋賀，富山，栃木，静岡，群馬，岐阜，三重。東海地区の県が高い。

・第3次産業従事者の割合が高い県—東京，[15]_____，北海道，千葉，福岡，神奈川，大阪，京都。

2 日本の人口問題　(注) 統計年次は2010〜2022年。

(1) 日本の人口の年平均増加率は−0.20%（2010〜2022年）で，減少傾向にあるといえる。女性1人が生涯に産む子どもの平均数を示す[16]_____は2022年には1.26と低下した。**1994年**には，高齢者（65歳以上）の割合が14%を超え，[17]_____社会を迎えた。その後，世界に先駆けて高齢者の割合が20%を超えた。現在の日本の人口の課題は[18]_____であり，社会保障や社会福祉などの高齢者対策とともに児童手当や育児休暇制度などの少子化対策も求められている。

(2) **過疎・過密**問題は，農村から大都市への人口移動が始まった1950年代から顕著になった。1960年代の[19]_____期に最も進展したが，都道府県単位でみれば，1970年以降は人口移動の沈静化がみられる。過疎地域では，生産活動の停滞，地域共同体の崩壊などがみられる。

(3) 単純労働に従事する外国人不法就労者は1980年代に急増した。東南アジアやイラン，中国，韓国などの出身者が多かったが，1990年の法改正により日系人の就業が認められるようになり，[20]_____やペルーの出身者が増加した。

NOTE

Step B　●作業でチェック●

ワーク　次の図の①～③は，14歳以下，15歳以上64歳以下，65歳以上のいずれかの人口構成比の高低を都道府県別に示したものである。①～③に該当する年齢階層を答えよ。[06年・追改]

①	
②	
③	

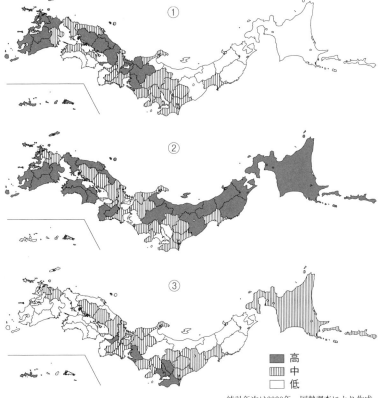

統計年次は2020年。国勢調査により作成。

Step C　●センター試験にチャレンジ●

問1　次の図は，都道府県ごとの人口集中地区*と過疎地域**の面積が各都道府県面積に占める割合を示したものであり，ア～ウは，愛知県，大阪府，山形県のいずれかである。ア～ウと府県名との正しい組合せを，下の①～⑥のうちから一つ選べ。[05年・B本改]

*国勢調査で人口密度4,000人/km²以上の調査区が隣接し，それらの地域の人口の合計が5,000人以上の範囲。
**過疎地域自立促進特別措置法が定めた市町村。

	①	②	③	④	⑤	⑥
ア	愛知県	愛知県	大阪府	大阪府	山形県	山形県
イ	大阪府	山形県	愛知県	山形県	愛知県	大阪府
ウ	山形県	大阪府	山形県	愛知県	大阪府	愛知県

問1 [　　]

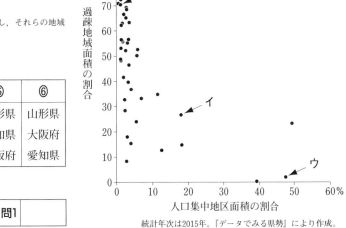

統計年次は2015年。『データでみる県勢』により作成。

47 村落の立地と発達

解答・解説 P.26

Step A ●ポイント整理● _____ に適する語句を入れ，まとめを完成させよう。

1 村落の立地

(1) **乏水地**では地下水や湧水が得られる場所，扇状地では湧水がある[1]_____，台地では地下水面が部分的に浅くなっている[2]_____がある場所，湧水がみられる段丘・台地の崖下（縁）などに立地。

(2) **豊水地**では水害から安全な微高地，氾濫原や三角州では**高燥な**[3]_____に立地。木曽川・長良川下流の[4]_____集落は典型。海岸平野では砂堆列に立地。九十九里平野の[5]_____集落は，海岸線の進出と[5]_____への定住で発達。

2 村落の形態

(1) 家屋が密にかたまっている[6]_____と散在している[7]_____とに分かれる。農作業の共同化，外敵からの防御の必要から，アジア・ヨーロッパでは[6]_____が一般的で，[7]_____は比較的歴史の浅い開拓地に多い。

(2) [6]_____のうち，不規則に家屋がかたまっている村落を[8]_____といい，**自然発生的な村落形態**の代表である。

(3) 列状に村落がかたまっている[6]_____には，台地の崖下・自然堤防上など地形的な条件で細長く分布する[9]_____がある。中心の道路に沿って家屋が整然と配列する[10]_____は中世に開拓されたヨーロッパの村落や日本の近世の開拓村落にもみられ，家屋の背後に**細長い帯状の耕地**が均等に並んでいるのが特徴である。中世のドイツやポーランドの森林開拓で生まれた[11]_____も[10]_____の1つ。街道沿いに家屋が並んでいる宿場町や門前町などは[12]_____と呼ばれる。

(4) 広場を中心に家屋が**円形に配列**する[6]_____の例としては広場村や[13]_____などがある。中心には教会などがあり防御的な機能ももつ。ドイツからポーランドのスラブ系住民居住地域にみられる。このような防御的な機能をもつ村落としてはヨーロッパの**丘上集落**や奈良盆地の[14]_____がある。[14]_____の周囲の濠は防御，灌漑，排水，水運にも利用。

(5) [7]_____は，北アメリカやカナダの[15]_____での土地区画が行われた地域やオーストラリアなどにみられる。耕地が宅地に近い利点があるなど大規模な農業経営が行われる。日本では北海道の屯田兵村の一部以外に，富山県の[16]_____平野や島根県の出雲平野などにみられる。

3 村落の発達

(1) 古代には，**班田収授**の施行のために行われた土地割りに起源をもつ[17]_____集落が生まれた。日本で最初の計画的村落でほぼ同一間隔で規則正しく直交する道路や水路が特徴で村落は[8]_____として配置された。**条・里・坪・反の地名**が特徴。**九州南端以南**と，**東北北部・北海道には分布せず。**

(2) 中世には，開墾などにより発達した荘園を中心に荘園集落がつくられた。豪族屋敷村などがその例。

(3) 近世には土木技術の発達や人口増加で開発されなかった自然条件の悪い土地が開発され，[18]_____集落がつくられた。**新田，新村，新地**という地名，干拓地として岡山県の児島湾では**開**，有明海では**搦**という地名が特徴。

(4) 近代には北海道の開拓と北辺の警備，さらに士族授産を目的とした[19]_____村が北海道に計画された。土地割りはアメリカ合衆国の[15]_____をモデルにしており，規則正しい方形の区画が特徴となっている。

NOTE

(5)　村落では近年[20]_____化が著しく，地域の将来を担う若者も減少し，村落共同体における伝統的行事の維持などが難しい[21]_____集落という言葉も注目されている。

Step B　●作業でチェック●

ワーク[1]　自然的・社会的条件による村落の立地について，次の表の@〜⑧に該当する語句を語群から選べ。

	立地点	特　色
自然的条件	扇状地	谷水のある@_____，湧水のある⑥_____
	台地	局所的な地下水の©_____の上，段丘崖下
	河岸	洪水を避けることができる⑨_____上や，段丘上
	三角州，氾濫原	洪水を避けることができる⑨_____上
社会的条件	⑥_____集落	山地の物資と平地の物資の交換場所
	渡津集落	河川の渡し場や橋の両側には物資が集まる
	①_____集落	外敵や疫病対策として丘陵や高台に立地
	港頭集落	天然の良港となる場所に港ができる
	⑧_____集落	海岸線の前進とともに集落が海岸沿いへ移動

語群
自然堤防	
宙水	扇端
扇頂	丘上
谷口	納屋

ワーク[2]　次の図は，アメリカ合衆国中西部に見られる土地区画を模式的に描いたものである。この土地区画制度について述べた下の文①〜④の文の正誤を○×で答えよ。[99年・B本改]

①　この土地区画制度はタウンシップ制と呼ばれ，特に中西部以西の農村地域を特徴づける景観要素となっている。

②　この土地区画制度は，開拓者への土地の分与のために設定されたもので，自営農民による中西部の開拓を進展させることになった。

③　1農家に対して与えられた区画は，1マイル（約1.6 km）四方の$\frac{1}{4}$の区画が基本で，これは現在の中西部の平均的な農場の規模に当たる。

④　この土地区画と類似した格子状の地割は，明治時代の北海道の開拓村落にもみられる。

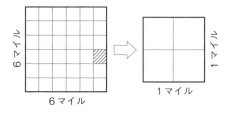

①	②
③	④

Step C　●共通テストにチャレンジ●

問1　次の写真は，ある集落の景観を撮影したものである。右の文アとイのいずれかは，写真のような形態の集落が分布する地域について述べたものであり，文aとbのいずれかは，このような形態の利点を説明したものである。写真のような形態の集落に該当する文の組合せとして最も適当なものを，下の①〜④のうちから一つ選べ。[21年・B共通テスト第二日程改]

	①	②	③	④
分布する地域	ア	ア	イ	イ
形態の利点	a	b	a	b

問1

分布する地域
ア　開発の歴史が新しく，村落が計画的につくられた地域
イ　平野部で農業生産性が高く，外敵への備えが必要であった地域

形態の利点
a　各農家の近くに耕地が集まっており，耕作や収穫の利便性が高い。
b　教会や広場があり，農業や社会生活などで共同作業を行いやすい。

48 都市の立地と発達

解答・解説 P.26

Step A ●ポイント整理● _____ に適する語句を入れ，まとめを完成させよう。

1 都市の立地

(1) 近代国家の誕生とともに，政治・経済の中心として生産力豊かな平野を
¹_____（ヒンターランド）として，その**平野の中心地**に都市が生まれた。
パリ，モスクワ，ベルリンなど。

(2) 2つの異質な地域の境界では物資の交換場所として**市場町**から発達した都
市が生まれた。山地と平地の境界となる谷の出口には²_____集落が発達。
青梅，五日市など**関東平野**の周辺部に多く分布。

(3) 地形的な障害の両側に生じた集落は³_____**集落**という。ミシシッピ川
のミネアポリス・セントポール，大井川の島田・金谷は川が障害となってお
り，街道が河川を横切る地点に生じた都市を特に⁴_____集落と呼ぶ。

(4) 河川においては**合流点，河口，潮汐限界点**に都市が生まれた。合流点の落合
集落はウーハン(武漢)・ベオグラードなど。河口ではニューオーリンズ・ブエ
ノスアイレスなど。潮汐限界点ではロンドン・ハンブルクなどが典型。

(5) 河川の急流箇所は**交通の終点**と**水力利用の工業**が生まれ，都市が発達。こ
の都市は⁵_____都市と呼ばれ，アパラチア山脈東側の諸都市が典型。

2 世界の都市の発達

(1) 古代には政治，軍事，宗教の中心として都市（ポリス）が生まれた。ロン
ドン，パリ，ウィーン，ケルンなどは，その起源が**ローマ時代**にさかのぼる。
古代都市の多くは市街を城壁で囲んだ⁶_____である。

(2) 中世のヨーロッパでは遠隔地との交易がさかんとなって自由都市がおこり，北
ドイツで**ハンザ同盟**などの都市同盟を結成。ブレーメン・ハンブルクなど。

(3) 近現代では**産業革命**によって新たに⁷_____が生まれ，農村から都
市へと労働力の著しい人口集中が始まった。都市は急速に巨大化し，都市が
発達する過程で市街地が拡大して近隣都市と接続した状況を⁸_____
（コナーベーション・都市連合）と呼ぶ。ルール地方や東京から横浜の地域など。

(4) 都市の巨大化によって，政治や経済などの中心をなす⁹_____
__（巨大都市）も出現。巨大化した都市は中心地としての機能を次第に強め，
周辺部には¹⁰_____都市と呼ばれる中小の都市群を伴うようになる。

(5) これらの¹⁰_____都市をはじめ周辺地域は，中心地である⁹_____
_____の**勢力圏**となり，巨大な¹¹_____が形成される。

(6) さらに都市が拡大して⁹_____がいくつか連結し，あたかも1
つの巨大都市圏を形成している地域を，地理学者ゴットマンは¹²_____
____（巨帯都市）と名付けた。アメリカ合衆国の東海岸のボストン～ワシントン
D.C.までと，日本ではJR東海道本線に沿った¹³_____が好例。

(7) 都市人口の増加は比較的最近のことであり，1800年には都市人口は世界人
口の約3%程度に過ぎなかったが，1970年には世界人口の約3割になり，
2007年には都市人口は世界人口の約¹⁴_____となり，増え続けている。

(8) ¹⁵_____は先進国で高く，第1次産業が中心の途上国では低かった。
しかし，農村人口の増加や工業発展により，途上国でも都市人口が急増してい
る。特にブラジルや中国などの新興工業国で¹⁵_____は急上昇している。

(9) 他の2位以下の都市とは比較にならないほど群を抜いて発達した都市を¹⁶
_____（首位都市）といい，植民地から独立した国などで
は政治・経済・文化などの諸機能が**一極集中**する傾向がみられる。

NOTE

Step B　●作業でチェック●

ワーク 1　都市には，その国や地域の歴史や文化の影響などを受けた様々な形態がみられる。次の図中の⑦〜⑦は，都市における街路の形態的特徴を示した模式図である。下の語群の都市は，⑦〜⑦のどれに該当するか答えよ。[09年・B本改]

テヘラン　　キャンベラ　　シカゴ
チュニス（旧市街地）　　ニューヨーク
パリ　　ペキン　　モスクワ　　ダマスカス

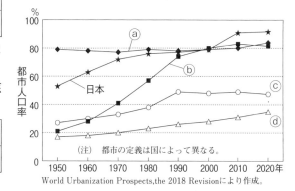

⑦	
⑦	
⑦	

ワーク 2　次の表は，1980年と2000年*の人口100万人以上の都市**数を地域別に示したものであり，①〜④は，アジア，オセアニア，CIS（独立国家共同体）***，中央・南アメリカのいずれかである。①〜④に該当する地域を答えよ。[08年・B本改]

*1980年と2000年の統計値のない国は，できるだけ近い年の値を用いた。
**郊外を含む都市域の人口が100万人以上の都市を含む。
***1980年はバルト三国を除く旧ソ連諸国。

地　域	人口100万人以上の都市数	
	1980年	2000年
①	105	270
北アメリカ	37	52
ヨーロッパ	28	27
②	20	49
③	20	24
アフリカ	11	35
④	2	6

北アメリカにはメキシコを含まない。『世界人口年鑑』などにより作成。

①	②
③	④

ワーク 3　次の図は，都市人口率の推移を国別に示したものであり，ⓐ〜ⓓはイギリス，インド，韓国，フィリピンのいずれかである。ⓐ〜ⓓに該当する国名を答えよ。[08年・B本改]

ⓐ	ⓑ
ⓒ	ⓓ

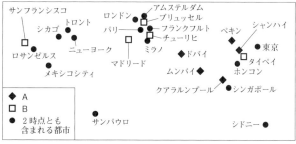

World Urbanization Prospects,the 2018 Revisionにより作成。

Step C　●共通テストにチャレンジ●

問 1　多国籍企業の集中度などが特に高い都市を世界都市とみなすことがある。次の図は，2000年と2020年のいずれかの時点における上位20の世界都市の地理的な位置を模式的に示したものであり，凡例AとBは，この20年間に上位20に加わった都市と外れた都市のいずれかである。また，後の文章は，世界都市に関連することがらを述べたものである。図中の凡例Bと文章中の空欄aに当てはまる語句との組合せとして最も適当なものを，後の①〜④のうちから一つ選べ。
[22年・B共通テスト追]

世界都市は，国際分業の進展に伴う激しい競争に直面している。その結果，上位20の都市の入れ替わりが起きている。世界都市は，多国籍企業が集まるだけでなく，世界的な（　a　）として重要な役割を果たしている。

サンフランシスコ　ロンドン　アムステルダム　ブリュッセル
シカゴ　トロント　パリ　フランクフルト　チューリヒ　ペキン　シャンハイ
ニューヨーク　ミラノ　東京
ロサンゼルス　マドリード　ドバイ　タイペイ
メキシコシティ　ムンバイ　ホンコン
クアラルンプール　シンガポール
サンパウロ　シドニー

◆　A
□　B
●　2時点とも含まれる都市

Globalization and World Cities Research Network の資料により作成。

	①	②	③	④
B	加わった都市	加わった都市	外れた都市	外れた都市
a	金融業の取引拠点	製造業の生産拠点	金融業の取引拠点	製造業の生産拠点

問1

共通テスト

49 都市の機能と地域分化

解答・解説 P.27

Step A ●ポイント整理● _____ に適する語句を入れ，まとめを完成させよう。

1 都市の機能

(1) 都市は工業，商業，交通，行政などの**第2次・第3次産業**によって成立しており，このような機能を¹_____と呼ぶ。

(2) 都市は機能によって**生産都市，交易都市，**²_____**都市**の3つに分類。

(3) ²_____**都市**は，政治の中心としての**政治都市**，宗教的な中心地としての**宗教都市**，観光地や避暑や避寒など保養地としての**観光保養都市**などがある。

(4) 政治都市は計画的につくられた**新首都**が好例で，アメリカ合衆国のワシントンD.C.，ブラジルの³_____，インドのデリー，オーストラリアの⁴_____，ナイジェリアのアブジャなどがある。

(5) 宗教都市としてはユダヤ教，キリスト教，イスラーム（イスラム教）の聖地である⁵_____，イスラームの聖地である⁶_____，ヒンドゥー教の聖地である⁷_____などが代表である。

(6) 観光保養都市としてはヨーロッパ各地から保養に訪れる地中海沿岸のカンヌやモナコ，フランスの⁸_____などが代表である。

2 都市機能の地域分化

(1) 都市が成長し都市域が拡大すると，都市の核心部である⁹_____を中心として都市機能が次第に地区ごとに分化して一定の構造が形成される。このような構造は都市の¹⁰_____と呼ばれる。

(2) ⁹_____には交通・通信手段が集中するため**求心的な機能**が集まる。政治・行政機能，金融などの経済活動は集中することで利便性が生まれる。このように行政と経済の**中枢管理機能**が集中する地区を¹¹_____（**中心業務地区**）という。この地区は土地の垂直的な利用が進みビル街でもあるので¹²_____人口が非常に多いのに対して，¹³_____人口は極端に少なく，**昼夜間人口の差が大きい**地区である。

(3) ⁹_____には都心商店街があり，¹⁴_____，高級専門店，飲食店などが林立する。特に周辺都市圏からの買回り品を求めて訪れる人が多く，集客は広域にわたり，非常に**地価が高く**建築物の高層化も進んでいる。

(4) ⁹_____のすぐ近くには**低級住宅地区**が生まれる場合がある。この地区は¹⁵_____（**不良住宅街**）と呼ばれ，社会的問題が多発する地区となる。これはホワイトカラー層や熟練工が，より良い住環境を求めて郊外に流出するのに対して，高齢者層や低所得者層がとり残され，さらには海外からの¹⁶_____が安い家賃のために集中した結果である。

(5) 郊外電車のターミナルには，⁹_____に準ずる中心地機能をもつ¹⁷_____が生まれる。東京では新宿，池袋，渋谷など。また再開発した地区に行政・経済機能を分担させ**新都心**と呼ばれる地区もある。

(6) 都市の郊外には工業，住宅，文教施設など**離心的な機能**が移っていく。工業地域は**地価が安く**，**広大な敷地**が手に入る地域や，河川，運河，鉄道などの便が良いところに立地する。具体的には¹⁸_____沿いや臨海部，浅海を埋め立てて**臨海工業地域**が形成される。

(7) 都市の内部構造のモデルについては，**シカゴ**の調査から考えられた¹⁹_____**モデル**，交通線の影響を認めた**扇形モデル**，複数の核を持つとした**多核心モデル**などがある。

NOTE

Step B ●作業でチェック●　**ワーク 1** 次の3つの図は都市の内部構造のモデルである。
1〜5の地区名を答えよ。

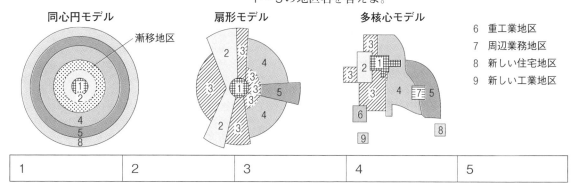

同心円モデル　　扇形モデル　　多核心モデル

6 重工業地区
7 周辺業務地区
8 新しい住宅地区
9 新しい工業地区

1	2	3	4	5

ワーク 2 次の表は都市の地域分化をまとめたものである。ⓐ〜ⓗに該当する語句を語群から選べ。

人口密度　　都庁　　昼夜間　　地価　　河川　　高級品　　高層建物　　デパート

	特　　　　　徴	東京の代表地域
CBD （中心業務 地区）	●巨大都市では摩天楼などⓐ＿＿＿＿が集中　●全国の銀行・会社の本店・本社が集中　●中央官庁の建物が林立　●ⓑ＿＿＿＿人口の差が最も大きい	丸の内・霞が関
都　心 商店街	●ⓒ＿＿＿＿・高級専門店・飲食店などが多く歓楽街がある ●ⓓ＿＿＿＿は最も高い　●交通量や人出が多い	銀座・日本橋
問屋街	●同一種類の問屋街で，商圏は全国的　●証券取引所・銀行なども多い	日本橋
混合地区	●住宅と工場・商店が混在　●住宅兼工場・商店という建物が多い ●零細工業が目立つ　●ⓔ＿＿＿＿は最も高い	荒川
工場地区	●ⓕ＿＿＿＿・運河・鉄道・道路沿いに成立　●騒音・煤煙などに問題	江東・城南
周辺住宅 地　区	●中産階級の住宅地域　●都心へ通勤するサラリーマンが多い	武蔵野台地
周　辺 商店街	●沿線の鉄路の主要駅に成立　●ⓖ＿＿＿＿を扱う専門店は少ない	中野駅前・小岩駅前
副都心	●都心の機能を一部代行　●鉄路のターミナル駅周辺など交通の便利なところに発達　●東京では新宿にⓗ＿＿＿＿が移転	新宿・渋谷・池袋
郊　外	●近郊農業と周辺宅地が混在　●部分的には住宅団地や工業団地が立地	多摩

Step C ●共通テストにチャレンジ●

問1 次の図は，日本における大都市の内部構造を模式的に示したものであり，下のア〜ウの文は，図中のA〜Cの各地区について述べたものである。ア〜ウとA〜Cとの正しい組合せを，下の①〜⑥のうちから一つ選べ。
[17年・プレテスト]

ア 大規模な工場や倉庫群などが立地している。
イ 中小の工場や商店などと住宅が混在している。
ウ 鉄道に沿って住宅地が形成されている。

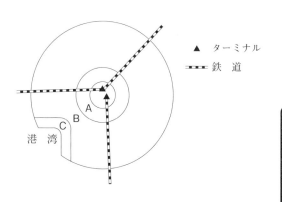

▲ ターミナル
⚎ 鉄　道

港　湾

	①	②	③	④	⑤	⑥
A	ア	ア	イ	イ	ウ	ウ
B	イ	ウ	ア	ウ	ア	イ
C	ウ	イ	ウ	ア	イ	ア

問1

共通テスト

50 日本の都市

解答・解説 P.27

Step A ●ポイント整理● _____ に適する語句を入れ，まとめを完成させよう。

① 日本の都市の階層性と大都市制度

(1) 都市圏は都市ごとに異なり，大きな都市ほどその都市圏は大きい。東京，¹_____，名古屋は**国家的中心都市**であり本社や中央官庁が集中。特に東京は資本や企業・行政の中枢管理機能の集積が著しく²_____**集中**が進んでいる。

(2) 北海道の**札幌**，東北地方の³_____，中国地方の**広島**，九州地方の⁴_____は**広域中心都市**で，それぞれの地方の中心地となっている。

(3) 各都道府県レベルでは**県庁所在地**が経済・政治の中心地となり多くの場合は人口第1位都市となるが，⁵_____県，群馬県，⁶_____県，三重県，⁷_____県の県庁所在都市は人口第1位都市ではない（下表参照）。県庁所在地の都市は政治・経済の中心であった城下町起源のものが多い。防衛のためのクランクやT字路などの街路，身分や職業別の住み分けが由来の地名などが特徴である。

(4) 日本の大都市に関しては特例制度がある。都市人口50万人以上（実際には100万人前後）の都市で，府県または知事の一定の事務権限が都市に委譲されている都市を⁸_____**都市**という。また，人口20万人以上の都市については⁹_____の制度がある。

NOTE ✏

② 日本の主要都市

(注) ●は政令指定都市。**太字**は都道府県庁所在地。（ ）は2022年人口で単位は万人。総務省自治行政局「住民基本台帳に基づく人口，人口動態および世帯数」による。

	主要都市				主要都市		
北海道	●¹⁰_____ (196)	旭川(33)	函館(25)	滋 賀	**大津**(34)	草津(14)	長浜(12)
青 森	**青森**(28)	八戸(22)	弘前(17)	京 都	●²¹_____ (139)	宇治(18)	
岩 手	**盛岡**(29)	奥州(11)	一関(11)	大 阪	●²²_____ (273)	●²³_____ (83)	
宮 城	●¹¹_____ (107)	石巻(14)	大崎(13)	兵 庫	●²⁴_____ (152)	姫路(53)	西宮(48)
秋 田	**秋田**(30)			奈 良	**奈良**(35)	橿原(12)	
山 形	**山形**(24)	鶴岡(12)		和歌山	**和歌山**(36)		
福 島	郡山(32)	いわき(31)	**福島**(27)	鳥 取	**鳥取**(18)	米子(15)	
茨 城	**水戸**(27)	つくば(25)	日立(17)	島 根	**松江**(20)	出雲(17)	
栃 木	**宇都宮**(52)	小山(17)	足利(14)	岡 山	●²⁵_____ (70)	倉敷(48)	
群 馬	高崎(37)	**前橋**(33)	太田(22)	広 島	●²⁶_____ (119)	福山(46)	呉(21)
埼 玉	●¹²_____ (133)	川口(61)	川越(35)	山 口	下関(25)	**山口**(19)	宇部(16)
千 葉	●¹³_____ (98)	船橋(65)	松戸(50)	徳 島	**徳島**(25)		
東 京	**特別区**(952)	八王子(56)	町田(43)	香 川	**高松**(42)		
神奈川	●¹⁴_____ (376) ●¹⁶_____ (72)	●¹⁵_____ (152)		愛 媛	**松山**(51)	今治(15)	新居浜(12)
新 潟	●¹⁷_____ (78)	長岡(26)	上越(19)	高 知	**高知**(32)		
富 山	**富山**(41)	高岡(17)		福 岡	●²⁷_____ (157)	●²⁸_____ (94)	
石 川	**金沢**(45)			佐 賀	**佐賀**(23)	唐津(12)	
福 井	**福井**(26)			長 崎	**長崎**(41)	佐世保(24)	諫早(14)
山 梨	**甲府**(19)			熊 本	●²⁹_____ (73)	八代(12)	
長 野	**長野**(37)	松本(24)	上田(15)	大 分	**大分**(48)		
岐 阜	**岐阜**(40)	大垣(16)	各務原(15)	宮 崎	**宮崎**(40)	都城(16)	延岡(12)
静 岡	●¹⁸_____ (80)	●¹⁹_____ (69)	富士(25)	鹿児島	**鹿児島**(60)	霧島(12)	
愛 知	●²⁰_____ (229)	豊田(42)	岡崎(39)	沖 縄	**那覇**(32)	沖縄(14)	
三 重	四日市(31)	**津**(27)	鈴鹿(20)				

Step B　●作業でチェック●

ワーク　次の図の①～⑳の都市名を答えよ。

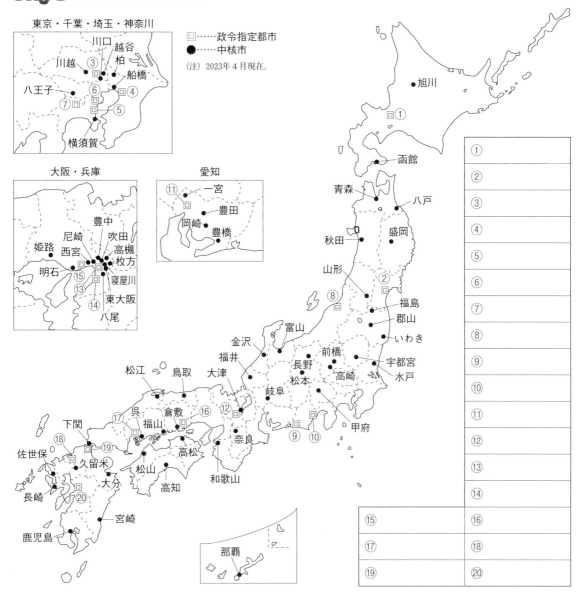

□……政令指定都市
●……中核市
(注) 2023年4月現在。

①	
②	
③	
④	
⑤	
⑥	
⑦	
⑧	
⑨	
⑩	
⑪	
⑫	
⑬	
⑭	

⑮	⑯
⑰	⑱
⑲	⑳

Step C　●センター試験にチャレンジ●

問1　都市は，その立地や機能により異なる特徴を有する。次の表1は，日本のいくつかの都市について銀行本・支店数，第2次産業就業者の割合，昼夜間人口指数*を示したものであり，ア～ウは仙台市，千葉市，浜松市のいずれかである。表1中のア～ウと都市名との正しい組合せを，下の①～⑥のうちから一つ選べ。[09年・B本改]

*昼間人口÷夜間人口×100

表1

	銀行本・支店数(店)	第2次産業就業者の割合(％)	昼夜間人口指数
ア	208	16.5	106.1
イ	104	18.8	97.9
ウ	76	34.4	99.3

統計年次は，銀行本・支店数が2008年，第2次産業就業者の割合と昼夜間人口指数が2015年。国勢調査などにより作成。

	ア	イ	ウ
①	仙台市	千葉市	浜松市
②	仙台市	浜松市	千葉市
③	千葉市	仙台市	浜松市
④	千葉市	浜松市	仙台市
⑤	浜松市	仙台市	千葉市
⑥	浜松市	千葉市	仙台市

問1 □

51 都市問題と都市計画

解答・解説 P.28

Step A ●ポイント整理● _____ に適する語句を入れ，まとめを完成させよう。

1 先進国の都市問題

(1) 先進国の都市問題は，産業革命で工業化が進み，農村から多量の労働者が都市に流入した結果，¹_____（インフラストラクチャー）の建設が間に合わず都市問題が発生した。

(2) より良い住環境を求めて郊外に人口が流出し，都心付近での定住人口が減少して郊外の人口が増えていく²_____**化現象**が生じる。

(3) 郊外への人口流出によって都市郊外の農村地帯が無秩序に虫食い状に乱開発されることを³_____**現象**と呼び，防災面においても課題がある。

(4) 工業・住宅・文教施設など**離心的傾向**をもつ機能が郊外に流出したことで，都心周辺には定職を持たず路上生活をする⁴_____や失業者，貧困層が集中する⁵_____（不良住宅街）が形成される。このような都心中心部の停滞地区は⁶_____と呼ばれ，新たな都市問題となっている。

2 途上国の都市問題

(1) 途上国の都市問題は，人口爆発によって農村部で労働力余剰や貧困が生まれ，人々が都市に押し出されて都市人口が急増して発生。途上国の首都の中には極端に人口や資本が集中した⁷_____（首位都市）がみられる。

(2) 都市では，住宅不足のために市街地郊外の公有地に自然発生的に⁵_____が生まれる。ここでは露天商など合法的でない操業を行う⁸_____と呼ばれる部門で働く人々がみられる。先進国の⁵_____が都心付近にあるのとは違って都市周辺部に広がるのが特徴。

(3) 都市に流出した人々には，家さえもたない**ホームレス**や物売りなどで生活する⁹_____と呼ばれる子どもたちも多く存在する。

3 都市計画と都市再開発

(1) 都市問題緩和のためイギリスでは1898年に，**ハワード**が提唱した¹⁰_____**構想**に基づき人口や工場を分散し，ロンドンの過密解消をはかる**大ロンドン計画**が実行。ロンドンの周辺には**グリーンベルト**の外側に８つの¹¹_____が建設され**職住近接**の独立した都市の育成をはかっている。

(2) 日本もイギリス同様に**ニュータウン**を建設したが，イギリスのニュータウンと違い純粋な¹²_____都市で，他の機能をもたない住宅団地である。

(3) 都心の⁶_____問題解決のために**都市再開発**も各地で実施。産業構造の転換でかつて河川や臨海地域にあった埠頭(ふとう)，倉庫，工場だった地域が再開発されるようになった。これら水辺・水際の¹³_____にあたる地域が，オフィスビル，レジャー施設，商業施設へ変化している。

(4) ロンドンの¹⁴_____地区は，かつての港湾施設の跡地にスポーツ・レジャー施設が建設された。パリでは多核分散型の都市構造の建設のために¹⁵_____やモンパルナスの**副都心**の建設が行われている。日本では横浜のみなとみらい，東京の豊洲，千葉の幕張などの例がある。

(5) 再開発によって，比較的裕福な人が流入し，これまで住んでいた人が流出する現象を¹⁶_____という。

(6) 大都市市街地では地区ごとに民族や経済状況による**住み分け**(¹⁷_____)が進み，社会的緊張や不平などを増大させるとして問題視する動きもある。

NOTE

Step B　●作業でチェック●

ワーク　次の表は都市に関連する諸問題についてまとめたものである。ⓐ～ⓔに該当する語句を答えよ。

諸問題	特　　徴
都市の自然環境悪化，都市公害	緑地と動植物の生息地消失。大気汚染，水質汚濁，土壌汚染，地盤沈下，騒音，悪臭，振動など
災害危険性の拡大，都市災害	河川の氾濫や急激な増水による洪水，急傾斜地の住宅開発による崖崩れ，地盤沈下による高潮被害，大地震による建造物の崩壊・火災
ⓐ＿＿＿＿＿　現象	**無秩序**な都市域の拡大。宅地の**ミニ開発**などにより，公園や下水道などの公共施設が整備できない。緑地の減少，景観の悪化。sprawl＝「虫食い」の意味
ⓑ＿＿＿＿＿　現象	都市内部の気温が周辺に比べ高くなる現象。原因は，①アスファルトやコンクリートによる地表面被覆と緑地の減少，②大気汚染による温室効果，③自動車，エアコンなど人工熱の大量放出など
都市部の空洞化	・人口のⓒ＿＿＿＿＿化現象：都心の地価高騰などで職住分離が進行する。都心では昼間人口が増加し夜間人口が減少 ・ⓓ＿＿＿＿＿問題：都心内部の人口減少により建築物の老朽化や高齢化，コミュニティの崩壊などが引き起こされ，都市内部が衰退化
スラム	不良住宅地。発展途上国では都市に流入した人々は公式の統計にのらないⓔ＿＿＿＿＿＿＿＿＿＿＿と呼ばれる不安定な職しか得られず，**ストリートチルドレン**や**ホームレス**などの社会問題が深刻化
都市の機能，サービスの低下・まひ	都市基盤の整備が急激な都市化に追いつかない。水・エネルギー・住宅供給不足。交通渋滞，活発な都市活動による**産業廃棄物**の大量排出，**不法投棄**問題，福祉・厚生・教育サービスの不足など

Step C　●センター試験にチャレンジ●

問1　次の図は，北半球を赤道から緯度15度ごとに区切った範囲を示したものであり，右の**表1**中の①～④は，図中の**ア～エ**のいずれかの範囲における人口300万人以上の都市*の数の推移を示したものである。**ウ**に該当するものを，**表1**中の①～④のうちから一つ選べ。[20年・B本]

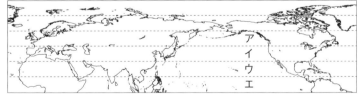

表1

	1975年	1995年	2015年
①	21	33	54
②	6	19	39
③	6	8	9
④	4	8	15
世界全体	44	79	141

World Urbanization Prospects により作成。

*各時点での各国の統計上の定義による。

問1 ☐

問2　都市の経済発展や都市への人口集中は，様々な都市問題を発生させる。都市問題やその対策について述べた文として下線部が**適当でないもの**を，次の①～④のうちから一つ選べ。[20年・B本]

① インドのムンバイ（ボンベイ）では，人口流入が続き，<u>不良住宅地（スラム）に居住している人も多い</u>。

② ドイツのフライブルクでは，路面電車などの公共交通網を整備し，<u>中心市街地への自家用車の流入を抑制してきた</u>。

③ ニューヨークの都心部では，近年の再開発によって住宅が改装・建設され，<u>高所得者層が減少した</u>。

④ ペキンでは，工場での石炭使用や自家用車の急増などから，<u>大気汚染が深刻な状況となってきた</u>。

問2 ☐

52 衣食住からみた世界

解答・解説 P.28

Step A ●ポイント整理● _____に適する語句を入れ，まとめを完成させよう。

■ 衣食住の地域的なちがい

(1) 伝統的な衣服はその地域の**気候・風土に合わせた工夫**があり，素材も地元で採れるものを利用している。
- ・熱帯の暑さに対応し，腰に布片を巻く。例：インドの¹_____
- ・乾燥地域では全身を包んで日ざしをさえぎる服を着る。
- ・ヨーロッパ発祥の²_____が世界的に公式の場での標準的な服装。
- ・寒冷地域では動物の³_____を着用。例：北米大陸の⁴_____
- ・アンデス地方の先住民（インディオ）は一日の寒暖差に対応するため⁵_____を着用。

(2) 宗教が衣服に影響を与えている例もある。
- ・⁶_____では，女性は手や顔以外はみせてはならない。
- ・⁷_____教徒は全身黒ずくめの服装で，神への敬意を示す。
- ・⁸_____教徒は**ターバン**を着用し，ひげと頭髪を切らない。

(3) 日本の伝統的な⁹_____は結婚式などの儀式での着用が多い。

② 住居の地域的なちがい

(1) 伝統的家屋は地元の材料を用い，**気候・風土を克服する工夫**がある。
- ・熱帯での¹⁰_____式住居は高温多湿に対応し通気性も確保している。
- ・冷帯での¹⁰_____式住居は暖房熱で永久凍土が溶けないための工夫。
- ・乾燥地域では気温の¹¹_____が大きいため，**壁を厚く窓を小さくして**保温・防砂をしている。材料は土や¹²_____を用いる。
- ・遊牧民は移動に便利な**組み立て式のテント**に住む場合が多い。
- ・地中海沿岸では窓が小さく**白い石造りの家**が多い（日ざし対策）。
- ・寒冷な地域では防寒・保温対策がなされている。例：ロシアシベリア地方のイズバ，朝鮮半島の¹³_____（暖房装置）。

(2) 日本では戦後，¹⁴_____に加え洋室のある住宅も増えた。高度成長期にはニュータウンが建設され，高層化した集合住宅が一般化した。

③ 食べものの地域的なちがい

(1) 主食別には**米**（東アジア～東南アジア），**麦**（欧米～北アフリカ，南アジア），**いも類**（熱帯～オセアニア島嶼部），**雑穀**（アフリカ，アジア北東部，南北アメリカでの¹⁵_____）の４類型となる。

(2) **宗教的禁忌**として飲食が禁じられているものは以下の通り。
- ・ムスリム（イスラム教徒）：¹⁶_____肉，たこ，いか，酒類
- ・ヒンドゥー教徒：¹⁷_____肉（牛乳はOK），**ベジタリアン**が多い。
- ・キリスト教徒：特になし。
- ・ユダヤ教徒：牛，羊，山羊以外の肉，うろこのない魚類など多数。

(3) ¹⁸_____食を中心とする日本の伝統的食生活は戦後，食の欧米化により変化した。パンと肉食が普及し，大都市に世界各国の料理店が出店。

④ 日本の様々な文化が世界へ

(1) 健康志向の高まりとともに日本食への注目が集まる。例：¹⁹_____

(2) 「**クールジャパン**」と称される日本のポップカルチャーが支持されている。
例：²⁰_____，マンガ，ゲームソフト，ファッションなど

NOTE 🖊

Step B　●作業でチェック●

ワーク 1　図1の①～④は何を主食にしている地域か次から選べ。

米　麦　雑穀（とうもろこしを含む）　いも類

①		②	
③		④	

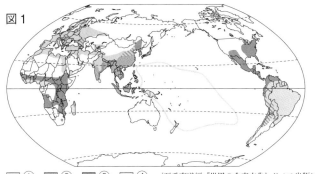

図1

■①　■②　■③　□④　（石毛直道編『世界の食事文化』ドメス出版による）

ワーク 2　図2の②～③は何を主に建築材料としているか次から選べ。

木・葉・草，土やれんが，もみや松，石造建築

③		⑤	
ⓒ		ⓓ	

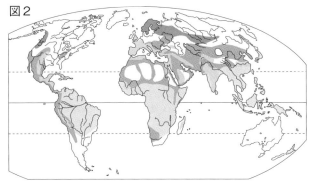

図2

□②　■⑤　□ⓒ　■ⓓ　（西川治編『人文地理学』放送大学教育振興会による）

Step C　●センター試験・共通テストにチャレンジ●

問1　右の表中のサ～スは，オーストリア，ベトナム，モンゴルのいずれかの国における，1人1日当たりの食料供給量と，それに占める動物性カロリーの割合を示したものである。また，下の写真中のJ～Lは，オーストリア，ベトナム，モンゴルのいずれかにおける特徴的な料理を撮影したものである。モンゴルに該当する記号と料理との正しい組合せを，後の①～⑨のうちから一つ選べ。[22年・A共通テスト追改]

	1人1日当たりの食料供給量（kcal）	動物性カロリーの割合（%）
サ	3,691	31.3
シ	2,939	21.1
ス	2,880	45.4

統計年次は2019年。『世界国勢図会』により作成。

		①	②	③	④	⑤	⑥
記	号	サ	サ	サ	シ	シ	シ
料	理	J	K	L	J	K	L

		⑦	⑧	⑨
記	号	ス	ス	ス
料	理	J	K	L

問1 [　　]

J　小麦粉の衣で牛肉を包み，油で揚げた料理

K　米粉の麺にスープをかけ，鶏肉などをのせた料理

L　羊肉入りのスープに，小麦粉の麺を入れた料理

問2　下の①～④の文は，右の図中のA～Dの地域のいずれかに分布する伝統的な住居について述べたものである。Dの地域に該当するものを，下の①～④のうちから一つ選べ。[11年・B本]

① 厳しい寒さを防ぐため，半地下式住居（イズバ）がみられる。

② 樹木が少ないため，土と日干しレンガを建材に用いた住居がみられる。

③ 通気性をよくするため，木と草を用いた高床式の住居がみられる。

④ 強い日ざしを避けるため，窓の小さい白壁の石造り住居がみられる。

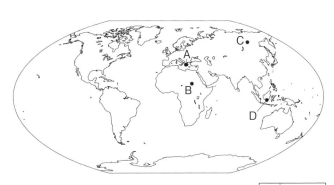

問2 [　　]

53 世界の民族・言語

解答・解説 P.29

Step A ●ポイント整理● _____ に適する語句を入れ，まとめを完成させよう。

1 民 族

(1) **民族**とは，人類の**文化的区分**で，**言語**，**宗教**，**生活様式**，さらには同じ民族であるという**帰属意識・連帯意識**が加わる。

(2) 同じ民族からなる国を¹_____**国家**（国民国家）という。この考え方は**独立運動**の原動力にもなった。しかし，実際に同一の民族だけで構成される国は多くなく，複数の民族が混在する国がほとんどである。

2 先住民，少数民族

(1) **先住民**とは，ある地域に古くから住んでいた民族。のちに他地域からの民族に支配され，弱体化した例が多い。

(2) オーストラリアの先住民²_____や，ニュージーランドの先住民
³_____は，イギリスの植民地として土地の収奪や迫害を受けた。

(3) アメリカ合衆国の先住民**ネイティブアメリカン**は，ヨーロッパ人の大量移民により，土地条件の悪い地域に追いやられた。またアフリカから**黒人**を
⁴_____として移住させ，強制労働に従事させたため，人種問題も発生した。

(4) カナダ政府は，先住民の⁵_____の自治権を認める方向に転換し，1999年に**ヌナブト準州**が誕生した。

(5) 南アフリカ共和国では，少数派の白人によって⁶_____とよばれる人種隔離政策がとられ，先住民の黒色人種をはじめ有色人種が差別されてきたが，1990年代初頭に廃止された。

(6) ヨーロッパには，独自の文化をもつ**少数民族**が他民族の国家に編入された例が多くあり，スペインの⁷_____人のような分離独立運動が展開されている。

3 言 語

(1) 共通の**言語**をもつことは，民族を結びつける要素となる。国家成立の過程では，力をもった民族の言語が**国語**や⁸_____となる例が多くみられる。

(2) 言語別人口（母語としての使用人口）で最も多いのが⁹_____語である。また，⁸_____としている国の数では**英語**（約50か国）が最も多い。

(3) 言語は，系統的類似性によっていくつかの**語族**に分類される。

(4) コーカソイドはおもに¹⁰_____**語族**に属し，おもな言語にはインドの¹¹_____語，イランの¹²_____語，**クルド語**などがある。

(5) ¹⁰_____語族で，ヨーロッパで**人種島**（周囲と異なる人種）を形成するのは，北欧の¹³_____語と東欧の¹⁴_____語。

(6) ¹⁵_____語族は，**アラビア半島～北アフリカ**にかけて分布し，おもな言語として¹⁶_____語や**ヘブライ語**などがある。

(7) **オーストロネシア語族**は，マレー半島，フィリピン，インドネシアからポリネシアにかけての太平洋地域と，アフリカの¹⁷_____に分布。

(8) 複数の言語を⁸_____としているおもな国

カナダ	英語，¹⁸_____語（¹⁹_____州を中心に使用）	
シンガポール	⁹_____語，英語，マレー語，²⁰_____語	
スイス	²¹_____語（約65%）→ゲルマン語派	
	¹⁸_____語（約22%），イタリア語，ロマンシュ語→ラテン語派	
ベルギー	²²_____語（フラマン語）（約58%）・²¹_____語→ゲルマン語派	
	¹⁸_____語（ワロン語）（約32%）→ラテン語派	

Step B　●作業でチェック●

ワーク 1　次の表の①②に該当する言語を答えよ。

①
②

(注) 国連公用語には，右表に加えてフランス語がある。

順	言　語	言語人口(百万人)	国連公用語
1	中国語	1,322	○
2	①	475	○
3	英　語	373	○
4	②	362	○
5	ヒンディー語	344	
6	ベンガル語	234	
7	ポルトガル語	232	
8	ロシア語	154	○
9	日本語	125	
10	ラフンダー語	101 (パキスタンなど)	

(『The World Almanac』2023による)

ワーク 2　次の図のⓐ～⑧に該当する言語を語群から選べ。

アラビア語　　英語　　スペイン語　　中国語
フランス語　　ポルトガル語　　ロシア語

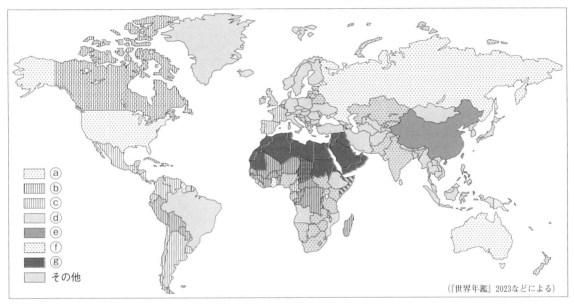

(『世界年鑑』2023などによる)

ⓐ		ⓑ		ⓒ		ⓓ	
ⓔ		ⓕ		⑧			

Step C　●センター試験にチャレンジ●

問 1　次の図は，ベルギーとスイスにおける言語による地域区分を示したものである。ベルギーとスイスの言語にかかわる特徴について説明した下の文章中の空欄アとイに当てはまる語の正しい組合せを，下の①～④のうちから一つ選べ。[10年・B本改]

　言語 a と c はともに（ア）語派に属し，言語 b と d はともにラテン語派に属する。ベルギーとスイスとは，国内で複数の言語が用いられている点で共通している。スイスでは公用語を（イ）制定している。

① アーゲルマン　イ―一　つ
② アーゲルマン　イ―複　数
③ アースラブ　　イ―一　つ
④ アースラブ　　イ―複　数

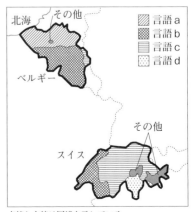

点線と太線は国境を示している。
Statesman's Yearbook などにより作成。

問1 [　]

54 世界の宗教

解答・解説 P.29

Step A ●ポイント整理● _____ に適する語句を入れ，まとめを完成させよう。

1 世界の宗教と分布　(注) 統計年次は2022年。

(1) **宗教**は，個人や社会に規範や基準などを示す役割をもつ。

(2) 宗教には，三大宗教の**キリスト教**，**イスラーム（イスラム教）**，**仏教**があり，これらは世界に広く信仰されているため**世界宗教**という。特定の民族に信仰されるものは**民族宗教**といい，インドの[1]_____教，**ユダヤ教**，**神道**などがある。

(3) 宗教別人口割合では，**キリスト教**（32.2%）が最も高く，以下**イスラーム**（24.9%），[1]_____教（13.5%），**仏教**（6.9%）の順となる。

(4) キリスト教は大きく3つの宗派に分かれ，おもに[2]_____はラテン系民族，[3]_____はゲルマン系民族，[4]_____はスラブ系民族によって信仰されている。

(5) ヨーロッパや新大陸以外のキリスト教の分布域として，アフリカの[5]_____（ヨーロッパ経由でないキリスト教）と，東南アジアの[6]_____（スペイン領時代にカトリック伝播），[7]_____（ポルトガル領時代にカトリック伝播）などがある。

(6) イスラームは，多数派の[8]_____派に対し，少数派の**シーア派**はおもに[9]_____で信仰されている。

(7) 西アジア，北アフリカ以外のイスラームの分布域

地域	国　　名
中央アジア	ほぼすべての国々
南アジア	パキスタン，[10]_____
東南アジア	[11]_____（教徒数が最大），マレーシア，[12]_____

(8) 仏教の各宗派のおもな信仰地域

宗　派	地域名	国名など
上座仏教（南伝仏教）	南アジア	[13]_____
	東南アジア	**タイ，ミャンマー，カンボジア，ラオス**
大乗仏教（北伝仏教）	東アジア	**中国，朝鮮半島，日本**
	東南アジア	[14]_____
[15]_____	東アジア	**チベット**，[16]_____
	南アジア	[17]_____

2 宗教とその生活

(1) [1]_____教では，[18]_____制とよばれる身分制度が重要な部分をなしている。

(2) 各教徒が食べてはいけない食べ物

教　　徒	食べてはいけない食べ物	理由
ムスリム(イスラーム教徒)	[19]_____肉，酒類	禁忌
ユダヤ教徒	胃袋で反芻しない動物（[19]_____，馬など）	禁忌
	うろこのない海の生物（たこ，いか，貝類）	
ヒンドゥー教徒	[20]_____肉	神聖視

Step B ●作業でチェック●

ワーク 1 　図1の①〜⑧に該当する宗教・宗派名を答えよ。

図1

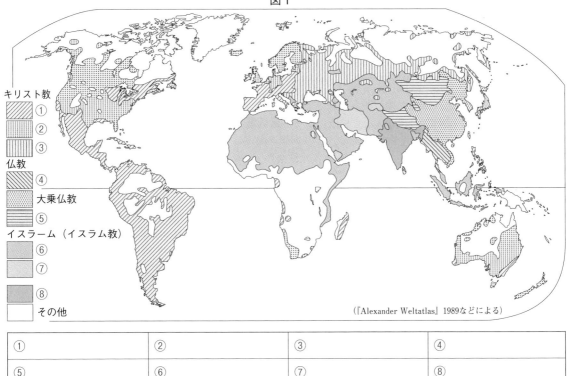

キリスト教
□ ①
□ ②
□ ③
仏教
□ ④
□ 大乗仏教
□ ⑤
イスラーム（イスラム教）
□ ⑥
□ ⑦
□ ⑧
□ その他

（『Alexander Weltatlas』1989などによる）

①	②	③	④
⑤	⑥	⑦	⑧

ワーク 2 　宗教人口割合について示した図2の@〜@に該当する宗教名を答えよ。

図2　　　　　　　　　　　　　　　　　　　　　　（2022年）

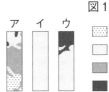

| @ 32.2% | @ 24.9 | @ 13.5 | @ 6.9 | その他 22.5 |

（『The World Almanac』2023による）

@	
@	
@	
@	

Step C ●センター試験にチャレンジ●

問1　右の図1中のア〜ウは，ヨーロッパにおける宗教の分布図から，異なる三つの範囲を切り取って示したものである。範囲ア〜ウの位置は，下の図2中のA〜Cのいずれかである。A〜Cとア〜ウとの正しい組合せを，下の①〜⑥のうちから一つ選べ。［12年・B本］

図1

ア　イ　ウ

▨ イスラーム（イスラム教）
□ カトリック
▨ 正教会
■ プロテスタント

*Atlas du 21ᵉ siècle*により作成。

図2

	①	②	③	④	⑤	⑥
A	ア	ア	イ	イ	ウ	ウ
B	イ	ウ	ア	ウ	ア	イ
C	ウ	イ	ウ	ア	イ	ア

問1

55 国家と領域

解答・解説 P.30

Step A ●ポイント整理● _____ に適する語句を入れ，まとめを完成させよう。

1 国 家

(1) 国家は**主権**，[1]_____，**国民**から成り立つ。

(2) [1]_____は，**領土，領海，領空**から構成される。

(3) 領海は，**海里**（1海里＝1,852m）を単位にして，**最低潮位線**を基準に従来は3海里説がとられてきたが，近年は領海[2]_____海里を設定している国が多い。

(4) 領海の外側には[3]_____**水域**があり，沖合い[4]_____海里までの水域の，**海洋資源**（水産資源，海底鉱産資源）を沿岸国が管理する権利をもつ。

(5) 領土・領海の上空域は領空とよばれ，その上限は[5]_____までで，宇宙空間には及ばない（人工衛星は問題がない）。

2 国家の種類

(1) **独立国**に対し，主権がない非独立地域には**植民地**があり，これを支配している本国を[6]_____とよぶ。1960年は，植民地だったアフリカの17か国が相次いで独立し，[7]_____とよばれる。1990年以降は，**旧ソ連や旧ユーゴスラビアの解体**によって多くの独立国の誕生がみられた。

(2) 中央政府の権限が強い**中央集権国家**に対し，[8]_____**国家**がある。各州は立法，司法，教育などの権限をもち，中央政府は各州政府から委任される形で外交・防衛などの権限をもつ。**アメリカ合衆国**や**ドイツ，ブラジル**などが代表例。

(3) 近代国家は，同じ民族からなる**民族国家**（国民国家）。国民のほとんどが同一の民族からなる**単一民族国家**と複数の主要民族からなる[9]_____**国家**がある。

(4) 国家間の紛争を防止し，国際協力を推進するための世界規模の組織として[10]_____がつくられた。

3 国 境

(1) 国境には山脈や河川・湖沼など自然物を利用した**自然的国境**が多い。

種類	自然物	国 名
山脈国境	[11]_____山脈	フランス，スペイン
	[12]_____山脈	チリ，アルゼンチン
	[13]_____山脈	スイス，イタリア
	[14]_____山脈	ノルウェー，スウェーデン
河川国境	[15]_____川	ロシア，中国
	[16]_____川	ドイツ，ポーランド
	[17]_____川	タイ，ラオス
	[18]_____川	アメリカ合衆国，メキシコ
湖沼国境	[19]_____湖	ウガンダ，ケニア，タンザニア
	[20]_____湖	ペルー，ボリビア

(2) **人為的国境**には経緯線を利用した**数理的国境**と人工障壁を利用した国境がある。

国 名		緯度・経度
アメリカ合衆国	カナダ	北緯[21]_____度
		西経[22]_____度
エジプト	リビア	東経[23]_____度
	スーダン	北緯[24]_____度
ナミビア	南アフリカ共和国	東経[25]_____度
インドネシア	パプアニューギニア	東経[26]_____度

NOTE

Step B　●作業でチェック●

ワーク 1　図１のⓐ～ⓔに適する語句を，語群から選べ。

領海　領空　公海　排他的経済水域　領土

ⓐ	ⓑ
ⓒ	ⓓ
ⓔ	

図１

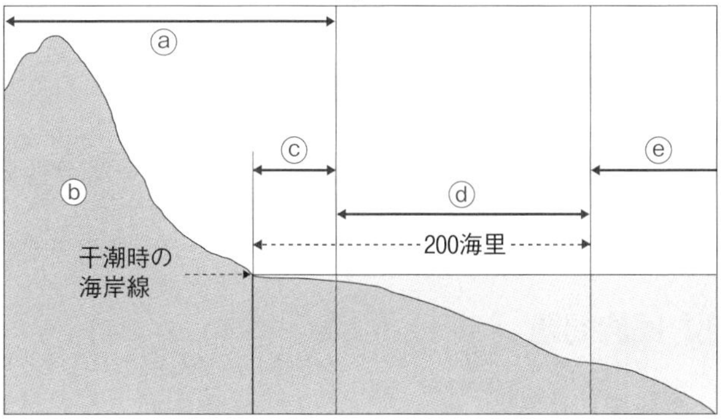

ワーク 2　図２の①～⑰の自然的国境・人為的（数理的）国境に該当する地形名・数字を答えよ。

図２

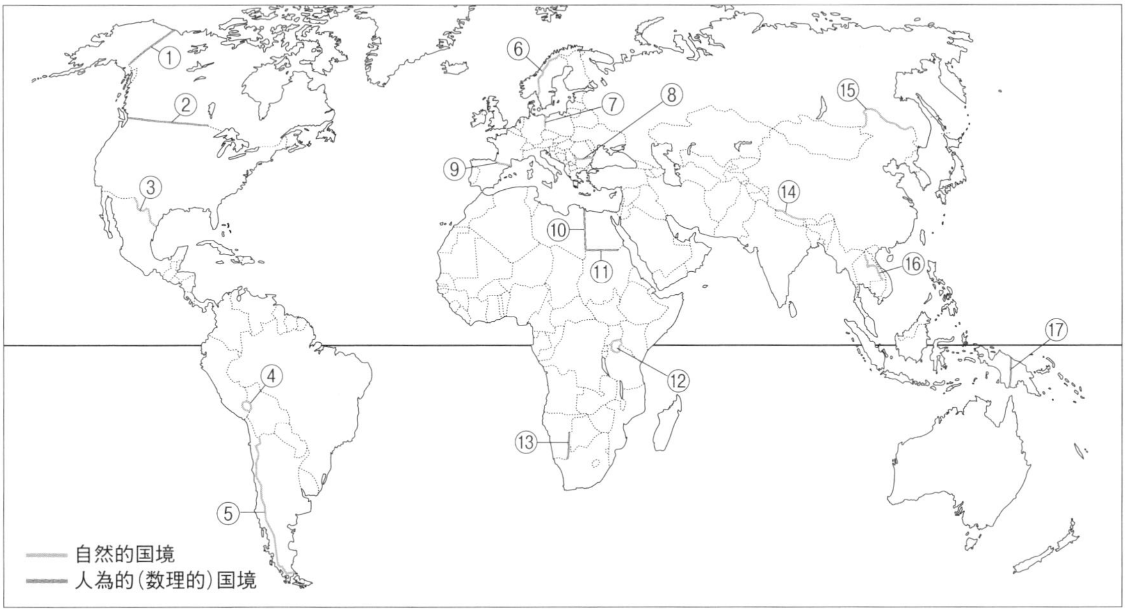

①　度	②　度	③　川	④　湖	⑤　山脈
⑥　山脈	⑦　川	⑧　川	⑨　山脈	⑩　度
⑪　度	⑫　湖	⑬　度	⑭　山脈	⑮　川
⑯　川	⑰　度			

Step C　●センター試験にチャレンジ●

問１　領土と国境，領海と排他的経済水域について述べた次の文章中の下線部①～④のうちから，**適当でないもの**を一つ選べ。［12年・A追］

領土の範囲は，陸地や海洋に設定された国境によって示される。国境には，フランスとスペインとの国境のように①山脈を利用した自然的国境や，アメリカ合衆国とカナダとの国境の一部のように②緯線や経線を利用した数理的国境がみられる。一方，領海の範囲は，③低潮時の海岸線から12海里までと定める国が多い。領海の外側で，④公海を含む排他的経済水域では，海洋資源に関する権益は沿岸国に帰属するが，船舶の航行は自由である。

問1	

56 世界の民族・領土問題

解答・解説 P.30

Step A ●ポイント整理● _____ に適する語句を入れ，まとめを完成させよう。

1 紛争の歴史

(1) 第二次世界大戦後，世界はソ連などが中心の**社会主義国**と，アメリカ合衆国などが中心の**資本主義国**とに分裂・対立する[1]_____ が発生。その後ソ連の崩壊で軍事バランスが崩れ，世界中で紛争が起こるようになった。

2 民族問題

(1) 中国では[2]_____ を信仰する人が多い**シンチヤンウイグル（新疆維吾爾）自治区**，[3]_____ を信仰する人が多い**チベット（西蔵）自治区**で独立運動がみられる。

(2) **カトリック中心のフィリピン**では南部の**ミンダナオ島**で，[2]_____ を信仰する[4]____族による独立運動がみられる。

(3) **スリランカ**では，多数派の**シンハラ人（仏教徒）**と，少数派の[5]_____ 人（ヒンドゥー教徒）との対立があったが，2009年に一応の終結となった。

(4) [6]_____ 人は，**トルコ，イラク，イラン**などにまたがって居住する，独自の国をもたない最大の民族である。それぞれの国で独立運動がみられる。

(5) [7]_____ 問題は，**ユダヤ人とアラブ系**[7]_____ 人との対立。**シオニズム運動**による第二次世界大戦後の[8]_____ 建国で多くの難民発生。

(6) **スーダン**では，北部の[2]_____ を信仰する人々に対し，南部のキリスト教徒と土着宗教徒らが対立し，2011年に[9]_____ が独立した。また，西部の**ダールフール地方**では，反政府勢力との紛争がみられた。

(7) [10]_____ と**ブルンジ**では，**フツ族（多数派）**と**ツチ族（少数派）**とが対立。

(8) **ナイジェリア**では，1967年に[11]_____ 戦争が起き，その後首都をどの州にも属さない**アブジャ**に移転した。

(9) **キプロス島**は，北部の[12]_____ 系の地域と南部の[13]_____ 系の地域に分断している。南部のキプロス共和国は2004年に**EU加盟**を果たした。

(10) **イギリスの北アイルランド**では，**プロテスタント系住民（多数派）**に対し，少数派の[14]_____ 系住民がアイルランドへの帰属を求めて対立。

(11) **ロシア連邦内**の[2]_____ が支配的な[15]_____ 共和国では，キリスト教が多数派のロシアからの独立を求める紛争が続いている。

(12) **カナダ**の[16]_____ 州では[17]_____ 系住民が分離独立を唱えている。

3 領土問題

(1) [18]_____ 群島の領有をめぐり，**中国，台湾，フィリピン，ブルネイ，ベトナム，マレーシア**が対立。海底油田・ガス田の存在が確認され激化した。

(2) 1947年，**インド・パキスタン**が分離・独立する際，[19]_____ 地方は領主が[20]_____ 教徒であったことからインドに帰属したが，住民の多くは[2]_____ を信仰しており，帰属をめぐりパキスタンと対立に発展。

(3) **中印国境紛争**は，チベットがインドと合意した**マクマホンライン**を，中国が承認しないことから発生した。

(4) **シャトルアラブ川**では，**イランとイラク**が対立し，全面戦争に至った。

(5) [21]_____ では，支配していた**スペイン**の撤退後**モロッコ**が領有を宣言したが，独立をめぐる対立がある。

(6) **英領ジブラルタル**は軍事的な要衝で，**スペイン**が返還を要求している。

(7) 旧**ユーゴスラビア**は，1990年代から現在に至る間に**7か国**に解体した。

(8) **イギリス**が支配する[22]_____ 諸島は，**アルゼンチン**が領有権を主張して1982年軍事衝突。

NOTE ✎

Step B　●作業でチェック●

ワーク　次の図の①〜㉑に該当する，民族問題や領土問題に関係がある地域名などを語群から選べ。

中印国境　　シャトルアラブ川　　ルワンダ　　旧ユーゴスラビア　　北アイルランド
フォークランド諸島　　ベルギー　　ナイジェリア　　チベット　　カシミール地方
パレスチナ　　ジブラルタル　　ミンダナオ島　　ケベック州　　南沙群島
スーダン　　スリランカ　　西サハラ　　キプロス　　チェチェン　　バスク地方

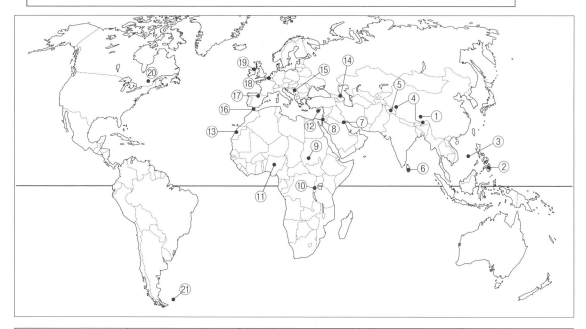

①	②	③	④	⑤
⑥	⑦	⑧	⑨	⑩
⑪	⑫	⑬	⑭	⑮
⑯	⑰	⑱	⑲	⑳
㉑				

Step C　●センター試験にチャレンジ●

問1　言語・宗教・民族などの歴史や動向について述べた文として下線部が最も適当なものを，次の①〜④のうちから一つ選べ。[08年・B本]

①　北アイルランドでは，人口の6割を占める多数派のプロテスタントと少数派の東方正教徒の間の対立が続いている。

②　旧ソ連地域では，連邦解体後に民族を単位とした多くの共和国が独立したため，旧ソ連時代の民族問題は解決した。

③　ブラジルでは，多様な人種の間にも均質な文化がみられ，国民のほぼすべてが日常生活でスペイン語を使っている。

④　カナダのケベック州では，古くからフランス系住民が住んでおり，連邦政府からの分離独立運動がみられる。

問1	

57 民族・領土からみた日本

解答・解説 P.31

Step A ●ポイント整理● _____に適する語句を入れ，まとめを完成させよう。

1 日本の領土問題

(1) 1_____（国後島〈くなしり〉，択捉島〈えとろふ〉，歯舞群島〈はぼまい〉，色丹島〈しこたん〉）は，ソ連の権益を引き継いだ**ロシア**に占拠されているが，政府は日本固有の領土として返還を要求している。

(2) 2_____は，島根県沖の日本海に浮かぶ島で，**韓国**との間で領有権争いがある。周囲が**好漁場**であることから問題が複雑化している。

(3) 3_____は，沖縄県に所属する無人島で，**中国**と**台湾**が領有権を主張しているが，現に日本が有効に支配しており，領有権問題は存在しない。

2 日本における外国人

(1) 日本に住む外国人の割合は，従来は**韓国・朝鮮系**が大部分を占めていた。

(2) 1980年代にはフィリピンやイランなどから多くの**外国人労働者**が流入。

(3) 1990年に**入国管理法**が改正され，**日系3世**までの**未熟練労働者**の入国が認められたことから，1990年代は4_____やペルーからの流入が増加。

(4) 1990年代以降5_____からの流入が急増し，**2007年には最大**となった。

3 多文化主義

(1) **同化主義**とは，社会の文化や伝統などを，移民に受け入れるように強いる考え方をいう。

(2) (1)に対して，異なる文化やその価値観を対等な立場として認める考え方を6_____という。

(3) 7_____とは，人種・民族的，思想的，政治的理由により母国で迫害され，国外へ避難した人々をいう。**国連難民高等弁務官事務所（UNHCR）**が中心となって保護活動を行っている。

4 民族・領土問題と国連の取り組み

(1) **国際連合（国連）**は1945年に発足し，8_____に本部を置く。2023年6月現在加盟国は193か国で，最近では2002年に9_____と永世中立国の10_____，2006年には11_____，そして2011年には12_____が加盟した。

(2) 地域別にみると，1960年代には独立が相次いだ13_____諸国の加盟が多く，1990年以降は旧ソ連や旧ユーゴスラビアの解体を背景に14_____諸国の加盟が多い。

(3) 2023年6月現在の地域別加盟国数は，13_____諸国が54か国と最大で，次いで14_____諸国が41か国，15_____諸国が40か国と続く。

(4) 16_____（PKO）は，紛争地域の平和と安全の維持が目的で，その活動は地雷除去から選挙の監視，復興開発に至るまでさまざまである。

(5) 17_____（WFP）は，戦争や内戦，自然災害などが原因で食料不足が発生した国や地域に食料援助を行う。

(6) 18_____（UNICEF）は，飢えや病気に苦しむ子どもたちへの医療や食料の援助，学校の設置や教材の提供などを行う。

NOTE

Step B ●作業でチェック●

ワーク 1　2022年の在留外国人の国別割合を示した右の円グラフの①～③に該当する国名などを，語群から選べ。

中国　　ブラジル　　韓国・朝鮮

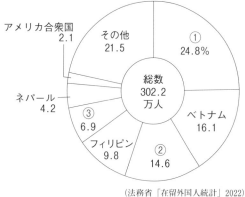

（法務省「在留外国人統計」2022）

①	②
③	

ワーク 2　次の@～©は，2022年の都道府県別在留外国人数に占める韓国・朝鮮人，ブラジル人，アメリカ人の割合を示している。@～©に該当する外国人名を答えよ。

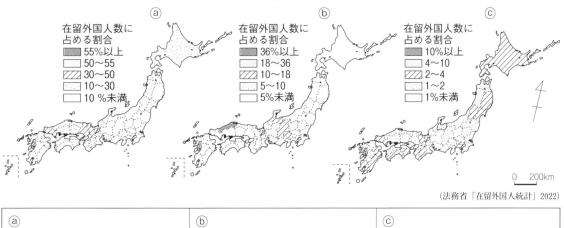

（法務省「在留外国人統計」2022）

@	ⓑ	©

Step C ●センター試験にチャレンジ●

問1　右の図は，日本に滞在する外国人の国別人口*と外国に滞在する日本人**の国別人口の変化を示したものであり，ア～ウはアメリカ合衆国，中国***，ブラジルのいずれかである。図中のア～ウと国名との正しい組合せを，次の①～⑥のうちから一つ選べ。

［09年・A本改］

　*国籍別外国人登録者数。
　**日本国籍を有し，外国に3か月以上滞在または永住する者。
　***台湾，ホンコン，マカオを含む場合あり。

	ア	イ	ウ
①	アメリカ合衆国	中　国	ブラジル
②	アメリカ合衆国	ブラジル	中　国
③	中　国	アメリカ合衆国	ブラジル
④	中　国	ブラジル	アメリカ合衆国
⑤	ブラジル	アメリカ合衆国	中　国
⑥	ブラジル	中　国	アメリカ合衆国

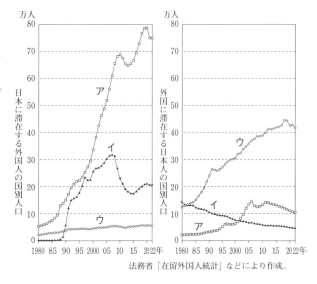

法務省「在留外国人統計」などにより作成。

問1	

58 国家間の結びつき

解答・解説 P.31

Step A ●ポイント整理● _____ に適する語句を入れ，まとめを完成させよう。

1 先進国の協調組織 (注) 加盟国数は2023年6月現在。

(1) 北大西洋条約機構 (¹_____) は，旧ソ連を中心とする**社会主義国家群に対する軍事機関**。アメリカ合衆国・カナダと西ヨーロッパの資本主義諸国（トルコを含む）**31か国**が加盟。社会主義諸国の崩壊により，1999年に東欧3か国，2004年にバルト3国・東欧4か国，2009年にアルバニアとクロアチアが加盟し，**東方に拡大した**。

(2) 経済協力開発機構 (²_____) は，第二次世界大戦後のマーシャルプランによる，ヨーロッパ経済復興の受け入れ組織であったヨーロッパ経済協力機構（OEEC）が発展改組したもの。先進資本主義諸国で構成されていることから「**先進国クラブ**」ともよばれ，日本を含む**38か国**が加盟。**加盟国の経済成長，発展途上国への援助，世界貿易の拡大**が目的。

2 地域的な国家間の結びつき

(注) 1 加盟国数は2023年6月現在。
(注) 2 ベネズエラは現在参加権が停止されている。

(1) ヨーロッパでは第二次世界大戦後，石炭と鉄鋼の共同市場を目指した**ヨーロッパ石炭鉄鋼共同体** (³_____) と，**ヨーロッパ経済共同体（EEC）**，そして**ヨーロッパ原子力共同体（EURATOM）**が統合して，1967年に**ヨーロッパ共同体（EC）**を結成した。

(2) ECが，マーストリヒト条約をもとに1993年に発展したものを，**欧州（ヨーロッパ）連合** (⁴_____) という。**共通の通貨制度・外交政策・安全保障政策**を目指す。2004年に**東欧諸国**を中心に10か国加盟し，2007年に⁵_____と⁶_____が，2013年に⁷_____が加盟して，現在は⁸_____か国が加盟。なお，イギリスは2020年に離脱。

(3) ⁴_____では2009年に⁹_____**条約**を発効し，政策の分野ごとの⁴_____の権限が規定されたが，加盟国の自主性をある程度認めている。

(4) **東南アジア諸国連合** (¹⁰_____) は，1967年に反共産主義の立場をとる東南アジア諸国で結成し，今日では**東ティモールを除く10か国**が加盟。経済的・社会的協力を目的としている。

(5) **米国・メキシコ・カナダ協定** (¹¹_____) は，**アメリカ合衆国・メキシコ・カナダの3か国**で結成された経済協定で，自動車産業における雇用の国内回帰を狙う。前身はNAFTA。

(6) **南米南部共同市場** (¹²_____) は，1995年に発足し，**6か国**(注)2からなる域外共通関税を含めた自由貿易圏形成を目指す。

(7) **アジア太平洋経済協力** (¹³_____) は，1989年に環太平洋諸国の経済協力をはかる組織として発足。今日では日本を含む**19か国と2地域**で結成され，**自由貿易体制の維持・強化**を目指す。

3 地下資源に関する国家間の結びつき

(注) 1 加盟国数は2023年6月現在。
(注) 2 チュニジアは脱退（資格停止）。

(1) **石油輸出国機構** (¹⁴_____) は，産油国が国際石油資本（メジャー）に対抗するために結成した，生産・価格カルテル。今日では**13か国**が加盟し，南米では¹⁵_____が，中南アフリカでは，¹⁶_____・アンゴラ・ガボン・赤道ギニア・コンゴ共和国が加盟。

(2) **アラブ石油輸出国機構** (¹⁷_____) は，アラブ産油国が石油資源を武器に政治力強化をはかる目的で結成し，今日では**10か国**が加盟(注)2。1973年の中東戦争では，**第1次石油危機（オイルショック）**のきっかけをつくった。¹⁸_____は非アラブ国であるため未加盟。

NOTE ✎

Step B　●作業でチェック●

日本　USMCA　EU　ASEAN

①	②
③	④

ワーク 1　次の表の①〜④に適する経済ブロック名及び国名を語群から選べ。

	①	②	③	④
面積(万km²) 2021年	413	2,178	37.8	449
人口(億人) 2022年	4.4	5.0	1.2	6.8
GNI(兆ドル) 2021年	17.3	26.9	5.1	3.2

(国連資料などによる)

ワーク 2　次の図の②〜④がそれぞれ示す範囲に該当するものをア〜エから選べ。

ア　EC加盟国（1991年）　　　　イ　EU加盟国（2023年）
ウ　通貨統合参加国（2023年）
エ　ヨーロッパにおける1人当たりGDP上位13か国（2021年）

ⓐ	ⓑ
ⓒ	ⓓ

ワーク 3　2023年6月現在のOPEC加盟国について示した次の表のⒶ〜Ⓔに該当する国名を答えよ。

地　域	国　名	原加盟国	加盟・脱退など
西アジア	イラン	○	
	Ⓐ	○	
	サウジアラビア	○	
	クウェート	○	
	カタール		1961年加盟，2019年脱退
	アラブ首長国連邦		1967年加盟
北アフリカ	リビア		1962年加盟
	アルジェリア		1969年加盟
中南アフリカ	Ⓑ		1971年加盟
	Ⓒ		2007年加盟
	ガボン		1975年加盟，1995年脱退，2016年再加盟
	赤道ギニア		2017年加盟
	コンゴ共和国		2018年加盟
南アメリカ	Ⓓ	○	
	エクアドル		1973年加盟，2020年脱退
東南アジア	Ⓔ		1962年加盟，2009年一時脱退，2015年再加盟，2016年脱退

Ⓐ	
Ⓑ	
Ⓒ	
Ⓓ	
Ⓔ	

Step C　●センター試験にチャレンジ●

問1　次の文章は，代表的な国家群であるASEAN，EU，USMCA，OPECについて説明したものである。USMCAについて述べた文章として最も適当なものを，次の①〜④のうちから一つ選べ。[01年・AB本改]

① 豊富な低賃金労働力を背景に外国資本を導入し，世界経済の成長センターとして注目された。

② NAFTAに代わる新しい貿易協定で，自動車産業における雇用の国内回帰を狙っている。

③ 人・もの・サービス・資本の自由な移動を妨げる障壁を撤廃し，域内の市場統合を実現した。外交・安全保障，社会分野の統合も進められている。

④ メジャーによる石油価格支配に対して，産油国が石油収入の減少を防ぐため設立した。非加盟国の産油増加によって，影響力は低下している。

問1	

59 世界の地域と地域区分

解答・解説 P.32

Step A ●ポイント整理●　_____ に適する語句を入れ，まとめを完成させよう。

1 地域区分の目的と意義

(1) ¹_____とは，広大な世界全体を，共通・関連した性質をもつ地域に区分してとらえることをさす。

(2) ¹_____の²_____は，**自然環境，政治，経済，文化，**風俗習慣などがある。²_____が異なれば同一地域も違うとらえ方をすることが可能であり，地域単位の大小も変化する。

(3) 統計的に処理された数値データを地図化することで，地域による差異や分布傾向が視覚的にとらえることができ，**地域の特徴や地域間の比較**が可能となる。また，**宗教や言語**など視覚的にはとらえにくい現象も地図化してその特徴をつかむことができる。

2 等質地域と機能地域

(1) ³_____**地域**（同質地域）とは，分布が均一とみなされる範囲をさす。この場合，個々の地域は相互の関連性がうすく，かつ同格である。例としては**気候区分，農業地域区分，文化圏（文化地域）**などが挙げられる。身近な例として，日本における方言（例：カタツムリのよび方）や食文化（例：モチの形）の共通性も³_____**地域**と考えられる。

(2) ⁴_____**地域**とは性格の異なる空間同士が１つないし複数の中心点（結節点）を核として，機能的に結び付くことで形成される地域のことである。身近な例では**商業圏や通勤・通学圏**が挙げられる。⁴_____**地域**は結節点を有することから⁵_____**地域**とも称する。

(3) さらに，「京浜，阪神，中京」などのように世界にただ１つしか存在しない地域で，具体的な地名をもってよばれる空間を⁶_____**地域**，便宜的に区切って設定した地域を⁷_____**地域**（例：世界の６州区分など），⁷_____**地域**にかかわらず，地域の特色や結びつきの強さで設定した地域を⁸_____**地域**とよぶ（例：ロシアは⁷_____**地域**ではアジア州とヨーロッパ州にまたがるが，⁸_____**地域**ではヨーロッパ州に区分）。

3 具体的な地域区分

州（大陸）による地域区分（６州）→**Step B**	アジア，ヨーロッパ，アフリカ，北アメリカ，南アメリカ，オセアニア
州（大陸）による区分に文化的要因などを加味した区分→**Step B**	東アジア，東南アジア，南アジア，西アジア，中央アジア，アフリカ，ヨーロッパ，（ロシア），アングロアメリカ，ラテンアメリカ，オセアニア
政治・経済体制の違いによる区分	・かつての⁹_____**諸国**（アメリカ中心の資本主義国）と¹⁰_____**諸国**（ソ連中心の社会主義国），¹¹_____**諸国**（第三世界） ・先進国（北）と発展途上国（南）
１人当たり国内総生産（GDP）や国民総所得（GNI）による区分	・先進国，発展途上国，後発発展途上国（LDC）などに区分 ・経済協力開発機構（OECD）は¹²_____**クラブ**ともいう
国際機関の加盟などによる区分	EU諸国，ASEAN諸国，OPEC加盟国など→国際機関ではないが，アジアNIEs（韓国，台湾，ホンコン，シンガポール）やBRICS（ブラジル，ロシア，インド，中国，南アフリカ共和国など）のような国家群もある

NOTE ✎

Step B ●作業でチェック●

ワーク 1 **Step A** を参照して、図1の①〜⑥に該当する州名を答えよ。

①	州	②	州
③	州	④	州
⑤	州	⑥	州

ワーク 2 **Step A** を参照して、図2の@〜①に該当する地域名を答えよ。

@		ⓑ	
ⓒ		ⓓ	
ⓔ		ⓕ	
ⓖ		ⓗ	
ⓘ		ⓙ	

図1

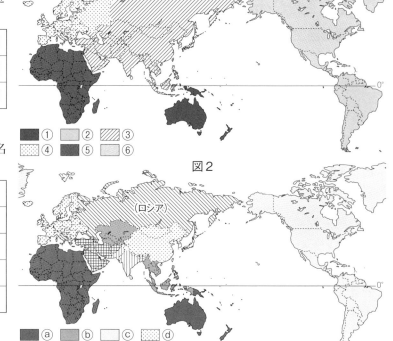

Step C ●センター試験にチャレンジ●

問1 次の表は、アラビア語、英語、スペイン語、フランス語について、それらが主な言語として用いられている国の数を地域別に集計したものであり、A〜Cは、アラビア語、スペイン語、フランス語のいずれかである。A〜Cと言語名との正しい組合せを、下の①〜⑥のうちから一つ選べ。[07年・A本改]

問1

	英語	A	B	C
アジア	9	13	0	1
アフリカ	25	13	2	25
ヨーロッパ	3	0	1	6
北・中央アメリカ	13	0	10	2
南アメリカ	1	0	9	0
オセアニア	15	0	0	1

トルコはアジアに含めた。CIS（独立国家共同体）については、ウクライナ、ベラルーシ、モルドバ、ロシアをヨーロッパに含めた。『世界年鑑 2013年』により作成。

	A	B	C
①	アラビア語	スペイン語	フランス語
②	アラビア語	フランス語	スペイン語
③	スペイン語	アラビア語	フランス語
④	スペイン語	フランス語	アラビア語
⑤	フランス語	アラビア語	スペイン語
⑥	フランス語	スペイン語	アラビア語

問2 次の図中のア〜ウは、イスラーム（イスラム教）、カトリック、プロテスタントのいずれかの宗教・宗派別人口について、総数と地域別の割合を示したものである。ア〜ウと宗教・宗派名との正しい組合せを、下の①〜⑥のうちから一つ選べ。[11年・B本改]

問2

統計年次は2022年。
*The World Almanac and Book of Facts*により作成。

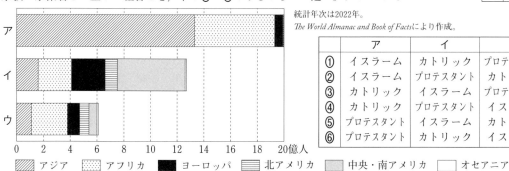

	ア	イ	ウ
①	イスラーム	カトリック	プロテスタント
②	イスラーム	プロテスタント	カトリック
③	カトリック	イスラーム	プロテスタント
④	カトリック	プロテスタント	イスラーム
⑤	プロテスタント	イスラーム	カトリック
⑥	プロテスタント	カトリック	イスラーム

60 東アジア① 中国

解答・解説 P.32～

Step A ●ポイント整理● _____ に適する語句を入れ，まとめを完成させよう。

1 範囲と自然環境

(1) 東アジアはユーラシア大陸の東部に位置し，具体的には**中国**（**台湾**，**ホンコン（香港）**，**マカオ（澳門）**を含む），**モンゴル**，**朝鮮半島**，**日本**をさす。

(2) 東部は**長江（揚子江）**，**黄河**の二大河川が流れる平原，西部は高原・山脈となる。大陸の東側に位置するため，年較差の大きい**東岸気候**が特色。気候は大きく４つに区分される。中国華北から東北地方・朝鮮半島は**亜寒帯（冷帯）**，中国華中から華南にかけては**温帯**で，どちらも¹_____の影響を受ける。内陸部の北部は乾燥気候で，**ゴビ砂漠**や**タクラマカン砂漠**が広がる。内陸部南部の**チベット高原**は平均標高4,000mを超え，**高山気候（ツンドラ気候）**となる。

2 中華人民共和国の概要　（注）統計年次は2022年。

(1) 1949年に²_____主義国として成立し，³_____経済を実施，1971年⁴_____加盟。面積は世界４位でほぼヨーロッパ全土と同じ。人口は14億人を超えるが，インドに抜かれ世界２位となる（2023年推計）。国内は**23省（台湾含む）**，**４直轄市（ペキン（北京），テンチン（天津），シャンハイ（上海）**に加え，1997年に**チョンチン（重慶）**が加わる），**５自治区**からなる。また，**香港**は1997年７月に⁵_____から返還，**マカオ**も1999年12月に⁶_____から返還され，それぞれ⁷_____区。

(2) 世界有数の多民族国家であり，現在**56民族**を数える。⁸_____**民族**が90％を超える「単一支配集団型」国家の典型。有力な**少数民族**には省と同格の民族自治区があり，現在は⁹_____自治区，**内モンゴル（内蒙古）自治区**，**シンチヤンウイグル（新疆維吾爾）自治区**，**ニンシヤ（寧夏）回族自治区**，**コワンシー（広西）壮族自治区**の５つである。その他自治州・自治県なども設けられている。また現代に至るまで¹⁰_____（**華人**，かつては**フーチエン（福建）省**，**コワントン（広東）省**の出身者が多かった）として海外に渡った中国人も多く，各地で経済活動上重要な役割を果たしている。

(3) 漢字文化は日本をはじめ周辺各国に影響した。また，世界の食文化の一大中心地であり，**北京料理**，**上海料理**，**四川料理**，**広東料理**を四大名菜（料理）とよび，その地域に合った食材や調理法がある。

(4) 1958年に成立した¹¹_____は，生産組織と行政組織を一体化した組織であったが，集団化は農民の生産意欲を減退させ，農業の停滞を引き起こした。これにかわり，1970年代末以降に¹²_____**制（生産請負制）**を導入，¹³_____**戸**とよばれる富裕層が出現した。

(5) 中国の地方行政単位である郷や鎮が経営する企業を¹⁴_____**企業**とよび，¹¹_____解体後，農村の過剰労働力を吸収して成長。

(6) 人口抑制のため，1979年より¹⁵_____**政策**をとり，人口増加率は低下した。しかし，人口構成のアンバランスや**黒孩子（ヤミっ子）**の問題などが顕在化し，2015年に廃止が決定した。

(7) 今後は人口が減少し，2020年代には**高齢社会（老年人口率14％超）**，2050年には**超高齢社会（同21％超）**になることが予測される。

(8) 1978年に**４つの現代化（農業，工業，国防，科学技術）**を掲げる。これにともない¹⁶_____**経済**が導入され，経済改革・対外開放政策も展開。経済的な優遇措置が与えられた¹⁷_____**特区**もその一環で，沿岸部の**シェンチェン（深圳）**，**チューハイ（珠海）**，**スワトウ（汕頭）**，**アモイ（廈門）**，ハ

NOTE

イナン（海南）省の５か所を指定。また，沿岸部や内陸部を問わず，多くの都市が[18]＿＿＿＿＿＿＿＿＿＿開発区に指定されている。

(9)　改革・開放政策の進展にともなって，農村と都市の経済格差が拡大した。そのため，農村部から沿岸都市や[17]＿＿＿＿＿＿＿特区に流れる**民工潮**とよばれる**出稼ぎ農民**が増大した。これは「[19]＿＿＿＿＿＿＿制度」により**出稼ぎ労働者の都市定住に制約があること**も一因である。

3 中国の産業と国土開発　　（注）統計年次は2019〜2021年。

(1)　**農牧業**：東部は農業地域で，[20]＿＿＿＿＿＿＿＿山脈と[21]＿＿＿＿＿＿＿＿川（淮河）を境界（年降水量約800〜1,000mm）として，**北部は畑作，南部は稲作**がさかんである。夏の高温を利用して，東北地方にも稲作が拡大している。**米，小麦**の生産はともに**世界一**を占める。とうもろこし，こうりゃん，大豆，茶，さとうきび，綿花なども世界有数だが，人口が多いため，輸出余力はない。西部は灌漑農業，チベット地方では**ヤク**の遊牧。

(2)　**水産業**：1990年代に漁獲高が急増し，**世界最大の漁業国**となる。人口増加による食料増産がその背景にある。特に**内水面漁業・養殖業**がさかん。

(3)　**鉱工業**：世界一の石炭，３位の鉄鉱石（輸入は世界一）をはじめ，ボーキサイト，すず，鉛，亜鉛などの豊富な資源と外資導入を背景に重工業化が進展。原油も世界最大の輸入国である。鉄鋼は**アンシャン（鞍山），パオトウ（包頭），ウーハン（武漢）の三大コンビナート**や日本が援助した上海郊外の**パオシャン（宝山）製鉄所**などを中心に世界最大。繊維（綿，絹，化学繊維），家電，カメラ，時計，自動二輪車なども世界有数の生産である。**自動車生産**でも諸外国の技術供与をもとに世界最大の生産国となった。

(4)　現在は大量の工業製品を輸出し，「**世界の**[22]＿＿＿＿＿＿＿」とよばれるにいたったが，また，所得の向上により，「**世界の市場**」ともよばれるようになった。各地域で**貿易摩擦**をもたらしている。

(5)　**国内総生産（GDP）**は2010年日本を抜いて世界２位となった。[23]＿＿＿＿＿＿＿＿＿＿（英語の頭文字）の一員でもある。

(6)　**国土開発**：黄河は典型的な**天井川**で，古来より治水が課題。**サンメンシヤ（三門峡）ダム**や**リウチヤシヤ（劉家峡）ダム**をつくり発電や灌漑に利用。長江中流には世界最大級の[24]＿＿＿＿＿＿＿ダムが2009年完成した。総発電量は世界一。内陸部は開発が遅れていたため2000年より[25]＿＿＿＿＿＿大開発を計画し，交通基盤の整備（青蔵鉄道など）や産業の育成を行っている。

4 その他の国と地域

(1)　**韓国，台湾，ホンコン，シンガポール**は**アジアNIEs**とよばれ，外資導入と輸出加工区の設立などにより，工業化を進展させ，**１人当たりのGNI**も増大してきた。

(2)　**台湾**：名目上は中国の一省であるが，実質的には別の国家。1971年中国の国連加盟により**国連を追放**された。2023年４月現在，外交関係のある国は，中南米・カリブ海諸国を中心に13か国のみとなった。電機・電子産業を中心に工業化が進み，日本との経済・文化交流が活発。**外貨準備高**も世界有数。

(3)　**ホンコン**：1997年中国に返還されたが，[26]＿＿＿＿＿＿＿制度を以後50年間維持（この原則は1999年に返還された**マカオ**にも適用される）。**中継貿易**と**労働集約型工業**（繊維，雑貨，家電など）で発展したが，**観光業や国際金融センター**としての機能が大きい。

(4)　**モンゴル**：中国とロシアの間にある**内陸国**。乾燥気候が卓越し，人口密度は希薄。**遊牧**が主産業であったが近年は定着傾向。宗教は中国チベット自治区と同様[27]＿＿＿＿＿＿＿＿＿教徒が多い。

Step B ●作業でチェック●

ワーク 1 次の地図の①～⑫の名称を答えよ。①～④は河川である。

①		(黄土高原が源流, 天井川)	②		(中国最大の河川, 長さは世界3位)
③		(華南の河川交通の中心)	④		(中国とロシアの国境)
⑤	砂漠	(中国北部～モンゴル南部に広がる)	⑥	砂漠	(中国北西部, タリム盆地の大部分を占める)
⑦	山脈	(ホワイ川と結び, 稲作地域と畑作地域の境界)	⑧	山	(世界遺産)
⑨	湖	(②中流, 夏季に増水)	⑩	盆地	(②上流に位置する構造盆地)
⑪	島	(1988年に省に昇格した島, 経済特区)	⑫		(アジアNIEs, 新期造山帯にあり, 地震多発)

ワーク 2 次の地図の, 自治区ⓐ～ⓔ, 経済特区ⓕ～ⓙ, 特別行政区ⓚⓛ, 直轄市ⓜ～ⓟの名称をそれぞれ答えよ。

●経済特区
○特別行政区
◎直轄市

ⓐ	自治区	ⓑ	自治区
ⓒ	自治区	ⓓ	自治区
ⓔ	自治区	ⓕ	
ⓖ		ⓗ	
ⓘ		ⓙ	
ⓚ		ⓛ	
ⓜ	市	ⓝ	市
ⓞ	市	ⓟ	市

ワーク③ 中国の経済などの歩みについてまとめた以下の表の④〜⑥にあてはまる語句を答えよ。

年	出　来　事	年	出　来　事
1949	中華人民共和国成立	1997	ⓒ＿＿＿＿＿＿＿からホンコン（香港）返還
1958	④＿＿＿＿＿＿制度発足	1999	ⓓ＿＿＿＿＿＿＿からマカオ（澳門）返還
1979	「⑧＿＿＿＿＿＿」政策の開始（〜2015）	〃	ⓔ＿＿＿＿＿＿大開発に着手
1980	**経済特区**の設置を決定	2001	ⓕ＿＿＿＿＿＿に加盟
1982	④＿＿＿＿＿＿制度廃止	2008	**北京オリンピック（夏季）**開催
1984	**経済技術開発区**の設置	2010	ⓖ＿＿＿＿＿＿世界2位に
1989	天安門事件	2022	**北京オリンピック（冬季）**開催
1992	社会主義市場経済を宣言		

Step C ●センター試験にチャレンジ●

問1　次の図は，中国*における主な肉類の生産量について，中国全体に対する省（直轄市・自治区を含む）ごとの割合を示したものであり，ア〜ウは牛肉，羊肉，豚肉のいずれかである。ア〜ウと品目名との正しい組合せを，右の①〜⑥のうちから一つ選べ。

[13年・B追改]

*台湾，ホンコン，マカオを含まない。

	①	②	③	④	⑤	⑥
牛 肉	ア	ア	イ	イ	ウ	ウ
羊 肉	イ	ウ	ア	ウ	ア	イ
豚 肉	ウ	イ	ウ	ア	イ	ア

ア　　　　　　　　　イ　　　　　　　　　ウ

統計年次は2021年。
『中国統計年鑑』により作成。

問1 ＿＿＿＿＿

問2　中国の自治区は，中国の行政単位である。省と同レベルの行政区であり，多民族国家としての中国において，少数民族の民族区域自治を保障するために設けられたものであり，5つの自治区がある。図のA・B・Cはそれぞれ，A：シンチヤンウイグル自治区，B：内モンゴル自治区，C：コワンシー壮族自治区である。それぞれの自治区について述べたA・B・C各文の正誤の正しい組合せを，下の①〜⑧のうちから一つ選べ。[オリジナル]

A：シンチヤンウイグル自治区は，中国西部の乾燥地域に位置し，牧畜とオアシス農業がさかんである。ウイグル族の宗教は隣接するチベット自治区と同じくチベット仏教（ラマ教）が信仰されている。

B：内モンゴル自治区は大部分がモンゴル高原の草原地帯からなり，牧畜が中心産業である。包頭（パオトウ）を中心に重工業も盛んである。モンゴル族はイスラームを信仰している。

C：コワンシー壮族自治区は中国南部チュー川（珠江）の本流であるシー川（西江）の中流域を占める温暖な地域である。壮族は少数民族の中でも最大の1,700万人を擁するが，この自治区の人口は5,000万人を超えるため，漢民族が人口の約3分の2を占める。

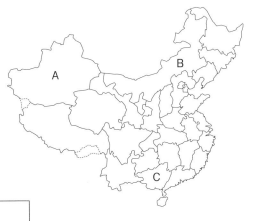

	①	②	③	④	⑤	⑥	⑦	⑧
A	正	正	正	正	誤	誤	誤	誤
B	正	正	誤	誤	正	正	誤	誤
C	正	誤	正	誤	正	誤	正	誤

問2 ＿＿＿＿＿

61 東アジア② 韓国

解答・解説 P.33

Step A ●ポイント整理● _____ に適する語句を入れ，まとめを完成させよう。

1 朝鮮半島の歴史と自然，文化

6世紀	儒教，仏教が百済（ベクチェ／くだら）より伝来
16世紀末	¹_____ の朝鮮出兵（文禄・慶長の役）
1910年	日本，韓国（朝鮮）併合（～1945年）
1948年	大韓民国，朝鮮民主主義人民共和国成立
1950年	²_____ 戦争（～1953年）→韓国をアメリカ合衆国，北朝鮮を中国が支援
1965年	³_____ 条約調印（国交正常化）
1988年	ソウルオリンピック開催
1991年	韓国，朝鮮民主主義人民共和国が⁴_____ に同時加盟
2000年	初の**南北首脳会談**，共同宣言→韓国の金大中（キムデジュン）大統領と北朝鮮の金正日（キムジョンイル）総書記

(1) 東部は丘陵性の**テベク（太白）山脈**で東岸は単調な急崖（きゅうがい），南岸と西岸は⁵_____ **海岸**。

(2) 韓国は温帯気候，北朝鮮は冬季厳寒の亜寒帯（冷帯）冬季乾燥気候（Dw）。

(3) 日本と同じく漢字文化圏であったが，現在の言語表記は15世紀の李王朝時代に世宗（セジョン）が考案した⁶_____ を使用。**オンドル**（暖房装置）や**キムチ**（漬物），**チョゴリ**（民族衣装）などは日本でもなじみの文化。

(4) **儒教**が生活に根づく。祖先や家族の結びつきを重視し，旧正月（ソルラル）や秋夕（チュソク）などを祝う。仏教や**キリスト教**の信者も多い。

2 韓国の産業発展

(1) 1960年代までは農業国であったが，その後の経済成長で農村人口が激減。⁷_____ （新農村）**運動**により農村振興をはかった。

(2) 1970年代から重化学工業が発展し，**アジアNIEs**となった。その経済成長は「⁸_____ の奇跡」ともよばれた。

(3) 少数の**財閥**とよばれる企業グループへ経済力が集中。

(4) 1997年の**アジア通貨危機**により経済は大打撃を受けたが，その後回復し，造船，自動車，石油化学，鉄鋼，家電など世界有数の生産をあげている。1996年には**OECD**（経済協力開発機構）にも加盟。

(5) 急速な経済発展で都市人口が増大。**ソウル**に全人口の約2割が居住。

(6) **インチョン（仁川）国際空港**は東アジアの⁹_____ **空港**として機能。また**プサン（釜山）港**はコンテナ基地として東アジアの物流拠点。

3 日本との関係

(1) 1965年の³_____ **条約**締結後も文化的交流は少なかったが，1990年代末以降は映画，音楽，スポーツなどの交流が進んだ。しかし，歴史的・政治的背景から解決が困難な課題が多い。2002年には**サッカーワールドカップ**が日韓で共催された。

(2) 領土問題（¹⁰_____ 問題）は日韓が解決すべき重要な課題。

(3) **北朝鮮（朝鮮民主主義人民共和国）**は社会主義の独裁的国家として知られ，核問題などで孤立化している。地下資源は多く，水力発電もさかんである。日本とは**拉致（らち）問題**など多くの課題を残す。

NOTE

Step B ●作業でチェック●

ワーク　次の地図の①～⑩の名称を答えよ。①～⑤は都市，⑥⑦は河川である。

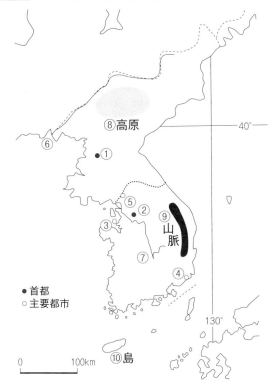

①		（朝鮮民主主義人民共和国の首都）
②		（韓国の首都）
③		（沖合に国際空港（ハブ空港）あり）
④		（韓国第2の都市）
⑤		（南北休戦ライン内に位置する）
⑥		（中国と北朝鮮の国境）
⑦		（ソウル南部，「漢江の奇跡」）
⑧	高原	（朝鮮の屋根，溶岩台地）
⑨	山脈	（傾動地塊）
⑩	島	（火山島，観光業）

Step C ●センター試験にチャレンジ●

問1　次のア～ウの文章は，韓国（大韓民国），極東ロシア，モンゴルの特徴的な食文化について述べたものである。ア～ウと国・地域名との正しい組合せを，右の①～⑥のうちから一つ選べ。［07年・A本］

ア　伝統的な料理には，家畜の乳からつくられるチーズなどの乳製品や羊肉のスープがあり，野菜を食べることは少ない。味付けには，塩のみが用いられる場合が多い。

イ　伝統的には肉や魚の料理が多かったが，小麦粉を練った薄皮に肉などを詰めて油で揚げた料理や，かゆなどが徐々に加わってきている。魚を用いた料理としては，ニシンの塩漬けや，サケの酢漬けなどがある。

ウ　伝統的な料理には，野菜に香辛料や海産物を加えて発酵させた漬物がある。この漬物は，冬には新鮮な野菜がとれないため，冬場の保存食としても重要である。

	ア	イ	ウ
①	韓　国	極東ロシア	モンゴル
②	韓　国	モンゴル	極東ロシア
③	極東ロシア	韓　国	モンゴル
④	極東ロシア	モンゴル	韓　国
⑤	モンゴル	韓　国	極東ロシア
⑥	モンゴル	極東ロシア	韓　国

問1 ▢

問2　韓国は，1960年代以降，著しい経済成長を遂げている。韓国の経済成長とそれにともなう変化について述べた文として**適当でないもの**を，次の①～④のうちから一つ選べ。［05年・B本］

① 1970年代には，重化学工業化が進められ，鉄鋼・造船・自動車などの工業が発達した。

② 1980年代以降は，半導体産業の発達が著しく，世界有数のIC（集積回路）生産国となっている。

③ 経済成長は，農村から都市への人口移動を引き起こし，都市と農村の間の地域格差を拡大させた。

④ 経済成長は，主に中小企業によって推し進められ，巨大な企業集団は形成されなかった。

問2 ▢

62 東南アジア

解答・解説 P.34

Step A ●ポイント整理● _____ に適する語句を入れ，まとめを完成させよう。

1 位置，範囲，自然，歴史，宗教など

(1) 中国とインドの間にはさまれ，半島部と島嶼部に分かれる。インドシナ半島にはベトナム，ラオス，カンボジア，タイ，ミャンマーの5か国が，島嶼部にはマレーシアを含めシンガポール，インドネシア，フィリピン，ブルネイ，東ティモールの6か国がある。

(2) インドネシア東部は**環太平洋造山帯**と**アルプス＝ヒマラヤ造山帯**の会合部にあたり，特に島嶼部は火山や地震が多い。半島部は**ホン川，メコン川，チャオプラヤ川，エーヤワディー川**などが¹_____を形成。

(3) 大半の地域は北回帰線以南に位置し，熱帯気候が卓越する。²_____が卓越する地域でもある（モンスーンアジアの一部）。マレー半島，シンガポール，インドネシアの大半は**熱帯雨林気候**，フィリピンの大部分やミャンマー沿岸部は**弱い乾季のある熱帯雨林気候**（熱帯モンスーン気候），タイやジャワ島東部は**サバナ気候**である。

(4) 第二次世界大戦前までは，³_____（英仏植民地にはさまれた**緩衝国**）を除きすべて欧米諸国の植民地。ミャンマーから**マレーシア，シンガポール**およびブルネイは⁴_____領，インドシナ半島東部（**ベトナム，ラオス，カンボジア**）は⁵_____領，インドネシアは⁶_____領，フィリピンは⁷_____領を経て⁸_____領となった。

(5) **東ティモール**は旧ポルトガル領で2002年に独立，同年9月**国際連合（国連）**加盟。フィリピン南部（ミンダナオ島など）の**モロ諸族**（ムスリム（イスラーム教徒））やインドネシア各地にも紛争がある。

(6) 植民地化と同様に宗教にも多様性がみられる。**インドシナ半島**は主として⁹_____であるが，ベトナムだけは中国経由の¹⁰_____。マレーシア，インドネシア，フィリピン南部は¹¹_____であり，インドネシアの¹¹_____人口は世界最大。ただし，インドネシアの**バリ島**だけは¹²_____。フィリピンは⁷_____の影響で，**キリスト教**の¹³_____が多い。

(7) **華僑（華人）**はこの地域に約3,000万人居住し，金融・流通を中心とした経済分野に影響力を持つ。シンガポールでは華僑が全人口の約4分の3を占める。

2 東南アジア諸国連合（ASEAN）の変遷と工業化の進展

(1) **ASEAN**は1967年に結成された地域協力組織で，中央事務局はインドネシアのジャカルタ。原加盟国はインドネシア，マレーシア，フィリピン，シンガポール，タイで，1984年にブルネイ，1995年にベトナムが加盟した。さらに1997年にミャンマーとラオス，1999年にカンボジアが加盟し，**ASEAN 10**が実現した。第三世界でも例外的に成功した組織の1つである。

(2) ASEANに日本，韓国，中国を加えた¹⁴_____は**自由貿易協定（FTA）**や**経済連携協定（EPA）**などに積極的に取り組む。

(3) 再輸出を条件に原料や製品を免税とする¹⁵_____区が各地につくられ，¹⁶_____型の工業化が進展した。シンガポールは**アジアNIEs**の一

NOTE

員であり，工業生産ではタイとマレーシアがこれに続く。

❸ 各国の地誌　（注）統計年次は2019〜2022年。

(1)　**インドネシア**：人口（約2.7億人）・面積とも東南アジア最大の国家。**ジャ
ワ，カリマンタン，スマトラ**などをはじめ，13,000余の島々からなる。首都
ジャカルタは人口稠密な**ジャワ島**にあり，南半球に位置する。東南アジア最
大の原油産出・輸出国であったが，産出量が減少し，2009年に[17]＿＿＿＿＿＿＿
＿＿＿＿＿＿（OPEC）を一時脱退した（2015年再加盟したが2016年再離脱）。一
方，すずや銅，ニッケル，天然ガスの産出は多く，近年は**石炭**も急増（世界
一の輸出国）。主な農産物は，米（ジャワ島では棚田が多い），天然ゴム，**油
やし（パーム油），コーヒー**，茶，さとうきびなど。かつては木材の輸出も
多かったが，熱帯林の減少により丸太から合板輸出に切り替える。インド・
ベトナムなどとともに日本への**えび**の輸出も多い。

(2)　**マレーシア**：マレー半島とカリマンタン島の一部からなる複節国。かつて
は天然ゴム，すず，木材，原油などの輸出に依存していたが，日本やNIEs
諸国を見習う[18]＿＿＿＿＿＿＿＿＿＿**政策**により工業化が進展し，電子機器や
家電製品の輸出が増大。約7割の**マレー系**を優先する[19]＿＿＿＿＿＿＿**政策**
も実施し，公用語は**マレー語**，国教は**イスラーム（イスラム教）**。農産物で
は天然ゴムのプランテーションにかわり**油やし**の生産がさかん。

(3)　**シンガポール**：1965年，マレーシア連邦から分離独立した島国。多民族国
家であり，**英語，中国語，マレー語，タミル語**を公用語とする。交通の要衝
で，中継貿易港として栄えたが，[20]＿＿＿＿＿＿＿**地区**に工業団地がつくられ，
石油精製，造船，電子などの工業が発達。国際金融センター・観光都市とし
ても知られる。1人当たりGNIは世界有数である。

(4)　**タイ**：インドシナ半島のほぼ中央に位置し，**チャオプラヤ川**のデルタ地帯
では**サバナ気候**が卓越。中部では乾季稲作が普及し，米の**二期作**も可能とな
り，米の収量は増大した。世界有数の**米**の輸出国であるが，その流通は**華人**
が握る。東南アジアでは第二次世界大戦中も唯一独立を維持。近年は工業化
が進展し，輸出品も工業製品が多くなっている。首都**バンコク**は典型的な
[21]＿＿＿＿＿＿＿＿＿＿（**首位都市**）であり，人口の集中が著しく，交通
渋滞が課題。日本へは野菜，果実，加工畜産物，冷凍えびなどの輸出が拡大。

(5)　**フィリピン**：7,000余の島嶼国。北部の**ルソン島**と南部の**ミンダナオ島**が
中心。**ミンダナオ島**の**バナナプランテーション**は，アメリカ合衆国などの**多
国籍企業**が開発し，その大半を日本へ輸出。海外出稼ぎ者が多く，外貨獲得
の重要な手段となっている。第二次世界大戦後マニラ郊外に**国際稲研究所
（IRRI）**が設立され，アジア各国で「[22]＿＿＿＿＿＿＿」が推進された。

(6)　**ベトナム**：ベトナム戦争を経て，1976年南北統一。1986年，**社会主義型市
場経済**をめざす「[23]＿＿＿＿＿＿＿（**刷新**）」を表明。農産物では**コーヒー**や**米**
の輸出国としての地位が高まっている。鉱産資源としては北部の石炭（**ハロ
ン炭田**）が有名だが，油田，天然ガス開発も進む。

(7)　**その他の国々**：**ブルネイ**は原油と天然ガスの輸出が中心。**カンボジア**はト
ンレサップ湖の浮稲と[24]＿＿＿＿＿＿＿＿＿＿の仏教遺跡が著名。**ラオス**は
内陸国で銅，電力，衣類などが主要輸出品。**ミャンマー**（旧ビルマ）は**季節
風（モンスーン）**が卓越し，デルタ地帯では稲作がさかん。

(8)　南シナ海に浮かぶ[25]＿＿＿＿＿＿＿**群島**は海底油田の存在が確認され，**中国，台
湾**，フィリピン，マレーシア，ベトナム，ブルネイの6つの国と地域で領有
権を争う。西アジアからの原油輸送の重要なルートでもある。

NOTE

Step B ●作業でチェック●

ワーク 1 次の地図の①〜⑮の名称を答えよ。

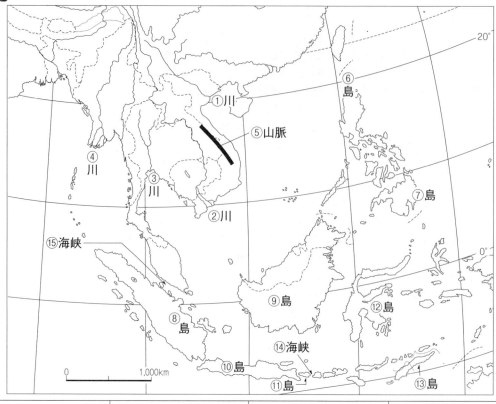

① 川	② 川	③ 川	④ 川
(下流で米の二期作)	(東南アジア最大河川, タイとラオスの国境)	(流域で米の生産がさかん)	(流域で米の生産がさかん)
⑤ 山脈	⑥ 島	⑦ 島	⑧ 島
(ベトナムとラオスの国境)	(首都マニラ所在)	(バナナプランテーション)	(原油産出, 油やし農園)
⑨ 島	⑩ 島	⑪ 島	⑫ 島
(世界3位の面積の島)	(人口密度大, 首都ジャカルタ所在)	(ヒンドゥー教信仰)	(通称ビッグ「K」)
⑬ 島	⑭ 海峡	⑮ 海峡	
(東部は東ティモールとして独立)	(ウォーレス線通過)	(世界的に重要な海上輸送路)	

ワーク 2 次の表は東南アジア諸国の概要を示したものである。ⓐ〜ⓘにあてはまる事項を記入せよ。

国　名	首　都	人口 (百万人) ('22)	1人当たりGNI (米ドル) ('21)	主な宗教	旧宗主国	ASEAN加盟年	主要輸出品 ('20〜21)
インドネシア	ジャカルタ	274.6	4,217	イスラーム (イスラム教)	ⓐ	原加盟国	パーム油・石炭・鉄鋼
ⓑ	バンコク	71.6	6,818	上座仏教	独立維持	〃	機械類・自動車・金(非貨幣用)
フィリピン	マニラ	114.7	3,584	カトリック	スペイン→アメリカ合衆国	〃	機械類・野菜と果実・銅
マレーシア	クアラルンプール	33.8	10,769	イスラーム	ⓒ	〃	機械類・石油製品・衣類
シンガポール	シンガポール	6.0	58,770	(注)	イギリス	〃	機械類・石油製品・精密機械
ブルネイ	バンダルスリブガワン	0.5	31,650	イスラーム	イギリス	ⓓ　　年	LNG・原油・化学薬品
ベトナム	ハノイ	97.8	3,564	ⓔ	フランス	1995年	機械類・衣類・はきもの
ラオス	ビエンチャン	7.5	2,414	上座仏教	ⓕ	1997年	電力・野菜と果実・金(非貨幣用)
ミャンマー	ネーピードー	54.0	1,095	上座仏教	イギリス	ⓖ　　年	衣類・LNG・農産物
ⓗ	プノンペン	16.7	1,523	上座仏教	フランス	1999年	衣類・金(非貨幣用)・はきもの
東ティモール	ディリ	1.3	1,842	カトリック	ⓘ	未加盟	コーヒー豆・繊維製品

(注) シンガポールの宗教は仏教, キリスト教, イスラームなど多様。

(国連資料などによる)

Step C　●センター試験にチャレンジ●

問1　次の図1中のA〜Cは，インドネシア，タイ，フィリピンのいずれかの国について，主要な宗教の信者の割合を示したものである。A〜Cと国名との正しい組合せを，下の①〜⑥のうちから一つ選べ。[05年・A本改]

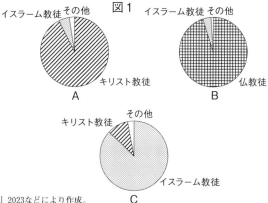

図1

	①	②	③	④	⑤	⑥
インドネシア	A	A	B	B	C	C
タイ	B	C	A	C	A	B
フィリピン	C	B	C	A	B	A

『世界年鑑』2023などにより作成。

問1 [　　]

問2　図2中のA〜Dのいずれかの国における経済や文化について述べた文として最も適当なものを，次の①〜④のうちから一つ選べ。[12年・B追]

① A国では，欧米諸国の植民地化を免れたために，ビルマ語や仏教信仰など独自の文化が維持されている。

② B国では，長期にわたる内戦や政情不安から，多くの出稼ぎ労働者が経済発展を遂げる近隣の国々に流出している。

③ C国では，マレー系住民への優遇政策により，マレー系住民の社会・経済的地位が中国系やインド系の住民を凌ぐようになった。

④ D国では，公用語としてスペイン語と英語が使われており，植民地時代の影響を色濃く残している。

問2 [　　]

図2

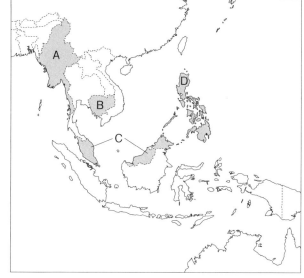

問3　右の図3は，ASEAN加盟国のGDP（国内総生産）と1人当たりGDPを示したものであり，①〜④は，インドネシア，シンガポール，ブルネイ，マレーシアのいずれかである。マレーシアに該当するものを，図3中の①〜④のうちから一つ選べ。[12年・B追改]

問3 [　　]

図3

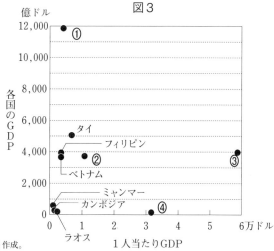

統計年次は，2021年。
国際連合の資料により作成。

63 南アジア

解答・解説 P.35

Step A ●ポイント整理● _____ に適する語句を入れ，まとめを完成させよう。

1 自然と社会

(1) 範囲はインド，パキスタン，バングラデシュ，スリランカ，ネパール，ブータン，モルディブの7か国。ほとんどの地域は旧¹_____領。これらの国々は1985年に²_____地域協力連合（SAARC）を結成（2005年アフガニスタン加盟）。

(2) ヒマラヤ山脈を中心とする高峻な山地と肥沃な³_____が分布するデカン高原。その間にはインダス川とガンジス川，ブラマプトラ川の沖積平野が広がる。インド半島は安定陸塊でゴンドワナ大陸の一部。

(3) 夏季（雨季）の南西季節風（モンスーン）と冬季（乾季）の北東季節風の影響が大きい。⁴_____地方のチェラプンジは世界の最多雨地域の1つ。ベンガル湾は熱帯低気圧の⁵_____がしばしば襲う。

(4) 第二次世界大戦後，⁶_____のインド，⁷_____のパキスタン（東パキスタンは後にバングラデシュとして分離），⁸_____のセイロン（後のスリランカ）に分離独立。

2 インド   (注) 統計年次は2021〜2022年。

(1) 人口は14億1千万人であり，2023年には中国を抜いて世界1位となる。ヴァルナとジャーティに基づく⁹_____制が社会に根強く残る。言語は¹⁰_____語が連邦公用語，英語が準公用語で，その他21の憲法公認語がある。

(2) 農業は最重要産業で，主要作物は米，ジュート，小麦，綿花，さとうきび，茶などで，耕地率は50％を超える。牛の飼育頭数は世界2位で，ミルク（牛や水牛）やバターの生産も多い。ミルクの生産の増加は「¹¹_____」とよばれる。「緑の革命」などにより食料自給率は増大したが，¹²_____制とよばれる大土地所有制が残存。

(3) 米，小麦の生産はともに世界2位。デカン高原のレグールでの綿花栽培，ダージリンやアッサム地方の丘陵地では茶のプランテーション。

(4) ¹³_____（英語の頭文字）の一員で各種工業が発展。綿工業はムンバイ（旧ボンベイ），ジュート工業はコルカタ（旧カルカッタ）で発展。重工業は北東部が中心で，ダモダル炭田とシングブーム鉄山を中心にジャムシェドプル，ラーウルケーラ，アサンソルなどの鉄鋼業都市がある。首都デリーやチェンナイ（旧マドラス，インドのデトロイト）では自動車などの近代工業が立地。デカン高原南部のベンガルールでは航空機やIT産業（特にコンピュータソフト産業）など特色ある工業が立地（インドのシリコンヴァレー）。

(5) 隣国パキスタンとは¹⁴_____地方の領有をめぐり，紛争が続く。両国は核保有国でもある。東部では中国との国境問題もある（マクマホンライン）。

3 その他の国々

(1) パキスタンとバングラデシュはアジア有数の人口大国であり，両国とも産業の主体は農業。インド国境から続くパキスタンの¹⁵_____地方は灌漑網が整備され，小麦や綿花の大産地。バングラデシュは国土の大半が低平な三角州（デルタ）地帯で，ジュートや米が主産物。人口密度は極めて高い。

(2) スリランカはインドのアッサム地方とならぶ世界的な茶の産地で，島の中央高地で栽培。仏教徒で多数派の¹⁶_____人とヒンドゥー教徒で少数派の¹⁷_____人との対立があった。2009年政府はタミル人武装勢力（LTTE）を制圧。

NOTE

Step B　●作業でチェック●

ワーク　次の地図の①～⑰の名称を答えよ。⑨～⑰は都市名である。

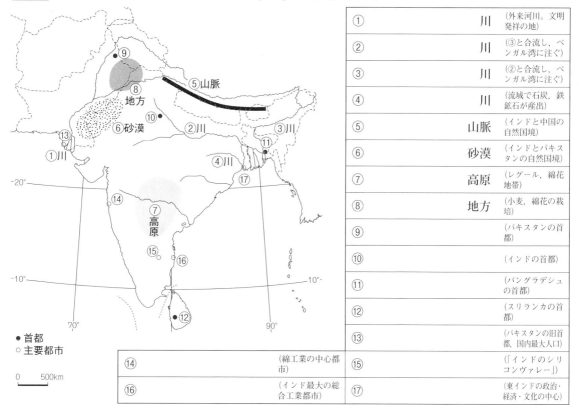

①	川	(外来河川。文明発祥の地)
②	川	(③と合流し、ベンガル湾に注ぐ)
③	川	(②と合流し、ベンガル湾に注ぐ)
④	川	(流域で石炭、鉄鉱石が産出)
⑤	山脈	(インドと中国の自然国境)
⑥	砂漠	(インドとパキスタンの自然国境)
⑦	高原	(レグール、綿花地帯)
⑧	地方	(小麦、綿花の栽培)
⑨		(パキスタンの首都)
⑩		(インドの首都)
⑪		(バングラデシュの首都)
⑫		(スリランカの首都)
⑬		(パキスタンの旧首都、国内最大人口)

⑭	(綿工業の中心都市)	⑮	(「インドのシリコンヴァレー」)
⑯	(インド最大の総合工業都市)	⑰	(東インドの政治・経済・文化の中心)

Step C　●センター試験にチャレンジ●

問1　次の図は、インドにおける主な農産物の生産量をインド全体に対する州ごとの割合で示したものであり、ア～ウは小麦、米、綿花のいずれかである。図中のア～ウと農産物との正しい組合せを、①～⑥のうちから一つ選べ。[08年・B本]

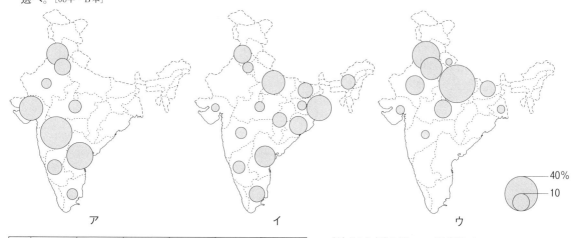

割合が1％未満の州については省略した。
統計年次は2001/02年。
Handbook of Statistics on the Indian Economy 2004-05 により作成。

	①	②	③	④	⑤	⑥
ア	小　麦	小　麦	米	米	綿　花	綿　花
イ	米	綿　花	小　麦	綿　花	小　麦	米
ウ	綿　花	米	綿　花	小　麦	米	小　麦

問1

64 西アジア・中央アジア

解答・解説 P.35

Step A ●ポイント整理● _____ に適する語句を入れ，まとめを完成させよう。

1 西アジアの範囲と自然環境など

西アジア	アラブ系：サウジアラビア，イラク，クウェート，アラブ首長国連邦（UAE），シリア，カタール，バーレーン，（パレスチナ）など 非アラブ系：アフガニスタン，イラン，トルコ，イスラエルなど カフカス地域，旧ソ連：アルメニア，アゼルバイジャン，ジョージア
中央アジア	旧ソ連（¹_____体制で開発が遅れた）：カザフスタン，トルクメニスタン，ウズベキスタン，タジキスタン，キルギス

(1) 北部は**アルプス=ヒマラヤ造山帯**に属する山地，高原地帯でトルコの**アナトリア高原**やイランの**ザグロス山脈**などがある。中央部は²_____の**ティグリス川，ユーフラテス川**の堆積平野。アラビア半島は**アラブ楯状地**（ゴンドワナ大陸）。

(2) **乾燥気候**が卓越，西部の地中海沿岸は**地中海性気候**もみられる。

(3) 中国とヨーロッパを結ぶ³_____**ロード**をはじめとした**東西交通路**の要衝で，オアシス都市などが発展した。

2 産 業

(1) 乾燥地域ではラクダや羊，ヤギなどの遊牧，²_____や**湧水帯**では**灌漑農業**が行われている。砂漠に点在するオアシスでは灌漑用の地下水路が発達し，イランでは⁴_____，アフガニスタンでは⁵_____とよぶ。なつめやし，米，小麦，野菜，果実などが主な作物。

(2) 中央アジアの**アムダリア川，シルダリア川**流域は，旧ソ連時代，灌漑で綿花地帯が拡大したが⁶_____**海**の縮小という深刻な環境問題が発生した。

(3) 世界的な産油地域であり，⁷_____（BTCパイプラインなど）で地中海沿岸やペルシャ湾岸に送油し，先進国を中心に輸出。特に**サウジアラビア**は世界有数の原油産出・輸出国で，**アラブ首長国連邦**と共に日本の重要な貿易相手国。**カスピ海沿岸**でも原油や天然ガス開発が進む。**石油輸出国機構（OPEC）**や**アラブ石油輸出国機構（OAPEC）**加盟国が多い。

(4) OPEC結成以後，産油国が原油価格を決定するようになり，1973年の⁸_____では産油国に巨額の富をもたらした。

3 生活文化など

(1) 多くの国で**イスラーム（イスラム教）**が生活の中心。**ムスリム**（イスラーム教徒）にとっては信仰告白，礼拝，喜捨，断食，巡礼の五行が重要。

(2) 20世紀末に西欧型の近代国家をめざしたことによる反動から，貧困や不平などが目立つようになり，**イスラーム復興運動**が活発化。

(3) 言語は**アフリカ・アジア語族**（アラビア語など），**インド・ヨーロッパ語族のインド・イラン派**（ペルシャ語など），**アルタイ諸語**（トルコ語など）の３つに大別される。また，**イスラエルはヘブライ語**である。

(4) **イスラエル**は1948年に⁹_____**運動**に基づき，ユダヤ人が建国。アラブ人との紛争を¹⁰_____**問題**とよぶ。４度にわたる**中東戦争**を経て，1993年¹⁰_____**暫定自治**を¹⁰_____**解放機構（PLO）**との間で調印したが，未だに紛争が続いている。

NOTE

(5)　¹¹＿＿＿＿＿＿＿は西アジア～北アフリカのアラブ諸国の組織で，2023年
　　6月現在21か国とPLO（パレスチナ解放機構）が加盟。

(6)　トルコ，イラン，イラクなどの国境付近に居住する¹²＿＿＿＿＿人は総人
　　口約3,000万人以上と推定され，自治・独立の要求が強い。

Step B　●作業でチェック●

図1

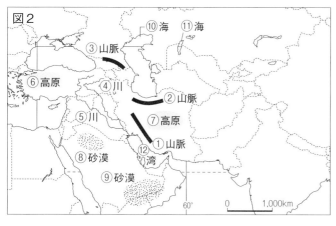

図2

ワーク 1　図1の@～(h)にあてはまる国名を答えよ。

@	(b)
©	(d)
(e)	(f)
(g)	(h)

ワーク 2　図2の①～⑫にあてはまる名称を答えよ。

①	山脈	（新期造山帯）
②	山脈	（新期造山帯）
③	山脈	（新期造山帯。ロシアとの国境）
④	川	（外来河川。古代文明発祥の地）
⑤	川	（外来河川。古代文明発祥の地）
⑥	高原	（トルコ中央の高原）
⑦	高原	（イラン中央の高原）
⑧	砂漠	（アラビア半島北部の砂漠）
⑨	砂漠	（アラビア半島南部の砂漠）
⑩	海	（世界最大の湖。塩湖）
⑪	海	（灌漑により面積縮小）
⑫	湾	（原油の重要な輸送路）

Step C　●共通テストにチャレンジ●

問1　次の図1は，1人当たりGNI（国民総所得）と1日当たり原油生産量によって西アジア
の国々をa～dの4つのグループに分けたものであり，下の図2は，各グループの分布を示し
たものである。図2中の凡例ア～ウは，図1中のa～cのいずれかである。a～cとア～ウと
の正しい組合せを，下の①～⑥のうちから一つ選べ。［21年・B共通テスト第二日程改］

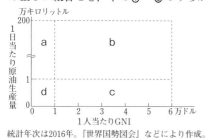

万キロリットル
200

1日当たり原油生産量

	a		b		
1					
	d		c		

0　1　2　3　4　5　6万ドル
1人当たりGNI

統計年次は2016年。『世界国勢図会』などにより作成。
図1

凡例
■ ア
▨ イ
▧ ウ
⬚ d
□ データなし

統計年次は2016年。『世界国勢図会』などにより作成。
図2

	①	②	③	④	⑤	⑥
a	ア	ア	イ	イ	ウ	ウ
b	イ	ウ	ア	ウ	ア	イ
c	ウ	イ	ウ	ア	イ	ア

問1＿＿＿

共通テスト

65 アフリカ

解答・解説 P.36

Step A ●ポイント整理● _____ に適する語句を入れ，まとめを完成させよう。

1 自然環境

(1) **アフリカ楯状地**とよばれる台地状の大陸（安定陸塊）で，北西部に**新期造山帯**の¹_____山脈，南東部に**古期造山帯**の²_____山脈がある。

(2) アフリカ東部には紅海からエチオピア高原を経て，ザンベジ川に至る³_____帯がある。キリマンジャロ山をはじめとした火山も多く，断層湖（例：タンガニーカ湖，マラウイ湖）も存在する。

(3) 地中海沿岸は冬に雨が多く，**地中海式農業**がさかん。北アフリカには世界最大の⁴_____砂漠が広がる。**ナイル川**などの⁵_____やオアシスの集落では**灌漑農業**，ギニア湾岸からコンゴ盆地にかけての熱帯林では**焼畑農業**が行われている。

(4) 南半球側には⁶_____**海流**(寒流)の影響を受けた**ナミブ砂漠**(海岸砂漠)がある。乾燥地域の面積は大陸全体の約50％に達し，オーストラリア大陸に次ぐ。

2 社会と民族

(1) サハラ砂漠以北は**ホワイトアフリカ**とよばれ，西アジアとの結びつきが強く**ムスリム**（イスラーム教徒）が多い。公用語は**アラビア語**など。以南は**ブラックアフリカ**とよばれ黒人が多く，15世紀から**奴隷貿易**が始まった。植民地時代に伝播した**キリスト教**を信仰し，公用語は英語，フランス語など**旧宗主国**の言語が多い。

(2) ほとんどの地域がヨーロッパ諸国の**植民地**となり，第二次世界大戦後独立。大戦前の独立国は，**エジプト，リベリア，エチオピア，南アフリカ連邦**の4か国のみ。1960年は独立が相次ぎ，⁷_____とよばれる。

(3) 民族境界と国境が一致せず，経緯線などの**人為的国境**が多い。政情不安定の国が多く，内乱や紛争が頻発する。サハラ砂漠南縁の⁸_____**地域**では飢餓問題が深刻である。

3 主要国の地誌 (注) 統計年次は2021〜2022年。

エジプト	アラブ系諸国の中心的国家。外来河川のナイル川沿いに人口や産業が集中する。**スエズ運河，アスワンハイダム**は有名。
エチオピア	コーヒーの原産国。1993年**エリトリア**が分離し，内陸国になった。宗教はエチオピア正教などキリスト教が多数。人口1億超。
スーダン	アフリカ一の面積であったが，2011年⁹_____が分離独立。
リベリア	1847年独立のアメリカ解放奴隷の国。¹⁰_____船が多い。
ガーナ	旧イギリス領。古くからの**カカオ**生産国であるが，¹¹_____川開発（アコソンボダム）で，アルミニウム精錬が行われるようになった。カカオ生産は隣国**コートジボワール**が世界一。
ナイジェリア	アフリカ一の**人口**（約2.2億人），アフリカ一の**産油国**。
コンゴ民主共和国(旧ザイール)	旧ベルギー領。コンゴ盆地は熱帯雨林気候。隣国**ザンビア**に続く¹²_____ベルトは世界的な銅の産地で，タンザン鉄道・ベンゲラ鉄道などで沿岸部に輸送される。
ケニア	旧イギリス領。**ホワイトハイランド**（白人の入植地）では茶やコーヒーのプランテーション。
南アフリカ共和国	1991年¹³_____（人種隔離政策）廃止。鉄鉱，石炭，金，レアメタルなどを産出し，アフリカ一の工業国。BRICS。

NOTE

(1)　アフリカ諸国は，特定の**一次産品**の輸出に依存する[14]＿＿＿＿＿＿＿＿**経済**の傾向があり，天候や国際価格の変動で国家の経済が大きく影響を受ける。

(2)　ヨーロッパ諸国，アメリカ，日本などからの[15]＿＿＿＿＿＿＿＿**(ODA)**や**非政府組織（NGO）**による協力によって自立のための開発が進む。

Step B　●作業でチェック●

ワーク　次の地図の①～⑫の名称を答えよ。また⒜～⒢の国名と，ⓗ，ⓘ，ⓙ・ⓚの旧宗主国を答えよ。

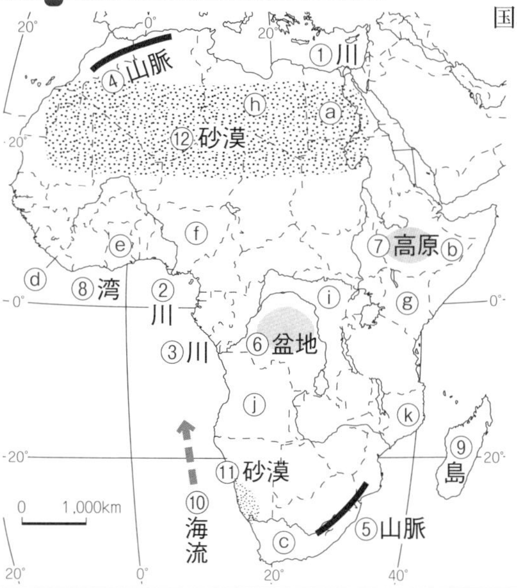

①　　川 (代表的な外来河川，世界最長)	②　　川 (下流は油田地帯)
③　　川 (包蔵水力世界一の河川)	④　　山脈 (新期造山帯)
⑤　　山脈 (古期造山帯，石炭埋蔵)	⑥　　盆地 (曲降盆地)
⑦　　高原 (コーヒー原産地)	⑧　　湾 (奴隷貿易などの拠点)
⑨　　島 (世界4位の面積の島)	⑩　　海流 (寒流)
⑪　　砂漠 (⑩海流により形成された海岸砂漠)	⑫　　砂漠 (世界最大の砂漠)
ⓐ (第二次世界大戦前の独立国)	ⓑ (第二次世界大戦前の独立国)

ⓒ (第二次世界大戦前の独立国)	ⓓ (第二次世界大戦前の独立国)	ⓔ (1957年英から独立，カカオと鉱産資源)	ⓕ (アフリカ一の人口，原油，部族対立)
ⓖ (サバナ気候の高原，ホワイトハイランド)	ⓗ(リビア)の旧宗主国	ⓘ(コンゴ民主共和国)の旧宗主国	ⓙ(アンゴラ)ⓚ(モザンビーク)の旧宗主国

Step C　●センター試験にチャレンジ●

問1　発展途上国の多いアフリカでは，人口，教育，保健衛生にかかわる諸課題について顕著な地域性がみられる。右の図1中のア～ウは，アフリカ諸国における合計特殊出生率*，15～24歳の識字率，成人のHIV感染率のいずれかの指標の高低を示したものである。指標名とア～ウとの正しい組合せを，下の①～⑥のうちから一つ選べ。［15年・B追］　*女性1人が生涯に産む子どもの数に相当する。

	①	②	③	④	⑤	⑥
合計特殊出生率	ア	ア	イ	イ	ウ	ウ
15～24歳の識字率	イ	ウ	ア	ウ	ア	イ
成人のHIV感染率	ウ	イ	ウ	ア	イ	ア

図1

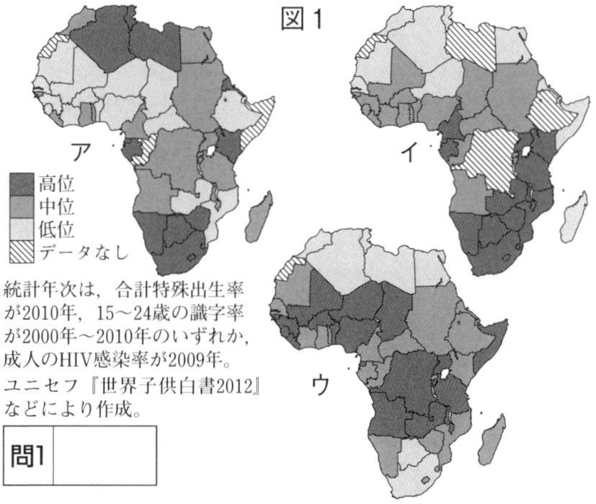

統計年次は，合計特殊出生率が2010年，15～24歳の識字率が2000年～2010年のいずれか，成人のHIV感染率が2009年。
ユニセフ『世界子供白書2012』などにより作成。

問1	

問2　下の①～④の文は，右の図2中のA～Dのいずれかの地域にみられる食文化について述べたものである。Bに該当するものを，下の①～④のうちから一つ選べ。［11年・B本］

① 小麦粉を粒状にして蒸したものなどを主食とし，オリーブやナツメヤシを使った様々な料理がみられる。

② 雑穀などを主食とし，ラッカセイのペーストやトマトソースを使った肉や野菜のスープ料理などがみられる。

③ 米飯を主食とし，肉・魚やキャッサバの葉などの煮込み料理を副食とするほか，ココナッツミルクを使った料理などもみられる。

④ ヤムイモなどのイモ類やバナナを餅(もち)状にして主食とするほか，豊富な森林産物を利用した料理がみられる。

図2

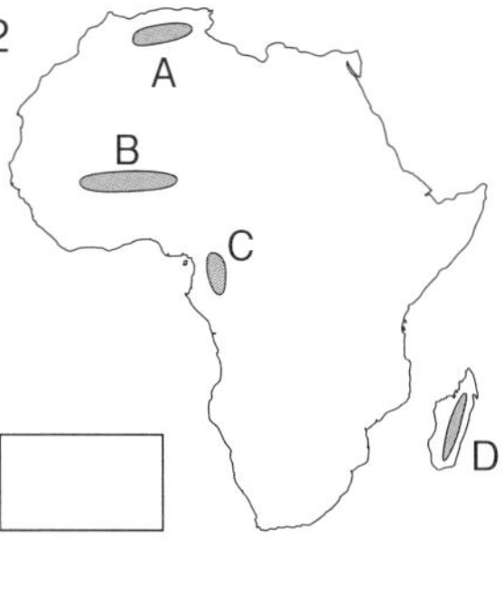

問2	

66 ヨーロッパ

解答・解説 P.36〜

Step A ●ポイント整理● _____ に適する語句を入れ，まとめを完成させよう。

1 自然環境，民族，宗教など

(1) ユーラシア大陸の半島部にあたり，平均標高は340mと低い。北部は安定陸塊のバルト楯状地やロシア卓状地，古期造山帯の**スカンディナヴィア山脈**や**ウラル山脈**，ペニン山脈などの低平地や丘陵性の山地が分布。南部は対照的に急峻な山地が多く，地震の多発地域。**アルプス=ヒマラヤ造山帯**に属する**アルプス山脈**，**アペニン山脈**，**ピレネー山脈**，**カルパティア山脈**などがある。

(2) 地形が低平であるので，緩やかな流れの河川が多く，河川交通がさかん。北海に注ぐ河川の多くは**エスチュアリ（三角江）**を形成。**ライン川**や東ヨーロッパ諸国を貫流する**ドナウ川**は代表的な¹_____河川で，両河川は運河で連絡（**マイン・ドナウ運河**）。ライン川の河口は²_____（オランダ語で埋立地の意味）とよばれる干拓地が広がる。

(3) かつては大陸氷河が北ドイツ平原付近まで覆い，ノルウェー沿岸部などでは³_____（峡湾）が発達する。フィンランドやアルプス地域には**氷河湖**が多い。また⁴_____海岸（スペイン）や⁵_____地形（スロベニア）などその語源となった地名もある。

(4) 全体的に高緯度に位置するが，東岸に比べると温暖な気候。北西部は⁶_____風と⁷_____海流の影響で，気温の年較差が小さい**西岸海洋性気候**，南部は**亜熱帯高圧帯（中緯度高圧帯）**の影響で夏の降水量が少ない**地中海性気候**。内陸部は冬の気温が低下し，**亜寒帯（冷帯）湿潤気候**。北極圏内のスカンディナヴィア半島は夏季の**白夜**に特色がある。

(5) ヨーロッパ**45か国**の中で，日本より面積・人口が共に大きい国はロシアのみであり，その他に人口1億人以上を有する国は存在しない。

(6) 大半は**アーリア系民族**で，北西ヨーロッパの**ゲルマン語派**，南ヨーロッパの**ラテン語派**，東ヨーロッパの**スラブ語派**が3大民族。フィンランドやハンガリー（マジャール）人は**ウラル語派**，ルーマニアはスラブ語派に囲まれた**ラテン語派**。少数民族としては，スペインとフランス国境の⁸_____人やアイルランドやイギリス，フランスの一部に居住する⁹_____人，スカンディナヴィア半島北部の**サーミ**などがいる。**スイス**や**ベルギー**はゲルマン語派とラテン語派の境界地域にあたり，言語が多様。

(7) 宗教はキリスト教徒が多い。北ヨーロッパは¹⁰_____，南ヨーロッパは¹¹_____，ギリシャ，東ヨーロッパは¹²_____が信仰されるが，例外も多い。ヨーロッパの中では**アルバニア**，**ボスニア・ヘルツェゴビナ**，**コソボ**は**ムスリム（イスラーム教徒）**が多い。近年ヨーロッパにはトルコや北アフリカなどイスラーム圏からの移民が増大。

(8) 高速鉄道，高速道路，内陸運河，**ハブ空港**などが発達。またイギリスとフランスを結ぶ¹³_____の開通などにより，ヨーロッパ全体の結びつきは強まっている。

(9) 古くから文化・文明の中心で，観光地も多い。フランスをはじめとして，スペイン，イタリアなどの**南ヨーロッパ諸国**の観光客受入数が多い。

2 EUの成立と発展

(1) ヨーロッパ石炭鉄鋼共同体（ECSC），ヨーロッパ原子力共同体

NOTE ✎

（EURATOM），**ヨーロッパ経済共同体（EEC）**が統合され，1967年[14]＿＿＿＿＿＿＿＿＿＿＿＿＿＿＿＿（EC）が成立。加盟国は**西ドイツ，フランス，イタリア，オランダ，ベルギー，ルクセンブルク**の**6か国**であった。

⑵　**イギリス**を中心とした**7か国**はECに対抗する形で[15]＿＿＿＿＿＿＿＿＿＿＿＿＿＿＿＿（EFTA）を1960年に結成。当時の加盟国は**イギリス，デンマーク，ポルトガル，スウェーデン，オーストリア，ノルウェー，スイス。**

⑶　その後，**EFTA**を脱退する国や，新たに加盟する国が増え，**EC**は拡大した。1973年に**イギリス，デンマーク，アイルランド，**1981年に**ギリシャ，**1986年に**スペイン，ポルトガル**が加盟。

⑷　1991年の[16]＿＿＿＿＿＿＿＿＿＿＿＿**条約**（ヨーロッパ連合条約）に基づき，1993年[17]＿＿＿＿＿＿＿＿（EU）発足。1995年**スウェーデン，オーストリア，フィンランド**が加盟。同年，**シェンゲン協定**によりEU域内での国境管理廃止。

⑸　**冷戦**が終結し，2004年に**バルト3国**や**東ヨーロッパ諸国**を中心に10か国，2007年に**ブルガリア，ルーマニア，**2013年に**クロアチア**が加盟したが，**イギリス**が2020年1月，正式に離脱したため，現在の加盟国は27。

⑹　1999年に共通通貨の[18]＿＿＿＿＿＿＿＿を導入，2002年には[18]＿＿＿＿＿＿＿＿**紙幣**も流通を開始。2023年6月現在[18]＿＿＿＿＿＿＿＿導入国はEU加盟国では**20か国。**ギリシャ債務危機などの問題もあった。

⑺　2009年発効の**リスボン条約**は，EU憲法条約にかわり，加盟国の自主性をある程度認める内容。**トルコ**や旧**ユーゴスラビア諸国**などの加盟申請問題も残す。

❸ 産　業

⑴　ヨーロッパの農業は二圃式農業から発展した**地中海式農業**と[19]＿＿＿＿＿＿＿式農業に起源をもつ**混合農業，酪農，園芸農業**の4つがある。主要農畜産物は**小麦，ライ麦，てんさい，じゃがいも，とうもろこし，肉類，ぶどう，オリーブ，乳製品，花卉（かき），球根**など。

⑵　EUでは[20]＿＿＿＿＿＿＿＿**政策**を実施し，**EU統一価格**を設定。これにより域内の農業は保護され，生産は拡大したが過剰生産や自由化の要求などの問題点が生じた。その後農業補助削減など政策の見直しを実施。

⑶　**北東大西洋漁場**（中心は**ドッガーバンク**）があり，**ノルウェー，デンマーク，アイスランド，イギリス**が主な漁業国。**トロール漁**によるにしんやたらが多いが，近年たらは激減。

⑷　古くから石炭と鉄鉱石を産出し，世界で最も早く産業革命を成し遂げた地域。石油は，1970年代**北海油田（イギリスとノルウェー**が中心）が開発され，輸出地域となった。

⑸　北フランスとルール炭田，ロレーヌ鉄山を結ぶ**重工業三角地帯**が工業の中心であった。石油危機（オイルショック）後，大都市近郊や臨海部など交通の便利な地域に工業の拠点が移動している。

⑹　現在EUの工業の中心は**イングランド，ベネルクス，ドイツ，スイス，北イタリア**に至る地帯で，形状から「[21]＿＿＿＿＿＿＿＿」とよばれる。

⑺　**航空機（エアバス）**の製造では，EU域内での国際分業態勢が確立されており，**イギリス，ドイツ，スペイン**などで作られた部品を最終的に**フランス**の[22]＿＿＿＿＿＿＿＿＿＿で組み立てている。

❹ 西ヨーロッパ諸国

⑴　**ドイツ：**ヨーロッパ最大の工業国で，古くから**ルール炭田**を中心に重工業が発展。かつては[23]＿＿＿＿＿＿＿＿＿＿＿＿＿とよばれる**トルコ**などからの出

稼ぎを受け入れていたが，石油危機後は帰国政策をとっている。北部はハイデとよばれるやせ地が広がるが，化学肥料などでこれを克服。ライ麦，じゃがいも，てんさい，豚などが多い。1990年東西ドイツ統合。

(2) **イギリス：イングランド，スコットランド，ウェールズ，北アイルランド**の連合王国。産業革命をいち早く成し遂げた伝統的な工業国。近年はスコットランドの²⁴_____を中心にエレクトロニクス産業も発達。先住民の**ケルト人**や**北アイルランド問題**などを抱える。2020年EU離脱。

(3) **フランス**：文学，思想，学術，料理などの伝統文化をもち，**フランス革命**では近代市民社会の先駆をなした。気候に恵まれた西ヨーロッパ最大の農業国で，小麦，とうもろこし，てんさい，ぶどうなどが主産物。工業は国営（あるいは国有）企業が多く，**宇宙・航空機産業は世界有数**。²⁵_____発電が総発電量の約7割を占める。

(4) **イタリア**：古代ローマ帝国発祥の地。山がちの国土で地中海性気候が卓越する。トリノ，ミラノを中心とした北部は工業が発達し，農業中心の南部との経済格差は大きい。さらにヴェネツィア，フィレンツェなどイタリア北東部に特徴的な産業集積地域を「²⁶_____」とよぶ。

(5) **ベネルクス3国：ベルギー，オランダ，ルクセンブルク**の3か国で，人口密度が高い。第二次世界大戦後，いち早く**関税同盟**を設立。貿易がさかんで，ドイツとフランスの**緩衝国**的な役割を果たしてきた。オランダの²⁷_____はEUの玄関で，石油化学工業がさかん。ベルギーの公用語は²⁸_____語（オランダ語），²⁹_____語（フランス語），ドイツ語。

(6) **スイス，オーストリア**：両国ともアルプス地域の永世中立国。スイスは金融業がさかんで，2002年に**国連に加盟**した。また**ドイツ語，フランス語，イタリア語**，³⁰_____語の4つの公用語をもつ。

(7) **北ヨーロッパ諸国：ノルウェー，スウェーデン，フィンランド，デンマーク，アイスランド**の5か国。ノルウェーの水産業・海運業や油田，アイスランドの水産業・アルミ，スウェーデンの林業・製紙業，フィンランドの林業・通信機器産業，デンマークの酪農などが著名。スウェーデンの北部には**キルナ，マルムベリェト**などの鉄山があり，**ルレオ**（スウェーデン）や**ナルヴィク**（ノルウェー）から輸出。全般的に**1人当たりGNI**が極めて大きく，社会福祉制度も充実している。

(8) **南ヨーロッパ諸国：スペイン，ポルトガル**はイベリア半島にあるラテン系民族の国家で，大航海時代には多くの植民地を支配。オリーブ，ぶどう，コルクがしなどを生産。スペインの中央部の³¹_____では羊の**移牧**が行われる。**ギリシャ**は古代文明発祥の地で，観光業や海運業がさかん。2011年債務危機に陥る。

5 東ヨーロッパ諸国

(1) かつてはソ連の衛星国で，³²_____**機構**や³³_____**会議（COMECON）**を結成。ソ連崩壊後は，各国とも政治・経済が混乱したが，1999年以降，バルト3国や東ヨーロッパ10か国がかつてのアメリカ合衆国中心の軍事機関である³⁴_____**機構（NATO）**に加盟。**EU**加盟国も増え，1つのヨーロッパを目指して模索が続く。

(2) 国境も様変わりし，東ドイツは1990年西ドイツと統合し，**統一ドイツ**が成立した。一方，チェコスロバキアは**チェコ**と**スロバキア**に1993年分離。ユーゴスラビアは**7共和国（スロベニア，クロアチア，ボスニア・ヘルツェゴビナ，セルビア，モンテネグロ，北マケドニア，コソボ）**に分離し，ユーゴスラビアの国名は消滅した。

Step B ●作業でチェック●　　**ワーク 1**　次の地図の①〜⑲の名称を答えよ。

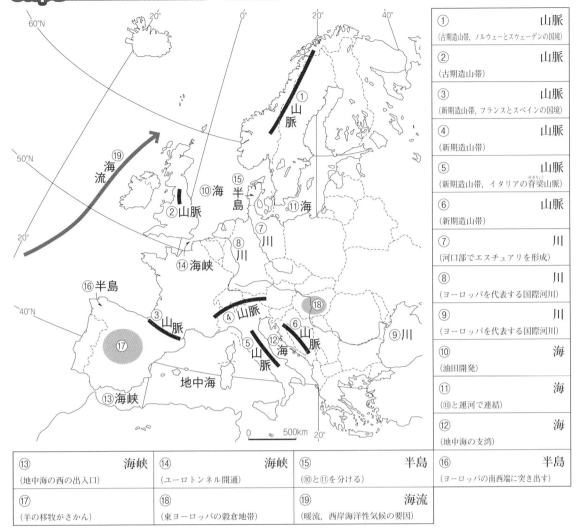

①	山脈
(古期造山帯, ノルウェーとスウェーデンの国境)	
②	山脈
(古期造山帯)	
③	山脈
(新期造山帯, フランスとスペインの国境)	
④	山脈
(新期造山帯)	
⑤	山脈
(新期造山帯, イタリアの脊梁山脈)	
⑥	山脈
(新期造山帯)	
⑦	川
(河口部でエスチュアリを形成)	
⑧	川
(ヨーロッパを代表する国際河川)	
⑨	川
(ヨーロッパを代表する国際河川)	
⑩	海
(油田開発)	
⑪	海
(⑩と運河で連結)	
⑫	海
(地中海の支湾)	

⑬　海峡	⑭　海峡	⑮　半島	⑯　半島
(地中海の西の出入口)	(ユーロトンネル開通)	(⑩と⑪を分ける)	(ヨーロッパの南西端に突き出す)
⑰	⑱	⑲　海流	
(羊の移牧がさかん)	(東ヨーロッパの穀倉地帯)	(暖流, 西岸海洋性気候の要因)	

ワーク 2　右の地図はEU（ヨーロッパ連合）諸国を加盟年別に示したものである。

1．Ⓐ〜Ⓓの国々は，それぞれ何年に加盟したか。

Ⓐ	年	Ⓑ	年
Ⓒ	年	Ⓓ	年

2．2004年以降，新たにEUに加盟した以下の13か国を地図中に赤で着色せよ。

バルト３国　ポーランド　チェコ　スロバキア
ハンガリー　スロベニア　マルタ　キプロス
ルーマニア　ブルガリア　クロアチア

(2023年7月現在)

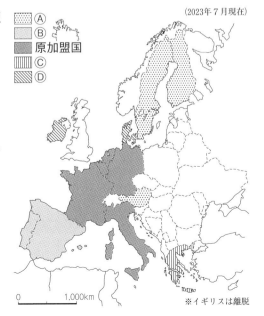

Ⓐ
Ⓑ
原加盟国
Ⓒ
Ⓓ

※イギリスは離脱

ワーク 3 次の表は，主なEU・EFTA諸国及びイギリスの概要を示したものである。ⓐ～ⓜにあてはまる事項を記入せよ。

国　　名	首　　都	面積(万km²)('21)	人口(百万人)('22)	1人当たりGNI(米ドル)('21)	EU加盟年	ユーロ導入国
ドイツ	ベルリン	35.8	83.4	52,885	原加盟国	○
ⓐ＿＿＿＿＿	パリ	55.2	64.6	45,535	原加盟国	○
イタリア	ローマ	30.2	59.1	36,216	原加盟国	○
オランダ	アムステルダム	4.2	17.5	56,574	原加盟国	○
ベルギー	ⓔ＿＿＿＿EU本部	3.1	11.6	51,639	原加盟国	○
ルクセンブルク	ルクセンブルク	0.3	0.6	93,369	原加盟国	○
【参考】イギリス	ロンドン	24.4	67.4	46,338	1973年(2020年離脱)	
ⓑ＿＿＿＿＿	ダブリン	7.0	5.0	76,726	1973年	○
デンマーク	コペンハーゲン	4.3	5.9	70,390	ⓘ＿＿年	
ギリシャ	アテネ	13.2	10.4	20,481	ⓙ＿＿年	○
スペイン	ⓕ＿＿＿＿＿	50.6	47.6	30,216	1986年	○
ⓒ＿＿＿＿＿	リスボン	9.2	10.3	24,353	1986年	○
オーストリア	ウィーン	8.4	8.9	54,082	1995年	○
スウェーデン	ストックホルム	43.9	10.5	62,469	1995年	
フィンランド	ヘルシンキ	33.7	5.5	54,714	ⓚ＿＿年	○
ポーランド	ⓖ＿＿＿＿＿	31.3	38.2	16,908	2004年	
チェコ	プラハ	7.9	10.5	25,608	2004年	
スロバキア	ブラチスラバ	4.9	5.4	21,124	2004年	○
ハンガリー	ブダペスト	9.3	9.7	18,139	2004年	
スロベニア	リュブリャナ	2.0	2.1	28,724	ⓛ＿＿年	○
ルーマニア	ブカレスト	23.8	19.3	14,416	2007年	
ブルガリア	ソフィア	11.0	6.8	11,889	ⓜ＿＿年	
クロアチア	ザグレブ	5.7	4.0	16,950	2013年	○
ノルウェー	ⓗ＿＿＿＿＿	38.6	5.4	93,149	EFTA	
ⓓ＿＿＿＿＿	ベルン	4.1	8.7	90,045	EFTA	
アイスランド	レイキャビク	10.3	0.4	69,996	EFTA	

(注) バルト3国（P.159参照），マルタ，キプロス（2004年EU加盟）およびリヒテンシュタイン（EFTA）は省略した。なお，上記以外のユーロ導入国は，2023年6月現在マルタ，キプロス，エストニア，ラトビアおよびリトアニアで計20か国。
(国連資料などによる)

ワーク 4 次の表の㋐～㋒内にあてはまる組織・会議名を記入せよ。

(2023年6月現在)

組織・会議名	ヨーロッパの加盟・参加国	その他の地域
㋐＿＿＿＿＿（サミット，G7）（全7か国）	イギリス，フランス，ドイツ，イタリア，（EU）※ロシアは参加停止中（2014年以降）。	アメリカ，カナダ，日本
㋑＿＿＿＿＿（OECD）※先進国クラブともいわれ加盟国の高度経済成長，生活水準の向上，発展途上国への援助，世界貿易の拡大が目的。（全38か国）	アイスランド，アイルランド，イギリス，イタリア，オーストリア，オランダ，ギリシャ，スイス，スウェーデン，スペイン，デンマーク，ドイツ，ノルウェー，フィンランド，フランス，ベルギー，ポルトガル，ルクセンブルク，チェコ，ハンガリー，ポーランド，スロバキア，スロベニア，エストニア，ラトビア，リトアニア	アメリカ，カナダ，日本，韓国，チリ，イスラエル，トルコ，メキシコ，オーストラリア，ニュージーランド，コロンビア，コスタリカ
㋒＿＿＿＿＿（NATO）※かつては社会主義国家群に対する軍事機関。冷戦終結後は地域紛争対応型の組織となった。（全31か国）	イギリス，フランス，イタリア，ベルギー，オランダ，ルクセンブルク，ノルウェー，デンマーク，アイスランド，ポルトガル，ギリシャ，ドイツ，スペイン，ポーランド，チェコ，ハンガリー，ブルガリア，エストニア，ラトビア，リトアニア，ルーマニア，スロバキア，スロベニア，アルバニア，クロアチア，モンテネグロ，北マケドニア，フィンランド	アメリカ，カナダ，トルコ

Step C ●共通テストにチャレンジ●

問1　ユウさんは，ヨーロッパの宗教と言語の多様性について調べた。図1中のA国とB国における主な言語と宗教との正しい組合せを，次の①〜⑥のうちから一つ選べ。［17年・プレテスト改］

	A国		B国	
	言　語	宗　教	言　語	宗　教
①	ゲルマン語派	カトリック	ゲルマン語派	正教会
②	ゲルマン語派	正教会	ゲルマン語派	カトリック
③	スラブ語派	カトリック	スラブ語派	正教会
④	スラブ語派	正教会	スラブ語派	カトリック
⑤	ラテン語派	カトリック	ラテン語派	正教会
⑥	ラテン語派	正教会	ラテン語派	カトリック

問1 [　　]

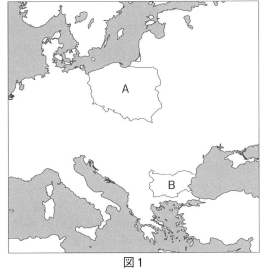

図1

問2　ユウさんは，EU（欧州連合）の統合について先生に質問することにした。次の図2は，先生が示してくれたメモであり，これを参考にユウさんはEUの統合が進んだ理由を考えた。統合が進んだ理由として最も適当なものを，下の①〜④のうちから一つ選べ。［17年・プレテスト］

① 経済の面では，EU域内で流通する工業製品や農産物に関税をかけて自国の産業を保護する必要があったため。

② 資源の面では，風力発電など自然再生エネルギーの共同利用を図り，資源をめぐる国家間の対立を緩和するため。

③ 政治の面では，東欧革命により東西冷戦時代が終わり，東ヨーロッパ諸国が統合を望んだため。

④ 文化の面では，食事の時にワインを日常的に飲む習慣が存在し，食文化の共通性が高かったため。

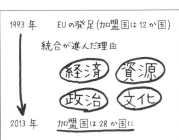

図2

問2 [　　]

問3　ユウさんは，EUへの拠出金の分担をめぐって，加盟国間で議論が交わされていることを知った。各加盟国のEUへの拠出金額と1人当たりGNI（国民総所得）との関係を調べるために，ユウさんは次の図3を作成した。下のカ〜クの文は，図3中に示したP〜Rの国家群について説明したものである。P〜Rとカ〜クの文との正しい組合せを，下の①〜⑥のうちから一つ選べ。［17年・プレテスト］

カ　EUの政治経済において中心的な役割を担ってきた国が多い。

キ　EU発足後に新たに加盟した国が多い。

ク　国内人口は少ないが，経済活動が活発な国が多い。

	①	②	③	④	⑤	⑥
P	カ	カ	キ	キ	ク	ク
Q	キ	ク	カ	ク	カ	キ
R	ク	キ	ク	カ	キ	カ

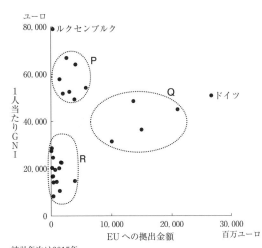

統計年次は2015年。
EUROSTATなどにより作成。

図3

問3 [　　]

共通テスト

67 ロシア

解答・解説 P.37

Step A ●ポイント整理● _____ に適する語句を入れ，まとめを完成させよう。

1 ソビエト連邦の成立と崩壊
(1) 1917年の**ロシア革命**で世界初の社会主義国となり，1922年**ソビエト社会主義共和国連邦（ソ連）**成立。1940年に**バルト3国（エストニア，ラトビア，リトアニア）**を編入し，15共和国となった。国内に11の標準時をもち，人口約3億人，日本の面積の60倍，世界の全陸地の6分の1を占める広大な国家であった。
(2) 1985年**ゴルバチョフ**が書記長（後に大統領）に就任し，¹_____とグラスノスチ路線を進めた。しかし，1991年9月バルト3国の独立をきっかけに，同年12月に**アルマアタ会談**で²_____（CIS）が創設（トルクメニスタンは2005年に脱退準加盟国，ジョージアは2009年に脱退，ウクライナは2014年に脱退表明し，現正式加盟は9か国）。ソ連は解体し，³_____経済から⁴_____経済に移行した。

2 自然環境
(1) 広大なロシアは，**ヨーロッパロシア，シベリア**に大別したが，現在は**サハ共和国**と**アムール州**から東の地域を⁵_____とよび，シベリアと区別。ヨーロッパとアジアの間には古期造山帯の⁶_____山脈がある。全体として安定陸塊の卓状地や楯状地，丘陵性の山地が多いが，周辺部には新期造山帯の山脈や高原も分布。
(2) **亜寒帯（冷帯）気候**が大部分で，ヨーロッパロシアから西シベリア地域は**亜寒帯湿潤気候**，東シベリアは**亜寒帯冬季乾燥気候**。極東ロシアの**ヴェルホヤンスク**や**オイミャコン**付近は北半球の⁷_____とよばれ，**気温の年較差**は世界有数。北極海沿岸は**ツンドラ気候**で⁸_____の遊牧がさかん。ウクライナから中央アジアにかけては**乾燥気候**が広がる。
(3) 特に厳冬の**東シベリア～極東ロシア**では⁹_____層が分布し，**高床式の住居**が一般的。北極海に注ぐ**オビ川，エニセイ川，レナ川**などの大河は，融雪水により初夏に洪水を起こす。

3 ロシアの産業 (注) 統計年次は2022年。
(1) 世界最大の面積と1.4億人の人口を擁する大国。約80％がスラブ系の**ロシア人**で，宗教は**ロシア正教**。連邦内に**21共和国，1自治州，4自治管区，9地方**などをもち，100以上の少数民族を抱える典型的な多民族国家。旧ソ連時代の**コルホーズ，ソフホーズ**は廃止されたが，現在は企業による農業や¹⁰_____とよばれる菜園つき別荘での個人生産に変化。
(2) 南部に広がる¹¹_____が分布する黒土（黒色土）地帯は世界的な小麦産地で，ライ麦，てんさい，じゃがいも，ひまわりの種などの生産も多い。
(3) 世界有数の生産を誇る**原油**や**天然ガス**，その他の鉱産資源が経済を支え，¹²_____（英語の頭文字）の一角を占めるようになった。

4 日本との関係
(1) **極東ロシア**や**サハリン**は日本に近く，ソ連解体後貿易額が急増。北海道や日本海側の都市から**ハバロフスク**や**ウラジオストク**，サハリンへ船舶や航空機の直行便が就航。**シベリアランドブリッジ**で，海陸一貫の国際輸送も行う。
(2) 日本は¹³_____（国後島，択捉島，色丹島，歯舞群島）の返還を要求しているが，未解決である。

NOTE

Step B　●作業でチェック●

ワーク 1　次の地図の①〜⑧の名称，ⓐ〜ⓕの国名を答えよ。また，Ⓐの線は何を表しているか答えよ。

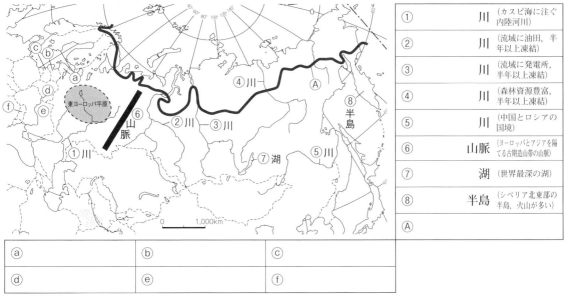

①	川	（カスピ海に注ぐ内陸河川）
②	川	（流域に油田，半年以上凍結）
③	川	（流域に発電所，半年以上凍結）
④	川	（森林資源豊富，半年以上凍結）
⑤	川	（中国とロシアの国境）
⑥	山脈	（ヨーロッパとアジアを隔てる古期造山帯の山脈）
⑦	湖	（世界最深の湖）
⑧	半島	（シベリア北東部の半島，火山が多い）
Ⓐ		

ⓐ		ⓑ		ⓒ	
ⓓ		ⓔ		ⓕ	

ワーク 2　右の表は，旧ソ連諸国の概要を示したものである。ⓐ〜ⓕ，㋐〜㋘にあてはまる事項を記入せよ。ⓐ〜ⓕは国名で，**ワーク 1**と共通である。

地　域		国　名	言語系統	宗　教	CIS加盟
ヨーロッパ	バルト3国	ⓐ	ウラル系	㋑	× EU（2004年）
		ⓑ	バルト系		× EU（2004年）
		ⓒ		㋒	× EU（2004年）
	ヨーロッパロシア4か国	ロシア	スラブ系	㋓	○
		ⓓ			○
		ⓔ			× （脱退）
		ⓕ	ラテン系		○
アジア	カフカス3国	ジョージア	カフカス系		× （脱退）
		アルメニア	㋐　　系		○
		アゼルバイジャン		イスラーム(イスラム教)シーア派	○
	中央アジア5か国	カザフスタン	㋑　　系	イスラームスンナ派	○
		トルクメニスタン			△ （準加盟）
		ウズベキスタン			○
		キルギス			○
		タジキスタン	㋐　　系		○

Step C　●センター試験にチャレンジ●

問1　次の①〜④の文は，図中に示したロシアの地域A〜Dのいずれかの特徴について述べたものである。図中のBに該当するものを，次の①〜④のうちから一つ選べ。
[17年・B追改]

① 寒冷な気候のもとで，少数民族によるトナカイの遊牧が行われている。

② 自然資源を利用した軽工業が盛んで，シベリア鉄道の起点・終点でもある。

③ 湿地を開発した港を中心に，国内第2位の人口をもつ都市圏が広がる。

④ 比較的温暖な気候を利用した世界有数のリゾート地である。

図

Diercke Weltatlas, 2008などにより作成。

問1	

68 アングロアメリカ

解答・解説 P.38

Step A ●ポイント整理● _____に適する語句を入れ，まとめを完成させよう。

1 歴史，自然環境

(1) ネイティブアメリカン（インディアンやエスキモー（カナダはイヌイット）など）の居住地であったが，ヨーロッパ系移民により**開拓前線（フロンティア）**は19世紀に太平洋岸に到達。**タウンシップ制**と**ホームステッド法**などにより荒野を開拓。**開拓者精神（フロンティアスピリット）**はアメリカ合衆国の国民性を表す表現。現代も**アメリカンドリーム**を求めて移住する人は多い。

(2) **アングロアメリカ**とは，**アメリカ合衆国**と**カナダ**をさす。主にゲルマン系民族（**アングロサクソン**）が移民し，¹_____（白人，アングロサクソン，プロテスタント）はこの国の中心であった。現在はアフリカ系（黒人），²_____（スペイン語を話す人々），アジア系，インディアン，イヌイットなども居住し，「³_____」とよばれる。1960年代の⁴_____**運動**の結果アフリカ系の人々にも法的に平等な権利を保障。

(3) 太平洋側は⁵_____**山脈**など**新期造山帯**の急峻な山脈や高原，東部は緩やかな**古期造山帯**の⁶_____**山脈**で，山麓には**滝線都市**が発達。中央平原にはミシシッピ川が流れる。北部には安定陸塊の**カナダ楯状地**が分布し，**大陸氷河**が**五大湖**の南部付近まで覆っていた。

(4) **アラスカ**やカナダの大部分は寒冷な**ツンドラ**や**亜寒帯（冷帯）湿潤気候**。アメリカ合衆国は中央部付近を境に，東部は**湿潤気候**（亜寒帯や温帯），西部は**乾燥気候**が卓越。太平洋沿岸は夏に乾燥する**地中海性気候**。

2 アメリカ合衆国の概要 (注) 統計年次は2019〜2022年。

(1) 面積・人口（約3.4億人）とも世界3位の超大国。1776年の独立宣言当時は**13州**だったが，割譲・併合・買収などで1959年に現在の**50州**と**1特別区**が成立。

(2) 世界一の農業国で高度に機械化された**企業的経営**と⁷_____が特色。西経100度を境に，東部は農業地域が帯状に分布。中西部の⁸_____**ベルト**ではとうもろこしや大豆，**プレーリー**から**グレートプレーンズ**にかけては小麦の大産地。西部は牧畜中心で⁹_____による肥育を行う。¹⁰_____（巨大穀物商社）などの¹¹_____企業が発達。

(3) **石炭，鉄鉱石，石油，天然ガス，銅**など資源は豊富であるが，**石油**（世界2位の輸入国，カナダ，メキシコやサウジアラビアからが多い），**鉄鉱石**（ブラジルからが多い）などは輸入。**アラスカ州**では北極海沿岸に**ノーススロープ油田**が開発され，アラスカ湾岸の**ヴァルディーズ**まで送油。

(4) **原子力発電量**は世界最大で，運転中の発電所は約90基。テネシー川，コロラド川やコロンビア川の総合開発も行われ，**水力発電**も多い。

(5) **五大湖**沿岸は**メサビ鉄山**と¹²_____**炭田**をその水運で（冬季の凍結が問題点）結びつけて発達。大西洋岸中部とともにアメリカ合衆国工業の心臓部をなした。**ピッツバーグ**（鉄鋼），**デトロイト**（自動車），**シカゴ**（農産加工，農業機械）などの大都市がある。この地域を中心としたアメリカ合衆国北東部・中西部は，冬季の寒さが厳しく¹³_____とよばれる。経済の中心が第2次産業から第3次産業に移行し，製造業はメキシコなど海外に移転し，**産業の空洞化**が問題。

NOTE

(6)　一方，北緯37度線以南の地域を[14]＿＿＿＿＿＿＿＿＿とよぶ。温暖な気候や安い地価，優遇税制などの要因で，近年エレクトロニクス，航空機，宇宙産業など各種の**先端技術産業**（ハイテク産業）が発展。

(7)　カナダ，メキシコとともに2020年[15]＿＿＿＿＿＿＿＿**協定**（USMCA）発効。

(8)　第3次産業人口割合が大きく，産業構造の高度化が進展。ハリウッドを中心とした映画産業，テーマパークなどの娯楽産業，ファストフードやショッピングセンターなどの流通産業，インターネットなどの情報通信産業などは世界に影響を及ぼす。また自動車保有台数，道路総延長，鉄道貨物輸送量，航空輸送量（旅客・貨物）などは世界有数の交通大国。

(9)　世界で最も早く[16]＿＿＿＿＿＿＿＿＿＿（車社会化）が進展し，都市の機能は郊外に移転。[17]＿＿＿＿＿＿＿＿**問題**やスラムなどの問題が顕在化。

(10)　貿易量（輸出入総額）は世界2位で，主要貿易相手国は**カナダ，メキシコ，中国**（貿易額急増）など。大幅な輸入超過で**貿易赤字**が続く。

❸ アメリカ合衆国の主要地域・州など

[18]＿＿＿＿＿	東海岸のボストンからニューヨーク，フィラデルフィア，ボルティモア，**首都ワシントンD.C.**に至る地域。多くの都市が集中するアメリカの中核地域で，相互に高速鉄道などで連絡。ニューヨークの**ウォール街**は世界金融の中心。
ニューイングランド	ハドソン川以東の6州で，**清教徒**が初めて移民した地域。伝統的な綿・皮革工業がさかん。ボストン郊外では先端産業も発達（エレクトロニクスハイウェー）。
カリフォルニア州	人口，農業・工業生産とも全米上位の州。温暖な気候と灌漑水路を利用したぶどう，柑橘類，綿花，米の栽培や乳牛の飼育がさかん。第二次世界大戦を機に**航空機産業**が発展。サンノゼ付近の[19]＿＿＿＿＿＿＿は**世界最大のエレクトロニクス産業**の集積地。
テキサス州	メキシコ湾岸の石油や天然ガス，綿花栽培が中心。内陸部の**ダラス・フォートワース空港**を中心にIC産業が発達し，[20]＿＿＿＿＿＿＿とよばれる。ヒューストンに**アメリカ航空宇宙局**（NASA）の本部がある。
フロリダ州	温暖な気候を利用した輸送園芸がさかんで柑橘類の生産が多い。南端は熱帯気候。**宇宙産業**やIC産業も発達。
カンザス州，ノースダコタ州	ともに**西経**[21]＿＿＿＿**度線**が通過する小麦の大生産州。カンザス州は**冬小麦**，寒冷なノースダコタ州は**春小麦**。

❹ カナダ　　(注) 統計年次は2022年。

(1)　面積は世界2位であるが，人口は日本の約30％（約3,800万人）で人口密度は低い。住民は**イギリス系**と[22]＿＿＿＿＿＿**系**が中心。**公用語は英語，**[22]＿＿＿＿＿＿**語**で[23]＿＿＿＿＿**主義**をとる。[22]＿＿＿＿＿＿**系**は東部の[24]＿＿＿＿＿＿**州**に多く居住し，分離・独立問題が残存。**イヌイット**はノースウェスト準州に自治政府**ヌナブト準州**をつくる。

(2)　アメリカ合衆国から続く**プレーリー3州**（アルバータ，サスカチュワン，マニトバ）では**春小麦**栽培がさかん。**ウィニペグ**は集散地。

(3)　林業，水産業，鉱業もさかんで，紙，木材，石油，石炭，鉄鉱石，ニッケル（五大湖北部の**サドバリ**），ウランなどは重要な輸出品である。

Step B ●作業でチェック●　ワーク 1　次の地図の①〜⑯の名称を答えよ。⑮⑯は植生である。

①	山脈 (新期造山帯)	②	山脈 (新期造山帯)	③	山脈 (古期造山帯)

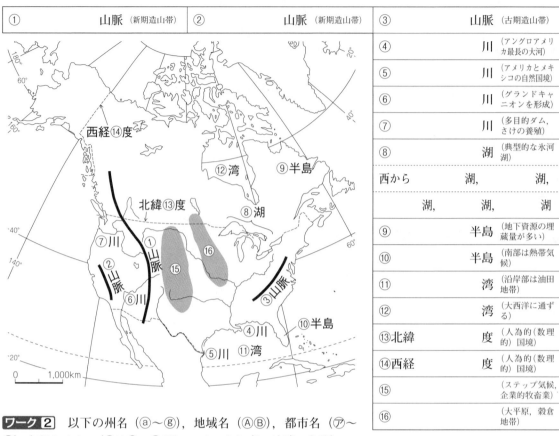

④	川	(アングロアメリカ最長の大河)
⑤	川	(アメリカとメキシコの自然国境)
⑥	川	(グランドキャニオンを形成)
⑦	川	(多目的ダム, さけの養殖)
⑧	湖	(典型的な氷河湖)
西から	湖, 湖, 湖, 湖, 湖	
⑨	半島	(地下資源の埋蔵量が多い)
⑩	半島	(南部は熱帯気候)
⑪	湾	(沿岸部は油田地帯)
⑫	湾	(大西洋に通ずる)
⑬北緯	度	(人為的(数理的)国境)
⑭西経	度	(人為的(数理的)国境)
⑮		(ステップ気候, 企業的牧畜業)
⑯		(大平原, 穀倉地帯)

ワーク 2　以下の州名（ⓐ〜ⓖ），地域名（ⒶⒷ），都市名（㋐〜㋙）を記入せよ。（Ⓑは Ⓑ〜Ⓑ' 間のラインより南の地域の名称）

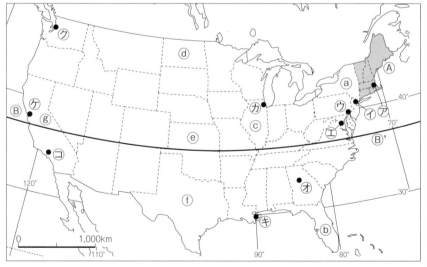

ⓐ	州	(南端に人口全米最大都市㋑)
ⓑ	州	(エレクトロニクスベルト, ケネディ宇宙センター)
ⓒ	州	(とうもろこし, 大豆栽培が中心)
ⓓ	州	(春小麦栽培が中心)
ⓔ	州	(冬小麦栽培が中心)
ⓕ	州	(面積, 人口とも全米2位)
ⓖ	州	(人口全米最大, 太平洋岸の中心州)
Ⓐ		(ハドソン川以東の6州)
Ⓑ		(北緯37度以南, 人口や工業が集積)

㋐	㋑	㋒
(Ⓐ地域の中心都市)	(人口全米最大の都市)	(首都がおかれたことがある)
㋓	㋔	㋕
(アメリカ合衆国の首都)	(ジョージア州の州都)	(人口全米3位の都市)
㋖	㋗	㋘
(ミシシッピデルタに位置する)	(太平洋岸北部の中心都市)	(穀物などの輸出港がある)
		㋙
		(人口全米2位の都市)

Step C ●センター試験・共通テストにチャレンジ●

問1　次の図は，アメリカ合衆国の各州*における全従業者に占めるいくつかの産業別従業者の割合の上位5位を示したものであり，ア〜ウはコンピュータ・電子部品製造業，食品製造業，石油・ガス採掘業のいずれかである。業種名とア〜ウとの正しい組合せを，下の①〜⑥のうちから一つ選べ。〔18年・B追〕

*ハワイ州を除く。

統計年次は2011年。
U.S. Bureau of Economic Analysis の資料により作成。

	①	②	③	④	⑤	⑥
コンピュータ・電子部品製造業	ア	ア	イ	イ	ウ	ウ
食品製造業	イ	ウ	ア	ウ	ア	イ
石油・ガス採掘業	ウ	イ	ウ	ア	イ	ア

問1 [　　]

問2　次の図を見て，アメリカ合衆国に関する下の問いに答えよ。
〔21年・B共通テスト第一日程〕

マサチューセッツ州
ワシントン州
ミシガン州
ネブラスカ州
2010年の重心
テキサス州

U.S. Census Bureau の資料などにより作成。

(1)　図中のア〜エの地点と矢印のうち，1950年の人口分布の重心と2010年の重心への移動方向を示したものとして最も適当なものを，次の①〜④のうちから一つ選べ。
①　ア　　②　イ　　③　ウ　　④　エ

問2 (1) [　　]

(2)　(1)で示された，1950年から2010年にかけての重心の移動が生じた要因として最も適当なものを，次の①〜④のうちから一つ選べ。
①　安価な労働力を指向した工場の進出と先端技術産業の成長
②　製鉄業や自動車産業の成長と雇用の増加
③　大陸横断鉄道の開通と開拓の進展
④　農村部から大都市圏への大規模な人口の移動

問2 (2) [　　]

問3　カナダでは21世紀以降に，閣僚構成が大きく変化してきた。次の図は，先住民，マイノリティ*，ヨーロッパ系**の閣僚を性別・選出州別に示したものであり，AとBは，2006年と2015年のいずれかである。図に関することがらについて述べた文章中の空欄アに該当する図と，空欄イに当てはまる語句との組合せとして最も適当なものを，後の①〜④のうちから一つ選べ。〔23年・A共通テスト本〕

*アジア系，アフリカ系など，ヨーロッパ以外にルーツをもつ人々。
**ヨーロッパにルーツをもつ人々。

2015年に就任した首相は，性の平等性に配慮し，難民として移住してきた者や元パラリンピック代表選手など，様々な背景のある議員を閣僚に任命した。2015年を示している図は，（　ア　）である。この選出からは，これまでカナダが掲げてきた（　イ　）をさらに推進した点がうかがえる。

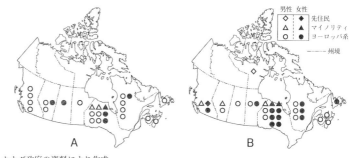

男性　女性
◇　◆　先住民
△　▲　マイノリティ
○　●　ヨーロッパ系
――　州境

カナダ政府の資料により作成。

	①	②	③	④
ア	A	A	B	B
イ	多文化主義	民族主義	多文化主義	民族主義

問3 [　　]

69 ラテンアメリカ

解答・解説 P.39

Step A ●ポイント整理● ＿＿＿＿に適する語句を入れ，まとめを完成させよう。

1 ラテンアメリカの自然と社会

(1) メキシコ以南の北アメリカとカリブ海諸国，**南アメリカ大陸**をさし，太平洋側のコルディエラ山系（¹＿＿＿＿＿山脈などの新期造山帯）と安定陸塊のゴンドワナ大陸（ブラジル高原やギアナ高地など）などからなる。

(2) メキシコシティ，ボゴタ，キト，ラパスなどの**高山都市（高原都市）**が発達し，港湾施設を補完する**外港**がある。**チチカカ湖**はボリビアとペルーの国境にあり，湖面標高世界一の湖といわれる。

(3) **アマゾン川**は世界一の流域面積を誇り，その流域のアマゾン盆地は²＿＿＿＿＿とよばれる**熱帯林**が広がる。オリノコ川流域の**リャノ**とブラジル高原の**カンポ**は熱帯草原，パラグアイの**グランチャコ**は亜熱帯の低湿地，アルゼンチンの³＿＿＿＿＿は温暖湿潤気候の温帯草原で，年降水量550mmの線で**湿潤パンパ**と**乾燥パンパ**に分けられる。

(4) **ラプラタ川**は大規模な**エスチュアリ（三角江）**。大陸の南端部はツンドラ気候となり，**フィヨルド**が発達。

(5) ⁴＿＿＿＿風の風下斜面にあたるアルゼンチンの**パタゴニア**や⁵＿＿＿＿海流（寒流）の影響によるチリの⁶＿＿＿＿**砂漠**などの乾燥気候もみられる。

(6) ラテン民族の植民地であったため宗教は⁷＿＿＿＿＿が大部分。公用語は⁸＿＿＿＿語が多いが，ブラジルは⁹＿＿＿＿語，ジャマイカとガイアナは**英語**，ハイチは**フランス語**。

(7) **白人，黒人，先住民（インディオ）**とその混血が存在する多様な民族構成。白人と先住民の混血は¹⁰＿＿＿＿＿，白人と黒人は**ムラート**。

(8) アルゼンチン，ウルグアイ，コスタリカなどは**白人**，ペルーやボリビアは**先住民**，カリブ海諸国は**黒人**が多い。他の国は**混血**が多い。

(9) 2023年6月現在ラテンアメリカ統合連合（ALADI）には南米10か国（ガイアナ，スリナムを除く）とメキシコ，キューバ，パナマの13か国が加盟。**南米南部共同市場（MERCOSUR）**はブラジル，アルゼンチン，パラグアイ，ウルグアイ，ベネズエラ，ボリビアの6か国で構成。（注）ベネズエラは参加資格停止中。

(10) 一次産品による¹¹＿＿＿＿＿**経済**が中心。また**大土地所有制**に基づく大農園が残存。大農園は一般的に**ラティフンディオ**というが，ブラジルでは¹²＿＿＿＿＿，アルゼンチンでは¹³＿＿＿＿＿，メキシコやアンデス諸国では¹⁴＿＿＿＿＿とよぶ。

2 メキシコと中央アメリカ・カリブ海諸国 （注）統計年次は2019〜2021年。

(1) **メキシコ**：1910年のメキシコ革命以降，社会改革が進行し，¹⁴＿＿＿＿＿からエヒードとよばれる協同組合組織の耕地が増大。とうもろこし，コーヒー，**サイザル麻（ユカタン半島原産）**，さとうきびなどが主産物。鉱産資源は**原油**（石油危機後に産油量増大），世界一の**銀**，**鉛**，亜鉛など。アメリカ，カナダとともに2020年¹⁵＿＿＿＿＿**協定（USMCA）**発効。

(2) 太平洋とカリブ海を結ぶ**パナマ運河**は閘門式運河で，1999年末アメリカからパナマに返還。2016年に拡張工事が完了し，通過できる船の幅が従来の32mから49mに拡大した。パナマは¹⁶＿＿＿＿＿**船**が多く，保有（登録）船数世界一。

NOTE

(3)　**キューバ**：1959年に社会主義革命。経済の柱は砂糖の生産と輸出。2015年, 54年ぶりにアメリカと国交を回復した。

(4)　**ジャマイカ**：ボーキサイトとコーヒー（ブルーマウンテン）が著名。

3 ブラジル　　(注) 統計年次は2020〜2022年。

(1)　ラテンアメリカで面積・人口（面積世界5位・人口7位, 約2.1億人）とも最大。住民の約50％は白人であるが, 混血や黒人, 日系人なども多い。

(2)　アマゾン川流域の**セルバ**では先住民の**焼畑農業**が行われているが, 人口増加により環境破壊が進む。かつては**コーヒーのモノカルチャー経済**国で, ブラジル高原の[17]＿＿＿＿＿＿＿＿＿地域で栽培。近年アメリカなどの**アグリビジネス**企業が進出し, さとうきび, 大豆, とうもろこし, バナナ, オレンジ類, 肉牛など**商品作物**を導入。熱帯林の破壊も進展。

(3)　世界有数の**鉄鉱石産出・輸出**国で, **イタビラ鉄山**, **カラジャス鉄山**が有名。その他, **ボーキサイト**やマンガン, すずなどの産出も多い。原油も増産。

(4)　大規模な水力発電所も多く, **水力発電**は全体の3分の2を占める。パラグアイとの国境に位置するパラナ川の**イタイプ発電所**は世界最大級。

(5)　ラテンアメリカ一の工業国。輸出額の4分の1は工業製品で[18]＿＿＿＿＿＿（英語の頭文字）の一員。当初は**輸入代替型**の工業化が促進され, 外国資本を導入。アマゾン川中流の**マナオス**では**自由貿易地区**に外国企業を誘致した。

(6)　首都ブラジリアは1960年にリオデジャネイロから遷都した計画都市。1,100mを超える高原に位置し, 市街地はジェット機型をしている。

4 南アメリカ大陸のその他の国々　　(注) 統計年次は2019〜2021年。

アルゼンチン	スペインやイタリア系が多数を占める白人国家。農牧業が中心産業で, 小麦, とうもろこし, 大豆, アルファルファなどが主要作物。**湿潤パンパ**では**肉牛**, 乾燥パンパやパタゴニアでは**羊**を飼育。近年は**石油**開発や工業化も進む。1982年イギリスとの間に**フォークランド紛争**勃発。
[19]＿＿＿＿＿	**エスコンディーダ**, **チュキカマタ**などをはじめ世界一の[20]＿＿＿＿＿の産出国。南北に長い（約4,300km）国家で, 砂漠からツンドラまで多様な気候が分布。**漁獲高**も近年増大。
ベネズエラ	ラテンアメリカ有数の**石油**産出・輸出国で[21]＿＿＿＿（OPEC）**原加盟国**。南部のギアナ高地に鉄鉱床がある。**リャノ**では肉牛の放牧がさかん。
エクアドル	赤道直下の国。アメリカ企業の**プランテーション**により世界一のバナナ輸出国。2020年[21]＿＿＿＿＿（OPEC）脱退。
コロンビア	**コーヒー**生産と輸出がさかん。原油や石炭など鉱産資源も輸出。
[22]＿＿＿＿＿	主要産業は漁業と鉱業。**アンチョビ**を加工した**フィッシュミール**（魚粉）は重要な輸出品。マチュピチュの歴史保護区やナスカとパルパの地上絵など世界遺産多数。
ボリビア	アンデス山脈中の内陸国。ラパスは世界最高地の首都。
その他	**ガイアナ**は旧イギリス領, **スリナム**は旧オランダ領で, それぞれ**ボーキサイト**の産出国。

(1)　カカオ, 天然ゴム, とうもろこし, トマト, じゃがいも, たばこはラテンアメリカ原産。アンデス山脈では先住民による**リャマ**や**アルパカ**の遊牧。

(2)　多くの国が外国資本や借金に依存したため, 多額の**累積債務**を抱える。

(3)　貧困問題から農村人口が大都市に集中し, ブラジルの[23]＿＿＿＿＿＿をはじめとして, 各地にスラム（不良住宅街）が形成されている。

NOTE

Step B ●作業でチェック●

ワーク 1 次の地図の①～㉑の名称を答えよ。⑯～⑳は植生，㉑は地方である。

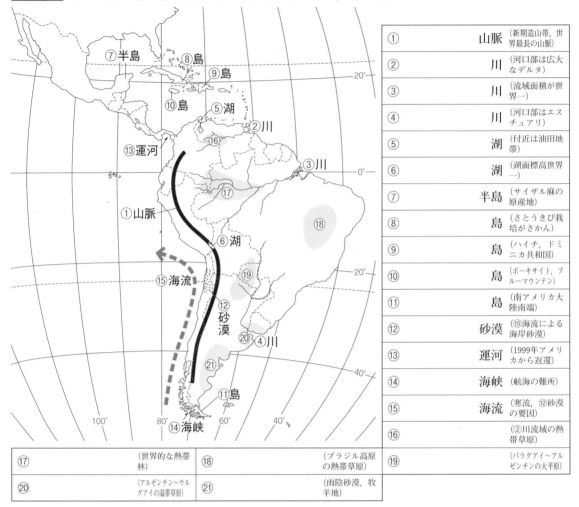

①	山脈	(新期造山帯，世界最長の山脈)
②	川	(河口部は広大なデルタ)
③	川	(流域面積が世界一)
④	川	(河口部はエスチュアリ)
⑤	湖	(付近は油田地帯)
⑥	湖	(湖面標高世界一)
⑦	半島	(サイザル麻の原産地)
⑧	島	(さとうきび栽培がさかん)
⑨	島	(ハイチ，ドミニカ共和国)
⑩	島	(ボーキサイト，ブルーマウンテン)
⑪	島	(南アメリカ大陸南端)
⑫	砂漠	(⑮海流による海岸砂漠)
⑬	運河	(1999年アメリカから返還)
⑭	海峡	(航海の難所)
⑮	海流	(寒流，⑫砂漠の要因)
⑯		(②川流域の熱帯草原)

⑰	(世界的な熱帯林)	⑱	(ブラジル高原の熱帯草原)	⑲	(パラグアイ～アルゼンチンの大平原)
⑳	(アルゼンチン～ウルグアイの温帯草原)	㉑	(雨陰砂漠，牧羊地)		

ワーク 2 次の表は，ラテンアメリカ諸国の概要を示したものである。ⓐ～ⓖにあてはまる事項を記入せよ。

国　名	首　都 （　）内は標高	面積 (万km²) ('21)	人口 (百万人) ('22)	1人当たり GNI(ドル) ('21)	多数派民族	主要輸出品 ('21)
メキシコ	メキシコシティ (2,309m)	196.4	127.0	9,956	メスチーソ(メスチソ) 60%	機械類・自動車・ⓕ＿＿
ⓐ	ハバナ	11.0	11.2	11,086	ヨーロッパ系64%	鉱物・化学工業品・砂糖2)
ベネズエラ	カラカス	93.0	28.1	3,528	メスチーソ 64%	ⓕ＿＿・石油製品・化学薬品1)
ⓑ	ボゴタ (2,547m)	114.2	51.8	6,003	メスチーソ 58%	ⓕ＿＿・石炭・金(非貨幣用)
ⓒ	キト (2,794m)	25.7	17.9	5,873	メスチーソ 77%	ⓕ＿＿・魚介類・バナナ
ペルー	リマ	128.5	33.9	6,446	先住民(インディオ) 45%	ⓖ＿＿・金(非貨幣用)・野菜と果実3)
ⓓ	ブラジリア (1,159m)	851.0	214.8	7,305	白人 54%	鉄鉱石・大豆・機械類
ボリビア	ラパス (3,630m)	109.9	12.2	3,266	メスチーソ 30%	金(非貨幣用)・LNG・亜鉛鉱
ⓔ	サンティアゴ	75.6	19.6	15,320	メスチーソ 72%	ⓖ＿＿・銅・野菜と果実
アルゼンチン	ブエノスアイレス	279.6	45.4	10,590	ヨーロッパ系86%	とうもろこし・大豆油かす・大豆油

(注) 黒人 (アフリカ系) の比率が高い国は，ハイチ (95%)，ジャマイカ (92%) など。1) 2015年。2) 2019年。3) 2020年。　(国連資料などによる)

Step C　●センター試験にチャレンジ●

次の図1・図2を見て，南アメリカに関する下の問い（**問1**〜**3**）に答えよ。［15年・B本改］

問1　図1中のA〜Dの地域の地形について述べた文として**適当でないもの**を，次の①〜④のうちから一つ選べ。

①　Aにはサバナを流れる河川が形成した三角州（デルタ）がみられる。

②　Bは新期造山帯に属し，標高の高い火山がみられる。

③　Cは古期造山帯に属し，起伏の小さな高原がみられる。

④　Dには大規模な山岳氷河があり，U字谷（氷食谷）がみられる。

問1

問2　次の①〜④の文は，図1中のE〜Hのいずれかの地域にみられる農牧業の特徴を述べたものである。Gに該当するものを，次の①〜④のうちから一つ選べ。

①　穀物メジャーによる企業的農業が行われ，大豆やトウモロコシなどが生産されている。

②　植民地時代に起源をもつプランテーション農業が行われ，コーヒーやバナナなどの商品作物が栽培されている。

③　粗放的な農牧業が営まれ，ジャガイモなどの栽培とリャマや牛などの放牧が行われている。

④　大土地所有制度を背景とした牧畜業が発展し，大規模なエスタンシアにおいて牛や羊の放牧が行われている。

問2

問3　南アメリカの国々では多民族・多文化の社会が形成されている。次の図2は南アメリカのいくつかの国における住民の民族構成を示したものである。図2に関することがらについて述べた文章として，下線部が最も適当なものを，下の①〜④のうちから一つ選べ。

①　アルゼンチンやウルグアイではヨーロッパ系住民の割合が高い。これは，独立後に北アメリカからの移民を大量に受け入れたためである。

②　エクアドルやコロンビアではメスチソ（メスチーソ）の割合が高い。これらの国では，ポルトガル語が国の公用語となっている。

③　ブラジルやベネズエラではムラートの割合が高い。これは，植民地時代にアフリカから多くの奴隷(どれい)が連れてこられたためである。

④　ペルーやボリビアでは先住民の割合が高い。これらの国では，植民地支配を受ける以前からの宗教を信仰する住民が多数を占めている。

問3

図1

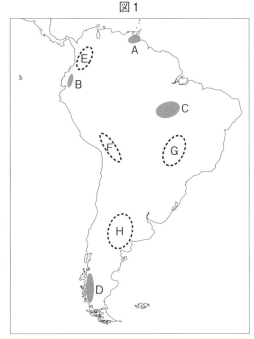

図2

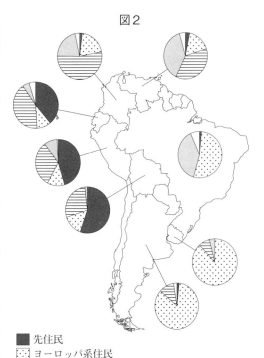

- ■ 先住民
- ▦ ヨーロッパ系住民
- ▤ メスチソ（メスチーソ）
- ▨ ムラート
- □ その他

Convergencia, 2005により作成。

70 オセアニア

解答・解説 P.39〜

Step A ●ポイント整理● _____ に適する語句を入れ，まとめを完成させよう。

1 オーストラリア （注）統計年次は2021〜2022年。

(1) 安定陸塊の**オーストラリア楯状地**と古期造山帯の[1]_____
_____山脈からなる大陸。中央部には**グレートサンディー砂漠**と構造平野
の[2]_____盆地，**ウルル**（エアーズロック，モナドノッ
クの例）などがある。[2]_____盆地では**掘り抜き井戸**が
掘られ，自噴井として羊の飲み水に使用されてきた。北東部の沖には，長さ
2,000kmにわたる世界最大級の**グレートバリアリーフ（大堡礁）**がある。

(2) **乾燥気候**が卓越し，大陸全体の約6割を占める。人口は海岸部の温帯地域
に集中。シドニー，メルボルン，ブリズベン，アデレード，パースを5大都
市という。19世紀のゴールドラッシュ以来，都市を拠点にして開発が進んだ
ため，都市人口率が極めて高い国でもある。首都キャンベラは1927年に**メル
ボルン**から遷都した放射環状路型の計画都市。

(3) 面積は日本の20倍であるが，人口は約5分の1程度の約2,600万人。住民は
イギリス系白人が大部分で，[3]_____主義がとられていた。現在は廃止され
[4]_____主義へ移行し，アジア系の移民が増大している。先住民は[5]_____
_____といい，政府の援助などにより都市居住者も増大している。

(4) **農牧業**：羊は毛用種で，**スペイン**原産の[6]_____種が多い。飼育頭数
は約6,800万頭（世界3位）で，人口をはるかにしのぐ。かつてはイギリス
向けの羊毛，食肉，酪製品が中心であったが，現在は日本や東南アジアなど
アジア市場へ小麦，牛肉などを輸出し，多角化が進行。小麦，羊毛，砂糖，
牛肉の輸出は世界有数で，世界的な農牧業国。

(5) **鉱業**：主な鉱産資源は，**石炭，鉄鉱石，ボーキサイト，金**など。石炭は
[1]_____山脈中のモウラ，ニューカースルなど。鉄
鉱石は北西部の[7]_____地区が中心でポートヘッドランド，ダンピア
から輸出。ボーキサイトは北部の**ウェイパ**が世界最大級。先端技術産業（ハ
イテク産業）には不可欠な**レアメタル**や石油，天然ガスの生産も増加している。

(6) [8]_____制度とは労働許可つきの休暇旅行で1980年に日
本とオーストラリアで締結された。

2 ニュージーランドとその他の国々

(1) ニュージーランドは日本と同じく**環太平洋造山帯**に属し，特に北島は火山
が多い。**西岸海洋性気候**が分布する温暖な気候。**酪農**は北島，**牧羊**は北島と
南島の東に分布し，羊は毛肉兼用の**コリデール種**や肉用の**ロムニー種**が多い。
水力発電を利用した**アルミニウム**の輸出もさかん。北島のワイラケイには
[9]_____発電所がある。先住民は[10]_____といい，その人口は増加傾
向にある。近年，[10]_____語が公用語に加わった。

(2) 太平洋地域は**ミクロネシア，メラネシア，ポリネシア**の3つに分かれ，イ
ギリス，フランス，アメリカ合衆国などの植民地となった。[11]_____
が発達し，冷戦時代は核実験の舞台ともなった。

(3) ニューカレドニアは世界有数の[12]_____産地で，**フランス**領。

(4) ニューギニア島は面積が世界2位の島。西は**インドネシア**で，東は**パプア
ニューギニア**。両国は**東経141度**で分割される**人為的（数理的）国境**。

(5) フィジー住民の約3分の1はインド系で，[13]_____教徒が多い。

Step B ●作業でチェック●

図1

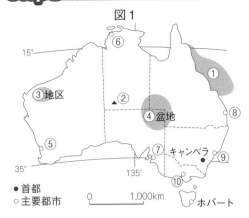

●首都
○主要都市

0 ─── 1,000km

ホバート

図2

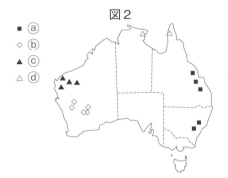

■ ⓐ
◇ ⓑ
▲ ⓒ
△ ⓓ

ワーク 1 図1の①〜⑩の名称を答えよ。⑤〜⑩は都市（各州の州都）であるが，それぞれケッペンの気候区分の気候記号も答えよ。

① (世界最大の堡礁，世界自然遺産)	② (巨大な一枚岩，世界自然遺産)
③ 　　　　　　地区 (鉄鉱石の埋蔵量が豊か)	④ 　　　　　　盆地 (内陸盆地，「掘り抜き井戸」が発達)
⑤ 　　　　　， (ゴールドラッシュで急速に発展)	⑥ 　　　　　， (北部の中心都市)
⑦ 　　　　　， (ほぼ東京の真南に位置する)	⑧ 　　　　　， (保養地のゴールドコーストがある)
⑨ 　　　　　， (オーストラリアで人口最大の都市)	⑩ 　　　　　， (オーストラリアで人口2位の都市)

ワーク 2 図2のⓐ〜ⓓは，それぞれ鉱産資源の産出地を示す。ⓐ〜ⓓに該当する鉱産資源を答えよ。

ⓐ	(グレートディヴァイディング山脈中に多い)
ⓑ	(世界2位の産出量を誇る)
ⓒ	(図1の③地区に多い)
ⓓ	(北部（サバナ気候地域）中心に産出)

Step C ●センター試験にチャレンジ●

問1 図中のA〜Cはオーストラリアのいくつかの州（準州を含む）を示したものであり，次のア〜ウの文章はA〜Cのいずれかの特徴を述べたものである。ア〜ウとA〜Cとの正しい組合せを，下の①〜⑥のうちから一つ選べ。[11年・B追]

ア　この州の沿岸部は，気候が温暖であり，グレートバリアリーフなどの観光資源が存在する。それらを背景としてリゾート地が発達し，人口も増加している。

イ　この州の内陸部では，金，鉄鉱石，ニッケルやボーキサイトなどの鉱物資源に恵まれ，それらは大規模な露天堀りで採掘されている。

ウ　この州の内陸部の乾燥地域では，掘り抜き井戸が分布し，そこから飲料水や農業用水が取水されている。また，ウルル（エアーズロック）周辺は，アボリジニの聖地として知られている。

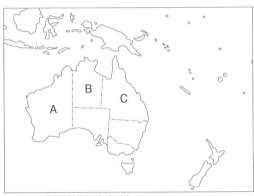

------は州境（準州を含む）を示す。

	①	②	③	④	⑤	⑥
ア	A	A	B	B	C	C
イ	B	C	A	C	A	B
ウ	C	B	C	A	B	A

問1 [　　]

問2 オーストラリアとニュージーランドの牧畜業に関することがらについて述べた文として**適当でないもの**を，次の①〜④のうちから一つ選べ。[11年・B追]

① オーストラリアの牧畜業が発達した背景として，冷凍船の普及によって長距離輸送が可能になったことがあげられる。

② オーストラリアの牧羊は，南西部と南東部で盛んであり，そこでは穀物栽培との組合せによる混合農業が行なわれている。

③ ニュージーランド北島では，酪農や牧羊が盛んであり，乳製品や羊毛は国外へ輸出されている。

④ ニュージーランド南島では，山脈の西側で羊の放牧が，東側で肉牛の飼育が盛んである。

問2 [　　]

71 日本地誌 解答・解説 P.40

◉砂州（天橋立）　◉陸繋島とトンボロ（陸繋砂州）　◉英虞湾のドローン空撮　◉阿蘇カルデラ　◉秋吉台のドローン空撮

Step A ●ポイント整理●

_____ に適する語句を入れ，まとめを完成させよう。

❶ 九州・沖縄地方

(1) 北部に**筑紫山地**，中央部に壮年期の**九州山地**。**雲仙**，**阿蘇**（世界最大級の _____¹_____ ），**霧島**，**桜島**などの火山が多く，噴火の被害も受ける。

(2) 気候は全般的に温暖。概ね夏の降水量が多く，度々激しい台風が襲う。

(3) **宮崎平野**の野菜の促成栽培や²_____**台地**（鹿児島県～宮崎県）の**畜産**（黒豚や肉牛），鹿児島県のさつまいもや茶，熊本県のトマトの生産がさかん。

(4) **筑豊炭田**などを背景にして，官営の³_____**製鉄所**を中心に⁴_____**工業地帯**が形成された。全国的な地位は低下したが，その後**IC産業**（シリコンアイランド）や**自動車産業**（カーアイランド）が進出。

(5) **沖縄**はサンゴ礁の島で，亜熱帯の気候。**在日米軍施設の約75％が集中する**。2000年には⁵_____（サミット，G8）の主会場となった。

政令指定都市	福岡市（九州の中心），北九州市，熊本市
世界遺産	⁶_____**王国のグスク及び関連遺産群**（沖縄県），**屋久島**（鹿児島県），**明治日本の産業革命遺産**（九州5県），「神宿る島」宗像・沖ノ島と関連遺産群（福岡県），長崎と天草地方の潜伏キリシタン関連遺産（長崎県・熊本県），奄美大島，徳之島，沖縄島北部及び西表島（鹿児島県・沖縄県）
観　光	別府，指宿，湯布院などの温泉地，⁷_____**遺跡**（佐賀県），大宰府天満宮，出島，沖縄本島をはじめ南西諸島はリゾート地
交　通	**九州新幹線**（2011鹿児島ルート全線開通），韓国や中国との結びつきが強い，**関門トンネル**（世界初の海底鉄道トンネル）
注目地名など	**水俣**(四大公害病)，**有明海**(干拓，のり)，**志賀島**(金印と陸繋島)，**平尾台**(カルスト地形やセメント工業)，**五家荘**，**米良荘**(ともに隠田百姓村)

❷ 中国・四国地方

(1) 四国の北部を通過する⁸_____**線**を境に，日本海側の**内帯**と太平洋側の**外帯**に区分される。

(2) 中国地方の中央部にはなだらかな**中国山地**が，四国には急峻な**四国山地**がそれぞれ東西に連なる。

(3) 日本海側は冬に降水量が多く，南四国は温暖で日本有数の多雨地域。瀬戸内海沿岸地域は年間を通じて比較的降水量が少なく，讃岐平野には灌漑用の⁹_____もみられる。

(4) **高知平野**の野菜の促成栽培，愛媛県の**みかん**，岡山県の果樹（ぶどう，もも）やい草，鳥取県のなしなどの生産がさかん。瀬戸内海では**かき**などを養殖。

(5) 瀬戸内海沿岸では¹⁰_____**化学工業**（水島（倉敷市），周南市）や**自動車工業**（広島市など），鉄鋼業，造船業など重化学工業。

政令指定都市	広島市(2023サミット開催，平和記念都市)，岡山市 ※四国地方にはない。
世界遺産	**原爆ドーム**，**厳島神社**（広島県），¹¹_____**銀山遺跡とその文化的景観**（島根県），明治日本の産業革命遺産（山口県萩市）
観　光	**萩・津和野**（明治の元勲出身地），**安芸の宮島**（日本三景），**後楽園**，倉敷美観地区，**秋吉台**，¹²_____**洞**（カルスト地形，山口県），鳥取砂丘，道後温泉，金刀比羅宮
交　通	**本州四国連絡橋**（尾道−今治，児島−坂出，神戸−鳴門の3ルート）
注目地名など	**弓ヶ浜**(夜見ヶ浜)(砂州)，**岩国**(米軍基地)，**出雲平野**(散村)，**祖谷地方**(隠田百姓村)，**吉野川**(河口堰)，**四万十川**(最後の清流)

NOTE 🖉

3 近畿地方

⑴ **中央構造線**から南部の**紀伊山地**は険しい山々が連なり，志摩半島はリアス海岸。北部は山地や盆地が交互に並び，断層湖で，京阪神の水がめである日本最大の[13]_____湖がある。

⑵ 日本海側から関ヶ原付近までは冬の**季節風**の影響で降雪がみられる。太平洋側は黒潮（**日本海流**）の影響で温暖だが，紀伊半島南部は日本の最多雨地域。

⑶ 大都市向けの**近郊農業**がさかん。和歌山県の**みかん**などの果樹，紀伊山地の**吉野杉**，**熊野杉**，京都府の宇治茶や京野菜，松阪・近江・神戸牛なども有名。

⑷ [14]_____**工業地帯**は，戦前は日本最大の工業地帯で，大阪南部の泉北地区の繊維工業が中心であった。**中小企業**の割合が大きく，日用雑貨生産も多い。大阪府，兵庫県は製造品出荷額も多く，鉄鋼・化学・電気機械器具等の生産がさかん。伝統工芸品・地場産業がさかんな地域でもある。

政令指定都市	**大阪市**（天下の台所），**京都市**（明治維新までの都），**神戸市**（貿易港），[15]_____**市**
世界遺産	[16]_____**城**（兵庫県），**法隆寺地域の仏教建造物**，**古都奈良の文化財**（奈良県），**古都京都の文化財**（京都府など），**紀伊山地の霊場と参詣道**（和歌山県など），百舌鳥・古市古墳群（大阪府）
観　　光	京都・奈良は日本を代表する観光都市，伊勢神宮，天理市（宗教都市），神戸市のポートアイランド，琵琶湖
交　　通	関西国際空港（大阪湾の海上に立地），神戸港や大阪港は貿易額大
注目地名など	平城京，平安京，**天橋立**^{あまのはしだて}（砂州・日本三景），条里集落は奈良盆地に多い，大和郡山市（環濠集落），明石市（日本標準時子午線），四日市市（四大公害病）

4 中部地方

⑴ [17]_____の西縁が[18]_____**構造線**で，その西側に日本アルプス（飛騨・木曽・赤石山脈）がそびえる。日本最高峰の**富士山**は山梨・静岡県境に位置。諏訪盆地付近から**中央構造線**が西日本にのびる。

⑵ 北陸地方は冬の**季節風**の影響で日本有数の豪雪地帯。中央高地は冷涼で降水量は少ない。東海地方は温暖で夏の降水量が多い。

⑶ 日本海側は**水田単作地帯**で日本の穀倉，長野県や山梨県は**高原野菜**や果樹（りんご，ぶどう，ももなど），静岡県ではみかんや茶の栽培。

⑷ [19]_____**工業地帯**は**輸送用機械**（自動車など）が中心の日本最大の工業地帯。都道府県では[20]_____**県**，市町村では[21]_____**市**が工業生産額日本一。東海3県（愛知・岐阜・静岡）と富山県は**第2次産業人口比率**が大きい。

政令指定都市	**名古屋市**（中部地方の中心），**静岡市・浜松市**（静岡県に2都市），**新潟市**（本州日本海側では唯一）
世界遺産	[22]_____**郷**^{ごう}**・五箇山の合掌**^{がっしょう}**造り集落**（富山・岐阜県）^{※隠田百姓村}，**富士山**（山梨・静岡県），明治日本の産業革命遺産（静岡県）
観　　光	佐渡島，長野県の登山やスキー，**軽井沢**（避暑），善光寺，熱海，兼六園，飛騨高山，温泉地は長野県と新潟県が多い
交　　通	中部国際空港，関東地方と近畿地方を結ぶ交通の要地（東海道新幹線，東名・名神高速道路），北陸新幹線金沢まで延伸（2015年）
注目地名など	甲府盆地（扇状地），[23]_____**平野**（散村），天竜川（河岸段丘），**若狭湾**（リアス海岸，原発），神通川^{じんづう}（イタイイタイ病），阿賀野川（第二水俣病），**輪中**（木曽三川（濃尾三川）），伊勢・志摩（リアス海岸，サミット）

5 関東地方

(1) 日本最大の**関東平野**があり，太平洋側に流れる河川は**関東**²⁴＿＿＿＿＿＿の台地を形成。さらに伊豆半島から火山性の**伊豆諸島**・²⁵＿＿＿＿＿＿諸島へ連なる。

(2) 気候は一般的に太平洋側の特色をもち，夏は高温多雨，冬は「**からっ風**」が吹き乾燥。京浜地方は「²⁶＿＿＿＿＿＿＿＿現象」や「**ビル風**」など大都市特有の気候がみられる。

(3) 北関東（茨城・栃木・群馬）や千葉県は**近郊農業**がさかんで，東京向けの出荷が多い。

(4) ²⁷＿＿＿＿＿**工業地帯**を中心に様々な工業がさかん。神奈川県では自動車や一般機械，北関東では自動車や電気機械，京葉地区では鉄鋼や石油化学がさかん。消費地立地である**ビール工業**や**印刷・出版業**にも特色がある。

(5) 日本の社会・経済・情報の中心地。交通機関や大企業本社，文化学術施設，大学などが集中し**第3次産業**がさかん。²⁸＿＿＿＿＿＿＿現象により周辺に人口が移動したが，近年は「²⁹＿＿＿＿＿＿」現象もみられる。

政令指定都市	**横浜市**，**川崎市**，**さいたま市**，**千葉市**，**相模原市**（すべて東京の**住宅衛星都市**的性格を持つ）
世界遺産	**日光の社寺**（栃木県），²⁵＿＿＿＿＿＿諸島，ル・コルビュジエの建築作品（東京都），**富岡製糸場**（群馬県）
観　　光	みなとみらい21，幕張新都心，さいたま新都心，**箱根**，**草津**（古くからの温泉地），**鎌倉**，湘南海岸，伊豆諸島，²⁵＿＿＿＿＿諸島，偕楽園
交　　通	鉄道，新幹線，高速道路，航空路などが集中する日本の一大交通拠点，**成田国際空港**，**横浜港**（日本有数の貿易港）
注目地名など	**武蔵野台地**，**常総台地**，筑波研究学園都市（文化・学術都市），大泉町（群馬県・ブラジル系），**九十九里浜**（納屋集落），片品川（河岸段丘），三富新田（埼玉県・新田集落）

6 北海道・東北地方

(1) 東北地方の中央部には**奥羽山脈**が走り，北海道とともに**火山**が多い。宮城県から岩手県の**三陸海岸**は典型的な³⁰＿＿＿＿＿＿海岸。

(2) 気候は一般的に寒冷。特に北海道は亜寒帯（冷帯）湿潤気候。日本海側は豪雪地域。夏にオホーツク海気団の勢力が強いと³¹＿＿＿＿＿＿が吹き冷害となる。

(3) 東北地方は全国有数の**水田単作地帯**で，土地生産性も大きい。青森県のりんごや山形県のさくらんぼなどの果樹栽培もさかん。三陸沖は³²＿＿＿＿＿（**黒潮**（**日本海流**）と**親潮**（**千島海流**））があり日本有数の漁業地域。北海道は米作，**酪農**のほか小麦，じゃがいも，野菜類などの生産がさかん。

(4) 東北・磐越自動車道沿いなどに**IC工場**が立地。**自動車関連工場**も増加。こけし，将棋の駒など**伝統的工芸品**も各地にある。北海道はかつては炭田地域が多かったが現在は，製紙，製鉄，食料品などの工業が分布。

(5) 2011年3月，国内では観測史上最大規模の³³＿＿＿＿＿＿**大震災**が発生し，多くの被災者がでた。福島第一原発事故も大きな課題を残した。

政令指定都市	**仙台市**（東北地方唯一），**札幌市**
世界遺産	**白神山地**（青森県・秋田県），³⁴＿＿＿＿＿（岩手県），**知床**（北海道），明治日本の産業革命遺産（岩手県釜石市），北海道・北東北の縄文遺跡群（北海道・青森県・秋田県・岩手県）
観　　光	東北4大祭り，**さっぽろ雪まつり**，**松島**（日本三景），**三内丸山遺跡**
交　　通	北海道新幹線開業(2016年)，青函トンネル，北海道とロシアの結びつき
注目地名など	田沢湖(日本最深)，遠野，八郎潟干拓地，**屯田兵村**，昭和新山，³⁵＿＿＿＿湖(カルデラ湖，サミット)，石狩川(メアンダー)，**北方四島**(領土問題)

Step B ●作業でチェック●　ワーク 1　次の地図の@〜⑳の名称を答えよ。

[地体構造]

@	
(東北日本と西南日本に分ける)	
ⓑ	線
(@の西縁)	
ⓒ	線
(内帯と外帯に分ける)	

[火山]

ⓓ	山
(成層火山・世界遺産)	
ⓔ	山
(世界最大級のカルデラ)	
ⓕ	岳
(噴火により大きな被害を与えた)	

[リアス海岸]

ⓖ	海岸
(沿岸は津波被害を受けてきた)	
ⓗ	湾
(福井県〜京都府にわたる)	
ⓘ	半島
(英虞湾では真珠の養殖)	

[砂地形]

砂嘴	ⓙ	
	(根室海峡に面する)	
	ⓚ	
	(富士山を望む景勝地)	
砂州	ⓛ	
	(日本三景の1つ)	
	ⓜ	
	(島根半島とともに中海を抱く)	
陸繋島	ⓝ	山
	(中心市街は陸繋砂州上に広がる)	
	ⓞ	
	(博多湾北部に位置する)	

[湖沼]

カルデラ湖	ⓟ	湖
	(南岸に有珠山, 昭和新山)	
	ⓠ	湖
	(青森県と秋田県の県境)	
断層湖	ⓡ	湖
	(沿岸で精密機械工業)	
	ⓢ	湖
	(日本最大の湖)	

[台地]

ⓣ	台地
(関東ロームが覆う)	
ⓤ	台地
(三富新田が位置する)	

[カルスト地形]

ⓥ	台
(秋芳洞などの鍾乳洞がある)	
ⓦ	台
(青龍窟などの鍾乳洞がある)	

(注) @の東縁は不明瞭。

0　　200km

0　　200km

ワーク 2 次の地図の①～㉙の名称を答えよ。

[山地，山脈]

①	山脈
（氷河地形（カール））	

②	山脈
（脊梁山脈，火山フロント）	

③	山脈
（北アルプス）	

④	山脈
（中央アルプス，地塁）	

⑤	山脈
（南アルプス）	

⑥	山地
（中央構造線以南）	

⑦	山地
（山陰・山陽の分水嶺）	

⑧	山地
（四国中央，急峻）	

⑨	山地
（壮年期の山地）	

[平野]

⑩	平野
（⑲川の三日月湖（河跡湖）が多い）	

⑪	平野
（米の単作地帯）	

⑫	平野
（日本最大の平野）	

⑬	平野
（美濃と尾張にまたがる）	

⑭	平野
（㉕川下流，二毛作地帯）	

[半島]

⑮	半島
（世界遺産）	

⑯	半島
（本州最北の半島）	

⑰	半島
（東京近郊，園芸農業）	

⑱	半島
（日本最大の半島）	

[河川]

⑲	川
（北海道最長の川）	

⑳	川
（北上盆地～仙台平野）	

㉑	川
（長さ日本2位，流域面積最大）	

㉒	川
（日本最長，長野県側では千曲川）	

㉓	川
（愛知用水，下流は輪中）	

㉔	川
（徳島平野，中央構造線沿い）	

㉕	川
（九州最長の川）	

[島]

㉖	島
（新潟県に属する）	

㉗	島
（瀬戸内海最大の島）	

㉘	島
（世界遺産）	

㉙	島
（八重山諸島の主島）	

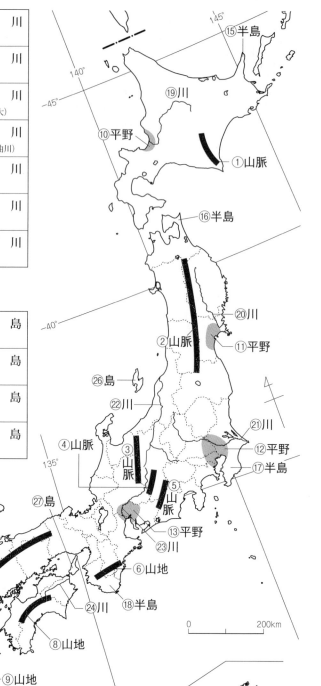

Step C　●共通テストにチャレンジ●

東京の高校に通うユキさんは，友人のツクシさんと利根川下流域の地域調査を行った。この地域調査に関する次の問い（**問1～5**）に答えよ。［23年・B共通テスト本改］

問1　現地調査の前に，ユキさんたちは利根川の特徴を調べた。次の図1は，関東地方の主な河川の分布といくつかの地点A～Cを示したものである。また，後の文章は，利根川の特徴についてユキさんたちがまとめたものである。文章中の空欄アに当てはまる語句と，空欄イに当てはまる数値との組合せとして最も適当なものを，後の①～⑥のうちから一つ選べ。

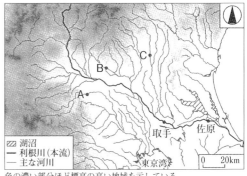

色の濃い部分ほど標高の高い地域を示している。
国土数値情報などにより作成。

図1

利根川の流域面積は，日本最大である。かつて東京湾に流れていた利根川の本流は，江戸時代に現在の流路に変更された。現在の利根川の流域には，図1中の地点（　**ア**　）が含まれている。また，利根川下流域は，かつて広大な潟湖になっていたが，土砂の堆積や干拓によって現在では大部分が陸地になった。図1中の取手から佐原までの区間における河川の勾配は，1万分の1程度であり，取手と佐原の河川付近の標高差は，約（　**イ**　）である。

① AとB－4 m　　② AとB－40 m　　③ AとC－4 m
④ AとC－40 m　⑤ BとC－4 m　　⑥ BとC－40 m

問1 ☐

問2　ツクシさんは，利根川下流域の土地利用を調べた。次の図2は，陰影をつけて地形の起伏を表現した地図であり，後の図3中の①～④は，図2中のE～Hのいずれかの範囲における土地利用の割合を示したものである。Fに該当するものを，図3中の①～④のうちから一つ選べ。

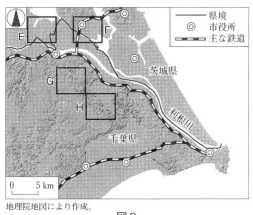

地理院地図により作成。
図2

■田
▨畑・果樹園など
▥森林
▦建物用地
□その他

河川・湖沼を除いた値。統計年次は2017年。国土数値情報により作成。

図3

問2 ☐

問3　ユキさんたちは，博物館を訪問し，この地域の水害とその対策について学んだ。次の資料1は，佐原周辺で発生した水害の年表とその対策施設についてまとめたものである。また，後の図4は，現在の佐原周辺のある地域における水域の分布を示したものであり，タとチは，利根川の支流上の地点である。後の会話文中の空欄Pには地点タとチのいずれか，空欄Qには後の文fとgのいずれかが当てはまる。空欄Pに当てはまる地点と，空欄Qに当てはまる文との組合せとして最も適当なものを，後の①～④のうちから一つ選べ。

資料1

水害の年表
1906年　八筋川で堤防決壊
1910年　十六島で堤防決壊
1938年　十六島で浸水被害
1941年　十六島で浸水被害

1921年に完成した水害対策施設

十六島実年同好会編『新島の生活誌』などにより作成。

学芸員 「かつてこの地域では，利根川の支流への逆流などにより，水害が発生していました。このような被害を防ぐために，1921年に図4中の（　P　）の位置に，資料1中の写真のような水門が設置されました。さらに，1940年以降に排水ポンプの設置が進んだことにより，現在では浸水被害も少なくなりました」

ツクシ 「この地域は，安心して住めるようになったのですね」

学芸員 「ただし，数年前に台風が接近した際に，避難指示が出されました。利根川のような大きな河川の下流域では，今後も洪水に備えるための取組みを進めていくことが必要です」

ユ　キ 「大きな河川の下流域では，（　Q　）などの取組みが行われていますね」

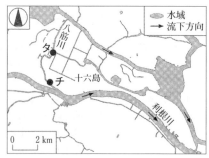

地理院地図により作成。

図4

（　Q　）に当てはまる文

f　決壊を防ぐため，堤防を補強する

g　土砂の流出や流木を防ぐため，ダムを建設する

	①	②	③	④
P	タ	タ	チ	チ
G	f	g	f	g

問3

問4　利根川下流域でウナギ漁が盛んであったことを知ったツクシさんは，ウナギの現状について調べ，次の資料2にまとめた。資料2中のマとミは，国内の養殖生産量と，国外からの輸入量のいずれかである。また，後の写真1中のsとtは，利根川下流域の河川周辺において撮影したものであり，資料2中の空欄Xには，sとtのいずれかが当てはまる。国内の養殖生産量に該当する記号と，空欄Xに当てはまる写真との組合せとして最も適当なものを，後の①～④のうちから一つ選べ。

資料2

ニホンウナギの生態と水産資源としてのウナギの現状

ニホンウナギは，河川などで成長した後，海へ下り産卵するといわれている。1970年代以降，日本国内のウナギの漁獲量は減少し，現在，日本国内で消費されるウナギのほとんどは，国内での養殖生産と輸入によってまかなわれている。近年，利根川下流域では，写真1中の（　X　）にみられるような取組みが行われており，ニホンウナギや川魚などの水産資源の回復に寄与することが期待されている。

日本国内におけるウナギの供給量の推移

（単位：トン）

	国内漁獲量	マ	ミ	合　計
1973年	2,107	15,247	6,934	24,288
1985年	1,526	39,568	41,148	82,242
2000年	765	24,118	133,211	158,094
2015年	70	20,119	31,156	51,345

水産庁の資料により作成。

問4

s　石材を用いて整備された護岸

（独立行政法人 水資源機構 提供）

t　本流の堰のそばに設置された流路

写真1

	①	②	③	④
国内の養殖生産量	マ	マ	ミ	ミ
X	s	t	s	t

問5　ユキさんたちは，さらに考察を深めるために，先生のアドバイスを参考にして新たに課題を探究することにした。次の表1は，新たな探究課題に関する調査方法を，ユキさんたちがまとめたものである。探究課題の調査方法としては**適当でない**ものを，表1中の①～④のうちから一つ選べ。

問5

表1

新たな探究課題	調査方法
地域の都市化により，農地の分布はどのように変化したか？	① 撮影年代の異なる空中写真を入手し，年代別の土地利用図を作成する。
橋の開通により，住民の生活行動はどのように変化したか？	② 聞き取り調査により，周辺住民に生活行動の変化を尋ねる。
防災施設の整備により，住民の防災意識はどのように変化したか？	③ GISを用いて，防災施設から一定距離内に住む人口の変化を調べる。
環境の変化により，利根川流域の漁獲量はどのように変化したか？	④ 図書館やインターネットで資料を入手し，漁獲量の推移を調べる。

I さまざまな地図と地理的技能

1 地理的視野の拡大
【本誌P.4〜5】

Step A ●ポイント整理●

1 _____
2 _____
3 _____
4 _____
5 _____
6 _____
7 _____
8 _____
9 _____
10 _____
11 _____
12 _____
13 _____
14 _____
15 _____

Step B ●作業でチェック●

ワーク

名称　Ⓐ_____　Ⓑ_____
　　　Ⓒ_____　Ⓓ_____
　　　Ⓔ_____

説明　Ⓐ_____　Ⓑ_____
　　　Ⓒ_____　Ⓓ_____
　　　Ⓔ_____

Step C ●センター試験・共通テストにチャレンジ●

問1 [　　　] 問2 [　　　]

2 さまざまな地図投影法
【本誌P.6〜7】

Step A ●ポイント整理●

1 _____
2 _____
3 _____
4 _____
5 _____
6 _____
7 _____
8 _____
9 _____
10 _____
11 _____
12 _____
13 _____
14 _____
15 _____
16 _____

Step B ●作業でチェック●

ワーク1

① _____
② _____
③ _____
④ _____
⑤ _____
⑥ _____

ワーク2

①方位 _____
②距離（km） _____

ワーク3

_____

ワーク4

_____

Step C ●センター試験にチャレンジ●

問1 [　　　]

3 地球と時差
【本誌P.8〜9】

Step A ●ポイント整理●

1 _____
2 _____
3 _____
4 _____
5 _____
6 _____
7 _____
8 _____
9 _____
10 _____
11 _____
12 _____
13 _____
14 _____
15 _____
16 _____
17 _____
18 _____
19 _____
20 _____
21 _____

2

22 _____

23 _____

24 _____

25 _____

Step B ●作業でチェック●

ワーク1 下図に記入

ワーク2

____月____日____時

Step C ●センター試験にチャレンジ●

問1 [   ]

4 地図の種類
【本誌P.10〜11】

Step A ●ポイント整理●

1 _____

2 _____

3 _____

4 _____

Step B ●作業でチェック●

（P.9） ワーク1

ロンドン
マドリード
カイロ
ペキン
ハノイ シャンハイ 東京 サンフランシスコ
ムンバイ ホーチミン
アディスアベバ
ナイロビ メキシコシティ
シンガポール
ニューヨーク
ニューオーリンズ
カラカス
キト
0 2,000 4,000km

5 _____

6 _____

7 _____

8 _____

9 _____

10 _____

11 _____

12 _____

13 _____

14 _____

15 _____

16 _____

17 _____

18 _____

Step B ●作業でチェック●

ワーク1

① _____

② _____

③ _____

④ _____

⑤ _____

⑥ _____

ワーク2

ⓐ _____

ⓑ _____

ⓒ _____

Step C ●センター試験にチャレンジ●

問1 [   ]

5 地形図の読図①
【本誌P.12〜13】

Step A ●ポイント整理●

1 _____

2 _____

3 _____

4 _____

5 _____

6 _____

7 _____

8 _____

9 _____

10 _____

11 _____

12 _____

13 _____

14 _____

15 _____

16 _____

17 _____

18 _____

19 _____

20 _____

21 _____

Step B ●作業でチェック●

ワーク 1

① _____

② _____

③ _____

④ _____

⑤ _____

⑥ _____

⑦ _____

ワーク 2

ⓐ _____

ⓑ _____

ⓒ _____

ⓓ _____

ⓔ _____

ⓕ _____

Step C ●センター試験にチャレンジ●

問1 [　　　]

6　地形図の読図②
【本誌P.14〜15】

Step A ●ポイント整理●

1 _____

2 _____

3 _____

4 _____

5 _____

6 _____

7 _____

8 _____

---

9 _____

10 _____

11 _____

12 _____

13 _____

14 _____

15 _____

16 _____

17 _____

18 _____

19 _____

20 _____

Step B ●作業でチェック●

ワーク ①〜③　下図に記入

④ _____

⑤ _____

Step B ●作業でチェック●
（P.15）　**ワーク** ①〜③

Step C ●センター試験にチャレンジ●

問1 [　　　]

7　地形図の読図③，
　　地域調査 【本誌P.16〜21】

Step A ●ポイント整理●

1 _____

2 _____

3 _____

4 _____

5 _____

6 _____

7 _____

8 _____

9 _____

10 _____

11 _____

12 _____

13 _____

4

14＿＿＿＿＿＿＿＿＿＿＿

15＿＿＿＿＿＿＿＿＿＿＿

16＿＿＿＿＿＿＿＿＿＿＿

17＿＿＿＿＿＿＿＿＿＿＿

Step B ●作業でチェック●

ワーク1

①＿＿＿＿＿＿＿＿＿＿＿

②＿＿＿＿＿＿＿＿＿＿＿

③＿＿＿＿＿＿＿＿＿＿＿

④＿＿＿＿＿＿＿＿＿＿＿

⑤＿＿＿＿＿＿＿＿＿＿＿

ワーク2

Ⓐ＿＿＿＿＿＿＿＿＿＿＿

Ⓑ＿＿＿＿＿＿＿＿＿＿＿

Ⓒ＿＿＿＿＿＿＿＿＿＿＿

Step C ●センター試験・共通テストにチャレンジ●

問1 [   ]   問2(1)[   ]

(2)[   ]   (3)[   ]

Ⅱ   現代世界の系統地理的考察

8   世界の大地形
【本誌P.22〜23】

Step A ●ポイント整理●

1＿＿＿＿＿＿＿＿＿＿＿

2＿＿＿＿＿＿＿＿＿＿＿

3＿＿＿＿＿＿＿＿＿＿＿

4＿＿＿＿＿＿＿＿＿＿＿

5＿＿＿＿＿＿＿＿＿＿＿

6＿＿＿＿＿＿＿＿＿＿＿

7＿＿＿＿＿＿＿＿＿＿＿

8＿＿＿＿＿＿＿＿＿＿＿

9＿＿＿＿＿＿＿＿＿＿＿

10＿＿＿＿＿＿＿＿＿＿＿

11＿＿＿＿＿＿＿＿＿＿＿

12＿＿＿＿＿＿＿＿＿＿＿

13＿＿＿＿＿＿＿＿＿＿＿

14＿＿＿＿＿＿＿＿＿＿＿

15＿＿＿＿＿＿＿＿＿＿＿

16＿＿＿＿＿＿＿＿＿＿＿

17＿＿＿＿＿＿＿＿＿＿＿

18＿＿＿＿＿＿＿＿＿＿＿

19＿＿＿＿＿＿＿＿＿＿＿

20＿＿＿＿＿＿＿＿＿＿＿

21＿＿＿＿＿＿＿＿＿＿＿

22＿＿＿＿＿＿＿＿＿＿＿

23＿＿＿＿＿＿＿＿＿＿＿

24＿＿＿＿＿＿＿＿＿＿＿

Step B ●作業でチェック●

ワーク

①Ⓐ＿＿＿＿＿＿＿＿＿＿

Ⓑ＿＿＿＿＿＿＿＿＿＿

Ⓒ＿＿＿＿＿＿＿＿＿＿

Ⓓ＿＿＿＿＿＿＿＿＿＿

②＿＿＿＿＿＿＿＿＿＿＿

③㋐＿＿＿＿＿＿＿＿＿＿

㋑＿＿＿＿＿＿＿＿＿＿

㋒＿＿＿＿＿＿＿＿＿＿

④ⓐ＿＿＿＿＿＿＿＿＿＿

ⓘ＿＿＿＿＿＿＿＿＿＿

㋒＿＿＿＿＿＿＿＿＿＿＿

Step C ●センター試験にチャレンジ●

問1 [   ]   問2 [   ]

---

9   山地地形
【本誌P.24〜25】

Step A ●ポイント整理●

1＿＿＿＿＿＿＿＿＿＿＿

2＿＿＿＿＿＿＿＿＿＿＿

3＿＿＿＿＿＿＿＿＿＿＿

4＿＿＿＿＿＿＿＿＿＿＿

5＿＿＿＿＿＿＿＿＿＿＿

6＿＿＿＿＿＿＿＿＿＿＿

7＿＿＿＿＿＿＿＿＿＿＿

8＿＿＿＿＿＿＿＿＿＿＿

9＿＿＿＿＿＿＿＿＿＿＿

10＿＿＿＿＿＿＿＿＿＿＿

11＿＿＿＿＿＿＿＿＿＿＿

12＿＿＿＿＿＿＿＿＿＿＿

13＿＿＿＿＿＿＿＿＿＿＿

14＿＿＿＿＿＿＿＿＿＿＿

15＿＿＿＿＿＿＿＿＿＿＿

16＿＿＿＿＿＿＿＿＿＿＿

17＿＿＿＿＿＿＿＿＿＿＿

18＿＿＿＿＿＿＿＿＿＿＿

19＿＿＿＿＿＿＿＿＿＿＿

20＿＿＿＿＿＿＿＿＿＿＿

21＿＿＿＿＿＿＿＿＿＿＿

22＿＿＿＿＿＿＿＿＿＿＿

23＿＿＿＿＿＿＿＿＿＿＿

Step B ●作業でチェック●

ワーク 1

① _____

② _____

③ _____

④ _____

⑤ _____

⑥ _____

ワーク 2

___ , ___ , ___ , ___ , ___ ,

Step C ●センター試験にチャレンジ●

問1 [   ]

10　平野地形
【本誌P.26～27】

Step A ●ポイント整理●

1 _____

2 _____

3 _____

4 _____

5 _____

6 _____

7 _____

8 _____

9 _____

10 _____

11 _____

12 _____

13 _____

14 _____

15 _____

---

16 _____

17 _____

18 _____

19 _____

20 _____

21 _____

22 _____

23 _____

24 _____

25 _____

26 _____

27 _____

Step B ●作業でチェック●

ワーク 1

① _____

② _____

③ _____

④ _____

⑤ _____

ワーク 2

ⓐ _____

ⓑ _____

ⓒ _____

ⓓ _____

ⓔ _____

ⓕ _____

ⓖ _____

ⓗ _____

Step C ●共通テストにチャレンジ●

問1 [   ]

11　海岸地形
【本誌P.28～29】

Step A ●ポイント整理●

1 _____

2 _____

3 _____

4 _____

5 _____

6 _____

7 _____

8 _____

9 _____

10 _____

11 _____

12 _____

13 _____

14 _____

15 _____

16 _____

17 _____

18 _____

19 _____

20 _____

Step B ●作業でチェック●

ワーク 1

① _____

② _____

③ _____

④ _____

⑤ _____

⑥ _____

⑦_____

⑧_____

ワーク**2**

海岸の種類	該当する地域

Step C ●センター試験にチャレンジ●

問1 [　　　]

12　その他の地形
【本誌P.30〜31】

Step A ●ポイント整理●

1_____

2_____

3_____

4_____

5_____

6_____

7_____

8_____

9_____

10_____

11_____

12_____

13_____

14_____

15_____

16_____

17_____

18_____

19_____

20_____

21_____

22_____

Step B ●作業でチェック●

ワーク**1**

①_____

②_____

③_____

④_____

⑤_____

⑥_____

⑦_____

⑧_____

⑨_____

ワーク**2**

①Ⓐ_____

　Ⓑ_____

　Ⓒ_____

②_____→_____→_____

Step C ●センター試験にチャレンジ●

問1 [　　　]

13　気候要素と気候因子
【本誌P.32〜33】

Step A ●ポイント整理●

1_____

2_____

3_____

4_____

5_____

6_____

7_____

8_____

9_____

10_____

11_____

12_____

13_____

14_____

15_____

16_____

17_____

18_____

19_____

20_____

21_____

22_____

23_____

24_____

Step B ●作業でチェック●

ワーク**1**

ⓐ_____

ⓑ_____

ⓒ_____

ワーク**2**

①_____

②_____

③_____

④_____

ワーク ③

㋐＿＿＿＿＿＿＿＿＿＿＿＿＿＿

㋑＿＿＿＿＿＿＿＿＿＿＿＿＿＿

㋒＿＿＿＿＿＿＿＿＿＿＿＿＿＿

㋓＿＿＿＿＿＿＿＿＿＿＿＿＿＿

㋔＿＿＿＿＿＿＿＿＿＿＿＿＿＿

㋕＿＿＿＿＿＿＿＿＿＿＿＿＿＿

Step C ●センター試験にチャレンジ●

問1 [　　　]

14　陸水・海洋
【本誌P.34〜35】

Step A ●ポイント整理●

1 ＿＿＿＿＿＿＿＿＿＿＿＿＿

2 ＿＿＿＿＿＿＿＿＿＿＿＿＿

3 ＿＿＿＿＿＿＿＿＿＿＿＿＿

4 ＿＿＿＿＿＿＿＿＿＿＿＿＿

5 ＿＿＿＿＿＿＿＿＿＿＿＿＿

6 ＿＿＿＿＿＿＿＿＿＿＿＿＿

7 ＿＿＿＿＿＿＿＿＿＿＿＿＿

8 ＿＿＿＿＿＿＿＿＿＿＿＿＿

9 ＿＿＿＿＿＿＿＿＿＿＿＿＿

10 ＿＿＿＿＿＿＿＿＿＿＿＿

11 ＿＿＿＿＿＿＿＿＿＿＿＿

12 ＿＿＿＿＿＿＿＿＿＿＿＿

13 ＿＿＿＿＿＿＿＿＿＿＿＿

14 ＿＿＿＿＿＿＿＿＿＿＿＿

15 ＿＿＿＿＿＿＿＿＿＿＿＿

16 ＿＿＿＿＿＿＿＿＿＿＿＿

17 ＿＿＿＿＿＿＿＿＿＿＿＿

18 ＿＿＿＿＿＿＿＿＿＿＿＿

---

19 ＿＿＿＿＿＿＿＿＿＿＿＿

Step B ●作業でチェック●

ワーク ①

① ＿＿＿＿＿＿＿＿＿＿＿＿

② ＿＿＿＿＿＿＿＿＿＿＿＿

③ ＿＿＿＿＿＿＿＿＿＿＿＿

④ ＿＿＿＿＿＿＿＿＿＿＿＿

⑤ ＿＿＿＿＿＿＿＿＿＿＿＿

ワーク ②

ⓐ ＿＿＿＿＿＿＿＿＿＿＿＿

ⓑ ＿＿＿＿＿＿＿＿＿＿＿＿

ⓒ ＿＿＿＿＿＿＿＿＿＿＿＿

ⓓ ＿＿＿＿＿＿＿＿＿＿＿＿

ワーク ③

㋐ ＿＿＿＿＿＿＿＿＿＿＿＿

㋑ ＿＿＿＿＿＿＿＿＿＿＿＿

㋒ ＿＿＿＿＿＿＿＿＿＿＿＿

㋓ ＿＿＿＿＿＿＿＿＿＿＿＿

㋔ ＿＿＿＿＿＿＿＿＿＿＿＿

㋕ ＿＿＿＿＿＿＿＿＿＿＿＿

㋖ ＿＿＿＿＿＿＿＿＿＿＿＿

㋗ ＿＿＿＿＿＿＿＿＿＿＿＿

㋘ ＿＿＿＿＿＿＿＿＿＿＿＿

㋙ ＿＿＿＿＿＿＿＿＿＿＿＿

㋚ ＿＿＿＿＿＿＿＿＿＿＿＿

Step C ●センター試験にチャレンジ●

問1 [　　　]

15　自然災害と防災
【本誌P.36〜37】

Step A ●ポイント整理●

1 ＿＿＿＿＿＿＿＿＿＿＿＿＿

2 ＿＿＿＿＿＿＿＿＿＿＿＿＿

3 ＿＿＿＿＿＿＿＿＿＿＿＿＿

4 ＿＿＿＿＿＿＿＿＿＿＿＿＿

5 ＿＿＿＿＿＿＿＿＿＿＿＿＿

6 ＿＿＿＿＿＿＿＿＿＿＿＿＿

7 ＿＿＿＿＿＿＿＿＿＿＿＿＿

Step B ●作業でチェック●

ワーク

① ＿＿＿＿＿＿＿＿＿＿＿＿

② ＿＿＿＿＿＿＿＿＿＿＿＿

③ ＿＿＿＿＿＿＿＿＿＿＿＿

④ ＿＿＿＿＿＿＿＿＿＿＿＿

⑤ ＿＿＿＿＿＿＿＿＿＿＿＿

Step C ●センター試験にチャレンジ●

問1 [　　　] 問2 [　　　]

16　気候帯と気候区
【本誌P.38〜39】

Step A ●ポイント整理●

1 ＿＿＿＿＿＿＿＿＿＿＿＿＿

2 ＿＿＿＿＿＿＿＿＿＿＿＿＿

3 ＿＿＿＿＿＿＿＿＿＿＿＿＿

4 ＿＿＿＿＿＿＿＿＿＿＿＿＿

5 ＿＿＿＿＿＿＿＿＿＿＿＿＿

6 _____

7 _____

8 _____

9 _____

10 _____

11 _____

Step B ●作業でチェック●

ワーク 1

① _____

② _____

③ _____

④ _____

⑤ _____

⑥ _____

ワーク 2

ⓐ _____

ⓑ _____

ⓒ _____

ⓓ _____

ⓔ _____

ⓕ _____

ⓖ _____

ⓗ _____

ⓘ _____

ⓙ _____

ⓚ _____

ⓛ _____

ⓜ _____

ワーク 3

㋐ _____

㋑ _____

㋒ _____

㋓ _____

㋔ _____

㋕ _____

㋖ _____

ワーク 4

Ⓐ _____

Ⓑ _____

Ⓒ _____

Ⓓ _____

Ⓔ _____

Ⓕ _____

Ⓖ _____

Ⓗ _____

Ⓘ _____

Ⓙ _____

Step C ●センター試験にチャレンジ●

問1 [　　　]

17　熱　帯
【本誌P.40～41】

Step A ●ポイント整理●

1 _____

2 _____

3 _____

4 _____

5 _____

6 _____

7 _____

8 _____

9 _____

10 _____

11 _____

12 _____

13 _____

14 _____

15 _____

16 _____

17 _____

18 _____

Step B ●作業でチェック●

ワーク 1

① _____

② _____

③ _____

④ _____

ワーク 2　**ワーク 3**

右図に記入

Step C ●センター試験にチャレンジ●

問1 [　　　]

18　乾燥帯
【本誌P.42～43】

Step A ●ポイント整理●

1 _____

2 _____

3 _____

4 _____

5 _____

6 _____

7 _____

8 _____

Step B ●作業でチェック●

（P.41） ワーク2 ワーク3

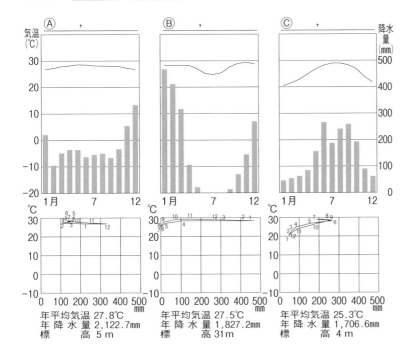

年平均気温 27.8℃
年降水量 2,122.7mm
標高 5m

年平均気温 27.5℃
年降水量 1,827.2mm
標高 31m

年平均気温 25.3℃
年降水量 1,706.6mm
標高 4m

ワーク3

Ⓐ_____,_____

Ⓑ_____,_____

ワーク4

㋐_____

㋑_____

㋒_____

㋓_____

（南北回帰線は下図に記入）

Step C ●センター試験にチャレンジ●

問1 [   ]

19 温帯
【本誌P.44〜45】

Step A ●ポイント整理●

1 _____
2 _____
3 _____
4 _____
5 _____
6 _____

9 _____
10 _____
11 _____
12 _____
13 _____
14 _____
15 _____
16 _____
17 _____
18 _____
19 _____
20 _____
21 _____
22 _____
23 _____

Step B ●作業でチェック●

ワーク1

① _____
② _____

ワーク2

ⓐ _____
ⓑ _____
ⓒ _____

Step B ●作業でチェック●

（P.43） ワーク4

テヘラン
アスワン
㋑海流
㋒山脈
㋐海流
㋓
BW 砂漠気候
BS ステップ気候

7 _____

8 _____

9 _____

10 _____

11 _____

12 _____

13 _____

14 _____

15 _____

Step B ●作業でチェック●

ワーク**1**

① _____

② _____

③ _____

④ _____

⑤ _____

⑥ _____

⑦ _____

ワーク**2**　ワーク**3**

下図に記入

Step C ●センター試験にチャレンジ●

問1 [　　　]

20　亜寒帯（冷帯）・寒帯・高山気候
【本誌P.46〜47】

Step A ●ポイント整理●

1 _____

2 _____

3 _____

4 _____

5 _____

6 _____

7 _____

8 _____

9 _____

10 _____

11 _____

12 _____

13 _____

14 _____

15 _____

16 _____

17 _____

18 _____

Step B ●作業でチェック●

（P.45）　ワーク**2**　ワーク**3**

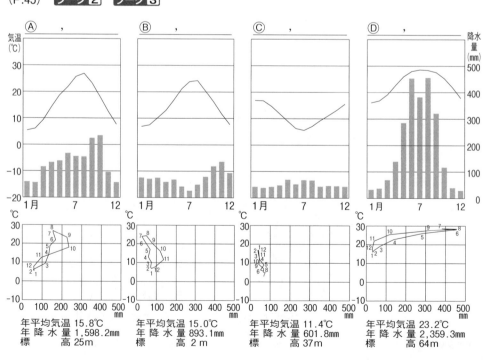

A　　,
B　　,
C　　,
D　　,

年平均気温 15.8℃
年 降 水 量 1,598.2mm
標　　　高 25m

年平均気温 15.0℃
年 降 水 量 893.1mm
標　　　高 2 m

年平均気温 11.4℃
年 降 水 量 601.8mm
標　　　高 37m

年平均気温 23.2℃
年 降 水 量 2,359.3mm
標　　　高 64m

Step B ●作業でチェック●

ワーク 1

① _____

② _____

③ _____

④ _____

⑤ _____

⑥ _____

⑦ _____

ワーク 2　ワーク 3

下図に記入

Step C ●センター試験にチャレンジ●

問1 [　　　　]

21　気候と植生・土壌　【本誌P.48～49】

Step A ●ポイント整理●

1 _____

2 _____

3 _____

4 _____

5 _____

6 _____

7 _____

8 _____

9 _____

10 _____

11 _____

12 _____

13 _____

14 _____

15 _____

16 _____

17 _____

18 _____

19 _____

20 _____

Step B ●作業でチェック●

ワーク 1

① _____

② _____

③ _____

④ _____

⑤ _____

⑥ _____

⑦ _____

⑧ _____

⑨ _____

ワーク 2

ア _____

イ _____

ウ _____

エ _____

オ _____

カ _____

キ _____

ク _____

ケ _____

a _____

b _____

c _____

Step B ●作業でチェック●

（P.47）　ワーク 2　ワーク 3

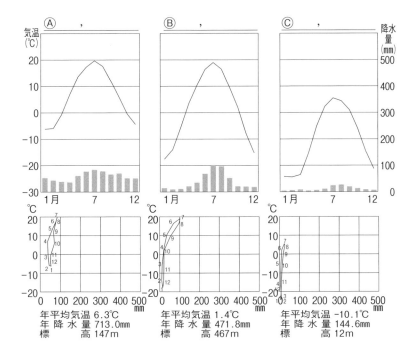

Ⓐ　　　,

Ⓑ　　　,

Ⓒ　　　,

年平均気温 6.3℃
年降水量 713.0mm
標　高 147m

年平均気温 1.4℃
年降水量 471.8mm
標　高 467m

年平均気温 −10.1℃
年降水量 144.6mm
標　高 12m

ⓓ_____

Step C ●センター試験にチャレンジ●

問1 [　　　]

22　日本の地形・気候　【本誌P.50〜51】

Step A ●ポイント整理●

1_____

2_____

3_____

4_____

5_____

6_____

7_____

8_____

9_____

10_____

11_____

12_____

13_____

14_____

15_____

16_____

17_____

18_____

19_____

20_____

21_____

22_____

23_____

Step B ●作業でチェック●

ワーク 1

①_____

②_____

③_____

④_____

Ⓐ_____

Ⓑ_____

Ⓒ_____

ワーク 2

ⓐ_____

ⓑ_____

ⓒ_____

ⓓ_____

Step C ●センター試験にチャレンジ●

問1 [　　　]　問2 [　　　]

23　環境問題　【本誌P.52〜55】

Step A ●ポイント整理●

1_____

2_____

3_____

4_____

5_____

6_____

7_____

8_____

9_____

10_____

11_____

12_____

13_____

14_____

15_____

16_____

17_____

18_____

19_____

20_____

21_____

22_____

23_____

24_____

25_____

26_____

27_____

Step B ●作業でチェック●

ワーク 1

ⓐ_____

ⓑ_____

ⓒ_____

ⓓ_____

ⓔ_____

ⓕ_____

ⓖ_____

ⓗ_____

ⓘ_____

ⓙ_____

ⓚ_____

ⓛ_____

ワーク 2

① _____

② _____

③ _____

④ _____

⑤ _____

ワーク 3

Ⓐ _____

Ⓑ _____

Ⓒ _____

Step C ●センター試験・共通テストにチャレンジ●

問1 [   ]　問2 [   ]

問3 [   ]　問4 [   ]

24　農牧業の立地条件　【本誌P.56〜57】

Step A　●ポイント整理●

1 _____

2 _____

3 _____

4 _____

5 _____

6 _____

7 _____

8 _____

9 _____

10 _____

Step B　●作業でチェック●

ワーク 1

伝統的農牧業

____，____，____，____，

商業的農牧業

____，____，____，____，

企業的農牧業

____，____，____，

ワーク 2

	文化形態	作物
①	農耕文化	
②	農耕文化	
③	農耕文化	
④	農耕文化	

ワーク 3

㋐ _____

㋑ _____

㋒ _____

㋓ _____

Step C ●センター試験にチャレンジ●

問1 [   ]

25　伝統的農牧業①　【本誌P.58〜59】

Step A　●ポイント整理●

1 _____

2 _____

3 _____

4 _____

5 _____

6 _____

7 _____

Step B　●作業でチェック●

ワーク 1

①遊牧 _____

Ⅱ焼畑農業 _____

Ⅲオアシス農業 _____

ワーク 2

① _____

② _____

③ _____

④ _____

ワーク 3

Ⓐ _____，_____

Ⓑ _____，_____

Ⓒ _____，_____

Step C ●共通テストにチャレンジ●

問1 [   ]

26　伝統的農牧業②　【本誌P.60〜61】

Step A　●ポイント整理●

1 _____

2 _____

3 _____

4 _____

5 _____

6 _____

7 _____

8 _____

9 _____

10 _____

Step B　●作業でチェック●

ワーク 1

① _____

② _____

③_____

④_____

ワーク②

ⓐ_____

ⓑ_____

ⓒ_____

ⓓ_____

ⓔ_____

Ⓐ年降水量_____mm

Step C ●センター試験にチャレンジ●

問1 [   ] 問2 [   ]

27 商業的農牧業
【本誌P.62〜65】

Step A ●ポイント整理●

1 _____

2 _____

3 _____

4 _____

5 _____

6 _____

7 _____

8 _____

9 _____

10 _____

11 _____

12 _____

13 _____

14 _____

15 _____

16 _____

17 _____

18 _____

19 _____

20 _____

21 _____

Step B ●作業でチェック●

ワーク①

㋐_____

㋑_____

㋒_____

①_____

②_____

③_____

ワーク②

ⓐ_____

ⓑ_____

ⓒ_____

ⓓ_____

ワーク③

Ⓐ_____

Ⓑ_____

Ⓒ_____

Ⓓ_____

Step C ●センター試験・共通テストにチャレンジ●

問1 [   ] 問2 [   ]

問3 [   ]

28 企業的農牧業
【本誌P.66〜67】

Step A ●ポイント整理●

1 _____

2 _____

3 _____

4 _____

5 _____

6 _____

7 _____

8 _____

9 _____

10 _____

11 _____

Step B ●作業でチェック●

ワーク① （作図は右図に記入）

①_____

②_____

③_____

④_____

⑤_____

ワーク②

Ⓐ500mm_____

Ⓑ250mm_____

（作図は右図に記入）

①牧牛_____

Ⅱ牧羊_____

Ⅲ酪農_____

Step C ●センター試験にチャレンジ●

問1 [   ] 問2 [   ]

29 世界の農業の現況
【本誌P.68〜69】

Step A ●ポイント整理●

1 _____

Step B ●作業でチェック●

（P.67） ワーク1 ワーク2

図1

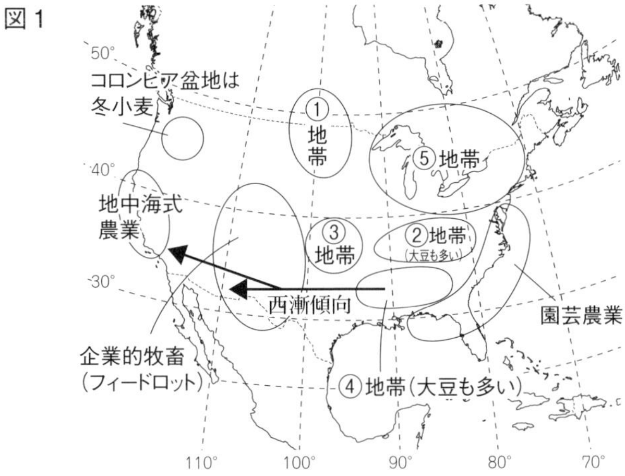

コロンビア盆地は
冬小麦

① 地帯
⑤ 地帯

地中海式
農業

③ 地帯
② 地帯
（大豆も多い）

西漸傾向

園芸農業

企業的牧畜
（フィードロット）

④ 地帯（大豆も多い）

110° 100° 90° 80° 70°

図2

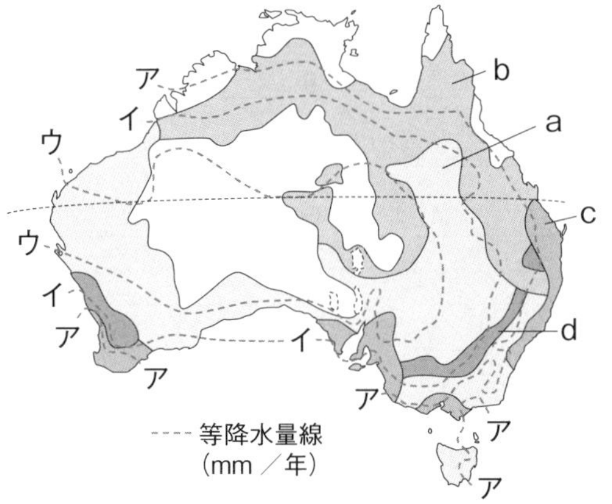

ア
イ
ウ

ウ
イ
ア
ア

イ
ア
ア
ア
ア

b
a
c
d

---- 等降水量線
（mm／年）

30　林　業
【本誌P.70〜71】

Step A ●ポイント整理●

1 _____
2 _____
3 _____
4 _____
5 _____
6 _____
7 _____
8 _____
9 _____
10 _____
11 _____
12 _____
13 _____

Step B ●作業でチェック●

ワーク1

① _____
② _____
③ _____
④ _____
⑤ _____
⑥ _____
⑦ _____

ワーク2

_____

Step C ●共通テストにチャレンジ●

問1 [　]

2 _____
3 _____
4 _____
5 _____
6 _____
7 _____
8 _____
9 _____
10 _____
11 _____
12 _____

Step B ●作業でチェック●

ワーク1

① _____
② _____
③ _____

ワーク2

ⓐ _____
ⓑ _____
ⓒ _____

Step C ●共通テストにチャレンジ●

問1 [　]

31 水産業
【本誌P.72〜73】

1 _____
2 _____
3 _____
4 _____
5 _____
6 _____
7 _____
8 _____
9 _____
10 _____
11 _____
12 _____
13 _____
14 _____
15 _____

Step B ●作業でチェック●

ワーク 1

① _____
② _____
③ _____
④ _____
⑤ _____

ワーク 2

① 日本 _____
Ⅱ 中国 _____
Ⅲ ペルー _____

Step C ●共通テストにチャレンジ●

問1 [   ]

32 日本の農業
【本誌P.74〜75】

Step A ●ポイント整理●

1 _____
2 _____
3 _____
4 _____
5 _____
6 _____
7 _____
8 _____
9 _____
10 _____
11 _____
12 _____
13 _____

Step B ●作業でチェック●

ワーク

① _____
② _____
③ _____
④ _____
⑤ _____
⑥ _____
ⓐ _____
ⓑ _____
ⓒ _____
ⓓ _____
ⓔ _____

Step C ●センター試験にチャレンジ●

問1 [   ] 問2 [   ]

33 食料問題
【本誌P.76〜77】

Step A ●ポイント整理●

1 _____
2 _____
3 _____
4 _____
5 _____
6 _____
7 _____
8 _____
9 _____
10 _____
11 _____
12 _____
13 _____
14 _____
15 _____
16 _____
17 _____
18 _____

Step B ●作業でチェック●

ワーク 1

ⓐ _____

ⓑ _____

ⓒ _____

ワーク 2

① _____

② _____

③ _____

④ _____

⑤ _____

Step C ●センター試験にチャレンジ●

問1 [　　　]

34　エネルギー資源
【本誌P.78〜79】

Step A ●ポイント整理●

1 _____

2 _____

3 _____

4 _____

5 _____

6 _____

7 _____

8 _____

9 _____

10 _____

11 _____

12 _____

13 _____

14 _____

---

15 _____

16 _____

17 _____

18 _____

Step B ●作業でチェック●

ワーク 1

① _____

② _____

③ _____

④ _____

ワーク 2

ⓐ _____

ⓑ _____

ⓒ _____

ⓓ _____

ⓔ _____

ⓕ _____

Step C ●センター試験にチャレンジ●

問1 [　　　]

35　鉱産資源
【本誌P.80〜81】

Step A ●ポイント整理●

1 _____

2 _____

3 _____

4 _____

5 _____

6 _____

7 _____

8 _____

---

9 _____

10 _____

11 _____

Step B ●作業でチェック●

ワーク 1

① _____

② _____

③ _____

④ _____

⑤ _____

⑥ _____

⑦ _____

ワーク 2

Ⓐ _____

Ⓑ _____

Ⓒ _____

Step C ●センター試験にチャレンジ●

問1 [　　　]

36　世界と日本の資源・エネルギー問題
【本誌P.82〜83】

Step A ●ポイント整理●

1 _____

2 _____

3 _____

4 _____

5 _____

6 _____

7 _____

8 _____

9＿＿＿＿＿＿＿＿＿＿

10＿＿＿＿＿＿＿＿＿

11＿＿＿＿＿＿＿＿＿

12＿＿＿＿＿＿＿＿＿

13＿＿＿＿＿＿＿＿＿

14＿＿＿＿＿＿＿＿＿

15＿＿＿＿＿＿＿＿＿

Step B ●作業でチェック●

ワーク1

① ＿＿＿＿＿＿＿＿

② ＿＿＿＿＿＿＿＿

③ ＿＿＿＿＿＿＿＿

④ ＿＿＿＿＿＿＿＿

ワーク2

㋐ ＿＿＿＿＿＿＿＿

㋑ ＿＿＿＿＿＿＿＿

㋒ ＿＿＿＿＿＿＿＿

Step C ●共通テストにチャレンジ●

問1 [　　　]

37 世界の工業
【本誌P.84〜89】

Step A ●ポイント整理●

1＿＿＿＿＿＿＿＿＿

2＿＿＿＿＿＿＿＿＿

3＿＿＿＿＿＿＿＿＿

4＿＿＿＿＿＿＿＿＿

5＿＿＿＿＿＿＿＿＿

6＿＿＿＿＿＿＿＿＿

7＿＿＿＿＿＿＿＿＿

8＿＿＿＿＿＿＿＿＿

9＿＿＿＿＿＿＿＿＿

10＿＿＿＿＿＿＿＿

11＿＿＿＿＿＿＿＿

12＿＿＿＿＿＿＿＿

13＿＿＿＿＿＿＿＿

14＿＿＿＿＿＿＿＿

15＿＿＿＿＿＿＿＿

16＿＿＿＿＿＿＿＿

17＿＿＿＿＿＿＿＿

18＿＿＿＿＿＿＿＿

19＿＿＿＿＿＿＿＿

20＿＿＿＿＿＿＿＿

21＿＿＿＿＿＿＿＿

22＿＿＿＿＿＿＿＿

23＿＿＿＿＿＿＿＿

24＿＿＿＿＿＿＿＿

25＿＿＿＿＿＿＿＿

26＿＿＿＿＿＿＿＿

27＿＿＿＿＿＿＿＿

28＿＿＿＿＿＿＿＿

29＿＿＿＿＿＿＿＿

30＿＿＿＿＿＿＿＿

31＿＿＿＿＿＿＿＿

32＿＿＿＿＿＿＿＿

33＿＿＿＿＿＿＿＿

34＿＿＿＿＿＿＿＿

35＿＿＿＿＿＿＿＿

36＿＿＿＿＿＿＿＿

Step B ●作業でチェック●

ワーク1

① ＿＿＿＿＿＿＿＿

② ＿＿＿＿＿＿＿＿

③ ＿＿＿＿＿＿＿＿

ワーク2

ⓐ ＿＿＿＿＿＿＿＿

ⓑ ＿＿＿＿＿＿＿＿

ⓒ ＿＿＿＿＿＿＿＿

ワーク3

Ⓐ ＿＿＿＿＿＿＿＿

Ⓑ ＿＿＿＿＿＿＿＿

Ⓒ ＿＿＿＿＿＿＿＿

Ⓓ ＿＿＿＿＿＿＿＿

ワーク4

㋐ ＿＿＿＿＿＿＿＿

㋑ ＿＿＿＿＿＿＿＿

㋒ ＿＿＿＿＿＿＿＿

㋓ ＿＿＿＿＿＿＿＿

ワーク5

㋐ ＿＿＿＿＿＿＿＿

㋑ ＿＿＿＿＿＿＿＿

㋒ ＿＿＿＿＿＿＿＿

㋓ ＿＿＿＿＿＿＿＿

Step C ●センター試験にチャレンジ●

問1 [　　　] 問2 [　　　]

問3 [　　　]

38 世界の工業地域
【本誌P.90〜91】

Step A ●ポイント整理●

1 _____
2 _____
3 _____
4 _____
5 _____
6 _____
7 _____
8 _____
9 _____
10 _____
11 _____
12 _____
13 _____
14 _____
15 _____
16 _____
17 _____
18 _____
19 _____
20 _____
21 _____

Step B ●作業でチェック●

ワーク **1**

① _____
② _____
③ _____
④ _____
⑤ _____

⑥ _____
⑦ _____

ワーク **2**

ⓐ _____
ⓑ _____
ⓒ _____
ⓓ _____

Step C ●センター試験にチャレンジ●

問1 [   ]

39 日本の工業
【本誌P.92〜93】

Step A ●ポイント整理●

1 _____
2 _____
3 _____
4 _____
5 _____
6 _____
7 _____
8 _____
9 _____
10 _____
11 _____
12 _____
13 _____
14 _____
15 _____
16 _____
17 _____
18 _____
19 _____

20 _____
21 _____

Step B ●作業でチェック●

ワーク **1**

ⓐ _____
ⓑ _____
ⓒ _____
ⓓ _____
ⓔ _____

ワーク **2**

① _____
② _____
③ _____
④ _____

Step C ●センター試験にチャレンジ●

問1 [   ]

40 第3次産業
【本誌P.94〜95】

Step A ●ポイント整理●

1 _____
2 _____
3 _____
4 _____
5 _____
6 _____
7 _____
8 _____
9 _____
10 _____
11 _____

12＿＿＿＿＿＿＿＿＿＿＿＿＿

13＿＿＿＿＿＿＿＿＿＿＿＿＿

14＿＿＿＿＿＿＿＿＿＿＿＿＿

15＿＿＿＿＿＿＿＿＿＿＿＿＿

Step B ●作業でチェック●

ワーク 1

① ＿＿＿＿＿＿＿＿＿＿＿＿

② ＿＿＿＿＿＿＿＿＿＿＿＿

③ ＿＿＿＿＿＿＿＿＿＿＿＿

④ ＿＿＿＿＿＿＿＿＿＿＿＿

⑤ ＿＿＿＿＿＿＿＿＿＿＿＿

ワーク 2

ⓐ ＿＿＿＿＿＿＿＿＿＿＿＿

ⓑ ＿＿＿＿＿＿＿＿＿＿＿＿

ⓒ ＿＿＿＿＿＿＿＿＿＿＿＿

ⓓ ＿＿＿＿＿＿＿＿＿＿＿＿

Step C ●センター試験にチャレンジ●

問1 [　　　] 問2 [　　　]

---

41 交通・通信の発達 【本誌P.96〜99】

Step A ●ポイント整理●

1 ＿＿＿＿＿＿＿＿＿＿＿＿

2 ＿＿＿＿＿＿＿＿＿＿＿＿

3 ＿＿＿＿＿＿＿＿＿＿＿＿

4 ＿＿＿＿＿＿＿＿＿＿＿＿

5 ＿＿＿＿＿＿＿＿＿＿＿＿

6 ＿＿＿＿＿＿＿＿＿＿＿＿

7 ＿＿＿＿＿＿＿＿＿＿＿＿

8 ＿＿＿＿＿＿＿＿＿＿＿＿

9 ＿＿＿＿＿＿＿＿＿＿＿＿

10＿＿＿＿＿＿＿＿＿＿＿＿＿

11＿＿＿＿＿＿＿＿＿＿＿＿＿

12＿＿＿＿＿＿＿＿＿＿＿＿＿

13＿＿＿＿＿＿＿＿＿＿＿＿＿

14＿＿＿＿＿＿＿＿＿＿＿＿＿

15＿＿＿＿＿＿＿＿＿＿＿＿＿

16＿＿＿＿＿＿＿＿＿＿＿＿＿

17＿＿＿＿＿＿＿＿＿＿＿＿＿

18＿＿＿＿＿＿＿＿＿＿＿＿＿

19＿＿＿＿＿＿＿＿＿＿＿＿＿

20＿＿＿＿＿＿＿＿＿＿＿＿＿

21＿＿＿＿＿＿＿＿＿＿＿＿＿

22＿＿＿＿＿＿＿＿＿＿＿＿＿

23＿＿＿＿＿＿＿＿＿＿＿＿＿

24＿＿＿＿＿＿＿＿＿＿＿＿＿

25＿＿＿＿＿＿＿＿＿＿＿＿＿

26＿＿＿＿＿＿＿＿＿＿＿＿＿

27＿＿＿＿＿＿＿＿＿＿＿＿＿

28＿＿＿＿＿＿＿＿＿＿＿＿＿

29＿＿＿＿＿＿＿＿＿＿＿＿＿

30＿＿＿＿＿＿＿＿＿＿＿＿＿

31＿＿＿＿＿＿＿＿＿＿＿＿＿

32＿＿＿＿＿＿＿＿＿＿＿＿＿

Step B ●作業でチェック●

ワーク 1

① ＿＿＿＿＿＿＿＿＿＿＿＿

② ＿＿＿＿＿＿＿＿＿＿＿＿

③ ＿＿＿＿＿＿＿＿＿＿＿＿

④ ＿＿＿＿＿＿＿＿＿＿＿＿

ワーク 2

あ ＿＿＿＿＿＿＿＿＿＿＿＿

い ＿＿＿＿＿＿＿＿＿＿＿＿

う ＿＿＿＿＿＿＿＿＿＿＿＿

え ＿＿＿＿＿＿＿＿＿＿＿＿

ワーク 3

ⓐ ＿＿＿＿＿＿＿＿＿＿＿＿

ⓑ ＿＿＿＿＿＿＿＿＿＿＿＿

ⓒ ＿＿＿＿＿＿＿＿＿＿＿＿

ⓓ ＿＿＿＿＿＿＿＿＿＿＿＿

ⓔ ＿＿＿＿＿＿＿＿＿＿＿＿

ワーク 4

Ⓐ ＿＿＿＿＿＿＿＿ , ＿＿

Ⓑ ＿＿＿＿＿＿＿＿ , ＿＿

Ⓒ ＿＿＿＿＿＿＿＿ , ＿＿

Ⓓ ＿＿＿＿＿＿＿＿ , ＿＿

Step C ●センター試験・共通テストにチャレンジ●

問1 [　　] 問2 [　　]

問3 [　　] 問4 [　　]

問5 [　　]

---

42 世界の貿易 【本誌P.100〜101】

Step A ●ポイント整理●

1 ＿＿＿＿＿＿＿＿＿＿＿＿

2 ＿＿＿＿＿＿＿＿＿＿＿＿

3 ＿＿＿＿＿＿＿＿＿＿＿＿

4 ＿＿＿＿＿＿＿＿＿＿＿＿

5 ＿＿＿＿＿＿＿＿＿＿＿＿

6 ＿＿＿＿＿＿＿＿＿＿＿＿

7 ＿＿＿＿＿＿＿＿＿＿＿＿

8 ＿＿＿＿＿＿＿＿＿＿＿＿

9 ＿＿＿＿＿＿＿＿＿＿＿＿

10 _____

11 _____

12 _____

13 _____

14 _____

15 _____

16 _____

17 _____

18 _____

19 _____

Step B ●作業でチェック●

ワーク 1

① _____

② _____

③ _____

④ _____

ワーク 2

ⓐ _____

ⓑ _____

ⓒ _____

ⓓ _____

Step C ●センター試験にチャレンジ●

問1 [　　]

43　日本の貿易
【本誌P.102〜103】

Step A ●ポイント整理●

1 _____

2 _____

3 _____

4 _____

5 _____

6 _____

7 _____

8 _____

9 _____

10 _____

11 _____

12 _____

13 _____

14 _____

15 _____

16 _____

17 _____

Step B ●作業でチェック●

ワーク

① _____

② _____

③ _____

④ _____

⑤ _____

⑥ _____

⑦ _____

Step C ●センター試験にチャレンジ●

問1 [　　]

44　世界の人口
【本誌P.104〜105】

Step A ●ポイント整理●

1 _____

2 _____

3 _____

4 _____

5 _____

6 _____

7 _____

8 _____

9 _____

10 _____

11 _____

12 _____

13 _____

14 _____

15 _____

Step B ●作業でチェック●

ワーク 1

① _____

② _____

③ _____

④ _____

ワーク 2

ⓐ _____

ⓑ _____

ⓒ _____

Step C ●センター試験にチャレンジ●

問1 [　　]

45　世界の人口問題
【本誌P.106〜107】

Step A ●ポイント整理●

1 _____

2 _____

3 _____

22

4＿＿＿＿＿＿＿＿＿

5＿＿＿＿＿＿＿＿＿

6＿＿＿＿＿＿＿＿＿

7＿＿＿＿＿＿＿＿＿

8＿＿＿＿＿＿＿＿＿

9＿＿＿＿＿＿＿＿＿

10＿＿＿＿＿＿＿＿

11＿＿＿＿＿＿＿＿

12＿＿＿＿＿＿＿＿

13＿＿＿＿＿＿＿＿

14＿＿＿＿＿＿＿＿

Step B ●作業でチェック●

ワーク1

①＿＿＿＿＿＿＿＿

②＿＿＿＿＿＿＿＿

③＿＿＿＿＿＿＿＿

④＿＿＿＿＿＿＿＿

ワーク2

ⓐ＿＿＿＿＿＿＿＿

ⓑ＿＿＿＿＿＿＿＿

ⓒ＿＿＿＿＿＿＿＿

ⓓ＿＿＿＿＿＿＿＿

Step C ●センター試験・共通テストにチャレンジ●

問1 [　　] 問2 [　　]

46 日本の人口・人口問題 【本誌P.108〜109】

Step A ●ポイント整理●

1＿＿＿＿＿＿＿＿

2＿＿＿＿＿＿＿＿

3＿＿＿＿＿＿＿＿

4＿＿＿＿＿＿＿＿

5＿＿＿＿＿＿＿＿

6＿＿＿＿＿＿＿＿

7＿＿＿＿＿＿＿＿

8＿＿＿＿＿＿＿＿

9＿＿＿＿＿＿＿＿

10＿＿＿＿＿＿＿

11＿＿＿＿＿＿＿

12＿＿＿＿＿＿＿

13＿＿＿＿＿＿＿

14＿＿＿＿＿＿＿

15＿＿＿＿＿＿＿

16＿＿＿＿＿＿＿

17＿＿＿＿＿＿＿

18＿＿＿＿＿＿＿

19＿＿＿＿＿＿＿

20＿＿＿＿＿＿＿

Step B ●作業でチェック●

ワーク

①＿＿＿＿＿＿＿＿

②＿＿＿＿＿＿＿＿

③＿＿＿＿＿＿＿＿

Step C ●センター試験にチャレンジ●

問1 [　　]

47 村落の立地と発達 【本誌P.110〜111】

Step A ●ポイント整理●

1＿＿＿＿＿＿＿＿

2＿＿＿＿＿＿＿＿

3＿＿＿＿＿＿＿＿

4＿＿＿＿＿＿＿＿

5＿＿＿＿＿＿＿＿

6＿＿＿＿＿＿＿＿

7＿＿＿＿＿＿＿＿

8＿＿＿＿＿＿＿＿

9＿＿＿＿＿＿＿＿

10＿＿＿＿＿＿＿

11＿＿＿＿＿＿＿

12＿＿＿＿＿＿＿

13＿＿＿＿＿＿＿

14＿＿＿＿＿＿＿

15＿＿＿＿＿＿＿

16＿＿＿＿＿＿＿

17＿＿＿＿＿＿＿

18＿＿＿＿＿＿＿

19＿＿＿＿＿＿＿

20＿＿＿＿＿＿＿

21＿＿＿＿＿＿＿

Step B ●作業でチェック●

ワーク1

ⓐ＿＿＿＿＿＿＿＿

ⓑ＿＿＿＿＿＿＿＿

ⓒ＿＿＿＿＿＿＿＿

ⓓ＿＿＿＿＿＿＿＿

ⓔ＿＿＿＿＿＿＿＿

ⓕ＿＿＿＿＿＿＿＿

ⓖ＿＿＿＿＿＿＿＿

ワーク2

①＿＿＿＿＿＿＿＿

②＿＿＿＿＿＿＿＿

N地

③ _____

④ _____

Step C ●共通テストにチャレンジ●

問1 [   ]

---

48 都市の立地と発達 【本誌P.112〜113】

Step A ●ポイント整理●

1 _____

2 _____

3 _____

4 _____

5 _____

6 _____

7 _____

8 _____

9 _____

10 _____

11 _____

12 _____

13 _____

14 _____

15 _____

16 _____

Step B ●作業でチェック●

ワーク 1

㋐ _____

   _____

㋑ _____

_____

㋒ _____

_____

ワーク 2

① _____

② _____

③ _____

④ _____

ワーク 3

ⓐ _____

ⓑ _____

ⓒ _____

ⓓ _____

Step C ●共通テストにチャレンジ●

問1 [   ]

---

49 都市の機能と地域分化 【本誌P.114〜115】

Step A ●ポイント整理●

1 _____

2 _____

3 _____

4 _____

5 _____

6 _____

7 _____

8 _____

9 _____

10 _____

11 _____

12 _____

---

13 _____

14 _____

15 _____

16 _____

17 _____

18 _____

19 _____

Step B ●作業でチェック●

ワーク 1

1 _____

2 _____

3 _____

4 _____

5 _____

ワーク 2

ⓐ _____

ⓑ _____

ⓒ _____

ⓓ _____

ⓔ _____

ⓕ _____

ⓖ _____

ⓗ _____

Step C ●共通テストにチャレンジ●

問1 [   ]

---

50 日本の都市 【本誌P.116〜117】

Step A ●ポイント整理●

1 _____

2 _____

3 _____

4 _____

5 _____

6 _____

7 _____

8 _____

9 _____

10 _____

11 _____

12 _____

13 _____

14 _____

15 _____

16 _____

17 _____

18 _____

19 _____

20 _____

21 _____

22 _____

23 _____

24 _____

25 _____

26 _____

27 _____

28 _____

29 _____

Step B ●作業でチェック●

ワーク

① _____

② _____

③ _____

④ _____

⑤ _____

⑥ _____

⑦ _____

⑧ _____

⑨ _____

⑩ _____

⑪ _____

⑫ _____

⑬ _____

⑭ _____

⑮ _____

⑯ _____

⑰ _____

⑱ _____

⑲ _____

⑳ _____

Step C ●センター試験にチャレンジ●

問1 [　　　]

51 都市問題と都市計画 【本誌P.118〜119】

Step A ●ポイント整理●

1 _____

2 _____

3 _____

4 _____

5 _____

6 _____

7 _____

8 _____

9 _____

10 _____

11 _____

12 _____

13 _____

14 _____

15 _____

16 _____

17 _____

Step B ●作業でチェック●

ワーク

ⓐ _____

ⓑ _____

ⓒ _____

ⓓ _____

ⓔ _____

Step C ●センター試験にチャレンジ●

問1 [　　　] 問2 [　　　]

52 衣食住からみた世界 【本誌P.120〜121】

Step A ●ポイント整理●

1 _____

2 _____

3 _____

4 _____

5 _____

6 _____

7 _____

8 _____

9 _____

10 _____

11 _____

12 _____

13 _____

14 _____

15 _____

16 _____

17 _____

18 _____

19 _____

20 _____

Step B ●作業でチェック●

ワーク❶

① _____

② _____

③ _____

④ _____

ワーク❷

ⓐ _____

ⓑ _____

ⓒ _____

ⓓ _____

Step C ●センター試験・共通テストにチャレンジ●

問1 [　　　] 問2 [　　　]

53 世界の民族・言語 【本誌P.122〜123】

Step A ●ポイント整理●

1 _____

2 _____

3 _____

4 _____

5 _____

6 _____

7 _____

8 _____

9 _____

10 _____

11 _____

12 _____

13 _____

14 _____

15 _____

16 _____

17 _____

18 _____

19 _____

20 _____

21 _____

22 _____

Step B ●作業でチェック●

ワーク❶

① _____

② _____

ワーク❷

ⓐ _____

ⓑ _____

ⓒ _____

ⓓ _____

ⓔ _____

ⓕ _____

ⓖ _____

Step C ●センター試験にチャレンジ●

問1 [　　　]

54 世界の宗教 【本誌P.124〜125】

Step A ●ポイント整理●

1 _____

2 _____

3 _____

4 _____

5 _____

6 _____

7 _____

8 _____

9 _____

10 _____

11 _____

12 _____

13 _____

14 _____

15 _____

16 _____

17 _____

18 _____

19 _____

20 _____

Step B ●作業でチェック●

ワーク❶

① _____

② _____

③_____

④_____

⑤_____

⑥_____

⑦_____

⑧_____

ワーク2

ⓐ_____

ⓑ_____

ⓒ_____

ⓓ_____

Step C ●センター試験にチャレンジ●

問1 [　　　]

55　国家と領域
【本誌P.126〜127】

Step A ●ポイント整理●

1_____

2_____

3_____

4_____

5_____

6_____

7_____

8_____

9_____

10_____

11_____

12_____

13_____

14_____

15_____

16_____

17_____

18_____

19_____

20_____

21_____

22_____

23_____

24_____

25_____

26_____

Step B ●作業でチェック●

ワーク1

ⓐ_____

ⓑ_____

ⓒ_____

ⓓ_____

ⓔ_____

ワーク2

①_____

②_____

③_____

④_____

⑤_____

⑥_____

⑦_____

⑧_____

⑨_____

⑩_____

⑪_____

⑫_____

⑬_____

⑭_____

⑮_____

⑯_____

⑰_____

Step C ●センター試験にチャレンジ●

問1 [　　　]

56　世界の民族・領土
問題　【本誌P.128〜129】

Step A ●ポイント整理●

1_____

2_____

3_____

4_____

5_____

6_____

7_____

8_____

9_____

10_____

11_____

12_____

13_____

14_____

15_____

16_____

17_____

18_____

19_____

20 _____

21 _____

22 _____

Step B ●作業でチェック●

ワーク

① _____

② _____

③ _____

④ _____

⑤ _____

⑥ _____

⑦ _____

⑧ _____

⑨ _____

⑩ _____

⑪ _____

⑫ _____

⑬ _____

⑭ _____

⑮ _____

⑯ _____

⑰ _____

⑱ _____

⑲ _____

⑳ _____

㉑ _____

Step C ●センター試験にチャレンジ●

問1 [   ]

---

57 民族・領土からみた日本
【本誌P.130〜131】

Step A ●ポイント整理●

1 _____

2 _____

3 _____

4 _____

5 _____

6 _____

7 _____

8 _____

9 _____

10 _____

11 _____

12 _____

13 _____

14 _____

15 _____

16 _____

17 _____

18 _____

Step B ●作業でチェック●

ワーク1

① _____

② _____

③ _____

ワーク2

ⓐ _____

ⓑ _____

ⓒ _____

Step C ●センター試験にチャレンジ●

問1 [   ]

---

58 国家間の結びつき
【本誌P.132〜133】

Step A ●ポイント整理●

1 _____

2 _____

3 _____

4 _____

5 _____

6 _____

7 _____

8 _____

9 _____

10 _____

11 _____

12 _____

13 _____

14 _____

15 _____

16 _____

17 _____

18 _____

Step B ●作業でチェック●

ワーク1

① _____

② _____

③ _____

④ _____

ワーク 2

ⓐ _____

ⓑ _____

ⓒ _____

ⓓ _____

ワーク 3

Ⓐ _____

Ⓑ _____

Ⓒ _____

Ⓓ _____

Ⓔ _____

Step C ●センター試験にチャレンジ●

問1 [   ]

Ⅲ　現代世界の地誌的考察

59　世界の地域と地域区分【本誌P.134〜135】

Step A ●ポイント整理●

1 _____

2 _____

3 _____

4 _____

5 _____

6 _____

7 _____

8 _____

9 _____

10 _____

11 _____

12 _____

Step B ●作業でチェック●

ワーク 1

① _____

② _____

③ _____

④ _____

⑤ _____

⑥ _____

ワーク 2

ⓐ _____

ⓑ _____

ⓒ _____

ⓓ _____

ⓔ _____

ⓕ _____

ⓖ _____

ⓗ _____

ⓘ _____

ⓙ _____

Step C ●センター試験にチャレンジ●

問1 [   ]　問2 [   ]

60　東アジア①　中国【本誌P.136〜139】

Step A ●ポイント整理●

1 _____

2 _____

3 _____

4 _____

5 _____

6 _____

7 _____

8 _____

9 _____

10 _____

11 _____

12 _____

13 _____

14 _____

15 _____

16 _____

17 _____

18 _____

19 _____

20 _____

21 _____

22 _____

23 _____

24 _____

25 _____

26 _____

27 _____

Step B ●作業でチェック●

ワーク 1

① _____

② _____

③ _____

④ _____

⑤ _____

⑥ _____

⑦ _____

⑧ _____

⑨ _____

⑩ _____

⑪ _____

⑫ _____

ワーク2

ⓐ _____

ⓑ _____

ⓒ _____

ⓓ _____

ⓔ _____

ⓕ _____

ⓖ _____

ⓗ _____

ⓘ _____

ⓙ _____

ⓚ _____

ⓛ _____

ⓜ _____

ⓝ _____

ⓞ _____

ⓟ _____

ワーク3

Ⓐ _____

Ⓑ _____

Ⓒ _____

Ⓓ _____

Ⓔ _____

Ⓕ _____

Ⓖ _____

Step C ●センター試験にチャレンジ●

問1 [   ]　問2 [   ]

61　東アジア②　韓国 【本誌P.140〜141】

Step A ●ポイント整理●

1 _____

2 _____

3 _____

4 _____

5 _____

6 _____

7 _____

8 _____

9 _____

10 _____

Step B ●作業でチェック●

ワーク

① _____

② _____

③ _____

④ _____

⑤ _____

⑥ _____

⑦ _____

⑧ _____

⑨ _____

⑩ _____

Step C ●センター試験にチャレンジ●

問1 [   ]　問2 [   ]

62　東南アジア 【本誌P.142〜145】

Step A ●ポイント整理●

1 _____

2 _____

3 _____

4 _____

5 _____

6 _____

7 _____

8 _____

9 _____

10 _____

11 _____

12 _____

13 _____

14 _____

15 _____

16 _____

17 _____

18 _____

19 _____

20 _____

21 _____

22 _____

23 _____

24 _____

25 _____

Step B ●作業でチェック●

ワーク1

① _____

② _____

③ _____

④ _____

⑤ _____

⑥ _____

⑦ _____

⑧ _____

⑨ _____

⑩ _____

⑪ _____

⑫ _____

⑬ _____

⑭ _____

⑮ _____

ワーク②

ⓐ _____

ⓑ _____

ⓒ _____

ⓓ _____

ⓔ _____

ⓕ _____

ⓖ _____

ⓗ _____

ⓘ _____

Step C ●センター試験にチャレンジ●

問1 [   ]   問2 [   ]

問3 [   ]

63 南アジア
【本誌P.146～147】

Step A ●ポイント整理●

1 _____

2 _____

3 _____

4 _____

5 _____

6 _____

7 _____

8 _____

9 _____

10 _____

11 _____

12 _____

13 _____

14 _____

15 _____

16 _____

17 _____

Step B ●作業でチェック●

ワーク

① _____

② _____

③ _____

④ _____

⑤ _____

⑥ _____

⑦ _____

⑧ _____

⑨ _____

⑩ _____

⑪ _____

⑫ _____

⑬ _____

⑭ _____

⑮ _____

⑯ _____

⑰ _____

Step C ●センター試験にチャレンジ●

問1 [   ]

64 西アジア・中央アジア
【本誌P.148～149】

Step A ●ポイント整理●

1 _____

2 _____

3 _____

4 _____

5 _____

6 _____

7 _____

8 _____

9 _____

10 _____

11 _____

12 _____

Step B ●作業でチェック●

ワーク①

ⓐ _____

ⓑ _____

ⓒ＿＿＿＿＿＿＿＿＿＿

ⓓ＿＿＿＿＿＿＿＿＿＿

ⓔ＿＿＿＿＿＿＿＿＿＿

ⓕ＿＿＿＿＿＿＿＿＿＿

ⓖ＿＿＿＿＿＿＿＿＿＿

ⓗ＿＿＿＿＿＿＿＿＿＿

ワーク②

① ＿＿＿＿＿＿＿＿＿＿

② ＿＿＿＿＿＿＿＿＿＿

③ ＿＿＿＿＿＿＿＿＿＿

④ ＿＿＿＿＿＿＿＿＿＿

⑤ ＿＿＿＿＿＿＿＿＿＿

⑥ ＿＿＿＿＿＿＿＿＿＿

⑦ ＿＿＿＿＿＿＿＿＿＿

⑧ ＿＿＿＿＿＿＿＿＿＿

⑨ ＿＿＿＿＿＿＿＿＿＿

⑩ ＿＿＿＿＿＿＿＿＿＿

⑪ ＿＿＿＿＿＿＿＿＿＿

⑫ ＿＿＿＿＿＿＿＿＿＿

Step C ●共通テストにチャレンジ●

問1 [　　　]

65 アフリカ
【本誌P.150〜151】

Step A ●ポイント整理●

1 ＿＿＿＿＿＿＿＿＿＿

2 ＿＿＿＿＿＿＿＿＿＿

3 ＿＿＿＿＿＿＿＿＿＿

4 ＿＿＿＿＿＿＿＿＿＿

5 ＿＿＿＿＿＿＿＿＿＿

6 ＿＿＿＿＿＿＿＿＿＿

7 ＿＿＿＿＿＿＿＿＿＿

8 ＿＿＿＿＿＿＿＿＿＿

9 ＿＿＿＿＿＿＿＿＿＿

10 ＿＿＿＿＿＿＿＿＿＿

11 ＿＿＿＿＿＿＿＿＿＿

12 ＿＿＿＿＿＿＿＿＿＿

13 ＿＿＿＿＿＿＿＿＿＿

14 ＿＿＿＿＿＿＿＿＿＿

15 ＿＿＿＿＿＿＿＿＿＿

Step B ●作業でチェック●

ワーク

① ＿＿＿＿＿＿＿＿＿＿

② ＿＿＿＿＿＿＿＿＿＿

③ ＿＿＿＿＿＿＿＿＿＿

④ ＿＿＿＿＿＿＿＿＿＿

⑤ ＿＿＿＿＿＿＿＿＿＿

⑥ ＿＿＿＿＿＿＿＿＿＿

⑦ ＿＿＿＿＿＿＿＿＿＿

⑧ ＿＿＿＿＿＿＿＿＿＿

⑨ ＿＿＿＿＿＿＿＿＿＿

⑩ ＿＿＿＿＿＿＿＿＿＿

⑪ ＿＿＿＿＿＿＿＿＿＿

⑫ ＿＿＿＿＿＿＿＿＿＿

ⓐ ＿＿＿＿＿＿＿＿＿＿

ⓑ ＿＿＿＿＿＿＿＿＿＿

ⓒ ＿＿＿＿＿＿＿＿＿＿

ⓓ ＿＿＿＿＿＿＿＿＿＿

ⓔ ＿＿＿＿＿＿＿＿＿＿

ⓕ ＿＿＿＿＿＿＿＿＿＿

ⓖ ＿＿＿＿＿＿＿＿＿＿

ⓗ ＿＿＿＿＿＿＿＿＿＿

ⓘ ＿＿＿＿＿＿＿＿＿＿

ⓙⓚ ＿＿＿＿＿＿＿＿＿＿

Step C ●センター試験にチャレンジ●

問1 [　　] 問2 [　　]

66 ヨーロッパ
【本誌P.152〜157】

Step A ●ポイント整理●

1 ＿＿＿＿＿＿＿＿＿＿

2 ＿＿＿＿＿＿＿＿＿＿

3 ＿＿＿＿＿＿＿＿＿＿

4 ＿＿＿＿＿＿＿＿＿＿

5 ＿＿＿＿＿＿＿＿＿＿

6 ＿＿＿＿＿＿＿＿＿＿

7 ＿＿＿＿＿＿＿＿＿＿

8 ＿＿＿＿＿＿＿＿＿＿

9 ＿＿＿＿＿＿＿＿＿＿

10 ＿＿＿＿＿＿＿＿＿＿

11 ＿＿＿＿＿＿＿＿＿＿

12 ＿＿＿＿＿＿＿＿＿＿

13 ＿＿＿＿＿＿＿＿＿＿

14 ＿＿＿＿＿＿＿＿＿＿

15 ＿＿＿＿＿＿＿＿＿＿

16 ＿＿＿＿＿＿＿＿＿＿

17 ＿＿＿＿＿＿＿＿＿＿

18 ＿＿＿＿＿＿＿＿＿＿

19 ＿＿＿＿＿＿＿＿＿＿

20 ＿＿＿＿＿＿＿＿＿＿

21 ＿＿＿＿＿＿＿＿＿＿

22 ＿＿＿＿＿＿＿＿＿＿

23 ＿＿＿＿＿＿＿＿＿＿

24＿＿＿＿＿＿＿＿＿＿＿＿

25＿＿＿＿＿＿＿＿＿＿＿＿

26＿＿＿＿＿＿＿＿＿＿＿＿

27＿＿＿＿＿＿＿＿＿＿＿＿

28＿＿＿＿＿＿＿＿＿＿＿＿

29＿＿＿＿＿＿＿＿＿＿＿＿

30＿＿＿＿＿＿＿＿＿＿＿＿

31＿＿＿＿＿＿＿＿＿＿＿＿

32＿＿＿＿＿＿＿＿＿＿＿＿

33＿＿＿＿＿＿＿＿＿＿＿＿

34＿＿＿＿＿＿＿＿＿＿＿＿

Step B ●作業でチェック●

ワーク1

① ＿＿＿＿＿＿＿＿＿＿＿

② ＿＿＿＿＿＿＿＿＿＿＿

③ ＿＿＿＿＿＿＿＿＿＿＿

④ ＿＿＿＿＿＿＿＿＿＿＿

⑤ ＿＿＿＿＿＿＿＿＿＿＿

⑥ ＿＿＿＿＿＿＿＿＿＿＿

⑦ ＿＿＿＿＿＿＿＿＿＿＿

⑧ ＿＿＿＿＿＿＿＿＿＿＿

⑨ ＿＿＿＿＿＿＿＿＿＿＿

⑩ ＿＿＿＿＿＿＿＿＿＿＿

⑪ ＿＿＿＿＿＿＿＿＿＿＿

⑫ ＿＿＿＿＿＿＿＿＿＿＿

⑬ ＿＿＿＿＿＿＿＿＿＿＿

⑭ ＿＿＿＿＿＿＿＿＿＿＿

⑮ ＿＿＿＿＿＿＿＿＿＿＿

⑯ ＿＿＿＿＿＿＿＿＿＿＿

⑰ ＿＿＿＿＿＿＿＿＿＿＿

⑱ ＿＿＿＿＿＿＿＿＿＿＿

⑲ ＿＿＿＿＿＿＿＿＿＿＿

ワーク2

1 Ⓐ ＿＿＿＿＿＿＿＿ 年

　 Ⓑ ＿＿＿＿＿＿＿＿ 年

　 Ⓒ ＿＿＿＿＿＿＿＿ 年

　 Ⓓ ＿＿＿＿＿＿＿＿ 年

2 　下図に記入

ワーク3

ⓐ ＿＿＿＿＿＿＿＿＿＿

ⓑ ＿＿＿＿＿＿＿＿＿＿

ⓒ ＿＿＿＿＿＿＿＿＿＿

ⓓ ＿＿＿＿＿＿＿＿＿＿

ⓔ ＿＿＿＿＿＿＿＿＿＿

ⓕ ＿＿＿＿＿＿＿＿＿＿

ⓖ ＿＿＿＿＿＿＿＿＿＿

ⓗ ＿＿＿＿＿＿＿＿＿＿

ⓘ ＿＿＿＿＿＿＿＿＿＿

ⓙ ＿＿＿＿＿＿＿＿＿＿

ⓚ ＿＿＿＿＿＿＿＿＿＿

ⓛ ＿＿＿＿＿＿＿＿＿＿

ⓜ ＿＿＿＿＿＿＿＿＿＿

ワーク4

㋐ ＿＿＿＿＿＿＿＿＿＿

㋑ ＿＿＿＿＿＿＿＿＿＿

㋒ ＿＿＿＿＿＿＿＿＿＿

Step C ●共通テストにチャレンジ●

問1 [　　　]

問2 [　　　]

問3 [　　　]

67　ロシア
【本誌P.158〜159】

Step A ●ポイント整理●

1 ＿＿＿＿＿＿＿＿＿＿＿＿＿＿

2 ＿＿＿＿＿＿＿＿＿＿＿＿＿＿

3 ＿＿＿＿＿＿＿＿＿＿＿＿＿＿

Step B ●作業でチェック●

（P.155）**ワーク2**　2

(2023年7月現在)

▨ Ⓐ
▧ Ⓑ
■ 原加盟国
▥ Ⓒ
▨ Ⓓ

0　　　　1,000km

※イギリスは離脱

N地

4 _____

5 _____

6 _____

7 _____

8 _____

9 _____

10 _____

11 _____

12 _____

13 _____

Step B ●作業でチェック●

ワーク 1

① _____

② _____

③ _____

④ _____

⑤ _____

⑥ _____

⑦ _____

⑧ _____

ⓐ _____

ⓑ _____

ⓒ _____

ⓓ _____

ⓔ _____

ⓕ _____

Ⓐ _____

ワーク 2

㋐ _____

㋑ _____

㋒ _____

㋓ _____

㋔ _____

Step C ●センター試験にチャレンジ●

問1 [   ]

68 アングロアメリカ 【本誌P.160〜163】

Step A ●ポイント整理●

1 _____

2 _____

3 _____

4 _____

5 _____

6 _____

7 _____

8 _____

9 _____

10 _____

11 _____

12 _____

13 _____

14 _____

15 _____

16 _____

17 _____

18 _____

19 _____

20 _____

21 _____

22 _____

23 _____

24 _____

Step B ●作業でチェック●

ワーク 1

① _____

② _____

③ _____

④ _____

⑤ _____

⑥ _____

⑦ _____

⑧ _____

⑨ _____

⑩ _____

⑪ _____

⑫ _____

⑬ _____

⑭ _____

⑮ _____

⑯ _____

ワーク 2

ⓐ _____

ⓑ _____

ⓒ _____

ⓓ _____

ⓔ _____

ⓕ _____

ⓖ _____

Ⓐ _____

Ⓑ _____

㋐ _____

ⓘ_____

ⓤ_____

ⓔ_____

ⓞ_____

ⓚ_____

ⓘ_____

ⓚ_____

ⓚ_____

ⓒ_____

Step C ●センター試験・共通テストにチャレンジ●

問1 [   ] 問2(1)[   ]

(2)[   ] 問3 [   ]

69 ラテンアメリカ
【本誌P.164～167】

Step A ●ポイント整理●

1 _____

2 _____

3 _____

4 _____

5 _____

6 _____

7 _____

8 _____

9 _____

10 _____

11 _____

12 _____

13 _____

14 _____

15 _____

16 _____

17 _____

18 _____

19 _____

20 _____

21 _____

22 _____

23 _____

Step B ●作業でチェック●

ワーク 1

① _____

② _____

③ _____

④ _____

⑤ _____

⑥ _____

⑦ _____

⑧ _____

⑨ _____

⑩ _____

⑪ _____

⑫ _____

⑬ _____

⑭ _____

⑮ _____

⑯ _____

⑰ _____

⑱ _____

⑲ _____

⑳ _____

㉑ _____

ワーク 2

ⓐ _____

ⓑ _____

ⓒ _____

ⓓ _____

ⓔ _____

ⓕ _____

ⓖ _____

Step C ●センター試験にチャレンジ●

問1 [   ] 問2 [   ]

問3 [   ]

70 オセアニア
【本誌P.168～169】

Step A ●ポイント整理●

1 _____

2 _____

3 _____

4 _____

5 _____

6 _____

7 _____

8 _____

9 _____

10 _____

11 _____

12 _____

13 _____

Step B ●作業でチェック●

ワーク 1

① _____

② _____

③ _____

④ _____

⑤ _____ ,

⑥ _____ ,

⑦ _____ ,

⑧ _____ ,

⑨ _____ ,

⑩ _____ ,

ワーク②

ⓐ _____

ⓑ _____

ⓒ _____

ⓓ _____

Step C ●センター試験にチャレンジ●

問1 [　　　] 問2 [　　　]

71 日本地誌
【本誌P.170〜176】

Step A ●ポイント整理●

1 _____

2 _____

3 _____

4 _____

5 _____

6 _____

7 _____

8 _____

9 _____

10 _____

11 _____

12 _____

13 _____

14 _____

15 _____

16 _____

17 _____

18 _____

19 _____

20 _____

21 _____

22 _____

23 _____

24 _____

25 _____

26 _____

27 _____

28 _____

29 _____

30 _____

31 _____

32 _____

33 _____

34 _____

35 _____

Step B ●作業でチェック●

ワーク①

ⓐ _____

ⓑ _____

ⓒ _____

ⓓ _____

ⓔ _____

ⓕ _____

ⓖ _____

ⓗ _____

ⓘ _____

ⓙ _____

ⓚ _____

ⓛ _____

ⓜ _____

ⓝ _____

ⓞ _____

ⓟ _____

ⓠ _____

ⓡ _____

ⓢ _____

ⓣ _____

ⓤ _____

ⓥ _____

ⓦ _____

ワーク②

① _____

② _____

③ _____

④ _____

⑤ _____

⑥ _____

⑦ _____

⑧ _____

⑨ _____

⑩ _____

⑪ _____

⑫ _____

⑬＿＿＿＿＿＿＿＿＿＿＿＿＿＿＿

⑭＿＿＿＿＿＿＿＿＿＿＿＿＿＿＿

⑮＿＿＿＿＿＿＿＿＿＿＿＿＿＿＿

⑯＿＿＿＿＿＿＿＿＿＿＿＿＿＿＿

⑰＿＿＿＿＿＿＿＿＿＿＿＿＿＿＿

⑱＿＿＿＿＿＿＿＿＿＿＿＿＿＿＿

⑲＿＿＿＿＿＿＿＿＿＿＿＿＿＿＿

⑳＿＿＿＿＿＿＿＿＿＿＿＿＿＿＿

㉑＿＿＿＿＿＿＿＿＿＿＿＿＿＿＿

㉒＿＿＿＿＿＿＿＿＿＿＿＿＿＿＿

㉓＿＿＿＿＿＿＿＿＿＿＿＿＿＿＿

㉔＿＿＿＿＿＿＿＿＿＿＿＿＿＿＿

㉕＿＿＿＿＿＿＿＿＿＿＿＿＿＿＿

㉖＿＿＿＿＿＿＿＿＿＿＿＿＿＿＿

㉗＿＿＿＿＿＿＿＿＿＿＿＿＿＿＿

㉘＿＿＿＿＿＿＿＿＿＿＿＿＿＿＿

㉙＿＿＿＿＿＿＿＿＿＿＿＿＿＿＿

Step C ●共通テストにチャレンジ●

問1 [　　　] 問2 [　　　]

問3 [　　　] 問4 [　　　]

問5 [　　　]

NEW COM.-PASS
ニューコンパスノート 地理 2024　解答・解説
※解答・解説の用語は，対応する本誌の
　問題に従って表記しています。

1　地理的視野の拡大【P.4〜5】

Step A　●ポイント整理●

1．粘土　2．エラトステネス　3．プトレマイオス
4．TO　5．世界の記述　6．地球儀　7．マゼラン
8．メルカトル　9．南極　10．行基　11．伊能忠敬
12．国土地理院　13．GNSS　14．GIS　15．リモート
センシング

Step B　●作業でチェック●

ワーク　名称　Ⓐc　Ⓑb　Ⓒd　Ⓓa　Ⓔe
　　　　説明　Ⓐエ　Ⓑア　Ⓒカ　Ⓓイ　Ⓔウ

【解説】　はじめに，日本の地図と世界の地図に分けよう。
日本の地図は主にこの2枚しか出題されないので，どちら
がいつの時代につくられたのか確認しておく（**行基図（奈
良時代）**，**伊能図（江戸時代・後期）**）。世界の地図では，
ヨーロッパ中世の，TOマップを除き，人類の地理的視野
の拡大によって，いかに現在の世界全図に近づいてきたの
かが判断のポイントとなる。

Step C　●センター試験・共通テストにチャレンジ●

問1　①　問2　⑤

【解説】　問1　まず，問題文より前提は支所の「追加」で
あり「移転」ではない点に注意。図1より，候補地点アの地
点は現在の支所の約1km東の地点であり，周辺は人口が比
較的集中している地域であることが分かる。候補地点イの地
点は現在の支所より3km以上南東に離れた地点であり，周
辺は人口が比較的集中していない地域であることが分かる。
図2より，aは現在と比較して1km未満の割合はわずかに
増えるのみだが，3km以上の割合がほぼ0となることが分
かる。bは現在やaと比較して，1km未満の割合が増える
ことが分かる。以上を踏まえると候補地点イに当てはまる距
離別人口割合は3km以上の割合がほぼ0となっているaで
あり，移動にかかる負担の住民間の差が減少していることか
ら考え方は公平性を重視しているAとなる。一方，候補地点
アは距離別人口割合で1km未満の割合がより増えるbであ
り，考え方のBにあるような効率性を重視した配置である。
問2　各技術の基本的な特徴を理解しておこう。X：現在
位置の特定→GPS，Y：人工衛星搭載カメラで撮影→遠
隔探査，Z：数値地図データ入力・分析，地図上に表示
→GIS。GISは地理的データをデジタル化することで，そ
れらをデータベースにして活用することができる。そのた
め従来からある各種データの統合・加工が可能となった。
日本では1995年の阪神・淡路大震災を契機に，関係省庁間
でデータの調整を行い，現在ではインターネットを通じて
各種地図データが提供されるようになった。市町村では都

市計画や下水道，固定資産税の算定などの業務に多く用い
られている。2015年，RESAS（リーサス・地域経済分析
システム）の供用が始まった。ビッグデータを集約，編
集・加工することにより人口動態や産業構造等を地図化し
分析することができる。これらのリアルデータに基づいて，
政策・施策の立案が自治体で始まっている。

2　さまざまな地図投影法【P.6〜7】

Step A　●ポイント整理●

1．分布図　2．サンソン　3．モルワイデ　4．ホモ
ロサイン（グード）　5．40度44分（約41度）　6．メル
カトル　7．等角航路　8．直線　9．60　10．極
11．正距方位　12．大圏航路　13．航空図　14．対蹠点
15．2　16．国連旗

Step B　●作業でチェック●

ワーク1　①メルカトル図法　②正距方位図法　③モル
ワイデ図法　④サンソン図法　⑤ホモロサイン図法
（グード図法）　⑥ボンヌ図法
ワーク2　①方位：西北西　⑪距離（km）：2,000
ワーク3　d　ワーク4　B

【解説】　ワーク1　⑥のボンヌ図法は，緯線間と経線間の
間隔を地表と同じ比率で描くため**正積図法**となる。この図
法で描いた世界地図はハート形になることに特徴がある。
縁辺部でのひずみは大きいが，中央経線，標準緯線付近の
形が自然なため，**地方図**として使われる。
ワーク2　東京を中心とした正距方位図法なので，東京と
ペキンを直線で結ぶと，東京からみたペキンの方位は西北
西とわかる。距離に関してはスケール（縮尺の目盛り）は
ないが，日本を通る東経135度の経線で，緯度差15度の長
さは，4万km×15度÷360度＝約1,666kmとなる。この長
さを基準に考える。
ワーク3　ア〜エはすべて北緯60度線上にあるため，2点
間の距離を比較するには，各点の経度差を比較すればよい。
ワーク4　A〜Cはすべて経度差15度，緯度差15度の範囲
である。しかし，**緯線の長さは，地球上では低緯度ほど長く，
高緯度ほど短い**。したがって，AとCは緯度15〜30度の範
囲を示しており，北半球と南半球の違いはあるが，面積は
同じである。これに対してBの範囲は緯度0〜15度の範囲を
示しているので，地球上の面積はA・Cと比較して広くなる。

Step C　●センター試験にチャレンジ●

問1　①

【解説】　ホモロサイン図法は正積図法であるサンソン図法
とモルワイデ図法を接合した図法であるため**分布図**に適して
いる。したがって，地理的事象の分布を描くのに適している。

3 地球と時差【P.8～9】

Step A ●ポイント整理●

1. 6,400　2. 4　3. 5.1　4. 3：7　5. 875
6. 南極　7. アジア　8. オーストラリア　9. アメリカ合衆国　10. オーストラリア　11. 本初子午線
12. 日付変更線　13. 60　14. 2　15. 66度34分
16. 23度26分　17. 111　18. グリニッジ標準時
19. 日本標準時　20. 15　21. 西側　22. 午前1
23. 前日　24. 翌日　25. サマータイム

Step B ●作業でチェック●

ワーク1　（省略）
ワーク2　3月10日午前1時

【解説】　**ワーク2**　東京は東経135度の経線が標準時子午線で，サンフランシスコは西経120度の経線が標準時子午線。
①東廻りで経度差を計算：（180－135）＋（180－120）＝105度，105÷15＝7時間の時差。東廻りで考えたので7時間時計を進め，3月11日午前1時となるが，途中日付変更線を西から東に越えたので，日付を前の日に戻す。よって3月10日午前1時となる。
②西廻りで経度差を計算：135＋120＝255度，255÷15＝17時間の時差。西廻りで考えたので17時間時計を遅らせ，3月10日午前1時となる。

Step C ●センター試験にチャレンジ●

問1　⑤

【解説】　換算具の内側の円盤に東京とサンフランシスコの時差がすでに示されている。その時差は西廻りで－17時間，東廻りで＋7時間（日付を前日に戻す）である。18時に東京を出発してから9時間後にサンフランシスコに到着したので，サンフランシスコ到着時の東京の時刻は18時＋9時間で翌日の午前3時である。この時のサンフランスコの時刻は，東廻りで考えると午前3時＋7時間で午前10時，ただし日付を前日に戻す。西廻りで考えると午前3時－17時間で前日の午前10時となる。

4 地図の種類【P.10～11】

Step A ●ポイント整理●

1. 一般　2. 主題　3. 実測　4. 編集　5. リモートセンシング　6. GNSS　7. GPS　8. GIS
9. ドットマップ　10. 等値線図　11. 流線図　12. 図形表現図　13. カルトグラム　14. メッシュマップ
15. 階級区分図　16. 凡例　17. 絶対分布　18. 相対分布

Step B ●作業でチェック●

ワーク1　①ドットマップ　②流線図　③階級区分図（コロプレスマップ）　④図形表現図　⑤メッシュマップ　⑥等値線図
ワーク2　ⓐ円　ⓑ図形　ⓒ絶対

【解説】　**ワーク1**　各図はある事象に関する都道府県の，あるいは市町村別の統計と考えてもよい。例えば①は農産物や人口分布，②は市町村別の転入者や通勤者などの人口移動量，⑤は土地の起伏量や人口密度，⑥は気温分布などの統計を表現している統計図と考えられる。

Step C ●センター試験にチャレンジ●

問1　④

【解説】　①の図形表現図は，統計値の大小を円や球などで視覚的に表現した統計地図であり，コンビニエンスストアの各店舗の年間販売額を表現し，比較するのに適している。②のドットマップは，1店舗で1点や，人口1,000人で1点というように，1点が意味する値を決め地図上に点を打つ統計地図である。コンビニエンスストアの分布状況を点の疎密から読み取ることができるため，適当な表現方法である。③の階級区分図は，割合や指数などといった相対値を表現した統計地図で，地域ごとの統計数値を色の違いや色の濃淡で表現する。地区別人口密度という相対値の表現に適する表現方法である。また階級区分の数値設定で，図の印象を変えることができるため，強調されている階級に着目し，図を読み取る必要がある。④の等値線図は，気温や降水量などの連続的に変化する事象の表現に適した統計地図であり，商品の流通経路のような物の移動の表現には不適当である。物の移動の表現には流線図が適している。

5 地形図の読図① 【P.12〜13】

1. 国土地理院　2. 実測　3. 位置　4. 高さ
5. 編集　6. ユニバーサル横メルカトル（UTM）
7. 分数　8. 博物館　9. 老人ホーム　10. 風車
11. 図書館　12. 地理院地図　13. 計曲線　14. 閉曲線
15. 高い　16. 急峻（急傾斜）　17. 平坦（緩傾斜）
18. 100　19. 10　20. おう地　21. がけ

ワーク1 ①小おう地　②おう地　③がけ（土）　④が
け（岩）　⑤湿地　⑥堤防　⑦隠顕岩
ワーク2 ⓐ盛土部　ⓑトンネルのある軽車道　ⓒ高層
建物　ⓓ無壁舎　ⓔ擁壁　ⓕ流水方向

【解説】 **ワーク1** ①②はおう地で，**火山の噴気口，カル
スト地形のドリーネ，海岸砂丘のおう地**などにみられる。
③④は段丘崖の急斜面によくみられる。河岸段丘の段差数
mの段丘崖は③の地図記号だけで表現されることが多い。
また海食崖は④の地図記号で表現されることが多い。⑦は
海底のサンゴ礁や**海食台**を表す。
ワーク2 ⓐは盛土部である。「盛土」は鉄道や道路建設
のために**土砂を盛った部分**で，「切取」は**土砂を削った場
所**である。したがって，この地図記号から土地の高低を推
測することができる。「分離帯」は高速道路や4車線以上
の幅の広い道路でみられる。ⓑはトンネルのある軽車道で，
軽車道とは道路幅が1m〜3mの道路である。トンネルの
表記の仕方は覚えておきたい。ⓒは高層建物で高さ60m以
上の非木造建物である（平成25年の図式改訂時に変更）。
ⓓは**畜舎，ビニールハウス，倉庫**など側壁のない建物を表
す。ⓔは河岸や海岸をコンクリートで**護岸工事**をしてある
場所である。

問1 ④

【解説】 この地形図は**カルスト地形**で有名な山口県の秋吉
台付近の地形図である。①は誤り。神社，郵便局，老人
ホームはみられるが，**警察署や高等学校はみられない**。交
番や小中学校と間違えないように注意したい。②は誤り。
十南台にみられる地図記号は電子基準点ではなく，**電波塔**
である。③は誤り。図の西部を流れる河川は97.5の補助
曲線，神社の南の104mの標高点，103.7mの三角点などか
ら**北部から南部に流れている**ことが分かる。④は正しい。
図の東部には大小多くのおう地がみられ，付近には荒れ地
や広葉樹林，針葉樹林の地図記号がみられる。

6 地形図の読図② 【P.14〜15】

1. 分水嶺　2. 尾根線　3. 谷線　4. 流域　5. 縮
尺の分母　6. 250　7. 500　8. 4　9. 2　10. 1.5
11. 寺院　12. CBD（中心業務地区）　13. バイパス
14. ドーナツ　15. 田　16. 工場　17. ラグーン
18. 擁壁　19. 三日月（河跡）　20. 桑畑

ワーク ①〜③は図参照。④B　⑤360m

【解説】 ③ダムQの堰堤の中央部分の標高は520m。最大
水深が40mなので，560mの等高線に沿って水面を示せば
よい。④図の尾根線をそれぞれA・B・C地点からP点ま
でたどる。⑤図の最も高い等高線は右上端の820mの等高
線。最も低い等高線は右下端の460mの等高線。

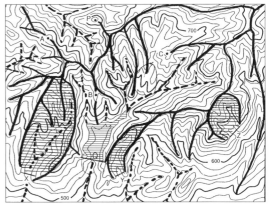

―――尾根線　-----谷線

問1 ②

【解説】 ①は正しい。標高点から図の南西部の水域は湖だ
と分かり，2006年の地図では埋め立て地に「文化芸術会
館」や港の地図記号がみられる。②は誤り。市街地は拡大
しているが，**市役所の地図記号は◎である**から，移転して
いないことが分かる。③は正しい。1954年の地図では田園
風景が広がっていた新高田や四ツ塚町の周辺は，2006年の
地図では規則的に並ぶ建物が増え，新興住宅地ができたと
考えられる。④は正しい。1954年の地図にはみられないが，
2006年の地図には宮司町の西側に長浜新川がみられる。こ
の川の両側には「**切取部**」の地図記号の表記があることか
ら，開削されたことが分かる。

4

7　地形図の読図③，地域調査【P.16〜21】

Step A　●ポイント整理●

1．河岸段丘　2．桑畑　3．湧水　4．列村　5．宙水　6．自然堤防　7．新田　8．古い　9・10．予備・文献　11．空中写真　12．住宅地図　13・14．野外・現地　15．一次　16．補充　17．地理情報システム

Step B　●作業でチェック●

ワーク1　①自然堤防　②水田　③水田　④河岸段丘
⑤b・d
ワーク2　Ⓐイ　Ⓑア　Ⓒウ

【解説】**ワーク1**　河川沿いの細長い微高地として**自然堤防**が描かれている。実際の地形図では等高線から自然堤防であることは判断できないことが多く，畑・果樹園・集落の分布からその存在を類推する。bは**後背湿地**，c・eは**段丘面**，その間のdは**段丘崖**である。段丘崖は急斜面で森林となっている。

ワーク2　地域調査における調査の結果を示す地図に関する問題である。ア〜ウの統計地図のうち，ア・イは階級区分図で相対分布図，ウは図形表現図で絶対分布図である。表のⒶⒷは人口割合や人口密度という相対値を示しており，Ⓒは産出額という絶対値を示していることからも，ウがⒸの野菜の産出額を示していることがわかる。アは新庄市が大きい値，イは新庄市と金山町が大きい値となることから，アはⒷ，イはⒶである。

Step C　●センター試験・共通テストにチャレンジ●

問1　①　問2(1)③　(2)②　(3)③

【解説】問1　①は誤り。1948年の地図では黒崎と大桑島の間には広く塩田が広がり，黒崎の西部，南西部の谷沿いには水田が広がっている。2005年の地図ではどちらも市街地化が進んでいる。②は正しい。鍋島の上を通過するかたちで，小鳴門橋が架けられている。③は正しい。2005年の地図では干潟が埋め立てられ，大規模な施設（競艇場）が立地している。④は正しい。土佐泊付近の渡し船の航路が減少している。2005年の地図の北西部の地図記号は送電線である。

問2　(1)　①は正しい。河川の右岸・左岸の判断は上流側を背にして下流側を見た時の右が右岸，左が左岸となる。天竜川の場合は西が右岸，東が左岸となる。図1をみると東の左岸側の方が流域面積は広い。②は正しい。天竜峡から船明ダム湖にかけては山地内を流れている。天竜峡の「峡」が谷あいの山と山に挟まれたという意味があることもヒントとなる。③は誤り。図2をみると支流は本流と比べて，河口からの距離に対して標高差が大きいため，流れが急だと分かる。④は正しい。図3より，夏の方が降水量は多いため，流量も多くなることが分かる。

(2)　①は誤り。地表面の傾斜と人口の図を重ねて考えると，傾斜の小さい地域に人口が集中していることが分かる。②は正しい。地表面の傾斜と小学校と児童数の図をみると，傾斜の大きい地域は通学区域が広いことが分かる。③は誤

り。小学校と児童数の図をみると，天竜川の西側の方が東側に比べて児童数の円が大きく，児童数が多いことが分かる。④は誤り。人口と小学校と児童数の図をみると，小学校は人口が多い地域に集中して分布していることが分かる。

(3)　①は正しい。会話文にあるとおり，崖Bは松川の流れと直交する位置関係にあるため，松川の侵食によるものではないと考えられる。②は正しい。飯田城跡は周囲が崖となっており，段丘の末端に立地していることが分かる。城跡はこのように地形を利用して，防御に優れた場所に立地していることが多い。③は誤り。飯田駅と松川の間には崖Aがみられるが，鼎駅と松川の間には崖はみられない。飯田駅は段丘面上に立地しており，鼎駅より標高が高いと考えられる。④は正しい。会話文にあるとおり，中央自動車道は松川のつくった氾濫原と段丘面を横切るように通っている。

8　世界の大地形【P.22〜23】

Step A　●ポイント整理●

1．内的　2．プレートテクトニクス　3．広がる　4．狭まる　5．海嶺　6．大地溝帯　7．サンアンドレアス　8．弧状列島　9．海溝　10．変動帯　11．新期　12．環太平洋　13．石油　14．古期　15．ウラル　16．アパラチア　17．石炭　18．卓状地　19．楯状地　20．造陸　21．鉄鉱石　22．オーストラリア　23．ブラジル　24．インド

Step B　●作業でチェック●

ワーク　①Ⓐ安定陸塊　Ⓑ古期造山帯　Ⓒ新期造山帯
Ⓓ海嶺
②ゴンドワナ大陸
③㋐銅鉱　㋑石炭　㋒鉄鉱石
④あウラル造山帯　いカレドニア造山帯　うアパラチア造山帯

【解説】③㋐の分布は**カッパーベルト**，**チュキカマタ**などの銅鉱を示している。㋑の分布は**モウラ炭田**などを示している。古期造山帯では大森林が広がっていた古生代後期に褶曲運動が起こったため石炭が豊富に分布している。㋒の分布は**ピルバラ地区**，**カラジャス**，**イタビラ**などの鉄山を示している。

Step C　●センター試験にチャレンジ●

問1　③　問2　③

【解説】問1　③のC海域は広がるプレート境界ではなく**狭まる境界**である。フィリピン海プレートと太平洋プレートとの境界であり，**弧状列島**であるマリアナ諸島やマリアナ海溝が存在している。

問2　①は誤りで，アフリカ東部の大地溝帯は，本質的には中央海嶺と同様にプレートの**広がる境界**である。②は誤りで，アンデス山脈が高く険しい新期造山帯の山脈であるが，活発な造山運動は「古生代から」ではなく「**中生代から**」である。④は誤りで，東ヨーロッパ平原は卓状地からなる**安定陸塊**であるため，地震や火山噴火が頻繁に生じているという事実はない。

9 山地地形【P.24～25】

Step A ●ポイント整理●

1. 狭まる　2. 褶曲　3. ヒマラヤ　4. チベット
5. 火山　6. 断層　7. 活断層　8. 大きく　9. 広
がる　10. 地溝　11. アイスランド　12. 地塁　13. 傾
動山地　14. ホットスポット　15. マグマ　16. 成層火
山　17. カルデラ　18. 海嶺　19. ハワイ　20. 楯状
21. 火砕流　22. レグール　23. テラローシャ

Step B ●作業でチェック●

ワーク1 ①成層火山　②楯状火山　③安山岩　④玄武
岩　⑤大きい　⑥小さい
ワーク2 a, d, e, f, l, p

【解説】**ワーク2**　火山の地球上の分布は，狭く帯状に分
布する。特に日本列島を含む環太平洋造山帯は，環太平洋
火山帯ともいわれ，活火山の6割が集中する。中でも太平
洋西縁に密集する。また，大西洋に面した西インド諸島に
も火山は多い。これらの火山は日本の火山と同じように爆
発的である。アルプス＝ヒマラヤ造山帯にも火山はみられ
る。ヴェズヴィオ火山などがある地中海地方やエーゲ海地
方やインドネシアは環太平洋に似た島弧で，多数の火山が
ある。しかし，**アルプスやヒマラヤ山脈自身には火山はみ
られない**。東アフリカの大地溝帯から紅海・アラビア半島
にも火山は分布している。地図中の記号を3つの地体構造
に分けると，新期造山帯はb，f，g，h，i，k，m，
n，oのうち火山がみられないのはf地域のヒマラヤ山脈。
古期造山帯はa，d，e，lで火山はみられない。安定陸
塊はc，pだが，cはアフリカ地溝帯でキリマンジャロな
どの火山がある。jは大洋中にぽつんと火山分布がみられ
るハワイである。

Step C ●センター試験にチャレンジ●

問1　③

【解説】①は誤文で，アフリカ大陸の南部には新期造山帯
ではなく，**古期造山帯のドラケンスバーグ山脈**がある。②
は誤りで，オーストラリア大陸の東海岸沿いにあるのは新
期造山帯ではなく，**古期造山帯のグレートディヴァイディ
ング山脈**である。③は正しく，南アメリカ大陸の西海岸沿
いにはプレートの沈み込みのみられるペルー海溝，チリ海
溝がみられ，新期造山帯のアンデス山脈には火山も多く連
なる。④は誤りで，ニュージーランド北島・南島ともに新
期造山帯で，北島は火山帯，南島は急峻なサザンアルプ
スと氷河の分布する地域である。

10 平野地形【P.26～27】

Step A ●ポイント整理●

1. 風化　2. 外的　3. 準平原　4. 侵食輪廻
5. 楯状地　6. 卓状地　7. 残丘　8. 構造　9. メ
サ　10. ケスタ　11. 運搬　12. 沖積　13. 海岸
14. V字谷　15. 谷底　16. 河岸段丘　17. 地盤沈下
18. 液状　19. 水無川（かれ川）　20. 天井川　21. 三
日月（河跡）　22. 自然堤防　23. 後背　24. 鳥趾
25. 円弧　26. カスプ　27. 深く

Step B ●作業でチェック●

ワーク1 ①構造平野　②ビュート　③メサ　④ケスタ
⑤残丘
ワーク2 ⓐ扇頂　ⓑ扇央　ⓒ扇端　ⓓ自然堤防　ⓔ三
日月湖（河跡湖）　ⓕ後背湿地　ⓖ段丘崖　ⓗ台地

【解説】**ワーク2**　日本の平野の多くは更新世に形成され
た堆積平野が隆起してできた台地と，その台地を侵食した
低地でできている。台地を侵食した低地の細長い谷は「**谷
津，谷地**」などと呼ばれ，台地の土地利用が高燥のため畑
や森林であるのに対して，**ほとんどが水田**となっており対
照的である。集落は台地上には立地せず，台地と低地の境
界である崖下に沿うように立地していることが多い。近年，
都市近郊の台地上は，開発により団地の造成やゴルフ場の
開発が進んだ。

Step C ●共通テストにチャレンジ●

問1　⑥

【解説】問1　A地点は図より崖の上に位置し，台地上だ
と考えられる。台地はかつての扇状地や沖積平野であった
場所であるため，平坦な地形となっているが，地下水面が
深く水が得にくいため，一般的に開発は遅かった。水田化
や集落立地には用水路の整備などによる水の確保が不可欠
であった。以上より，ウの文が該当する。B地点は扇状地
の扇端部であると考えられる。河川は山地から平地へ出る
際，流速が遅くなるため運搬力が弱まり，土砂を堆積させ
る。この土砂は，谷の出口に近いほど粒の大きな礫や砂が
堆積する。また，流路が変わることによって土砂は扇状に
堆積する。これが扇状地である。礫や砂からなる土壌は水
が伏流しやすく，この伏流水は扇状地と平地の境界である
扇端部で湧き出す。B地点は図よりちょうど扇状地と平地
の境界であるため，イの文が該当する。C地点は河川下流
部の氾濫原であると考えられる。氾濫原は河川の氾濫に
よって形成される地形の全体を指す。氾濫原には河道近く
に形成される自然堤防と，その背後の後背湿地が含まれる。
自然堤防は洪水時に河道から水とともにあふれた土砂のう
ち，比較的粒の大きな土砂が堆積して形成された微高地で
あり，集落が立地したり畑として利用されたりしてきた。
後背湿地は洪水時に河道からあふれた水が溜まることで湿
地化した場所で，水はけが悪く，湿地のまま放置されたり，
水田化されたりしてきた。以上より，アの文が該当する。

11 海岸地形【P.28～29】

Step A ●ポイント整理●

1．複雑　2．リアス海岸　3．フィヨルド　4．エスチュアリー　5．単調　6．海岸平野　7．掘り込み港　8．海岸段丘　9．海食崖　10．砂嘴　11．砂州　12．ラグーン　13．トンボロ　14．陸繋島　15．風　16．海岸砂丘　17．北西　18．干潟　19．干拓　20．富栄養

Step B ●作業でチェック●

ワーク1 ①ラグーン（潟湖）②砂州　③砂嘴　④トンボロ（陸繋砂州）⑤陸繋島　⑥海岸平野　⑦段丘面　⑧海食崖

ワーク2 フィヨルド：a，h，i，m　リアス海岸：c，e，g　エスチュアリー（三角江）：b，k，l　三角州（デルタ）：d，f，j

【解説】**ワーク2** フィヨルド海岸の分布は氷河が存在した高緯度地域である。他にはグリーンランド・アイスランドなどにみられる。

Step C ●センター試験にチャレンジ●

問1　⑥

【解説】図2のア・イ・ウはそれぞれエスチュアリー（三角江），リアス海岸，フィヨルドの図である。図1中のAはノルウェーの海岸地形であるのでフィヨルド，スペイン北西部はリアス海岸，フランス北部はエスチュアリーである。また，湾の海面下の断面図は，フィヨルドは氷食地形のU字谷が沈水した地形なので，断面はU字となる。

12 その他の地形【P.30～31】

Step A ●ポイント整理●

1．大陸氷河　2．カール　3．U字谷　4．モレーン　5．フィヨルド　6．牧畜　7．レス　8．プレーリー　9．大陸棚　10．溶食　11．ドリーネ　12．ポリエ　13．鍾乳洞　14．テラロッサ　15．サンゴ礁　16．裾礁　17．環礁　18．岩石砂漠　19．ワジ　20．内陸河川　21．外来河川　22．黄砂

Step B ●作業でチェック●

ワーク1 ①カール（圏谷）②ホーン（尖峰）③U字谷　④モレーン　⑤ワジ　⑥ポリエ（溶食盆地）⑦ウバーレ　⑧ドリーネ　⑨鍾乳洞

ワーク2 ①Ⓐ環礁　Ⓑ裾礁　Ⓒ堡礁　②Ⓑ→Ⓒ→Ⓐ

【解説】**ワーク1** 氷河は速度の違いはあれ，必ず動いており，その氷の重さで地表をブルドーザーのように削る。山岳氷河でも氷河が運んだ砂礫が堆積したモレーンは存在する。大陸氷河（氷床）では氷河の消長により，かつて形成したモレーンを乗り越えて成長すると，モレーンは変形してドラムリンとよばれる細長い丘となる。カルスト地形ではポリエのような盆地の底には赤色の土壌が形成される。地中海沿岸では「テラロッサ」とよばれる土壌で，石灰岩中の不溶解物質で鉄などを含むために赤色になる。そのため，石灰岩地域では同じように**赤色土が分布**することがある。

ワーク2 サンゴ礁はサンゴ虫などの遺骸や分泌物が堆積してできた石灰岩の地形である。サンゴ礁の形成には太陽光線の届く浅海で透明な水で，水温が25～30℃の暖かい条件が必要。日本では北緯30度以南のトカラ列島が北限で，**奄美・沖縄と小笠原の島々**に限られる。

Step C ●センター試験にチャレンジ●

問1　①

【解説】①がカルスト地形の地形図。地図記号で**小おう地**や**おう地**が多くみられ，**ドリーネ**や**ウバーレ**などカルスト地形特有のおう地がみられることと，カレンフェルトと思われる岩の記号が点在する。②は河岸段丘の地形図。長坂がある氾濫原，貝沢のある「188ｍ」の標高点がある段丘面，「264ｍ」の標高点がある段丘面が読み取れる。③は氷河地形のカールの地形図。杓子平周辺部は等高線間隔が広く，比較的傾斜が緩やかであることが読み取れる。④は火山地形の地形図。新岳は地図記号の噴火口・噴気口がみられ，火山の火口であることがわかる。

13 気候要素と気候因子 【P.32〜33】

Step A ●ポイント整理●

1．気象 2．気候 3．気候要素 4．気候因子
5．気温の逓減率 6．日較差 7．年較差 8．低
9．高 10．西 11．東 12．熱帯収束（赤道低圧）
13．貿易 14．亜熱帯高圧（中緯度高圧）15．偏西
16．極高圧 17．極偏東 18．亜寒帯低圧 19．北東貿
易 20．南東貿易 21．ジェット気流 22．季節風（モ
ンスーン）23．雨季 24．乾季

Step B ●作業でチェック●

ワーク1 ⓐ貿易 ⓑ偏西 ⓒ極偏東
ワーク2 ①↗↗↗↗ ②↙↙↙↙ ③↖↖↖↖ ④↘↘↘↘
ワーク3 ㋐フェーン ㋑シロッコ ㋒ミストラル
㋓ボラ ㋔ブリザード ㋕やませ

【解説】 **ワーク1**・**ワーク2** 地上付近の大規模な風系は，地球の自転による転向力を受けて，北半球では進行方向**右**側へ，南半球では進行方向**左**側へ曲げられる。そのため高緯度から低緯度に向かう**貿易**風と**極偏東**風は東風となり，逆に低緯度から高緯度に向かう**偏西**風は西風となる。

赤道付近では，年間を通じて太陽の直射を受け低圧帯が形成される（**熱帯収束帯**）。貿易風が収束し，常に上昇気流が生じて激しい雨（**スコール**）をもたらす。

南北両半球の**回帰線付近**には高圧帯が形成される（**亜熱帯高圧帯**）。これは赤道付近で上昇した大気が上空を高緯度側に移動するにしたがい面積が狭まるために密度を増し，下降気流が発達する中で形成される。**降水量よりも蒸発量が多く**，その影響下では**乾燥気候**が広がる。

緯度40〜60度付近には**亜寒帯低圧帯**が形成される。極高圧帯からの寒冷な**極偏東風**と，亜熱帯高圧帯からの温暖な**偏西風**とがぶつかりあうことで前線が形成されて降水が多い。

両極地方では年中低温であることから，**極高圧帯**が形成される。降水量は非常に少ないが，寒冷であることから蒸発量が極めて少なく降水量が上回る。

Step C ●センター試験にチャレンジ●

問1 ④

【解説】 問1 ①アの緯度帯では一年中**亜熱帯高圧帯（中緯度高圧帯）**に覆われるため，降水量が少なく乾燥気候が分布する。②イの緯度帯では一年中**熱帯収束帯（赤道低圧帯）**に覆われるため，年間を通じて高温多雨でAfが分布する。③ウの緯度帯では1月には熱帯収束帯（赤道低圧帯）に覆われ，7月には亜熱帯高圧帯（中緯度高圧帯）に覆われるため，雨季と乾季が明瞭なAwが分布する。④エの緯度帯では，1月には**亜熱帯高圧帯（中緯度高圧帯）**に覆われて乾燥するが，7月には**亜寒帯低圧帯**に覆われて降雨がみられ，Csが分布する。

14 陸水・海洋 【P.34〜35】

Step A ●ポイント整理●

1．海水 2．氷河 3．地下水 4．70 5．200
6．大陸棚 7．大洋底 8．海嶺 9．海溝 10．暖
流 11．寒流 12．潮境（潮目）13．小さ 14．大き
15．自由地下水 16．被圧地下水 17．掘り抜き
18．宙水 19．大き

Step B ●作業でチェック●

ワーク1 ①陸水 ②海水 ③氷河 ④地下水 ⑤地表水
ワーク2 ⓐ自由地下水 ⓑ被圧地下水 ⓒ宙水 ⓓ掘り抜き井戸
ワーク3 ㋐黒潮（日本海流）㋑北太平洋海流 ㋒アラスカ海流 ㋓カリフォルニア海流 ㋔親潮（千島海流）㋕ペルー（フンボルト）海流 ㋖メキシコ湾流 ㋗北大西洋海流 ㋘カナリア海流 ㋙ラブラドル海流 ㋚ベンゲラ海流

【解説】 **ワーク2** 地下水は大きく**自由地下水**と**被圧地下水**とに分けられる。普通の井戸は自由地下水をくみだす。不透水層にはさまれた帯水層中に滞留する地下水を被圧地下水とよび，ケスタ地形のように地層がゆるやかに傾斜しているところでは，周辺の降った降水が地層中に浸透してつくられる被圧地下水の水面が高くなり，水圧を受ける。被圧地下水を利用する井戸を，「掘り抜き井戸」とよび，乾燥地域では貴重な水源となっている。

ワーク3 海流は，ほぼ一定の温度を保ち，一定方向に移動する海水の流れである。暖流と寒流に分けられ，おもに北半球では時計回り，南半球では反時計回りを示す。暖流は，プランクトンなどの浮遊物が少なく，透明度が高い。寒流は，プランクトンが多く，透明度は低いが水産資源は豊富である。両者のぶつかりあう**潮境**では，魚種が豊富なことに加えて，湧昇流が発生することで栄養塩類が海面近くに上昇してプランクトンが多く発生することから，世界的な**好漁場**を形成する。

Step C ●センター試験にチャレンジ●

問1 ③

【解説】 南アメリカ大陸の西側沖合には**寒流のペルー海流**が流れ込むため，暖流のブラジル海流が流れる東側沖合に比べて海水温が低くなっている。この寒流の影響を受けて，ペルー沿岸には低緯度であるにもかかわらず**乾燥気候**が分布している。また，貿易風が弱まるとペルー海流が弱まり，海底からの冷たい湧昇流の発生が抑制されることから，太平洋赤道付近の中部から東部において，**海水温が平年より高い状態が続く現象**がみられるが，これを**エルニーニョ現象**という。

15 自然災害と防災【P.36～37】

Step A ●ポイント整理●

1．高潮 2．津波 3．活断層 4．ハザードマップ
5．ヒートアイランド 6．エルニーニョ
7．ラニーニャ

Step B ●作業でチェック●

ワーク ①エルニーニョ ②ラニーニャ ③貿易風
④少雨 ⑤多雨

Step C ●センター試験にチャレンジ●

問1 ⑤ 問2 ②

【解説】 問1 液状化発生地域とウの範囲がほぼ一致しており，ウは旧河道と考えられる。旧河道は最も低湿な場所として残り，**河跡湖（三日月湖）**になる場合もあるが，一般的には**水田**として利用される。アは現在の河道や旧河道に沿って伸び，これが**自然堤防**である。洪水時などに上流から運ばれてきた土砂が河道の両側に堆積した砂質の微高地で水はけが良いことから，古くから**集落**が立地し畑として利用されてきた。イは河道から離れたところに部分的にあることから，台地と考えられる。

問2 ②が正しい。エルニーニョ現象は，図中のPで示される**太平洋東部の海面水温が平年より高くなる現象**である。貿易風が弱まると，海面付近の暖かい海水がQで示される太平洋西部に運ばれにくくなり，**太平洋西部では蒸発量が減少して雨が少なくなる**。一方で，太平洋東部では暖かい海水が残ることに加えて，海面付近の海水が運ばれないことから海底からの冷たい湧昇流が発達しにくくなり，**海面水温が高くなって雨が多くなる**。

16 気候帯と気候区【P.38～39】

Step A ●ポイント整理●

1．18 2．－3 3．10 4．0 5．蒸発量
6．ステップ 7．砂漠 8．s 9．w 10．f
11．22

Step B ●作業でチェック●

ワーク1 ①冬乾燥・夏雨 ②夏乾燥・冬雨 ③年中平均して降雨 ④fとwの中間型 ⑤22℃以上 ⑥22℃未満

ワーク2 ⓐAf ⓑAm ⓒAw ⓓCs ⓔCw ⓕCfa
ⓖCfb ⓗDf ⓘDw ⓙBW ⓚBS ⓛET ⓜEF

ワーク3 ⑦Af ⑦Aw ⑦BS ⑦BW ⑦Cs ⑦Df
⑦Dw

ワーク4 ⒶAf ⒷAw ⒸBW ⒹBS ⒺCs ⒻCfb
ⒼCw ⒽCfa ⒤Dw ⒥ET

【解説】 **ワーク1**・**ワーク2** ケッペンの気候区分は，**植物分布を基準にして11気候区**に区分したものである。植物分布にあわせて気温や降水量の等値線を選び，大小のアルファベットを組み合わせて気候型を決め，気候を区分している。この区分の利点は，月平均気温と降水量という扱いやすい資料で気候型を決めることができること，文字の組み合わせで気候型を表現できること，植物分布を基準にしているため農業地域の説明に好都合なことである。逆に欠点としては，気候の成因による区分でないことから，気候の垂直変化と水平変化が同一で扱われていること，季節風気候を区別できないことなどがあげられる。

ワーク3 ⑦⑦は，南アメリカ大陸はAの割合が大きく，Awが最大なので⑦をAw，2番目に大きい⑦をAfと判断する。⑦⑦は，「乾燥大陸」とよばれるオーストラリア大陸において割合が大きいことから判断し，最大の⑦がBWとなる。さらに，⑦については，陸地全体での割合が小さいことと，オーストラリア大陸での割合が比較的大きいことに注目。⑦⑦については，南半球にはみられないことに注意する。さらに，⑦についてはユーラシア大陸のみに分布。

Step C ●センター試験にチャレンジ●

問1 ①

【解説】 問いの仮想大陸図は，ケッペンの気候区分の規則性を模式的に表現したものである。中央の気球状の部分が現実の水陸比にもとづいて考えられた仮想大陸である。赤道から離れるにしたがってA，B，C，D，Eと配列しているが，**BやCsは大陸西岸**だけに，**CwやDwは大陸東岸**だけにしか存在しないことに注意する。南半球にはDが存在しないことにも注意。そして，実際の図中の太線Zは，大陸西岸に近づくほど高緯度になり，東岸では北緯40度前後であることから，**CとDの境界**であると判断できる。そのため，大陸西岸のCfbの低緯度側に分布するCsが判断されてくる。

17　熱　帯【P.40～41】

Step A ●ポイント整理●

1．熱帯収束（赤道低圧）　2．大き　3．スコール
4．熱帯雨林　5．セルバ　6．ラトソル　7．焼畑
8．風土　9．季節風（モンスーン）　10．ジャングル
11．稲作　12．亜熱帯高圧（中緯度高圧）　13．サバナ
14．リャノ　15．カンポ　16．グランチャコ　17．レグ
ール　18．テラローシャ

Step B ●作業でチェック●

ワーク1　①Af　②Am　③Aw　④60
ワーク2　（省略）
ワーク3　ⒶAf，シンガポール　ⒷAw，ダーウィン
Ⓒか，マイアミ

【解説】**ワーク1**・**ワーク2**　熱帯気候は赤道を中心とし
てほぼ南北両回帰線付近まで広がる年中高温の気候。ケッ
ペンの気候区分では**最寒月平均気温18℃以上の気候地域**。
四季の区分は不明瞭で，**気温の年較差は小さいが，日較差
は大きい**。

　熱帯雨林気候（Af）は，一年中高温多雨で，**毎月の降
水量は60mm以上**で平均しており，著しい乾季がない。雨
の成因からはAfと，弱い乾季（最少雨月降水量60mm以下）
のある熱帯雨林気候（Am）とに区分するが，自然林の分
布からは両者を一緒にして熱帯雨林気候とする。シンガ
ポールやアマゾン川流域のマナオスなどが代表的な地域で
ある。

　Amは，Afと比較して，**季節風（モンスーン）**の影響か
ら弱い乾季ができる。しかし，季節風による雨季の降水量
が多いために最少雨月降水量が60mm以下でも，サバナほ
どには乾燥が強くならず，熱帯雨林がみられる。

　サバナ気候（Aw）は，**雨季・乾季が明瞭**な熱帯気候で
ある。年降水量はAfに比べて少なく，高日季に雨季となっ
て降水が集中し，低日季には乾季となって樹木は落葉する。
雨季の直前に最暖月がおとずれる。しかし，温帯地方のよ
うな気温の変化による四季はなく，一年は雨季と乾季とに
分かれる。

Step C ●センター試験にチャレンジ●

問1　③

【解説】　赤道はシンガポール付近を通り，シンガポールは
Afで②と判断できる。赤道から離れると，低日季に**亜熱
帯高圧帯**の影響を受けて乾季がみられるAwになる。南半
球は北半球とは逆に**7月～8月が低日季で乾季**となること
から，③が南半球のスラバヤと判断できる。マニラは雨季
に**南西モンスーン**の風上側で降水量が特に多く，Amであ
ることから①と判断できる。残った④がバンコクとなる。

18　乾燥帯【P.42～43】

Step A ●ポイント整理●

1．上　2．低　3．下　4．高　5．寒流　6．アタ
カマ　7．ペルー　8．ナミブ　9．ベンゲラ　10．亜
熱帯高圧（中緯度高圧）　11．パタゴニア　12．塩性
13．ワジ　14．外来　15．なつめやし　16．ステップ
17．栗色土　18．黒土（黒色土）　19．チェルノーゼム
（チェルノゼム）　20．プレーリー土　21．パンパ土
22．小麦　23．遊牧

Step B ●作業でチェック●

ワーク1　①BS　②BW
ワーク2　ⓐ蒸発量　ⓑ降水量　ⓒ回帰線
ワーク3　ⒶBW，アスワン　ⒷBS，テヘラン
ワーク4　㋐ペルー（フンボルト）　㋑ベンゲラ　㋒ア
ンデス　㋓パタゴニア（南北回帰線記入省略）

【解説】**ワーク2**　回帰線付近では，赤道付近で上昇した
大気が上空を高緯度地方に移動するにつれ，面積が狭まっ
てくるために密度を増すことから下降気流が発達し，**亜熱
帯高圧帯（中緯度高圧帯）**が形成される。降水量が少なく
蒸発量を下回るために乾燥する。

　緯度40～60度付近は極高圧帯からの寒冷な極偏東風と，
亜熱帯高圧帯からの温暖な偏西風がぶつかることから低気
圧や前線が発生し，**亜寒帯低圧帯**が形成され降水量は多い。

　極付近は年中低温であることから安定した高圧帯（**極高
圧帯**）が形成される。降水量は極めて少ないが，寒冷であ
るため蒸発量も極めて少なく降水量を下回ることから，乾
燥はしない。

Step C ●センター試験にチャレンジ●

問1　④

【解説】　④が誤り。低緯度帯に吹く卓越風は**貿易風**で，こ
れは**東風**となる。①は正しい。**亜熱帯高圧帯**では下降気流
が発達することから降水量は少ない。②は正しい。**季節風
帯**では夏季に海洋からの湿った風が吹き込むことから降水
が多く雨季となるために，乾燥帯は分布しない。③は正し
い。**赤道付近の大陸西岸**では，沖合いに流れる**寒流**の影響
で地表付近の気温が上空よりも低くなる逆転層が形成され，
そのため上昇気流が発達しにくく，降水は少ない。

19 温 帯 【P.44〜45】

Step A ●ポイント整理●

1. 亜熱帯高圧（中緯度高圧）　2. 亜寒帯低圧
3. 硬葉　4. 地中海式　5. 移牧　6. 偏西　7. 小さ　8. 落葉広葉樹　9. 褐色森林土　10. 季節風（モンスーン）　11. 二期作　12. 照葉樹　13. 大き
14. 台風　15. ハリケーン

Step B ●作業でチェック●

ワーク1 ①−3 ②18 ③Cs ④Cw ⑤22 ⑥Cfa ⑦Cfb

ワーク2 （省略）

ワーク3 ⒶCfa，東京　ⒷCs，ピサ　ⒸCfb，クライストチャーチ　ⒹCw，ホンコン

【解説】　**ワーク2**・**ワーク3**　大陸東岸に分布する温暖冬季少雨気候（Cw）・温暖湿潤気候（Cfa）は**季節風（モンスーン）**の影響を受けている。Cwは、中国の長江流域が代表的で、冬季の降水量が極めて少なく、夏に降水が集中して冬季の10倍以上になる。Cfaは、Cfbに比べて、**夏高温・冬寒冷で大陸性気候**の特徴を示す。

　また、地中海性気候（Cs）は、大陸西岸にみられる冬季に降水の多い温帯気候の一つ。一般的に、降水は太陽が高くなった夏に多いが、Csでは冬に多い。その原因は夏季に**亜熱帯高圧帯（中緯度高圧帯）**の支配下に入るため、降水が少なく乾燥する。一方、冬季には**亜寒帯低圧帯**の影響下に入るため、降水が比較的多く温暖である。冬の降水は夏の3倍以上であるが、全体の降水量は少ない。夏の乾燥や冬の温暖な気候に調和した作物を作る農業のやり方に特色があり、地中海式農業といわれる。

Step C ●センター試験にチャレンジ●

問1　②

【解説】　①はプサン（釜山）。冬季にシベリア高気圧からの寒冷で乾燥した季節風（モンスーン）の影響を受け、気温や降水量の年較差が大きく、冬季乾燥型のCwである。②はサンフランシスコ。亜熱帯高圧帯（中緯度高圧帯）や寒流のカリフォルニア海流の影響で、**夏季乾燥型のCs**である。③はパリ。気温や降水量の年較差が小さく、最暖月平均気温が22℃未満のCfbである。④はモントリオール。最暖月平均気温が−3℃未満で、さらに年中降雨があることからDfである。

20 亜寒帯（冷帯）・寒帯・高山気候 【P.46〜47】

Step A ●ポイント整理●

1. 北　2. 大き　3. 大陸　4. タイガ　5. ポドゾル　6. 亜寒帯低圧　7. 東シベリア　8. シベリア　9. 永久凍　10. ツンドラ　11. グリーンランド　12. 高山　13. 大き　14. 遊牧　15. リャマ　16. アルパカ　17. ヤク　18. 移牧

Step B ●作業でチェック●

ワーク1 ①−3 ②10 ③Df ④Dw ⑤0 ⑥ET ⑦EF

ワーク2 （省略）

ワーク3 ⒶDf，モスクワ　ⒷDw，イルクーツク　ⒸET，バロー

【解説】　亜寒帯（冷帯）気候は北半球のみにあり、南半球ではこの緯度に陸地がほとんどないことや、海洋の影響が大きいことから存在しない。寒帯との境は**最暖月平均気温が10℃**の等温線で、**樹木の生育限界**である。亜寒帯冬季少雨気候（Dw）の東シベリアは北半球の**寒極**と呼ばれ、冬季の冷え込みが厳しく**気温の年較差が最大**となる、典型的な大陸性気候である。オイミャコンでは1926年に−71.2℃を記録した。

　寒帯のうち、**最暖月平均気温が0〜10℃の気候をツンドラ気候（ET）**という。ここでは樹木は生育せず、ツンドラが広がる。北極海沿岸など高緯度地域が中心であるが、チベット高原やアンデス高地などの高山地域にもETがみられる。後者の場合は高山気候に分類されることもある。最暖月平均気温が0℃未満の気候を氷雪気候（EF）とよび、ここでは植物被覆はみられない。

　さらに、**高山気候（H）**とは、一般的に温帯で2,000m以上、熱帯で3,000m以上の高地の気候をいう。気温の垂直変化の影響を受けて、同緯度の低地よりも気温が低く、とくに低緯度地域では「**常春の気候**」となり生活しやすい場所になっている。

Step C ●センター試験にチャレンジ●

問1　②

【解説】　**赤道付近の気温は一年を通じてほぼ変化しない（年較差小）**が、北緯45度付近は年較差が大きくなる。また、標高が高くとも気温の年変化は同様なので、気温の逓減率を考慮して、同じような傾向を示すものを選ぶ。①と②は気温の年較差が小さいため、赤道付近と判断できる。そのなかで気温の低い②が標高2,500mの高地のグラフとなる。③と④は気温の年較差が大きいため、北緯45度付近のものと判断できる。平均気温の高い③は標高約30m地点、また④は標高約2,500m地点である。

21 気候と植生・土壌【P.48〜49】

Step A ●ポイント整理●

1. 成帯　2. 間帯　3. ラトソル　4. 黒土（黒色土）　5. チェルノーゼム（チェルノゼム）　6. プレーリー土　7. パンパ土　8. 栗色土　9. 砂漠土　10. 褐色森林土　11. タイガ　12. ポドゾル　13. テラロッサ　14. テラローシャ　15. レグール　16. レス　17. 石灰岩　18. コーヒー　19. 綿花　20. 熱帯雨林

Step B ●作業でチェック●

ワーク1　①熱帯雨林　②サバナ　③ステップ　④針葉樹林　⑤ツンドラ　⑥ラトソル　⑦栗色土　⑧褐色森林土　⑨ポドゾル

ワーク2　⑦ジャングル　⑦セルバ　⑦リャノ　⑦カンポ　⑦グランチャコ　⑦プスタ　⑦プレーリー　⑦パンパ　⑦グレートプレーンズ　ⓐテラロッサ　ⓑレグール　ⓒレス（黄土）　ⓓテラローシャ

【解説】　**熱帯雨林**は，常緑広葉樹の多種多層構造のものである。一般に材質は硬く，**チーク，ラワン，マホガニー**などの**有用樹**を除くと，一般に林業には適さない。東南アジアなどでは，弱い乾季に一部落葉する熱帯雨緑林（**ジャングル**）がみられる。

　サバナは，疎林と長草草原からなる。雨季には緑をつけるが，乾季には落葉・枯草になり，茶褐色の草原となる。

　ステップは，半乾燥気候下の樹木のない草原をさす。

　温帯長草草原には，アメリカの**プレーリー**，アルゼンチンの**パンパ**，ハンガリー盆地の**プスタ**などがある。重要な農耕地帯（小麦地帯）となっているところが多い。

　地中海性気候のもとでは，夏の乾燥に耐える**オリーブ**，**コルクがし**など硬葉樹林が中心。

　温帯林は，低緯度側はカシ，シイ，クスなどの常緑広葉樹の**照葉樹林**が中心。高緯度側はブナ，ナラなどの**落葉広葉樹**と，**針葉樹**との混合林が広がる。針葉樹林のうちユーラシア大陸や北米大陸の北部の針葉樹林を特に**タイガ**とよぶ。樹種の少ない**純林**であるため，大規模な**林業地域**である。

　ツンドラは，わずかな低木と**地衣類・鮮苔類**からなる。トナカイの遊牧が主体である。

Step C ●センター試験にチャレンジ●

問1　④

【解説】　④のチェルノーゼムは，ウクライナから西シベリアにかけての草原地帯に分布する黒色の肥沃土で，ロシア語で「黒土」の意味。①のテラローシャはブラジル高原に広がる，**玄武岩**が風化した間帯土壌。排水良好な肥沃土で，**コーヒー栽培に適している**。②のレグールはデカン高原に広がる**玄武岩**が風化した間帯土壌。「黒色綿花土」ともよばれ，綿花栽培に適している。③のテラロッサは**地中海沿岸**に広がる**石灰岩**が風化した間帯土壌。ギリシャ語で「ばら色の土」の意味をもつ赤味を帯びた肥沃土で，果樹栽培がさかんである。

22 日本の地形・気候【P.50〜51】

Step A ●ポイント整理●

1. 37.8　2. 弧状　3. フィリピン海　4. 北アメリカ　5. 津波　6. 活断層　7. 火山　8. フォッサマグナ　9. 糸魚川・静岡　10. 中央　11. ハザードマップ　12. 亜寒帯（冷帯）湿潤　13. 温暖湿潤　14. 大き　15. 北西　16. オホーツク海　17. 梅雨　18. 南東　19. 台風　20. やませ（ヤマセ）　21. 冷害　22. 都市型　23. 液状化

Step B ●作業でチェック●

ワーク1　①北アメリカ　②ユーラシア　③太平洋　④フィリピン海　Ⓐ糸魚川・静岡構造線　Ⓑ中央構造線　Ⓒフォッサマグナ

ワーク2　ⓐア　ⓑウ　ⓒイ　ⓓエ

【解説】　プレートテクトニクス理論によると，日本付近は4つのプレートに囲まれた地域である。東北日本は**北アメリカプレート**上に，西南日本は**ユーラシアプレート**上にあり，両者の境界は，**フォッサマグナ西縁の糸魚川・静岡構造線**と考えられている（フォッサマグナ東縁は火山活動などではっきりしない。また，フォッサマグナは「線」ではなく，「面」である点にも注意）。ただし伊豆半島付近だけは，フィリピン海プレート上にあると考えられている。さらに西南日本は**中央構造線**で，**内帯**と**外帯**に分割され，地質構造は大きく異なる。

Step C ●センター試験にチャレンジ●

問1　④　問2　⑤

【解説】　問1　冬季の降水量が最も多いイが，日本海側の**金沢市**となる。アは降水量が少なく気温の年較差が大きいことから，内陸に位置する**長野市**となる。残ったウは，夏季を中心に降水量が多く全体的に気温が高いことから，太平洋側の**静岡市**となる。

問2　冬季（12〜2月）の日照時間は原則として**日本海側で短く，太平洋側で長い**。また気温の年較差は原則として**内陸ほど大きい**。アは日照時間が短いので，秋田県**横手市**，イは気温の年較差が小さいので，太平洋側の岩手県**釜石市**，ウは年較差がやや大きいので内陸の北上盆地に位置する**北上市**となる。

23 環境問題【P.52〜55】

【P.52〜55】

Step A ●ポイント整理●

1．マングローブ　2．焼畑　3．保水力　4．タイガ
5．過放牧　6．サヘル　7．中国　8．石灰　9．偏
西風　10．メタンガス　11．ツバル　12．京都
13．パリ　14．フロン　15．皮膚がん　16．UNEP
17．バーゼル　18．生物多様性　19．持続可能な開発
20．世界遺産　21．ラムサール　22．レッドデータ
23．フライブルク　24．公害　25．ハイブリッド
26．ゲリラ　27．クールビズ

Step B ●作業でチェック●

ワーク1　ⓐア　ⓑウ　ⓒイ　ⓓエ　ⓔイ　ⓕウ　ⓖエ
ⓗウ　ⓘイ　ⓙエ　ⓚイ　ⓛア
ワーク2　①オゾン層破壊　②地球温暖化　③酸性雨
④熱帯林の減少　⑤砂漠化
ワーク3　Ⓐアメリカ合衆国　Ⓑ中国　Ⓒロシア

【解説】 ワーク1　北極・南極を中心にオゾンホール（オ
ゾン層が破壊・減少した部分）が確認されている。砂漠化
は砂漠に隣接したステップ気候帯に集中してみられる現象
である。酸性雨は工業生産活動等の結果生じる硫黄酸化物
（SOx）や窒素酸化物（NOx）が原因であるため，欧米を
中心にその被害が広がった（近年は中国でも確認）。熱帯
林の破壊は熱帯地方を中心にみられることから，赤道付近
の部分が該当する。

ワーク2　環境問題の因果関係を示した有名な図である。
環境問題の原因は複合的に絡まっているが，それぞれに
キーワードとなる原因がある。「オゾン層破壊」はフロン，
「地球温暖化」は炭酸ガス（CO_2など），「酸性雨」は硫黄
酸化物・窒素酸化物，「熱帯林の減少」は焼畑・過放牧，
「砂漠化」は人口急増・過放牧などである。

ワーク3　現在，二酸化炭素（CO_2）排出量が最も多い国
は中国である。中国は地球温暖化防止に関する京都議定書
の対象国にはなっていない。しかし，近年中国はクリーン
エネルギー普及に着手するなど環境対策を考えた政策も進
めている。また中国は石炭の消費が多く，大気汚染の原因
の一つにもなっている。アメリカ合衆国は依然として1人
当たりの二酸化炭素排出量は世界最大規模である。2012年
で京都議定書は期限が切れ，2015年，COP21でパリ協定
が成立し，温暖化対策の新しい枠組みを採択した。「アメ
リカ・ファースト」を主張するトランプ大統領がパリ協定
からの離脱を表明し，2020年11月に正式離脱。2021年2月
にはアメリカ合衆国はパリ協定に復帰（バイデン大統領）。

Step C ●センター試験・共通テストにチャレンジ●

問1　②　問2　③　問3　②　問4　③

【解説】 問1　偏西風により西から東へ大気汚染物質が運
ばれるため，早くから工業化が進んだ西ヨーロッパを起点
として，その東側で酸性雨がみられた（ア＝A）。酸性雨
は国境を越えて被害をもたらすため，ヨーロッパでは1979
年に長距離越境大気汚染条約が結ばれている。東南アジア

では，かつて日本向けの木材伐採や油やしやバナナなどの
プランテーション開発により，熱帯林が減少した（イ＝
C）。「世界最大規模の水力発電ダム」は長江に建設された
サンシヤ（三峡）ダムのことである。流域住民の強制移住
は，100万人以上にものぼったとされ，名所旧跡の水没や
生態系への影響，水質汚染など様々な懸念がある（ウ＝B）。
問2　①，②，④は正しい。③の緑の革命とは品種改良や
栽培技術の改善により農産物の生産性の向上を目指した技
術革新のこと。発展途上国などの食糧問題について行われ
たものであり，生物の多様性を保全する対策として行われ
たものではない。
問3　①は正しい。1990年代以降，さまざまな国際会議で
地球温暖化などの環境問題について議論されているが，ア
メリカ合衆国や発展途上国の間に対立がある。②は誤り。
温暖化が進行していることにより，温帯地域でも熱帯で発
生するマラリアの感染リスクが高まっている。③は正しい。
温暖化が進むことでホッキョクグマの生息域が減少してお
り，個体数を減らしている。④は正しい。ヨーロッパでは
石炭・石油・天然ガスなどへの課税が強化され，炭素税を
導入し始めた国が増えた。
問4　パルプとは木材などから取り出された植物性の繊維
のことであり，製紙のもととなる。パルプにはいくつかの
種類があり，特に木材パルプの原料は針葉樹や広葉樹であ
る。アメリカ合衆国やカナダのように森林資源に恵まれて
いる国ではパルプの消費量が多い。また近年，環境意識の
高まりにより，古紙の回収率・利用率も高まっており，日
本やドイツは特に世界トップクラスである。以上から，X
がパルプ，Yが古紙と推測できる。XよりYが多いイはド
イツであり，圧倒的にXが多いアがアメリカ合衆国，残っ
たウがカナダとなる。したがって解答は③となる。

24 農牧業の立地条件【P.56〜57】

Step A ●ポイント整理●

1. ドライファーミング　2. 等高線耕作　3. ラトソル　4. ポドゾル　5. 孤立国　6. 粗放　7. 冷凍船　8. 集約　9. 土地生産性　10. 労働生産性

Step B ●作業でチェック●

ワーク1
伝統的農牧業：b, d, e, f, i
商業的農牧業：c, g, j, l
企業的農牧業：a, h, k

ワーク2　①地中海農耕文化：C, I　②根栽農耕文化：A, B, J, K　③サバナ農耕文化：D, H　④新大陸農耕文化：E, F, G

ワーク3　⑦新大陸諸国　④先進国　⑦アフリカ諸国　④アジア諸国

【解説】　**ワーク1**　経営規模は伝統的＜商業的＜企業的となり、労働生産性も同様の傾向がある。一方、**土地生産性**はおおむね企業的＜伝統的＜商業的の順になる。

ワーク2　栽培作物の種類やその起源、伝播のルート、農具や耕作技術の展開過程などから、世界各地の農耕がもつ特性が明らかとなる。

ワーク3　⑦新大陸では農業人口比率が低く、大規模な農地を大型機械や時にはセスナなどを使用して経営しているため、労働生産性が高い。④西欧を中心とした先進国では労働生産性、土地生産性ともに高いレベルにある。⑦アフリカ諸国は先進国の対極にある。④アジア諸国は日本や韓国のように土地生産性の高い国から、インドやパキスタンなどのように土地生産性の低い国々まで**多様性に富んでいる**が、双方とも⑦④と比べると労働生産性は高くない。

Step C ●センター試験にチャレンジ●

問1　②

【解説】　小麦の播種期と収穫期は、北半球と南半球では逆になる。4か国のうちオーストラリアだけ南半球なので、収穫期がズレている①が該当する。北半球の小麦でも、春に蒔いて秋に収穫する春小麦と、秋に蒔いて初夏（麦秋ともいう季節）に収穫する冬小麦がある。前者は高緯度の寒冷な地域で栽培され、後者は冬季でも小麦栽培が可能な地域（比較的温暖）での栽培となる。よって②が正解。③と④の判定は難しいが、③が収穫期が早いフランス、④がイギリス（フランスより寒冷なため生育期が長くなる）。

25 伝統的農牧業①【P.58〜59】

Step A ●ポイント整理●

1. ホイットルセイ　2. 1,000　3. 家族　4. 灰　5. 熱帯林　6. 羊　7. ベドウィン

Step B ●作業でチェック●

ワーク1　①遊牧：a　Ⅱ焼畑農業：b　Ⅲオアシス農業：c

ワーク2　①キャッサバ　②綿花　③なつめやし　④タロいも

ワーク3　Ⓐイ、トナカイ　Ⓑウ、馬　Ⓒア、ラクダ

【解説】　**ワーク1**　遊牧は乾燥地域と寒冷地域でみられる農業形態（広い面積を占める）。**焼畑農業は熱帯地域**に分布。オアシス農業は乾燥地域の中で、水の得られるところに立地することから、営まれる地域が限られる点に注目する。

ワーク2　①のキャッサバからはタピオカ（でんぷん質の粉）がとれ、パンやお菓子にして食用する（青酸を含むものもあり、調理法に注意する）。②綿花は工芸作物として栽培され、現在繊維の中で最も多く消費されている。③なつめやしは生食の他、やし油やジャムの原料となり、オアシス地域が主産地となっている。④タロいもは日本の里芋に似ており、根茎部を食用にする（オセアニアの島々や熱帯アフリカでの主食）。これとは別に熱帯地方で栽培されるヤムいもがあるが、日本の山芋に似ており、タロいもよりも味が良く食用されている。

ワーク3　Ⓐはスカンディナヴィア半島北部のラップランドであり、**先住民のサーミがトナカイの遊牧**を行っている地域である（イ）。Ⓑはモンゴル高原を示しており、馬が該当する（ウ）。モンゴルでは社会主義から市場経済化以降、家畜の私有が進み過放牧となり牧草地の砂漠化が進行している。Ⓒはアラビア半島（のヒジャーズ地方）である。中央アジアから西アジア〜北アフリカにかけて広がる乾燥地域ではラクダは「砂漠の船」とよばれ欠かせない動物である。乗用・運搬用に利用し、北アフリカから西アジアは「ひとこぶ」ラクダが多い（ア）。

Step C ●共通テストにチャレンジ●

問1　⑥

【解説】　図よりAは年降水量が多く気温の年較差が比較的小さいことがわかる。Bは気温の年較差が大きく、夏は気温が上昇し冬は寒冷であることがわかる。Cは年降水量が圧倒的に少ないことが読み取れる。アでは乾燥に強いとあるので年降水量が少ないC、イでは寒さに強いとあるのでB、残ったウはAが該当する。アはラクダ、イはトナカイ、ウは水牛の活用の仕方が説明されている。

26 伝統的農牧業② 【P.60〜61】

Step A ●ポイント整理●

1．外来　2．カナート　3．季節風（モンスーン）
4．長江（揚子江）　5．チャオプラヤ　6．ガンジス
7．ジャワ　8．棚田　9．緑の革命　10．浮稲

Step B ●作業でチェック●

ワーク❶ ①エ　②ウ　③イ　④ア
ワーク❷ ⓐ米　ⓑ小麦　ⓒ茶　ⓓ綿花　ⓔジュート
Ⓐ年降水量1,000mm

【解説】 **ワーク❶** 中国の地形は「西高東低」で，降水量は「南多北少」の傾向にある。また，国の形が「奥が深い」ため，季節風（モンスーン）による降雨が届かない西域の内陸部は，乾燥地帯となっている（世界で一番海から遠い地点は，ジュンガル盆地付近にある）。1月の平均気温10℃は米の二期作可能の目安となる（中国では年平均気温20℃の線ともほぼ一致する）。**チンリン（秦嶺）山脈とホワイ川（淮河）** を結んだ線を境として，以北が畑作地域，以南が水稲地域に大別されるため，この線は重要な意味をもつ。
ワーク❷ 南アジアの農業分布の基本図である。**ガンジス川中・下流域は米，上流〜パンジャブ地方にかけては小麦。**マラバル・コロマンデル両海岸沿いは米，アッサム地方（インド東部）・ニルギリ地方（インド南部）・スリランカで茶，綿花はデカン高原とパンジャブ地方，ジュートはガンジスデルタに分布する。

Step C ●センター試験にチャレンジ●

問1　①　問2　①

【解説】 問1 米の生産量に対し穀物自給率が最も高い①は余剰分を大幅に輸出していると考えられること，また天然ゴムの生産量が最も多いことからタイである。③は米の生産量が最も多いこと，天然ゴムの生産量も①に次いで多いこと，農業就業者の割合が低いことから総人口が多く鉱物・燃料貿易が増えてきているインドネシアと判断できる。②はベトナムである。ベトナムも米の貿易は東南アジアではタイに次いでトップクラスである。天然ゴムの生産量はタイ，インドネシア，ベトナムで世界の約6割を占める。穀物自給率が最も低く，米の生産量も多くない④はフィリピンである。
問2 ①バナナの房についているシールに注目してみよう。DoleやDelmonteなど食品に関係する多国籍企業のブランドがついている（これは日米の企業によるものである。これが○）。②バングラデシュはガンジスデルタで稲作が行われているものの，米の輸出量よりも輸入量の方が多くなっている。③第二次世界大戦後，マレーシアのプランテーションは（コーヒーやカカオ栽培ではなく）天然ゴム，70年代以降に油ヤシ栽培へと転換した。現在は油ヤシから採れるパーム油が重要な輸出品となっている（パーム油生産の約25％はマレーシア）。④インダス川流域（特に支流のサトレジ川）では灌漑設備を整え，小麦・綿花栽培地となっている。パキスタンは生産量で小麦，綿花とも世界上位。

27 商業的農牧業 【P.62〜65】

Step A ●ポイント整理●

1．三圃　2．混合　3．穀物　4．アルプス　5．地中海　6．乳牛　7．ヤク　8．牛　9．イスラーム（イスラム教）　10．アルパカ　11．畜産物　12．バター　13．移牧　14．デンマーク　15．大陸氷河　16．トラックファーミング　17．ビニールハウス　18．フロリダ　19．航空　20．柑橘　21．カリフォルニア

Step B ●作業でチェック●

ワーク❶ ㋐牛　㋑羊　㋒豚　①トナカイ　②リャマ　③ヤク
ワーク❷ ⓐイギリス　ⓑフランス　ⓒデンマーク　ⓓオランダ
ワーク❸ Ⓐ小麦　Ⓑじゃがいも　Ⓒオリーブ　Ⓓぶどう

【解説】 **ワーク❶** 羊の分布はオーストラリア，ニュージーランド，アルゼンチンのパタゴニアに多く分布している点に注目する。豚はイスラーム圏では不浄な動物とされているため，分布していないことに気がつくこと。牛は世界的に分布しているが，特にインドに多いことに注意する。①トナカイは北極地方に成育する。カリブーともいう。サーミなどが遊牧，飼育している家畜である。肉や乳は食用に，皮はテントに，角は道具に加工される。②リャマはラクダの一種だが背にこぶがない。荷役をはじめ，肉，毛，皮を得ることができる。同じアンデス地方にはアルパカもいるが，アルパカは毛質がよいために，主として毛を得るための飼育が中心となっている。③ヤクはネパール，チベット高原に分布するウシ科の家畜である。荷役，肉用，乳用のほか糞も燃料として活用する。
ワーク❷ ⓐイギリスは農業従事者1人当たり農用地面積が西欧の中でも広く，農林水産業就業人口率は最低。また，牧場・牧草地の国土面積に対する割合も，他より高くなっている。ⓑフランスは食料自給率の中でも特に小麦の比率が大きく，**西欧有数の小麦輸出国である。**ⓒデンマークは酪農が中心の国であることから，肉類と牛乳・乳製品の食料自給率が高い点に注意して解答する。ⓓオランダは野菜類の自給率が高く，他国へのアクセスの良さもあり，野菜の輸出国として特化している（園芸農業）。花卉栽培も同様。
ワーク❸ オリーブは地中海式農業に特徴的な農作物であることから，分布も地中海地方が中心となる（Ⓒ）。同様にぶどうも地中海式農業に卓越してみられる農作物であるが，ドイツでも生産されることから（モーゼル川沿いで栽培されるモーゼルワインが有名），Ⓓがぶどうとなる（**栽培北限に注意。**イギリスでも栽培されていない点に気付こう。これが各国の酒のお国柄を特徴づけることにもなる。）。じゃがいもは土地がやせているドイツ北部からポーランドにかけてが主産地である（Ⓑ）。ヨーロッパ各地で栽培されているⒶは，特にフランスや北イタリア，ウクライナ以東で卓越していることから，小麦と判定される。

問1 ④ 問2 ① 問3 ④

【解説】 問1 デンマークは氷河期に大陸氷河に覆われていたため，土地がやせているがその悪条件を克服して酪農を営んでいる。この点がわかれば正解は④となる。①は混合農業（の農作物）の説明，②は地中海式農業，③は寒帯下での遊牧の説明である。

問2 アルゼンチンにおける畜産業の中心はパンパであり，羊や肉牛を育てている（**羊は乾燥パンパ，肉牛は湿潤パンパ**に多い）。完全牧草といわれる栄養価の高いアルファルファを用いて**大牧場（エスタンシア）**で飼育している。文中①には「冷凍技術の発達（＝冷凍船）」「遠隔の大消費地（＝ヨーロッパ）」のキーワードがあることから，南半球の国であると判断しよう。この①が正解。②は「メリノ種」「世界最大の羊毛の輸出国」からオーストラリアである。**グレートアーテジアン（大鑽井）盆地**がその中心（塩分のある掘り抜き井戸＝鑽井の水でも，羊たちは飲用できるため）。③は「**移牧**」からスイスと判断できる。高山地域の放牧地を**アルプ**とよんでいる。水平的移動の遊牧に対して，移牧は季節による垂直的移動形態である。④はインド。「**白い革命**」はセンター試験初登場である。多収穫品種の導入による農業生産増加の「**緑の革命**」から連想された用語。インドでは近年，都市部で生乳を中心に乳製品の消費が増加しており，その一連の動きをさしている（ヒンドゥー教徒の多いインドでは，牛肉は食べないが乳はこれまでもバターなどに加工して消費していた。その消費量が増加している）。

問3 国・地域に注目をする。Aはオーストラリアやニュージーランド，ユーラシア大陸・アフリカ大陸の内陸部で高位・中位の国が多いことから，羊肉が当てはまる。Bはアルゼンチンやオーストラリア，またインドで高位なので牛肉となる。**インドは牛肉の国内消費量は少ないが，生産量に対する輸出量の割合は高い**。残るCはタイやブラジルで高位なので鶏肉となる。解答は④。

28 企業的農牧業【P.66〜67】

1. 鉄道 2. 適地 3. 等高線 4. 穀物メジャー
5. プレーリー 6. 冷凍 7. コーンベルト 8. アグリビジネス 9. パンパ 10. グレートアーテジアン（大鑽井） 11. 労働力

ワーク1 （作図省略） ①春小麦 ②とうもろこし ③冬小麦 ④綿花 ⑤酪農

ワーク2 Ⓐ500mm：イ Ⓑ250mm：ウ （作図省略） ①牧牛：b ②牧羊：a ③酪農：c

【解説】 **ワーク1** アメリカ合衆国での年降水量500mmの線は，西経100度の線とほぼ一致する。また西海岸ではカリフォルニアの地中海式農業地域と放牧との境が一部で一致している。

ワーク2 オーストラリアでは真ん中の砂漠部分を中心に，ほぼ同心円（楕円）状に年降水量の線が250mm，500mm，750mmと分布する。それと呼応し，ほぼ**250mm〜500mm帯には牧羊，500mm〜750mm帯には牧牛**地域が広がる。小麦の栽培地域が広がっているのは，灌漑施設によって耕地化されたところである。東海岸や南西部・南部に広がる酪農地域は大都市近郊に位置しており，都市市場向けの製品をつくっている。

問1 ⑤ 問2 ③

【解説】 問1 特徴的な茶葉の生産上位国に対し，天然ゴムとパーム油の上位国は東南アジアの国々が並ぶため，判別しにくい。次のような背景がある。天然ゴムプランテーション（エステート・大農園）に比べて歴史の浅いパーム油（アブラヤシ）の将来性に着目したインドネシアとマレーシアは，パーム油関連産業を国の輸出産業と位置づけて育成した。特にマレーシアは，旧イギリス植民地時代からの天然ゴム栽培が，独立後合成ゴムとの競争で価格が低迷していたため，需要が高まっていたパーム油へ大転換した。その結果，試みは奏功し2か国で世界の約84％の生産量となった。マレーシアでは生産量の71％，インドネシアでも57％が輸出されており（'21年），世界の植物油市場でも圧倒的なシェアを占めるに至っている。

問2 ①：適当。穀物メジャーはアメリカ合衆国に集中しており，世界の穀物の市場価格に大きな影響を与えている。②：適当。オーストラリアは近年，アジアとの結びつきを強めてきている。③：不適。日本では農業規模の拡大や経営の合理化が進められており，「営農の大規模化を抑制する政策がとられるようになった」は不適切。④：適当。ヨーロッパの共通農業政策は域内の農産物保護のため輸入農産物に課徴金をかけたため，特にアメリカ合衆国などとの間に貿易摩擦が生じている。

29 世界の農業の現況【P.68〜69】

1．単位収量　2．サハラ砂漠　3．緑の革命　4．オリジナルカロリー　5．中国　6．熱　7．キャッサバ　8．カカオ　9．コーヒー　10．長江（揚子江）　11．自給　12．小麦カレンダー

ワーク1　①生産量　②輸出量　③輸入量
ワーク2　ⓐアメリカ合衆国　ⓑドイツ　ⓒ日本

【解説】　**ワーク1**　脚注が多いものは注意が必要なので目を通そう。「主要穀物****」は「小麦，米，とうもろこしの合計」とあるのに注意。**アジアが米と小麦の主要産地**であるのに対し，ヨーロッパ，北アメリカの生産は小麦中心であることから，この２つの地域の割合は低くなるので①が生産量。米は自給的性格の強い穀物であることから，アジアの割合が低い②が輸出量であり，残りの③が輸入量である（「**世界のパンかご**」と称されるアメリカ合衆国が，世界での穀物輸出量の約３割を占めることからも，輸入量割合が高くなるとは考えられない）。

ワーク2　供給熱量自給率とは**カロリーベース**にした場合の比率である（品目別自給率の場合は，重量ベースで算出されるが，食料全体の値の時は多種多様な食料を重量で合計することは不都合なため）。この値が100％だと完全自給となり，超えていると食料輸出国である。100％を超えている国は語群の中に２か国あるが，オーストラリアは人口約2,600万人という国内市場の小ささに対して，穀物生産量が多く，かつては200％（年によっては300％超）を超えていたこともあった。アメリカ合衆国（人口約3.4億人）の食料自給率は110〜160％の間で推移しており，ⓐに該当する。1960年代から長期逓減傾向のⓒが日本であり，近年は40％以下まで低下している。これは「米が主食で副食は魚介類や豆類」という食生活から，第二次世界大戦後，肉や小麦を食べる「**洋食化**」が進み，自給率の低い畜産物や油脂類の輸入が増加したことが大きい。西欧のドイツⓑやイギリス，スイスなどは食料自給率を100％に近づけるための農業政策を行っており，日本とは対照的な推移を示している。

問1　②

【解説】　アフリカの穀物自給率が低い国々は政治的混乱による紛争や人為的な農地不足によるものである。①，③，④は正しい。

30 林 業【P.70〜71】

1．用　2．薪炭　3．カナダ　4．中国　5．マレーシア　6．メタンガス　7．70　8．全面自由　9．古紙　10．水源　11．地産地消　12．間伐　13．魚付き

ワーク1　①薪炭　②人工　③タイガ　④ラワン　⑤セルバ　⑥コンゴ　⑦ロシア
ワーク2　d

【解説】　**ワーク1**　熱帯林は交通不便な場所が多く，伐採や搬出に困難が伴い開発が遅れた。しかし現在は利用価値の高い樹種を選んで伐採している。表中以外の利用樹種としては，タンニンの原料となる**ケブラチョ**（アルゼンチン，パラグアイ）や油やし・ココやし類，天然ゴムや**マングローブ**がある。温帯林は古くから開発が進んだために，現在では**人工林**が多い。表中以外の利用樹種としては，日本や中国でのうるし，オーストラリアのユーカリがある。

ワーク2　a：北洋材とは亜寒帯（冷帯）林（カラマツ，トドマツ，トウヒ，モミなど）を中心としたロシアからの輸入材である。北アメリカ（カナダ，アメリカ合衆国）からの輸入材を**米材**ということもある。b：**南洋材**は東南アジアからのチーク，ラワンなどの木材を指す。c：1965年フィリピン（約33％），'75年インドネシア（約19％），'85年マレーシア（約34％）と，輸入先の主産地（国）が変化している。d：このグラフからは読み取ることはできない。

問1　③

【解説】　木材輸出額も木材伐採量も多いKは用材の割合が高いことからロシアが該当する。ロシアは亜寒帯気候に属し針葉樹林帯（タイガ）が広く分布している。針葉樹林は用材に使用されやすいのでチが用材に該当し，タが薪炭材となる。ロシアの木材輸出量は世界１位である（2021年）。Mはタの薪炭材のみに利用されていることから発展途上国であるエチオピアが該当する。森林面積の減少率が高いLは，近年大豆畑の拡大などにより熱帯林を伐採し農地拡大しているブラジルが該当する。

31 水産業【P.72〜73】

Step A ●ポイント整理●

1. 栽培 2. 内水面 3. 海洋 4. 冷凍 5. 遠洋
6. 200 7. プランクトン 8. 中国 9. アンチョ
ビー 10. 商業 11. 石油危機（オイルショック）
12. まいわし 13. 成田 14. えび 15. マングローブ

Step B ●作業でチェック●

ワーク1 ①日本 ②千島 ③カリフォルニア ④アン
チョビー ⑤エルニーニョ
ワーク2 ①日本：a ⑪中国：c ⑪ペルー：b

【解説】 ワーク1 北西太平洋漁場に面する日本や韓国は
古くから水産物を食用とする割合が高く，現在も1日1人
当たり食用魚介類供給量が多い。北東太平洋漁場では，コ
ロンビア川やフレーザー川がさけ・ますの産卵場となって
おり，河川漁業もさかん。北東大西洋漁場は西欧の先進国
が近く，大消費市場を形成している。また北海周辺にはエ
スチュアリー（三角江）を利用した漁港も多く（イギリス
のキングストン，グリムズビー），フィヨルドを利用した
良港も多い（ノルウェーのベルゲン，アイスランドのレイ
キャビク）。

ワーク2 1980年代中頃から中国の漁獲量は急伸し，現在
も世界一。ペルーは漁獲量のほとんどをアンチョビーが占
める。沖合で周期的に発生するエルニーニョ現象の影響を
受け，漁獲量の変動が激しい。日本の漁獲量は'85年から
減少しているが，その分輸入量が増加。

Step C ●共通テストにチャレンジ●

問1　①

【解説】 カツオ・マグロ類は，比較的適水温が高い（18℃）
魚類であるため，赤道付近が漁獲域となることが多い。イン
ド洋の島嶼部などでは漁獲域が近くツナ缶の生産が多く
行われる。よって①が解答となる。カツオ・マグロを内陸
まで輸送し，加工することは輸送費もかかるため②は不適。
アメリカ合衆国やスペインは輸入量も比較的多いため③は
不適。西アジア・アフリカでも輸入しており，宗教的な忌
避・禁忌などもあり，たんぱく源として摂取されるため④
は不適。

32 日本の農業【P.74〜75】

Step A ●ポイント整理●

1. 農地改革 2. 食糧管理 3. 減反 4. オレンジ
5. セーフガード 6. 農地 7. TPP（環太平洋経済
連携協定） 8. 高齢 9. 土地 10. カロリーベース
11. ブラジル 12. 輸送 13. 施設

Step B ●作業でチェック●

ワーク ①米 ②りんご ③みかん ④ぶどう ⑤乳牛
⑥豚 ⓐ北海道 ⓑ千葉 ⓒ長野 ⓓ静岡 ⓔ鹿児島

【解説】 ①は，全体の生産量が多く，3・4位も東北の水
田単作地域なので「米」であり，ⓐは「北海道」が該当す
る。②は青森の生産が半数以上を占めるので「りんご」と
なり，ⓒは青森に次ぐ生産県の「長野」になる。③は，和
歌山，愛媛といった温暖地から「みかん」となり，ⓓは茶
との関連から，「静岡」が適する。④は山梨から「ぶどう」
と判断できるが，岡山など西日本も産地となっていること
に注意。⑤⑥は単位から家畜である。豚，牛，羊，やぎ，
馬の主要家畜の中で，日本における最大の飼育頭数は豚で
ある。豚は約900万頭，牛（乳牛・肉牛を合わせて）がそ
の半分以下の約400万頭飼育されているが，羊，やぎ，馬
はせいぜい2〜3万頭飼育されているにすぎない。⑤がⓐ
の北海道から「乳牛」，⑥は残りの「豚」となる。ⓔの
「鹿児島」の家畜（特に肉牛と豚）の飼育頭数が多いこと
に注目。ⓑはやや難しいが，首都圏の近郊農業から「千
葉」と類推できよう。

Step C ●センター試験にチャレンジ●

問1　④　問2　④

【解説】 問1 労働生産性を上げるための1つの手段とし
ては，大資本を投入し，大農地の機械化を進めながら1人
当たりの生産量を増やす，いわゆる企業的農業への転換が
挙げられる。そのため④の農地を分割することは農業生産
法人が労働生産性を高める手段としては適していない。
問2 正解は④。主食である米と小麦はその特徴を対比し
て覚えよう。米は温暖な季節風（モンスーン）の影響下に
ある地域が，小麦は米と比べると冷涼な地域が主たる生産
地となっている（積算温度の違いにも表れている）。米も
小麦も年間生産量は約7〜8億tなのだが，米は自国消費
が多く（アジア地域の自給的農業形態），貿易品として流
通するのは生産量の約5％程度である。一方，小麦は生産
量の約20％が輸出されている。

33 食料問題【P.76～77】

1. 難民　2. 肉　3. 国連食糧農業機関　4. 国際協力機構　5. 穀物メジャー　6. アグリビジネス　7. シカゴ　8. 遺伝子組み換え作物　9. ブラジル　10. 大豆　11. バイオエタノール　12. ランドラッシュ　13. 産油　14. フェアトレード　15. フードマイレージ　16. バーチャルウォーター　17. 地産地消　18. トレーサビリティ

ワーク1　ⓐ肉類　ⓑいも類　ⓒ穀物
ワーク2　①米　②鶏肉　③牛肉　④大豆　⑤とうもろこし

【解説】　**ワーク1**　先進国では穀物を飼料とした肉類を多く生産（ⓐ）・消費しているのに対し，いも類はサハラ砂漠以南のアフリカ熱帯地方における主食（キャッサバ，タロいも，ヤムいもなど）であることから，生産量が多い（ⓑ）。先進国の人口は世界全体の約7分の1に過ぎないが，肉類の生産は約3分の1を占め，穀物も3分の1に近い生産量である。

ワーク2　①は米。自給率は高いものの（100％にならないのは，ミニマムアクセス米の存在があるから），1993年は冷夏による米不足（平成の米騒動）のため70％台まで自給率が低下した。②は鶏肉。'80年代から低下傾向にある。2000年代に入り東南アジアや中国での鳥インフルエンザへの対応などもあり，自給率は横ばい。③は牛肉。1991年の輸入自由化以前から自給率は低下傾向だったが，以降も低下が続く。しかしBSE問題（特に2004年アメリカ合衆国での発生）以降，低下に歯止めがかかり，横ばい状態。④は大豆，⑤はとうもろこし。共に飼料作物としての輸入が大半を占めるが，小麦と共に第二次世界大戦後，アメリカ合衆国からの援助物資として輸入が定着したため，1960年の時点で既に低い自給率になっていた。大豆よりもとうもろこしが低いのは，そのほとんどが飼料用に使われるため。

問1　④

【解説】　正解は④。世界地図とグラフの読み取りから判断する選択肢（①・③）と，知識のみで判断する選択肢（②・④）が混在している。日本の遺伝子組み換え作物に対する国民意識の慎重さに対し，消費者が直接口にしない加工食品（原料）用には，安価な遺伝子組み換え作物が大量に輸入されている。1990年代はアメリカ合衆国を中心に作付面積が広かったことがグラフから読み取れるので，①は〇。②は文中の「あるいは」によってアルゼンチン，ブラジル，中国，インドすべてが該当することになるので〇。③は世界地図から，EU加盟のポルトガル，スペインなどで栽培されていることを確認し，グラフからこれらの国々を合計しても「その他」にしかならないことがわかるので，これも〇。

34 エネルギー資源【P.78～79】

1. 石炭　2. 電力　3. 石油　4. 石油危機（オイルショック）　5. 天然ガス　6. 古期　7. 中国　8. オーストラリア　9. インド　10. 新期　11. イギリス　12. メジャー　13. OPEC　14. OAPEC　15. イラン　16. インドネシア　17. カナダ　18. フランス

ワーク1　①フランス　②カナダ　③アメリカ合衆国　④中国
ワーク2　ⓐ中国　ⓑオーストラリア　ⓒ日本　ⓓロシア　ⓔサウジアラビア　ⓕアメリカ合衆国

【解説】　**ワーク1**　①は原子力の比率が高いフランスである。②は水力の割合が多いので水力発電中心のカナダである。③のアメリカ合衆国は比較的バランスのよい構成になっている。④は石炭（固体燃料）の割合が多いことから中国である。

ワーク2　石炭の産出量の約60％は中国，輸出量では約60％をインドネシアとオーストラリアが占める。原油は産出量，輸出量ともにサウジアラビアとロシアが上位を占める。天然ガスはアメリカ合衆国とカナダでは，シェールガスと呼ばれる非在来型天然ガスの生産が本格化している。このため，アメリカ合衆国は2012年以降，世界最大の天然ガス産出国となった。

問1　③

【解説】　①Aの地域は，油田地帯である（ナイジェリアのニジェール川河口）。この地域は，ビアフラで1967年，独立を宣言し内戦となった。1970年，ビアフラ降伏により内戦は終結した。②天然ガスは鉄道輸送ではなく，パイプラインで輸送される。④Dの地域は南沙群島（スプラトリー諸島）で，インドネシアは群島の領有権を主張していない。領有権を主張しているのは，中国・台湾・ベトナム・フィリピン・マレーシア・ブルネイの6つの国と地域である。

35　鉱産資源【P.80〜81】

Step A ●ポイント整理●

1．ヨーロッパ　2．アメリカ合衆国　3．ブラジル
4．オーストラリア　5．カナダ　6．チリ　7．カッ
パーベルト　8．アルミニウム　9．インドネシア
10．フランス　11．南アフリカ共和国

Step B ●作業でチェック●

ワーク 1 ①鉄鉱石　②ボーキサイト　③銅　④金
⑤銀　⑥すず　⑦ニッケル
ワーク 2 Ⓐ銅　Ⓑボーキサイト　Ⓒすず

【解説】 **ワーク 1** ①は面積上位国がそのほとんどを占め
ているので鉄鉱石である。ブラジルに注意する。②はオー
ストラリアが産出国であるのでボーキサイトである。③は
チリから判断して**銅**である。④は装身具，貴金属から判断
して**金**。国名から判断することは難しい。⑤はメキシコや
ペルーなどから**銀**である。⑥はアジアや南アメリカの国か
ら**すず**となる。⑦はニューカレドニアが判断のポイントで，
ニッケルである。
ワーク 2 すずは地図の中のマレー半島から判断してⒸで
ある。すずは缶詰のブリキメッキに使用されている。銅は
南アメリカのペルー，チリで判読できるのでⒶである。ま
た，アフリカの**カッパーベルト**にも注目する（赤道以南の
●）。銅は電線などに使用される。ボーキサイトは赤道周
辺に注目してⒷである。ボーキサイトは**アルミニウム**の原
料である。

Step C ●センター試験にチャレンジ●

問1　③

【解説】 ③レアメタルは存在量が少なく，**先端技術産業**
（ハイテク産業）での需要が高い。希少金属ともよばれ，
採掘は増加している。

36　世界と日本の資源・エネルギー問題【P.82〜83】

Step A ●ポイント整理●

1．化石　2．石油メジャー　3．北海　4．BRICS
5・6．シェールガス・シェールオイル（オイルシェー
ル）　7．地熱　8．コージェネレーション　9．中国
10．フィリピン　11．ドイツ　12．石灰石　13．省エネ
ルギー　14．都市鉱山（アーバンマイン）　15．メタン
ハイドレート

Step B ●作業でチェック●

ワーク 1 ①ドイツ　②アメリカ合衆国　③中国
④フィリピン
ワーク 2 ㋐アラブ首長国連邦　㋑オーストラリア
㋒インドネシア

【解説】 **ワーク 1** ドイツ（①）は1991年から再生可能エ
ネルギーによる電力の**固定価格買い取り制度**（**FIT・**Feed-in
Tariff）を導入しているが，2010年代の伸びは太陽電池モ
ジュール価格の低下とFIT買い取り価格値下げの延期による
もの。既にドイツでは太陽光発電と風力発電が電力需要の
ピークを支える存在に成長している。太陽光・風力発電で
中国（③）が急伸したのは，中国政府が自然エネルギーの
普及に力を入れ積極的に温室効果ガスの削減に着手してい
るからである。太陽光発電に関してはFITを導入し，施設の
設置に補助金を給付するなどした結果，導入量が増えてい
る。また，風力発電に関しては電力不足解消のために手厚い国
内メーカー支援策を行い，施設を設置してきた経緯がある。
特に内陸部のシンチヤンウイグル（新疆維吾爾）自治区や
内モンゴル（内蒙古）自治区などは新設されたものが多い。
地熱発電は火山を多く抱えるフィリピン，イタリア，アイス
ランドが有名である。中でも**フィリピン（④）は全発電量の
2割弱が地熱発電**（バターン原発は廃炉へ）。（特異なのは**ア
イスランド**である。ほぼすべての電力を再生可能エネルギー
で賄っており，約70％が水力，30％が地熱発電である。国
自体がプレートの境界にある立地を生かして，2000年以降
も大型の地熱発電所が操業を始めている。）

ワーク2 原油の輸入先はペルシア湾諸国が9割以上を占めているのに対し，天然ガスはアジア太平洋諸国が上位となっている。天然ガスの輸送は世界的にはパイプラインを用いることが多いが，日本の場合は島国であるため一度LNG（液化天然ガス）として，冷蔵施設のある専用のタンカーで運んでこなければならない。このため高コスト体質になる傾向がある。東日本大震災以後，火力発電に天然ガスを用いる電力会社が多い中，かかるコストを産出国と交渉するのではなく，電気料金に自動的に上乗せできる原燃料費調整制度があるために，値上げのしわ寄せを利用者（企業や家庭）に回す構造が明らかとなった。また，アメリカ合衆国における**シェール革命**が，今後世界的に影響を及ぼすのではないかといわれている。石炭はオーストラリアからの輸入が6割と圧倒的であり，それにインドネシアが続いている。国内の石炭は，1960年代には約5,000万t を生産していたが，石油への転換の影響などから急速に減少した（**エネルギー革命**）。海外炭の輸入量は1970年代には国内炭の生産量を上回り，現在その消費は電気事業と鉄鋼で多くなっている。

Step C ●共通テストにチャレンジ●

問1　②

【解説】　ドイツとカナダを比較すると，再生可能エネルギーの発電量はカナダのほうが多く総発電量に占める割合も高いため，環境への負荷が最も小さいのはカナダであるといえる。したがって「ドイツが環境への負荷が最も小さい構成比である」は誤り。

37　世界の工業【P.84〜89】

Step A ●ポイント整理●

1．工場制手　2．産業　3．工場制機械　4．綿
5．石炭　6．重化学　7．石油　8．オートメーション　9．技術革新　10．先端技術　11．情報　12．多国籍　13．知的財産　14．窯業　15．市場　16．労働力
17．原料　18．用水　19．電力　20．臨海　21．臨空（港）　22．ASEAN　23．ランカシャー　24．ヨークシャー　25．石炭（鉄鉱石）　26．鉄鉱石（石炭）
27．臨海（港湾）　28．シャンハイ　29．電力　30．デトロイト　31．半導体　32．軽薄短小　33．シリコンヴァレー　34．シリコンプレーン　35．シリコンアイランド　36．石油化学コンビナート

Step B ●作業でチェック●

ワーク1　①問屋制家内工業　②工場制手工業（マニュファクチュア）　③工場制機械工業
ワーク2　ⓐ軽（繊維）工業　ⓑ重化学工業　ⓒ先端技術産業（ハイテク産業）
ワーク3　Ⓐ日本　Ⓑアメリカ合衆国　Ⓒ中国　Ⓓ韓国
ワーク4　ⓐアメリカ合衆国　ⓘ日本　ⓤドイツ　ⓔ中国
ワーク5　㋐薄型テレビ　㋑携帯電話　㋒パソコン　㋓デジタルカメラ

【解説】　**ワーク2**　産業革命以降，新技術が続出し，短期間のうちに経済構造が大きく変わってきた。イギリスで起きた産業革命に次ぐ大きな**技術革新**は，19世紀後半のドイツやアメリカ合衆国などで起こった。さらに近年，**IT（情報技術）革命**とよばれる新たな技術革新の波がアメリカ合衆国を中心に起きた。また，産業構造のプロセスとして，一般に工業は軽工業に始まり，**重化学工業，先端技術産業へと発展する**。先進国ではこの流れをたどってきたが，発展途上国では軽工業の段階にとどまっている国も多い。
ワーク3　1965年・1970年に世界1位であったⒷがアメリカ合衆国。1970年代までに生産量が伸びたⒶが日本。**2000年以降急激な伸びを示し，現在生産量が最も多いⒸが中国**。
ワーク4　1960年代に生産台数が多いⓐがアメリカ合衆国。1970年代〜1990年代にかけて生産台数が伸びているⓘが日本である。**2000年代以降生産台数の伸びが著しいⓔが中国**である。
ワーク5　各種の製品で中国の割合が高い。デジタルカメラにおいては日系企業の割合が高い。

Step C ●センター試験にチャレンジ●

問1　②　問2　⑥　問3　⑤

【解説】　問1　原料をまず考える。砂糖（さとうきび），セメント（石灰岩），パルプ（木材），ワイン（ぶどう）である。①は，アメリカ合衆国，カナダ，スウェーデンに注目する。**針葉樹林がある北半球の国々**であるから，パルプと判断する。③は，ブラジル，インドからさとうきびの生産量の多い国と考え，砂糖。④は，イタリア，フランス，スペイン（**地中海周辺の国々**）からぶどうと考えワインと

する。正解は②。中国では経済発展により，セメントの需要が大幅に増えている。

問2 パルプは原料が**木材**であるため，**北半球の針葉樹林**が多いカナダ，アメリカ合衆国，フィンランド，スウェーデンに注目する。綿織物は中国，インド，パキスタンなどの**綿花の生産国**に多い。工作機械は日本やドイツなどの**先進工業国**に多い。

問3 イの文章中にある「低価格製品」と，「労働力の安価な発展途上国」の文言に注目し，イを**労働力指向型工業の製品である衣服**と判断し，①②④⑥を消去し，③と⑤に絞る。次にアの文章中にある「全世界の生産量の大半をアジアが占めている。」，これに注目すると，**先進国が生産台数の上位を占める自動車**ではないと考え，アをPCと判断し⑤を正解とする。

38 世界の工業地域【P.90〜91】

Step A ●ポイント整理●

1．炭田　2．ユーロポート　3．青いバナナ　4．第3のイタリア　5．先端技術　6．サンベルト　7．多国籍　8．輸入代替　9．労働　10．輸出指向　11．シンガポール　12．アジアNIEs　13．ASEAN　14．輸出加工　15．ブラジル　16．BRICS　17．アマゾン　18．混合　19．ベンガルール（バンガロール）　20．世界の工場　21．自動車

Step B ●作業でチェック●

ワーク1 ①シリコンヴァレー　②シリコンデザート　③シリコンプレーン　④エレクトロニクスベルト　⑤リサーチトライアングルパーク　⑥エレクトロニクスハイウェー　⑦サンベルト

ワーク2 ⓐアメリカ合衆国　ⓑ日本　ⓒオランダ　ⓓロシア

【解説】 **ワーク2** ⓐはアメリカ合衆国で，「気候が温暖で土地や労働力が安価な南部や西部」は，北緯37度以南の**サンベルト**である。ⓒは文章の中に，「地下資源に恵まれないこの国」，「商業や貿易に重点」，「可航河川（ライン川）の下流に築かれた大規模港湾（ユーロポート）」の文言があることからオランダである。ⓓは文章の中に「重化学工業のコンビナート」，「市場経済への転換」，「国営企業の民営化」の文言があることからロシアである。

Step C ●センター試験にチャレンジ●

問1　⑤

【解説】 ア〜ウの文の中から，A〜Cいずれかがわかるキーワードを見つける。アは「繊維工業」「大学」「先端技術産業」から，**ボストン**を中心としたCと考える。イは「石油化学工業」「NASA」から**ヒューストン**を中心としたメキシコ湾周辺のAと判断する。ウは「鉄鋼業」「自動車工業」から，**デトロイト**を中心とした五大湖のエリー湖南部でBである。

39 日本の工業【P.92〜93】

Step A ●ポイント整理●

1．繊維　2．朝鮮　3．高度経済　4．臨海　5．太平洋ベルト　6．鉄鋼　7．重厚長大　8．貿易摩擦　9．アジア　10．産業の空洞化　11．ベンチャー　12．コンテンツ　13．中京　14．北関東　15．愛知　16．神奈川　17．静岡　18．千葉　19．豊田　20．市原　21．倉敷

Step B ●作業でチェック●

ワーク1 ⓐ中京　ⓑ阪神　ⓒ瀬戸内　ⓓ東海　ⓔ北九州

ワーク2 ①鉄鋼　②自動車　③IC　④セメント

【解説】 **ワーク1** 三大工業地帯では，ⓐの中京の伸びが著しく，全国1位（2019年）のシェアを占めるまでになった。特に**自動車**をはじめとする機械工業の占める割合が大きい。ⓑの阪神は，戦前は**繊維工業**を中心に全国一のシェアであったが，現在は3位になっている。ⓒの瀬戸内は化学（石油）の占める割合が大きい。**水島（倉敷）**，**岩国**，**徳山（周南）**などにエチレンプラントがある。ⓓの東海は日本における**四輪自動車・二輪自動車産業**の中心の1つであり，中京とともに機械工業のシェアが大きい。ⓔの北九州はかつては四大工業地帯の一角を占めた。

ワーク2 ICは軽量であり，付加価値が高いので，航空機などで輸送しても，その輸送費は問題にならないほど小さい。そこで，広大な用地・安価な労働力・豊富な洗浄用水などを求めてジェット機が就航する**空港のそばや，高速道路のインターチェンジ付近に立地**するようになった。セメントは典型的な原料立地型の工業である。セメント工業は，**重量減損原料である石灰石**を利用するため，石灰石の産出地である山口，福岡，秩父（埼玉県）などに多い。またこれらの地域には，カルスト地形で有名な観光地もある。自動車は太田，浜松，豊田などの自動車工業都市から判読できる。鉄鋼は**太平洋ベルト**に多い。

Step C ●センター試験にチャレンジ●

問1　①

【解説】 ソフトウェア産業は，**情報が集まりやすい大都市**に立地する傾向にあるため①が誤りである。

40 第3次産業【P.94〜95】

Step A ●ポイント整理●

1. 第1次 2. 商業 3. 小売 4. 卸売 5. 広域
中心 6. 都市 7. ゴールデン 8. 短 9. 国内
（国内観光） 10. グリーン 11. エコ 12. ペルー
13. ブラジル 14. カンボジア 15. イタリア

Step B ●作業でチェック●

ワーク1 ①× ②○ ③× ④○ ⑤×
ワーク2 ⓐ日本 ⓑスイス ⓒフランス ⓓアメリカ
合衆国

【解説】 **ワーク1** 「図1から読みとれる文」である点に
注意。①アメリカが最も多い。②中国（269万人），（台湾）
（197万人），（ホンコン）（85万人）を合計すると551万人と
なる。③⑤は文章としては正しいが，図1からは読みとれ
ない。④アジア諸国・地域（韓国，中国，（台湾），タイ，
（ホンコン），シンガポール，ベトナム，フィリピン，イン
ドネシア，マレーシア）の合計1,333万人はヨーロッパ諸
国（ドイツ，スペイン，フランス）の合計170万人を大き
く上回っている。
ワーク2 ⓐ日本は旅行収支では黒字国（**海外旅行をする
日本人数が外国人旅行者受入数を下回る**）である。ⓑス
イスは人口が約900万人のため規模が小さい。ⓒフランスや
スペインなどは，ドイツやイギリスなどの旅行先となる。
ⓓアメリカ合衆国は人口約3.4億人の大国。収入でも国内
移動に費やす時間・経費が大きい。

Step C ●センター試験にチャレンジ●

問1 ② 問2 ③

【解説】 問1 スイスは**国際金融の中心国**であるため，
「生産関連サービス」の割合が他国よりも高い②がスイス
である。①は「社会関連サービス」の割合が他国よりも高
いため，**福祉国家のデンマーク**。③は「消費関連サービ
ス」の割合が他国よりも高いため，**豊かな産油国のアラブ
首長国連邦**。④は「第3次産業就業者割合」が他国よりも
低いので，**発展途上国のフィリピン**である。
問2 ③が誤り。「城壁に囲まれた旧市街地の歴史的建造
物」が多いのは，ヨーロッパの都市である。

41 交通・通信の発達【P.96〜99】

Step A ●ポイント整理●

1. 時間 2. TGV 3. 航空機 4. パイプライン
5. 大陸横断 6. ユーロシティ 7. パークアンドラ
イド 8. LRT 9. モータリゼーション 10. アウト
バーン 11. 宅配便 12. ハブ空港 13. インチョン
（仁川） 14. 成田 15. イギリス 16. ドバイ 17. タ
ンカー（オイルタンカー） 18. コンテナ 19. スエズ
20. パナマ 21. 便宜置籍船 22. ライン 23. 中継
24. ハブ 25. インターネット 26. 中国 27. 光ファ
イバーケーブル 28. 携帯電話 29. 電子商取引（eコ
マース） 30. 情報格差（デジタル・デバイド） 31. コ
ンピュータウイルス 32. ソーシャルメディア

Step B ●作業でチェック●

ワーク1 ①スウェーデン ②イギリス ③フランス
④中国
ワーク2 ⓐ英語 ⓑ中国語 ⓒアラビア語 ⓓポルト
ガル語
ワーク3 ⓐ中国 ⓑタイ ⓒドイツ ⓓアルジェリア
ⓔブラジル
ワーク4 Ⓐタンカー，ア Ⓑ LNG 船，ウ Ⓒバルク
キャリア，イ Ⓓコンテナ船，エ

【解説】 **ワーク1** 携帯電話の普及と同様に，スウェーデ
ンをはじめとする北欧諸国でインターネットの普及が早
かったのは，これらの国々は降雪や凍結によって，通信が
不通とならないようにするためのインフラ整備に早くから
取り組んだためだといわれている。また，フランスでの普
及が遅れた理由には，インターネット開発がアメリカ合衆
国を中心とする英語圏であるため，自国文化（言語など）
を大切にする国民性が影響したのではないかとの指摘があ
る。**中国は2000年以降急伸しており，既に利用者数では世
界一である**が，政府によるアクセスの制限もある。
ワーク2 インターネット上で最も多く利用されている言
語は英語。中国語の話者人口は英語に並び世界トップクラ
スで，**中国国内のインターネットの普及によって，2番目
に多く使用される言語となった**。3番目はスペイン語で，
**ラテンアメリカ諸国に母語とする国々が多いことが背景に
ある**。4番目はアラビア語である。近年，中東，アフリカ
地域でのインターネットの普及率が高くなってきているこ
とが背景にある。6番目のポルトガル語の利用者数は，ポ
ルトガル本国（約1,000万人）よりもブラジル（約2.1億人）
によるところが大きく，**ブラジルの経済成長に比例して利
用者数が伸びている**。
ワーク3 通信メディアは先進国においては郵便→固定電
話（有線電話）→移動電話（携帯電話，スマートフォン）
の順に発達してきた。しかし発展途上国では固定電話のイ
ンフラが進む前に，**移動電話のインフラ整備（アンテナ基
地局の設置などによる広域通信サービス）が進展し，加入
率でも先進国と遜色のない値となっているところも多い**。
また郵便数は，歴史の古い段階で制度が整備された先進国
において，今でも取り扱い数に発展途上国との違いがみら

れる。人口大国の数値を覚えていれば普及率からおおよその数がわかるため，裏技として使える場合もある（中国約14.3億人，インド約14.1億人，アメリカ合衆国約3.4億人，インドネシア約2.7億人，パキスタン約2.3億人，ナイジェリア約2.2億人，ブラジル約2.1億人（2022年））。今回の ワーク❸ では@と@の「100人当たり」から，それぞれ約14.4億人，約2.1億人という数がわかるので，@が中国，@がブラジルと特定できる。

ワーク❹ Ⓐオイルタンカー（油槽船）を単にタンカー（タンクを設置した船舶）とよぶことが多い。常に産油国→消費国への一方通行輸送となり，帰路は船体が異常に浮き上がる。ⒷLNG船は天然ガスを液化天然ガス（LNG）化したものを運び，−162℃を保持するため加圧低温断熱装置が搭載される。従来からあった球形タンク方式に加えて，甲板上も四角い方式（メンブレン方式）も実用化されてきている。Ⓒバルクキャリアはばら積み貨物船のこと。鉱石や穀物など梱包されていない荷物を輸送する。どの港でも荷物を下ろせるようにクレーンを備えているものが多いが，中にはクレーンではなくベルトコンベア付きのものもあるため，形状では他の船種と判別しにくいものもある。Ⓓ積載されるコンテナは世界標準規格に大きさが統一されたことにより，港におけるガントリークレーン装備と相まって，コンテナ船の大型化が進んだ（但しスエズ運河を通過できる大きさまで）。

StepC ●センター試験・共通テストにチャレンジ●

問1 ① 問2 ③ 問3 ③ 問4 ④ 問5 ②

【解説】 問1 旅客輸送経路は各交通機関の発達によって，より早くより遠くまで行けるようになった。この一連の流れが理解できていればよい。明治時代の「洋行（西欧への留学）」は客船に乗ってインド洋を経由してスエズ運河を通過という経路だった（④）。1905年（日露戦争の翌年）にシベリア鉄道が完成したことにより，大陸に渡ってから一路西へ鉄道で向かうことが可能となった（③）。①のアンカレジ経由の飛行ルートは冷戦の影響である。社会主義国であった旧ソビエト連邦は資本主義国の航空機の自国上空通過を認めなかったため，日本から西ヨーロッパへは北回りルート（アメリカ合衆国・アンカレジ経由→北極点付近通過→西ヨーロッパ）を取らざるを得なかった（スカンジナビア航空がこのルートを開拓。ちなみにソ連の航空会社アエロフロートは自国内通過が可能だったため，日本から西ヨーロッパへの最短ルートを飛行できた）。この①が正解。現在は上記のような制約もなくなり，シベリア上空を通過し約13時間で西ヨーロッパへ行くことが可能となっている（②）。旅客の北回りルートがなくなる中，斜陽化していたアンカレジは近年，航空貨物輸送に活路をみつけ，その立地の良さから「貨物のハブ空港」化してきている。

問2 中央・南アメリカの割合が高いクはスペインのマドリードとわかる。また，キについてみるとBの割合がほかの選択肢と比較しても高く，特徴的である。航空路は旧宗主国と旧植民地との間でつながりが深いことが多く，アフリカの国々を多数植民地支配していたフランスのパリがキ，アフリカがBとなる。残ったAが北アメリカ，カがフラン

クフルトである。

問3 日刊新聞を取り巻く状況は各国の経済発展の度合いや国土面積，宅配制度（日本），交通インフラや情報インフラの整備などを反映している。発行部数は多いものの減少傾向にある①と②は先進国（日本，アメリカ合衆国）である。メディアの多様化により伝統的なマスメディアである新聞の地位は低下（購読者数の減少）しており，有料のオンライン新聞などへの対応にシフトしている一面もある。一方，経済発展を遂げている新興国では発行部数が伸びている（ブラジル，マレーシア）。国土面積が広いブラジルとアメリカ合衆国では地方ごとに数多くの地方紙が発行されていることから（印刷物としての日刊紙はその配送圏が限定されるため），ブラジルは③，アメリカ合衆国は②となり，残りの①が日本，④がマレーシアとなる。

問4 携帯電話の電波は基地局を設置することでエリアをカバーし通信が可能となる。一方，固定電話は各家庭まで個別に一戸一戸配線しなければならず，施設整備のコストが高くつく。よって④が正解。それゆえ途上国ではこれまで固定電話がなかった地域でも，基地局を設置して一気に携帯電話が普及してきている（技術革新の発展段階を飛び越えた現象がおきている）。①はアメリカ合衆国・シリコンヴァレーとインドの連携によるソフトウェア開発を思いだそう（○）。②のようにインターネットの世界には国境は関係ない（○）。③海底通信ケーブルの光ファイバー化により情報通信量は増え，同時にその敷設密度は経済活動に比例している（○）。

問5 国土面積や経済規模の大きさから①，②のどちらかがアメリカ合衆国，中国だと推測できる。産業構造からアメリカ合衆国は軽量で高価な付加価値がつく製品の製造が多いため航空貨物輸送量が多くても採算がとれる。よって①がアメリカ合衆国，②が中国となる。③は鉄道路線の総延長距離が長く頻繁に鉄道が活用されるインド，④がブラジルとなる。

42 世界の貿易【P.100〜101】

Step A ●ポイント整理●

1. 水平　2. 垂直　3. 東西　4. 中継　5. フェアトレード　6. WTO　7. IMF　8. UNCTAD　9. IBRD　10. 航空機　11. カナダ　12. 原油　13. ドイツ　14. 衣類・繊維品　15. 石炭　16. 中国　17. 鉄鉱石　18. 中国　19. 原油

Step B ●作業でチェック●

ワーク1 ①日本　②アメリカ合衆国　③EU　④ASEAN

ワーク2 ⓐインドネシア　ⓑフィリピン　ⓒマレーシア　ⓓ日本

【解説】 **ワーク1** 世界の輸出貿易の約50％は先進国で占められる。EUの占める割合は約30％である。④のみが**発展途上国・その他の国々**に区分されているので，ASEANと判断する。日本とアメリカ合衆国を考えると，**アメリカ合衆国の方が輸出貿易額が多い**ので，①を日本，②をアメリカ合衆国と判断する。

ワーク2 ⓐとⓒは輸出入品目が似ているが，**石炭が輸出品目上位のⓐがインドネシア**で，ⓒはマレーシアである。日本の石炭の輸入相手国でも，インドネシアはオーストラリアに次ぐ。ⓓは輸出品目に工業製品が多く，輸入品目に原料・燃料が多いことから日本である。

Step C ●センター試験にチャレンジ●

問1　④

【解説】 中国の割合に注目し，**中国の割合が増加している**Aを2017年とする。また，アが増加し，イが減少しているので，**域内貿易が多くなったアをASEAN**と判断する。イは日本である。

43 日本の貿易【P.102〜103】

Step A ●ポイント整理●

1. 加工貿易　2. アメリカ合衆国　3. 輸出超過　4. 中国　5. 貿易摩擦　6. 自動車　7. 原油　8. EPA　9. 肉類　10. 輸入額　11. 機械類　12. LNG（液化天然ガス）　13. 石炭　14. 鉄鉱石　15. サウジアラビア　16. オーストラリア　17. ブラジル

Step B ●作業でチェック●

ワーク ①アジア　②北アメリカ　③繊維品　④生糸　⑤自動車　⑥綿花　⑦原油

【解説】 地域別輸出入について戦前と戦後を比較すると，輸出では，戦前・戦後ともにアジア，北アメリカ（主にアメリカ合衆国）の順である。戦後においてはアジアの割合が高くなった。輸入では，北アメリカ（主にアメリカ合衆国）からの輸入割合が減少し，アジアからの輸入割合が急増した。品目別輸出入では，戦前の輸出品目の約60％が繊維品であった。また輸入においても繊維原料が約40％も占めることから，戦前は，**繊維工業を中心とした軽工業が主力**であったことが読み取れる。

Step C ●センター試験にチャレンジ●

問1　⑤

【解説】 ア・ウの円グラフの品目の中に，**液化天然ガス**があることから，ア・ウは，マレーシアから日本への輸出と考え，イを日本からマレーシアへの輸出と判断し，②と⑤に絞る。マレーシアは近年，日本の**液化天然ガスの輸入相手国で上位に位置する**ことから，アを2021年と考え，⑤を正解とする。また，日本では近年熱帯に生える木材の輸入が激減していることからも判断できる。

44 世界の人口【P.104～105】

Step A ●ポイント整理●

1．アネクメーネ　2．10　3．エジプト
4．アジア　5．1億　6．インドネシア
7．ブラジル　8．USMCA　9．社会
10．アフリカ　11．死亡　12．人口爆発　13．人口転換
14．老年　15．つぼ（紡錘）

Step B ●作業でチェック●

ワーク1　①韓国　②インド　③エチオピア　④スウェーデン
ワーク2　ⓐ多産多死　ⓑ多産少死　ⓒ少産少死

【解説】　**ワーク1**　人口ピラミッドの型から，①④と②③の２つのグループに区分することができる。①④は**年少人口（幼年人口）の構成比が小さい**ことから，韓国かスウェーデンと判断できる。２つのうち④の方が老年人口が多いので，これがスウェーデンである。②③は底辺が広いため，発展途上国のインドかエチオピアと判断する。③の方が年少人口が多いので，これがエチオピアである。
ワーク2　**人口転換（人口革命）**とは，死亡率の低下に続き出生率も低下して，人口が多産多死型から多産少死型，さらに少産少死型へ移行する人口動態の転換のことで，発展途上国では**経済成長**や**人口抑制政策**により進行する。

Step C ●センター試験にチャレンジ●

問1　②

【解説】　20世紀後半の急激な人口増加を示すＡがアフリカである。北アメリカは，問題文の＊（注記）にあるように，アメリカ合衆国およびカナダであるため，人口は４億人に達していないＣである。

45 世界の人口問題【P.106～107】

Step A ●ポイント整理●

1．オーストラリア　2．清教徒（ピューリタン）
3．イスラエル　4．ラテンアメリカ　5．ヒスパニック　6．東南アジア　7．華僑（華人）　8．印僑
9．ガストアルバイター　10．Ｕ　11．スラム　12．一人っ子　13．合計特殊出生率　14．高齢化

Step B ●作業でチェック●

ワーク1　①トルコ　②旧ユーゴスラビア　③イタリア　④ギリシャ
ワーク2　ⓐフィンランド　ⓑカナダ　ⓒ日本　ⓓトルコ

【解説】　**ワーク1**　ドイツ（旧西ドイツ）は1961年（ベルリンの壁が築かれる）以後，近隣諸国から外国人労働者を受け入れるようになった。1960年代には，イタリア・ギリシャなどからの外国人労働者が流入したが，その後，トルコ・旧ユーゴスラビアからの外国人労働者が急増した。1973年の**オイルショック（石油危機）**後，受け入れは停止された。
ワーク2　ⓒは，30－40歳において割合が低くなっている。このような**M字型**のグラフになるのが日本である。ⓐはフィンランド。ⓑは，15～24歳の割合が高いので，**移民が多く経済的理由で早くから働く人の多いカナダ**。ⓓは，ⓐ～ⓒに比べて**女性の労働力率が低いのでトルコ**である。

Step C ●センター試験・共通テストにチャレンジ●

問1　②　問2　①

【解説】　問1　19世紀後半から７％以上になっている①がフランス。21世紀になり，７％以上になり，急激に高齢化している④が中国。最も早く21％以上になっている③が日本。現在，日本の老年人口率は29.0％（2022年）。
問2　①のインドは，工業化の進展により経済発展が著しいが，**都市部と農村部の格差が広がっている**。農村では，依然として出生率が高い。

46 日本の人口・人口問題【P.108〜109】

Step A ●ポイント整理●

1．11　2．バングラデシュ　3．大阪　4．神奈川
5．北海道　6・7．山梨・島根　8．札幌　9．広島
10．自然　11．第3　12・13．青森・宮崎　14．愛知
15．沖縄　16．合計特殊出生率　17．高齢
18．少子高齢　19．高度経済成長　20．ブラジル

Step B ●作業でチェック●

ワーク　①14歳以下　②65歳以上　③15歳以上64歳以下

【解説】　①は年少人口（幼年人口）の14歳以下で，沖縄に
注目する。沖縄は出生率が高い。②は**東北，山陰，四国，
九州**などで高い値を示すので**老年人口の65歳以上**。③は**太
平洋ベルトの地域が高い値を示すので生産年齢人口の15歳
以上64歳以下**。

Step C ●センター試験にチャレンジ●

問1　⑤

【解説】　過疎地域面積の割合の高いアを東北地方の山形県
と判断し，⑤と⑥に絞る。**大阪府は，愛知県より面積が狭
く（愛知県の約3分の1）人口が多い**ことから，人口集中地
区面積の割合が高いウを大阪府と判断し，⑤を正解とする。

47 村落の立地と発達【P.110〜111】

Step A ●ポイント整理●

1．扇端　2．宙水　3．自然堤防　4．輪中　5．納
屋　6．集村　7．散村（散居村）　8．塊村　9．列
村　10．路村　11．林地村　12．街村　13．円村（環
村）　14．環濠集落　15．タウンシップ制　16．砺波
17．条里　18．新田　19．屯田兵　20．過疎　21．限界

Step B ●作業でチェック●

ワーク1　ⓐ扇頂　ⓑ扇端　ⓒ宙水　ⓓ自然堤防　ⓔ谷
口　ⓕ丘上　ⓖ納屋
ワーク2　①○　②○　③×　④○

【解説】　ワーク2　③の下線部は間違いである。問題文に
ある「1農家に対して与えられた区画は，1マイル（約
1.6km）四方の1／4の区画」の面積は約64haとなる。ア
メリカ合衆国の1農家当たりの農地面積は地域差が大きく，
東部のニュージャージー州で約30ha，西部のワイオミング
州で約1,100ha，**平均では約170ha**となることから，中西
部の平均的な農場の規模としては狭い。

Step C ●共通テストにチャレンジ●

問1　④

【解説】　写真は円村（環村）である。円村は集村の一種で，
ヨーロッパにみられる集落形態である。かつて中心部は共
有の広場や牧場として利用され，外敵から家畜などを守る
機能を果たしていた。その後，防御の必要性が薄れると教
会などが建てられ，住民の社会生活の場となっていった。

48 都市の立地と発達【P.112〜113】

Step A ●ポイント整理●

1．後背地　2．谷口　3．対向　4．渡津　5．滝線
6．城塞都市（城郭都市・囲郭都市）　7．工業都市
8．連接都市　9．メトロポリス　10．衛星
11．都市圏　12．メガロポリス
13．東海道メガロポリス　14．5割　15．都市人口率
16．プライメートシティ

Step B ●作業でチェック●

ワーク1　㋐シカゴ，ニューヨーク，ペキン　㋑テヘラ
ン，チュニス（旧市街地），ダマスカス　㋒キャンベラ，
パリ，モスクワ
ワーク2　①アジア　②中央・南アメリカ　③CIS（独
立国家共同体）　④オセアニア
ワーク3　ⓐイギリス　ⓑ韓国　ⓒフィリピン　ⓓイン
ド

【解説】　ワーク2　①は100万人以上の都市数が多く，し
かも増加も著しいため人口の多数を占めるアジアである。
④はその都市数の少なさからオセアニア。②と③の違いは
増加が著しいのが②であるから中央・南アメリカである。
ワーク3　ⓐは1950年代から都市人口率が高いので，早く
から都市化の進展がみられた先進国のイギリス。ⓑは1950
年から2010年までに都市人口率が急上昇し，現在は日本や
イギリス並みの都市人口率となっていることから，1970年
代に経済が急成長を遂げ，**アジアNIEs**の一つにもあげら
れるようになった韓国。ⓒは1980年代以降経済成長が続い
ている，東南アジアのフィリピン。ⓓは近年経済成長が著
しいが，国全体としてみれば依然として農村人口が多いイ
ンド。

Step C ●共通テストにチャレンジ●

問1　③

【解説】　◆の都市に注目するとペキンやクアラルンプール，
ドバイなどアジア地域の都市であることが分かる。一方，
□の都市に注目すると，マドリードやブリュッセル，サン
フランシスコなどの欧米の都市が多いことが分かる。
2000年以降，多国籍企業の進出はアジア地域に拡大しつ
つあるので，□Bは世界都市から外れた都市だと判断でき
る。次に，●の都市に着目すると，東京やロンドン，
ニューヨークなどは2000年以前より変わらず，国内のみ
ならず地域を代表する大都市であり，国際金融市場や中枢
管理機能がおかれている都市である。世界都市の中には，
世界的な都市システムの最上位に位置する都市として，金
融業の取引拠点という性格を有している都市も含まれる。

49 都市の機能と地域分化【P.114〜115】

Step A ●ポイント整理●

1．都市機能　2．消費　3．ブラジリア　4．キャンベラ　5．エルサレム　6．メッカ　7．ヴァラナシ　8．ニース　9．都心　10．内部構造　11．CBD　12．昼間　13．夜間　14．デパート　15．スラム　16．外国人労働者（移民）　17．副都心　18．河川　19．同心円

Step B ●作業でチェック●

ワーク1　1．中心業務地区（CBD）　2．卸売・軽工業地区　3．低級住宅地区（スラムなど）　4．一般住宅地区　5．高級住宅地区

ワーク2　ⓐ高層建物　ⓑ昼夜間　ⓒデパート　ⓓ地価　ⓔ人口密度　ⓕ河川　ⓖ高級品　ⓗ都庁

【解説】 **ワーク1**　「同心円モデル」の図はバージェスがシカゴの実態調査に基づいて「都市の成長」と題した論文で発表したもの。大都市の成長は外延的拡大をともない，各機能の集中と分散，専門化と分離の過程で都市内部に独特な地帯が形成されるとしている。図の漸移地区は，商業地区と住宅地区との漸移するところで，貧困や犯罪の多発する退廃的地域である。「扇形モデル」は**ホイト**が合衆国の諸都市の住宅地区の調査からつくったモデル。都市域は全体として円形をなし，中心から**放射状にのびる交通路に沿って**類似の住宅が次第に周辺に向かって移動するとしている。「多核心モデル」は**ハリスとウルマン**が単一の中心ではなく，複数の核心地の周囲に都市が形成されるとしたモデル。核心の数や位置は**歴史的発展の結果**であるため都市ごとに異なる。これら3つのモデルは相反するものではなく，中心地のすぐ近くに低級住宅地（スラムなど）が形成される点や，同心円モデルを基本的に認めている点などは共通している。後者2つのモデルは同心円モデルの修正とみなすことができる。

Step C ●共通テストにチャレンジ●

問1　④

【解説】 Aの地区は大都市になる以前からの市街地（旧市街地）に該当する地区で，中小の工場や商店，住宅などが混在している。建物が密集し道路が狭いことや，工場や中高所得者層の郊外移転などにより，衰退が進み，**再開発**が課題となっている地区でもある。Bの地区は鉄道網の発達に合わせて開発が進んだ地区で，鉄道に沿って住宅地などの新市街地が広がっている。**スプロール現象**がみられ，乱開発が課題となっている地区でもある。Cの地区は港湾部に面し，貿易に便利な地区で，埋め立てなどにより土地を確保したことで大規模な工場や倉庫群が立地している地区である。なお，Cの地区のみ鉄道が通っていないことも正答を導くうえでヒントになる。

50 日本の都市【P.116〜117】

Step A ●ポイント整理●

1．大阪　2．一極　3．仙台　4．福岡　5・6・7．福島・静岡・山口　8．政令指定　9．中核市　10．札幌　11．仙台　12．さいたま　13．千葉　14．横浜　15．川崎　16．相模原　17．新潟　18．浜松　19．静岡　20．名古屋　21．京都　22．大阪　23．堺　24．神戸　25．岡山　26．広島　27．福岡　28．北九州　29．熊本

Step B ●作業でチェック●

ワーク　①札幌　②仙台　③さいたま　④千葉　⑤横浜　⑥川崎　⑦相模原　⑧新潟　⑨浜松　⑩静岡　⑪名古屋　⑫京都　⑬大阪　⑭堺　⑮神戸　⑯岡山　⑰広島　⑱福岡　⑲北九州　⑳熊本

Step C ●センター試験にチャレンジ●

問1　①

【解説】 仙台市，千葉市，浜松市の3都市はすべて政令指定都市である。アは銀行本・支店数が多く，昼夜間人口指数が100を大きく超えているので東北地方の中心都市で「**支店経済都市**」ともいわれる仙台市。イは昼夜間人口指数が100を割り込んでいるため昼の流出が多い都市であり，首都圏のベッドタウンでもある千葉市。ウは**第2次産業就業者の割合が高い**ため，製造業（スズキ，ヤマハの本社がある）がさかんな浜松市。

51 都市問題と都市計画【P.118~119】

Step A ●ポイント整理●

1. インフラ 2. ドーナツ 3. スプロール 4. ホームレス 5. スラム 6. インナーシティ 7. プライメートシティ 8. インフォーマルセクター 9. ストリートチルドレン 10. 田園都市 11. ニュータウン 12. 住宅 13. ウォーターフロント 14. ドックランズ 15. ラ・デファンス 16. ジェントリフィケーション 17. セグリゲーション

Step B ●作業でチェック●

ワーク ⓐスプロール ⓑヒートアイランド ⓒドーナツ ⓓインナーシティ ⓔインフォーマルセクター

Step C ●センター試験にチャレンジ●

問1 ② 問2 ③

【解説】 問1 北半球地域で人口が集中している地域がどこであるかという知識と，地域別の人口変化の理解という2つを合わせて考察することが必要である。ウの緯度帯には，インド，中国南部，メキシコといった人口集中地域が位置している。いずれの地域もかつては第1次産業中心で，大都市は少なかった。しかし，20世紀後半以降，人口の急増と経済成長に伴い，都市化の進展が著しい。そのため，人口300万人以上の大都市も急増していると考えられるので，②が該当する。アの緯度帯は，ヨーロッパの主要国以外は人口が希薄な地域である。ヨーロッパの主要国では産業革命期から第一次世界大戦にかけて人口が急増したが，1975年から2015年は人口増加が停滞しており，大都市の数もあまり増えていない。そのため，③が該当する。イの緯度帯には，南ヨーロッパ，中国中部から北部，日本，アメリカ合衆国といった人口集中地域が位置している。工業化の進んだ地域が多く，大都市の絶対数が多い。また，都市化の進展も1975年より前から進んでおり，1975年時点でも大都市数が多かったと考えられる。そのため，①が該当する。エはアフリカ中部，東南アジアといった地域が位置するが，他の地域に比べて海洋部分も多い。ナイジェリアや東南アジア諸国などでは，近年経済成長に伴って都市化が進展している。そのため，大都市の数も増加していると考えられるが，陸地面積が限られるため絶対的な大都市の数は少ないと考えられる。そのため，④が該当する。

問2 ③は適当でない。ニューヨークの都心部でみられるような，再開発により住宅が改装・建築され，高級住宅街が形成される現象はジェントリフィケーションという。減少するのは低所得者層である。①は適当。発展途上国の都市では急速な都市化による人口流入にインフラ整備が追いつかず，不良住宅地（スラム）が形成されている。②は適当。近年，ヨーロッパや日本などでは中心市街地での公共交通網が見直され，郊外に自家用車を停め，中心市街地へは公共交通機関を利用するパークアンドライドの導入が進められている。④は適当。化石燃料の大量使用などに対し，有害物質の排出規制や浄化装置の整備が遅れている地域では大気汚染が深刻化している。

52 衣食住からみた世界【P.120~121】

Step A ●ポイント整理●

1. サリー 2. スーツ 3. 毛皮 4. イヌイット 5. ポンチョ 6. イスラーム（イスラーム教） 7. ユダヤ 8. シク 9. 和服（着物） 10. 高床 11. 日較差 12. 日干しれんが 13. オンドル 14. 和室 15. とうもろこし 16. 豚 17. 牛 18. 米 19. 寿司 20. アニメ

Step B ●作業でチェック●

ワーク1 ①麦 ②米 ③雑穀 ④いも類
ワーク2 ⓐ木・葉・草 ⓑ土やれんが ⓒ石造建築 ⓓもみや松

【解説】 **ワーク1** 世界各地の伝統的な食文化は，気候を反映して収穫される作物を主食にしている場合が多い。熱帯地域のいも類や雑穀，乾燥地域の乳製品主体，ヨーロッパと北アフリカの麦食，アメリカ大陸のとうもろこし，アジアでの米食文化である。

ワーク2 熱帯では，湿気や病害虫から生活を守るために通気性や建物の構造が工夫されてきた。乾燥帯では，強い日ざしを利用して作る日干しれんがや土を素材としている。ヨーロッパでは石材と木材を加工した住居が見られる。亜寒帯（冷帯）では亜寒帯林を加工したログハウスが有名。

Step C ●センター試験・共通テストにチャレンジ●

問1 ⑨ 問2 ③

【解説】 問1 モンゴルの大部分は乾燥しているため，羊のような乾燥に強い家畜を動物性カロリーとして摂取している。また気候面において野菜の栽培が難しいため大部分を動物性カロリーに頼っている。しかし，ヨーロッパの国々のような先進国と比べると油の摂取は少なく，1人1日当たりの食料供給量が少ないスがモンゴルである。よって⑨が解答となる。

問2 正解は③。図に赤道を引いてみよう。Dは赤道直下にあり，Af気候区なのがわかる。高温多湿な環境のため，通気性をよくする高床式の住居がみられる。①は「厳しい寒さ」とあるのでCのシベリア地方。イズバとは元々スラブ民族の木造家屋で「農家」を意味する。寒冷なロシアで特に発達し，丸太を用いたログハウス風校倉式家屋で，ペチカとセットで防寒に優れている。②は「土と日干しレンガ」とあるのでサハラ砂漠が広がるB。④は地中海沿岸でみられる「白壁の石造り住居」をさしているのでA。

53 世界の民族・言語【P.122〜123】

Step A ●ポイント整理●

1．民族　2．アボリジニー　3．マオリ　4．奴隷
5．イヌイット　6．アパルトヘイト　7．バスク
8．公用語　9．中国　10．インド・ヨーロッパ
11．ヒンディー　12．ペルシャ　13．フィンランド
14．ハンガリー　15．アフリカ・アジア　16．アラビア
17．マダガスカル　18．フランス　19．ケベック
20．タミル　21．ドイツ　22．オランダ

Step B ●作業でチェック●

ワーク1 ①スペイン語　②アラビア語
ワーク2 ⓐ英語　ⓑフランス語　ⓒスペイン語　ⓓポ
ルトガル語　ⓔ中国語　ⓕロシア語　ⓖアラビア語

【解説】 ワーク2 発展途上国で使用されている言語は，
旧宗主国の言語である場合が多い。東アフリカ諸国とナイ
ジェリア，ガーナでは英語が，西アフリカ諸国ではフラン
ス語が多く使用されている。ただし，北アフリカ〜西アジ
ア諸国では，アラブ民族（ムスリム（イスラーム教徒））
が居住することからアラビア語が使用されている。また，
ラテンアメリカではスペイン語が多く使用されているが，
ブラジルでポルトガル語，ハイチでフランス語，ガイアナ
で英語，そしてスリナムでオランダ語がそれぞれ使用され
ている。

Step C ●センター試験にチャレンジ●

問1　②

【解説】 ベルギーは複雑な言語分布をもち，言語問題を抱
えている。北部で用いられている言語aはオランダ語（フ
ラマン語），南部で用いられている言語bはフランス語
（ワロン語）である。首都であるブリュッセルでは両言語
が用いられている。スイスでは，言語bのフランス語，言
語cのドイツ語，言語dのイタリア語が分布する。以上か
ら，言語a・cはゲルマン語派の言語で，アは「ゲルマ
ン」が該当する。また，言語b・dはラテン語派の言語で
ある。また，スイスでは，言語b・c・dに加え，ラテン
語派のロマンシュ語をあわせた4つの言語を公用語にして
いる。よって，イは「複数」が該当する。なお，ベルギー
は，オランダ語，フランス語，ドイツ語の3つを公用語に
している。

54 世界の宗教【P.124〜125】

Step A ●ポイント整理●

1．ヒンドゥー　2．カトリック　3．プロテスタント
4．正教会（東方正教）　5．エチオピア
6．フィリピン　7．東ティモール　8．スンナ（スン
ニ）　9．イラン　10．バングラデシュ　11．インドネ
シア　12．ブルネイ　13．スリランカ　14．ベトナム
15．チベット仏教　16．モンゴル　17．ブータン
18．カースト　19．豚　20．牛

Step B ●作業でチェック●

ワーク1 ①カトリック　②プロテスタント　③正教会
（東方正教）　④上座仏教　⑤チベット仏教　⑥スンナ
（スンニ）派　⑦シーア派　⑧ヒンドゥー教
ワーク2 ⓐキリスト教　ⓑイスラーム（イスラム教）
ⓒヒンドゥー教　ⓓ仏教

【解説】 ワーク1 プロテスタントは西欧や北欧と，アン
グロアメリカで多く信仰されているが，アイルランドやカ
ナダのケベック州ではカトリックが信仰されている。また，
カトリックは東欧の一部（ポーランド，チェコ，ハンガ
リーなど）でも信仰されている。イスラーム（イスラム
教）は西アジア〜北アフリカを中心に信仰されているが，
中央アジアや南アジア（パキスタン，バングラデシュ），
さらに東南アジア（マレーシア，インドネシア，ブルネ
イ）にも広がる。

Step C ●センター試験にチャレンジ●

問1　④

【解説】 Aは，スペインとポルトガルを範囲としていて，
カトリックが広く信仰されていることから，イが該当する。
Bは，ドイツからオーストリアそしてイタリア北部を範囲
としている。ドイツ北部はプロテスタントが中心だが，南
部はカトリックが信仰されている。オーストリアとイタリ
アもカトリックが中心のためウが該当する。Cは，北部の
ハンガリーにはカトリックが多く，中部のセルビアではセ
ルビア正教が広く信仰される。また，南部のコソボ，アル
バニアではイスラーム（イスラム教）が多いことから，ア
が該当する。

55 国家と領域【P.126～127】

Step A ●ポイント整理●

1. 領域　2. 12　3. 排他的経済　4. 200　5. 大気圏　6. 宗主国　7. アフリカの年　8. 連邦　9. 多民族　10. 国際連合（国連）　11. ピレネー　12. アンデス　13. アルプス　14. スカンディナヴィア　15. アムール　16. オーデル　17. メコン　18. リオグランデ　19. ヴィクトリア　20. チチカカ　21. 49　22. 141　23. 25　24. 2　25. 20　26. 141

Step B ●作業でチェック●

ワーク1 ⓐ領空　ⓑ領土　ⓒ領海　ⓓ排他的経済水域　ⓔ公海

ワーク2 ①西経141　②北緯49　③リオグランデ　④チチカカ　⑤アンデス　⑥スカンディナヴィア　⑦オーデル　⑧ドナウ　⑨ピレネー　⑩東経25　⑪北緯22　⑫ヴィクトリア　⑬東経20　⑭ヒマラヤ　⑮アムール　⑯メコン　⑰東経141

【解説】　国境は大きく，**自然的国境**と**人為的国境**とに区分される。そのうち自然的国境とは海洋，山脈，河川，湖沼など自然の障壁を境界としたものである。**海洋国境**は，交流性・隔離性ともにすぐれ，理想的な国境である。**山脈国境**は，隔離性が強く交流性に欠けるため，人種・民族の境界をなす場合が多い。**河川国境**は，隔離性よりも交流性が大きく，また河道が変化するという問題があって**国境紛争が生じやすい**。**湖沼国境**は，海洋国境に準じ，隔離性と交流性を備えている。そして，人為的国境の代表には**数理的国境**があり，これは経緯線を利用して直線的に定められた国境で，**新大陸や開発の遅れた旧植民地に多くみられる**。

Step C ●センター試験にチャレンジ●

問1　④

【解説】　排他的経済水域は，領海の外側の海域を指し，領海を含めて200海里の幅をなす。また，排他的経済水域とは，国の沿岸から200海里の水域における一切の**水産資源**および**鉱物資源**に対する管轄権や，海洋汚染を規制する権限を沿岸国に認めさせようとするものであるため，公海とは区別される。1982年の第三次国連海洋法会議で，海洋法条約が採択されて決定した。ただし，排他的経済水域は領海でないことから，**船舶・航空機の通行**や，**海底ケーブル・パイプラインの敷設の自由**は認められる。しかし，公海は狭められ，我が国の遠洋漁業などは大きな打撃を受ける結果となった。

56 世界の民族・領土問題【P.128～129】

Step A ●ポイント整理●

1. 東西冷戦　2. イスラーム（イスラム教）　3. チベット仏教　4. モロ　5. タミル　6. クルド　7. パレスチナ　8. イスラエル　9. 南スーダン　10. ルワンダ　11. ビアフラ　12. トルコ　13. ギリシャ　14. カトリック　15. チェチェン　16. ケベック　17. フランス　18. 南沙　19. カシミール　20. ヒンドゥー　21. 西サハラ　22. フォークランド（マルビナス）

Step B ●作業でチェック●

ワーク ①チベット　②ミンダナオ島　③南沙群島　④中印国境　⑤カシミール地方　⑥スリランカ　⑦シャトルアラブ川　⑧パレスチナ　⑨スーダン　⑩ルワンダ　⑪ナイジェリア　⑫キプロス　⑬西サハラ　⑭チェチェン　⑮旧ユーゴスラビア　⑯ジブラルタル　⑰バスク地方　⑱ベルギー　⑲北アイルランド　⑳ケベック州　㉑フォークランド諸島

【解説】　パレスチナの語源は「ペリシテ人の住む地」。同地はオスマン帝国に至るイスラーム統治期を通して，独立した行政区としては存在しなかった。その地域の画定は，1920年4月のサンレモ会議によりイギリスの委任統治領となり，ほぼ決定され，'23年にトランスヨルダンを切り離して最終的なものとなった。委任統治下でユダヤ人のパレスチナへの移民が進む中，パレスチナアラブとの対立が深まり，'47年11月29日，国連総会は同地域の分割案を採択する。'48年5月のイスラエル独立宣言後，イスラエル周辺と周辺アラブ諸国は，'48年・'56年・'67年・'73年と4度の**中東戦争**を行った。このことで，パレスチナの地はイスラエルが委任統治期に指定された領域をほぼ支配下に置いている。同地は'95年以降オスロ合意Ⅱ，ワイ・リバー合意によりイスラエルとパレスチナ暫定自治政府間で統治自治範囲について協議がなされている。

Step C ●センター試験にチャレンジ●

問1　④

【解説】　北アイルランドの宗教対立は**プロテスタント**と**カトリック**であり①の文は誤り。**東方正教**は主として東ヨーロッパやロシア，ギリシャなどで信仰されている。②ロシア連邦内だけでも22の共和国があり，**チェチェン問題**をはじめとして多くの民族問題を抱えている。③ブラジルの旧宗主国は**ポルトガル**であり，南アメリカでは唯一**ポルトガル語**を公用語とする。④1995年の**ケベック州民投票**では独立反対派が辛勝した。

57 民族・領土からみた日本【P.130〜131】

Step A ●ポイント整理●

1. 北方領土　2. 竹島　3. 尖閣諸島　4. ブラジル
5. 中国　6. 多文化主義　7. 難民　8. ニューヨーク　9. 東ティモール　10. スイス　11. モンテネグロ
12. 南スーダン　13. アフリカ　14. ヨーロッパ
15. アジア　16. 平和維持活動（国連平和維持活動）
17. 世界食糧計画　18. 国連児童基金

Step B ●作業でチェック●

ワーク1 ①中国　②韓国・朝鮮　③ブラジル
ワーク2 ⓐ韓国・朝鮮人　ⓑブラジル人　ⓒアメリカ人

【解説】 **ワーク1**・**ワーク2** 在留外国人の割合で最も大きいのが**中国人**で，1990年代以降急増している。彼らは労働者とともに留学生・研修生として来日する場合が多い。ベトナム人に次いで多いのが**韓国・朝鮮人**である。これには，1910年の日韓併合，そして戦争遂行のための強制連行などの経緯がある。彼らは，朝鮮半島に近い**大阪を中心とした西日本の都市部**で多い。フィリピン人に次いで多いのが**ブラジル人**である。彼らは**自動車関連工場や建設現場**などでの仕事に多く就くことから，**東海地方から関東地方**にかけて多い。バブル経済期の労働力不足を背景に，**日系3世までの未熟練労働者の入国が認められた**ことから，1990年代にペルー人とともに急増したが，近年は景気の後退から減少している。また，アメリカ人は在日米軍との関わりが深く，**米軍基地が多く残る沖縄県**で特に割合が高くなっている。

Step C ●センター試験にチャレンジ●

問1 ④

【解説】 日本に滞在する外国人のグラフからみると，最も多いアが**中国**であり，1980年と比較すると10倍以上に増えている。イは，1990年頃から急増しているが，これは**入国管理法**が改正され日系人が優遇されるようになった**ブラジル**である。ウのアメリカ合衆国は，微増である。外国に滞在する日本人のグラフでは，アメリカ合衆国に滞在する日本人は増加傾向にあるが，中国とブラジルは減少している。ブラジルについては，渡航する者の減少，ブラジルからの帰国，高齢日系人の死亡などの要因が考えられる。

58 国家間の結びつき【P.132〜133】

Step A ●ポイント整理●

1. NATO　2. OECD　3. ECSC　4. EU
5・6. ブルガリア・ルーマニア　7. クロアチア
8. 27　9. リスボン　10. ASEAN　11. USMCA
12. MERCOSUR　13. APEC　14. OPEC
15. ベネズエラ　16. ナイジェリア　17. OAPEC
18. イラン

Step B ●作業でチェック●

ワーク1 ①EU　②USMCA　③日本　④ASEAN
ワーク2 ⓐエ　ⓑア　ⓒウ　ⓓイ
ワーク3 Ⓐイラク　Ⓑナイジェリア　Ⓒアンゴラ　Ⓓベネズエラ　Ⓔインドネシア

【解説】 **ワーク2** ⓐは1人当たりGDP上位13か国である。1人当たりGDPは西欧や北欧諸国で高い。また，EU未加盟国のスイス，ノルウェー，アイスランドが含まれていることから判断できる。ⓑはEC加盟国（1991年）である。北欧や東欧諸国が未加盟である点から判断できる。ⓒ通貨統合は，EU加盟国のうち財政赤字や物価上昇などについての参加基準を満たしている国だけが参加できる。デンマーク，スウェーデンは参加基準を満たしている高所得国であるにもかかわらず，自国の通貨制度を維持したいために参加を見送った。2014年にはラトビアが，2015年にはリトアニアが，2023年にはクロアチアも通貨統合に参加。ⓓはEU加盟国で，イギリスは2020年EUを正式に離脱した。

Step C ●センター試験にチャレンジ●

問1 ②

【解説】 USMCA（米国・メキシコ・カナダ協定）はアメリカ合衆国，メキシコ，カナダの3か国で2020年7月に発効した。①は「豊富な低賃金労働力」からASEAN（東南アジア諸国連合）が，③は「域内の市場統合」からEU（欧州（ヨーロッパ）連合）が該当する。また，④は「メジャーによる石油価格支配に対して」からOPEC（石油輸出国機構）が該当する。

59 世界の地域と地域区分 【P.134〜135】

【P.134〜135】

Step A ●ポイント整理●

1. 地域区分　2. 指標　3. 等質　4. 機能　5. 結
節　6. 個別　7. 形式　8. 実質　9. 西側　10. 東
側　11. 非同盟　12. 先進国

Step B ●作業でチェック●

ワーク1 ①オセアニア　②南アメリカ　③アジア
④ヨーロッパ　⑤アフリカ　⑥北アメリカ
ワーク2 ⓐオセアニア　ⓑ東南アジア　ⓒラテンアメ
リカ　ⓓヨーロッパ　ⓔ東アジア　ⓕ西アジア　ⓖ南ア
ジア　ⓗアフリカ　ⓘ中央アジア　ⓙアングロアメリカ

Step C ●センター試験にチャレンジ●

問1　①　問2　①

【解説】　問1　Aはアジア・アフリカ地域に多く，他地域
では用いられていないので，西アジアから北アフリカで用
いられる**アラビア語**である。アラビア語は1970年代に**国連
公用語**となった。Bは北・中央アメリカや南アメリカで多
いので**スペイン語**であり，国連発足当初は公用語として用
いる国が最も多かった。Cは**フランス語**である。アフリカ
には旧フランス領も多く，英語と同数の25である。
問2　世界の主な宗教人口は，**キリスト教**が世界1位（約
25.9億人）であるが，カトリック，プロテスタントなど宗
派別に分割すると，**イスラーム**（イスラム教）全体より少
なくなる（イスラームは約20.0億人，カトリック約12.6億
人，プロテスタント約6.1億人）。まず**ア**は選択肢の中では
最大人口であり，アジア・アフリカ地域に圧倒的に多いた
め，**イスラーム**と判断できる。**インドネシア，パキスタン，
バングラデシュ**の東南・南アジア諸国をはじめ，**西アジア，
北アフリカ**に多くの信者を有し，しかもその地域は人口増
加地域でもある。**イ**はキリスト教の中でも最大人口の**カト
リック**であり，**南ヨーロッパ諸国**やスペイン，ポルトガル
の植民地となった**ラテンアメリカ諸国**に信者が多い。残り
の**ウ**はプロテスタントで，イギリスの植民地が比較的多
かった**アフリカ**が最大であり**北西ヨーロッパ**や**アングロア
メリカ**，オセアニアにも信者が多い。

60 東アジア① 中国 【P.136〜139】

【P.136〜139】

Step A ●ポイント整理●

1. 季節風（モンスーン）　2. 社会　3. 計画
4. 国際連合（国連）　5. イギリス　6. ポルトガル
7. 特別行政　8. 漢　9. チベット（西蔵）　10. 華
僑　11. 人民公社　12. 生産責任　13. 万元　14. 郷鎮
15. 一人っ子　16. 市場　17. 経済　18. 経済技術　19.
戸籍　20. チンリン（秦嶺）　21. ホワイ　22. 工場
23. BRICS　24. サンシヤ（三峡）　25. 西部　26. 一
国二　27. チベット仏

Step B ●作業でチェック●

ワーク1 ①黄河　②長江（揚子江）　③チュー川（珠
江）　④アムール川　⑤ゴビ　⑥タクラマカン　⑦チン
リン（秦嶺）　⑧タイ（泰）　⑨トンチン（洞庭）
⑩スーチョワン（四川）　⑪ハイナン（海南）　⑫台湾
ワーク2 ⓐ内モンゴル（内蒙古）　ⓑニンシヤ（寧夏）
回族　ⓒシンチヤンウイグル（新疆維吾爾）　ⓓチベッ
ト（西蔵）　ⓔコワンシー（広西）壮族　ⓕアモイ（厦
門）　ⓖスワトウ（汕頭）　ⓗシェンチェン（深圳）
ⓘチューハイ（珠海）　ⓙハイナン（海南）島　ⓚホン
コン（香港）　ⓛマカオ（澳門）　ⓜペキン（北京）
ⓝテンチン（天津）　ⓞシャンハイ（上海）　ⓟチョンチ
ン（重慶）
ワーク3 Ⓐ人民公社　Ⓑ一人っ子　Ⓒイギリス　Ⓓポ
ルトガル　Ⓔ西部　Ⓕ世界貿易機関（WTO）　Ⓖ国内総
生産（GDP）

【解説】　**ワーク1**　中国では河といえば①を，江といえば
②を，山といえば⑧を，湖といえば⑨をそれぞれ指すとい
われている。省名（例えば**河北省，山東省**や**湖南省**など）
もこれを基準に考えると容易である。②の長江は従来「**揚
子江**」とよばれてきたが，これは揚州（ヤンチョウ）にあ
る揚子津という渡し場より下流の河川名としてヨーロッパ
人が命名したものである。⑤の**ゴビ砂漠**と⑥の**タクラマカ
ン砂漠**は，ユーラシア大陸の内陸部にあり，隔海性の大き
い「内陸砂漠」である。中でも**ゴビ砂漠**（「ゴビ」はモン
ゴル語で「砂漠」の意味）は世界最北の砂漠といわれてい
る。⑦の**チンリン（秦嶺）**山脈は，その東部の**ホワイ川**
（淮河）とともに中国の農業地域（稲作と畑作）をわける
自然的境界をなす。
ワーク2　中国の少数民族は55を数えるが，自治区がある
のはⓐ〜ⓔの5つである。ⓑの**ニンシヤ（寧夏）回族自治
区**は，民族というより，**ムスリム**（回教徒）が居住してい
る自治区である。したがって，回族は，言語や地域性とは
無関係に，もっぱら宗教によってのみ1つの少数民族とし
て区分されている。**経済特区**は1979年後半に**コワントン
（広東）・フーチエン（福建）**両省の4都市に設置された。
その後1988年にコワントン省の**ハイナン（海南）**島が省に
昇格し，全島が経済特区に指定された。その目的が外資導
入にあり，資本主義的諸要素が流入するため，特区以外の
地域とは金網などで隔離されている。直轄市は，1997年に
ⓟの**チョンチン（重慶）市**がスーチョワン（四川）省より

分離し，4市となった。チョンチン市の総人口は約3,200万人（2020年），面積約8万km²（北海道よりやや広い）の世界有数の大都市である。

Step C ●センター試験にチャレンジ●

問1　③　問2　⑦

【解説】問1　アは内陸の乾燥地域（内モンゴル自治区やシンチヤンウイグル自治区）に多いため羊肉とわかる。一方，中国では牛肉は比較的新しい食材であり，華北の都市部を中心に生産されているので，イを牛肉と判断し，比較的南部に多いウが豚肉となる。また，ウはムスリム（イスラーム教徒）の多いシンチヤンウイグル自治区等ではほとんど生産されていないことからも豚肉と類推できる。なお，中国における家畜の飼育頭数は豚・羊・牛の順であり，豚と羊は世界1位であるが，牛は世界5位であり（2021年），牛肉の消費量は少ない。

問2　Aのシンチヤンウイグル自治区は，ウイグル族が多数派であるが，その比率は50％を下回る。漢族も40％程度居住している。ウイグル族はトルコ系で，信仰する宗教はイスラームであり，チベット仏教（ラマ教）ではないので，誤文である。Bの内モンゴル自治区もモンゴル族の比率は約18％で，漢族が8割近く居住する。モンゴル族の主要宗教はチベット仏教（ラマ教）であり，イスラームではないので誤文である。Cは正文である。中国の少数民族は55を数え，最大人口はこの壮族である。次いでウイグル族，回族，苗族が続く。

61　東アジア②　韓国【P.140〜141】

Step A ●ポイント整理●

1．豊臣秀吉　2．朝鮮　3．日韓基本　4．国際連合（国連）　5．リアス　6．ハングル　7．セマウル　8．漢江　9．ハブ　10．竹島

Step B ●作業でチェック●

ワーク ①ピョンヤン（平壌）　②ソウル　③インチョン（仁川）　④プサン（釜山）　⑤パンムンジョム（板門店）　⑥アムノック川（ヤールー川，鴨緑江）　⑦ハン川（漢江）　⑧ケマ（蓋馬）　⑨テベク（太白）　⑩チェジュ（済州）

【解説】大韓民国の東部は日本海，南は西水道（朝鮮海峡）を隔てて日本と接する。東海岸に沿って走る⑨は半島の脊梁山脈であり，東部は単調な海岸線であるが，南西部はリアス海岸となっている。また，朝鮮民主主義人民共和国は⑥を隔てて中国と，トマン川（豆満江）河口付近でロシアと接する。大韓民国と朝鮮民主主義人民共和国は⑤付近を通過する休戦ラインをはさみ対峙している。

Step C ●センター試験にチャレンジ●

問1　⑥　問2　④

【解説】問1　アは「乳製品や羊肉」などから遊牧地域のモンゴルの記述である。イの「小麦粉を練った薄皮に肉などを詰めて油で揚げた料理」はロシアのピロシキを示す。ウの「発酵させた漬物」とは朝鮮半島のキムチであり，組合せとしては⑥が正解となる。

問2　①〜③は正しい文である。韓国は1970年代以降，輸出指向型の工業化を目指し，急速な経済発展をとげた。鉄鋼，造船，自動車，ICなどは主要工業に位置づけられる。また，首都ソウルには約1,000万人の人口が集中し，典型的なプライメートシティ（首位都市）となっている。経済の中心を担っているのは「現代」グループなど財閥であり，④が不正解となる。

62 東南アジア【P.142～145】

Step A ●ポイント整理●

1. 三角州（デルタ）　2. 季節風（モンスーン）
3. タイ　4. イギリス　5. フランス　6. オランダ
7. スペイン　8. アメリカ　9. 上座仏教　10. 大乗
仏教　11. イスラーム（イスラム教）　12. ヒンドゥー
教　13. カトリック　14. ASEAN＋3　15. 輸出加工
16. 輸出指向　17. 石油輸出国機構　18. ルックイース
ト　19. ブミプトラ　20. ジュロン　21. プライメート
シティ　22. 緑の革命　23. ドイモイ　24. アンコール
ワット　25. 南沙

Step B ●作業でチェック●

ワーク1 ①ホン　②メコン　③チャオプラヤ　④エー
ヤワディー　⑤アンナン　⑥ルソン　⑦ミンダナオ
⑧スマトラ　⑨カリマンタン（ボルネオ）　⑩ジャワ
⑪バリ　⑫スラウェシ　⑬ティモール　⑭ロンボク
⑮マラッカ

ワーク2 ⓐオランダ　ⓑタイ　ⓒイギリス　ⓓ1984
ⓔ大乗仏教　ⓕフランス　ⓖ1997　ⓗカンボジア　ⓘポ
ルトガル

【解説】　**ワーク1**　①～④の河川のほか、タイとミャン
マーの国境付近を流れるタンルイン川をあわせ、東南アジ
アの五大河川とよぶ。その中では②の**メコン川**が長さ・流
域面積とも東南アジア最大である。すべての河川の下流は
デルタ地帯を形成し、世界的な米の産地となっており、ト
ンキン米・サイゴン米のような独自の名称がつく。⑤の**ア
ンナン山脈**は山脈国境である。インドネシアは典型的な多
島国であるが、主要な島は、⑧⑨⑩⑫とニューギニア島の
5島。ニューギニアの西半分は現在はインドネシア領であ
るが、「パプア」として独立の動きもある。⑪の**バリ島**は
小面積ではあるが、人口密度は大きく、日本からの観光客
も多い（中心都市はデンパサール）。またインドネシアの中
では唯一**ヒンドゥー教徒**が多い。⑬のティモール島東部
（東ティモール）は旧ポルトガル領であり、2002年に独立
した。⑭の**ロンボク海峡**は、⑮の**マラッカ海峡**とともに、
西アジア地域から日本への重要な航路になっている。ロン
ボク海峡を抜け、⑨と⑫の間の**マカッサル海峡**からフィリ
ピン東部を通る航路は、南シナ海（南沙群島など）を避け
る重要なルートである。アジアで唯一の赤道通過国はイン
ドネシアである。

ワーク2　東南アジアは、この表のように、1人当たり
GNI、宗教、旧宗主国、ASEAN加盟年、主要輸出品など
が重要である。1人当たりGNIは、**シンガポールとブルネ
イ**が突出して大きく、先進国に匹敵する。マレーシアやタ
イも増大しているが、他の国々は、まだまだ低水準である。
宗教と旧宗主国の多様性は東南アジアの特徴の1つである。
輸出品をみると、工業化が進展している国々では、**電気機
械**が多いが、**自動車**なども増加しつつある。ブルネイの輸
出品目は**LNG**や**原油**が上位を占めることに注目。イント
ネシアの原油の割合は**減少**しており、石炭など原油以外が
上位を占める。また、ラオス、ミャンマー、カンボジアで
は、主要輸出品が一次産品や軽工業製品などで占められる。

Step C ●センター試験にチャレンジ●

問1　⑥　問2　②　問3　②

【解説】　問1　東南アジアの宗教分布の典型的な問題であ
る。Aは、**キリスト教徒**が圧倒的に多い。東南アジアでキ
リスト教（カトリック）といえば、旧宗主国（スペイン）
の影響を受けたフィリピン、Bは**仏教徒**が多いため、イン
ドシナ半島の**タイ**、Cは**ムスリム（イスラム教徒）**が多
いため**インドネシア**になる（インドネシアは世界一のムス
リム（イスラム教徒）をかかえる）。その他の分布につ
いても、きちんと把握をしておこう。**東ティモールのカト
リック**（旧ポルトガル領）、バリ島のヒンドゥー教、フィ
リピン南部のイスラーム（イスラム教）、ベトナムの大乗
仏教なども要注意である。

問2　①Aのミャンマー（旧ビルマ）は旧イギリス領であ
る。植民地化を免れたのは隣国の**タイ**である。言語や宗教
など独自の文化は維持されており、東南アジアの他国も同
様である。②Bのカンボジアは1970年に共和制移行、その
後内戦や混乱が続いたが、1991年に和平協定が成立した。
したがって、この文が正解である。③Cのマレーシアはマ
レー系住民への優遇政策（ブミプトラ政策）をとったが、
経済的地位はいまだに中国・インド系のほうが高い。④D
のフィリピンは米西戦争により**スペイン領**から**アメリカ領**
に転じた。現在の公用語は**フィリピノ語**（タガログ語が基
礎）と**英語**であり、スペイン語は公用語ではない。

問3　ASEAN諸国は1人当たりGDPの格差が大きい。工
業化が進展した**シンガポール**や石油収入の大きい**ブルネイ**
は1人当たりGDPは先進国並みである。一方**マレーシア**
や**タイ**は中程度、他国はおおむね5,000ドル以下である。
図を見ると、③④はASEAN諸国の中では、1人当たり
GDPが大きいので、人口の多い③が**シンガポール**、④が
ブルネイである。一方、①は1人当たりGDPは小さいが、
国全体のGDPは大きく、東南アジア最大の人口国である
インドネシアが該当する。残り②が正解のマレーシアであ
る。

63　南アジア【P.146〜147】

Step A　●ポイント整理●

1．イギリス　2．南アジア　3．レグール　4．アッサム　5．サイクロン　6．ヒンドゥー教　7．イスラーム（イスラム教）　8．上座仏教　9．カースト　10．ヒンディー　11．白い革命　12．ザミンダーリー（ザミンダール）　13．BRICS　14．カシミール　15．パンジャブ　16．シンハラ　17．タミル

Step B　●作業でチェック●

ワーク　①インダス　②ガンジス　③ブラマプトラ　④ダモダル　⑤ヒマラヤ　⑥大インド（タール）　⑦デカン　⑧パンジャブ　⑨イスラマバード　⑩デリー　⑪ダッカ　⑫スリジャヤワルダナプラコッテ　⑬カラチ　⑭ムンバイ（ボンベイ）　⑮ベンガルール（バンガロール）　⑯チェンナイ（マドラス）　⑰コルカタ（カルカッタ）

【解説】　①は典型的な**外来河川**であり，文明発祥の地でもあった。その上流が⑧の**パンジャブ（五河）**地方であり，インダス川の5支流（ジェラム，チェナブ，ラビ，ビーアス，サトレジ）に由来する。小麦，綿花（長繊維が特徴），さとうきび，とうもろこしなどの産地である（行政上のパンジャブ州はインド北部とパキスタン中北部にある）。②と③はインド西部・バングラデシュ付近で合流し，ベンガル湾に注ぐが，流域面積ではガンジス川が，長さではブラマプトラ川が勝るため，「ガンジス・ブラマプトラ川」として扱われることが多い。④はその支流であるが，DVCの総合開発で注目を浴びた。流域は**石炭，鉄鉱石**の産出地である。⑤⑥はそれぞれ**自然国境**をなす。⑨は第二次世界大戦後3番めの首都（⑬のカラチ→ラワルピンディ→イスラマバード）で，**カシミール**地方の領有をめぐり，首都を内陸部に置いたともいわれる。⑭⑯⑰の都市はその名称を変えた。

Step C　●センター試験にチャレンジ●

問1　⑥

【解説】　アはデカン高原で生産量が多いことから，肥沃な**レグール**を利用して栽培される**綿花**と判定できる。また，北部の**パンジャブ**地方にも分布するが，この地域の綿花は長繊維として名高い。イは**ガンジス・ブラマプトラ川**下流域および**南東部沿岸地域**で生産量が多いことから，多雨地域に適した**米**である。南西部沿岸部にも帯状に稲作がさかんな地域があるが，この地図では表現されていない。ウは**ガンジス川中・上流域**および綿花同様**パンジャブ**地方で生産量が多いことから**小麦**となる。米と小麦の栽培地域の境界は，**年降水量1,000mm**の線に対応する。これら3つの作物は世界有数の生産をあげており，インドの代表的農産物である。

64　西アジア・中央アジア【P.148〜149】

Step A　●ポイント整理●

1．社会主義　2．外来河川　3．シルク　4．カナート　5．カレーズ　6．アラル　7．パイプライン　8．第1次石油危機　9．シオニズム　10．パレスチナ　11．アラブ連盟　12．クルド

Step B　●作業でチェック●

ワーク1　ⓐイラン　ⓑイラク　ⓒサウジアラビア　ⓓアラブ首長国連邦　ⓔトルコ　ⓕキプロス　ⓖイスラエル　ⓗカザフスタン

ワーク2　①ザグロス　②エルブールズ　③カフカス（コーカサス）　④ティグリス　⑤ユーフラテス　⑥アナトリア　⑦イラン　⑧ネフド（ナフード）　⑨ルブアルハリ　⑩カスピ　⑪アラル　⑫ペルシャ

【解説】　**ワーク2**　この地域の大部分は**乾燥気候**であり，④⑤やアムダリア川，シルダリア川などの**外来河川**が灌漑などに大きな役割を果たしてきた。中央部には①②③や⑥⑦など**新期造山帯**の山脈や高原が分布する。また⑩や⑪，死海などの**塩湖**が多く，アルカリ性の土壌が分布し，乾燥気候とあわせて農業には不向きな地域が多い。

Step C　●共通テストにチャレンジ●

問1　⑤

【解説】　問1　グラフ内のaは産油国であるが，1人当たりGNIが低位の国で，**イラン・イラク**で構成されるウが該当する。両国は戦争や経済制裁，過度の石油依存の経済などから，産油国であるものの1人当たりGNIはこの地域では低い。人口が多いこと（**イラン**は約8,800万人，**イラク**は約4,400万人）もその原因である。bは原油生産量・1人当たりGNIともに高位の国で，**サウジアラビア・アラブ首長国連邦・クウェート**などが含まれるアが該当する（オマーンも15,000ドル以上）。cは産油国ではないと判断されるが，1人当たりGNIは高位の国で，**トルコ・キプロス・イスラエル**の3か国で構成されるイである。なお，**トルコ**は観光国であり，外資導入の自動車産業も見られ，GNIが増加しているが，近年やや経済成長が鈍化しており，1人当たりGNIが10,000ドルを割る年もある。

65 アフリカ【P.150～151】

【P.150～151】

Step A ●ポイント整理●

1．アトラス　2．ドラケンスバーグ　3．大地溝（アフリカ大地溝）　4．サハラ　5．外来河川　6．ベンゲラ　7．アフリカの年　8．サヘル　9．南スーダン　10．便宜置籍　11．ヴォルタ　12．カッパー　13．アパルトヘイト　14．モノカルチャー　15．政府開発援助

Step B ●作業でチェック●

ワーク　①ナイル　②ニジェール　③コンゴ　④アトラス　⑤ドラケンスバーグ　⑥コンゴ　⑦エチオピア　⑧ギニア　⑨マダガスカル　⑩ベンゲラ　⑪ナミブ　⑫サハラ　ⓐエジプト　ⓑエチオピア　ⓒ南アフリカ共和国　ⓓリベリア　ⓔガーナ　ⓕナイジェリア　ⓖケニア　各宗主国：ⓗイタリア　ⓘベルギー　ⓙⓀポルトガル

【解説】　アフリカはテーブル状の大陸に54の国家がひしめく。大陸別にみると**国連加盟国数は最大**であり，アフリカ全体を統合する組織としては**アフリカ連合（AU，2002年発足）**がある。①③はアフリカ有数の大河であるが，一部を除けばまだ未開発である。③のコンゴ川は，包蔵水力（電力として利用できる水力）が世界最大である。④は**新期造山帯**の，⑤は**古期造山帯**の典型的な山脈であり，後者付近では，石炭の埋蔵・産出が多い。⑦はコーヒー（アラビカ種）の原産地として有名。⑨は世界第4の面積の島で，住民は**マレー・インドネシア系**。稲の栽培もみられる。⑩のベンゲラ海流（寒流）の影響で，⑪のナミブ砂漠（海岸砂漠）が形成された。⑫は世界最大の砂漠である。

Step C ●センター試験にチャレンジ●

問1　⑤　問2　②

【解説】　問1　アフリカ諸国の指標としては典型的な問題である。アは南アフリカ共和国や産油国である**アルジェリア・リビア・ガボン**など，アフリカ諸国の中では比較的1人当たりのGNIの高い国が多い。これらの国々では，教育が普及し，**15～24歳の識字率**と判断できる。イは**南部アフリカ諸国**に多く，**成人のHIV感染率**と考えられる。スワジランド・ボツワナ・レソト・南アフリカ共和国・ジンバブエなど南部アフリカ諸国の感染率が高い。残るウが**合計特殊出生率**である。アフリカ中部のニジェール・ソマリア・チャドの合計特殊出生率は世界のベスト3であり（2021年），**人口爆発**の状態である。アとウは対照的な地図になっていることにも注目しよう。

問2　A地域は地中海沿岸のアルジェリア，チュニジア付近であり，**オリーブやナツメヤシ**の栽培がさかんと考えられるので①，B地域は**サヘル地域**で商品作物としてのラッカセイの栽培がさかんであるので，正解の②，C地域は赤道直下であり，イモ類やバナナの栽培に特色が見られる**焼畑農業地域**であり④，最後のD地域は**マダガスカル島**でありマレー系民族が居住している。そのため稲作も行われており③が該当する。気候や農業形態の地域差などがある程度わかれば解答は容易である。

66 ヨーロッパ【P.152～157】

【P.152～157】

Step A ●ポイント整理●

1．国際　2．ポルダー　3．フィヨルド　4．リアス　5．カルスト　6．偏西　7．北大西洋　8．バスク　9．ケルト　10．プロテスタント　11．カトリック　12．正教会（東方正教）　13．ユーロトンネル　14．ヨーロッパ共同体　15．ヨーロッパ自由貿易連合　16．マーストリヒト　17．欧州（ヨーロッパ）連合　18．ユーロ　19．三圃　20．共通農業　21．青いバナナ（ブルーバナナ）　22．トゥールーズ　23．ガストアルバイター　24．シリコングレン　25．原子力　26．第3のイタリア　27．ユーロポート　28．フラマン　29．ワロン　30．ロマンシュ　31．メセタ　32．ワルシャワ条約　33．経済相互援助　34．北大西洋条約

Step B ●作業でチェック●

ワーク１　①スカンディナヴィア　②ペニン　③ピレネー　④アルプス　⑤アペニン　⑥ディナルアルプス　⑦エルベ　⑧ライン　⑨ドナウ（ダニューブ）　⑩北　⑪バルト　⑫アドリア　⑬ジブラルタル　⑭ドーヴァー　⑮ユーラン（ユトランド）　⑯イベリア　⑰メセタ（イベリア高原）　⑱プスタ（ハンガリー盆地）　⑲北大西洋

ワーク２　1．Ⓐ1995年　Ⓑ1986年　Ⓒ1981年　Ⓓ1973年　2．（省略）

ワーク３　ⓐフランス　ⓑアイルランド　ⓒポルトガル　ⓓスイス　ⓔブリュッセル　ⓕマドリード　ⓖワルシャワ　ⓗオスロ　ⓘ1973　ⓙ1981　ⓚ1995　ⓛ2004　ⓜ2007

ワーク４　⑦主要国首脳会議　⑦経済協力開発機構　⑦北大西洋条約機構

【解説】　ワーク１　ヨーロッパの地形は，**古期造山帯の北部と新期造山帯の南部**に大きく分割される。①②の山脈は，古期造山帯の山脈で，付近には石炭，鉄鉱，ニッケル鉱などが豊富である。③～⑥は，**アルプス＝ヒマラヤ造山帯**に属する**新期造山帯**の山脈であり，③のピレネー山脈や④のアルプス山脈などのように自然的国境となっている例もある。⑧⑨はヨーロッパを代表する**国際河川**であり，両者は**マイン・ドナウ運河**（マイン川はライン川の支流）で連絡する。⑩の北海と⑪のバルト海も**キール運河**（北海バルト海運河）で連絡している。⑭の**ドーヴァー海峡**も，1994年ユーロトンネルが開通し，ロンドン－パリ間は3時間で結ばれるようになった。⑰の**メセタ**は⑯の**イベリア半島**の4分の3を占める内陸高原で，羊の移牧がさかん。⑱の**プスタ**はヨーロッパを代表する肥沃な農業地域である。⑲は偏西風とともにヨーロッパの温暖な気候の要因となっている暖流である。

ワーク２　**Step A**に記述されているように，EUは2023年7月現在27か国である。2004年5月1日に**バルト3国・ポーランド・チェコ・スロバキア・スロベニア・ハンガリー・キプロス・マルタ**の10か国が，さらに2007年1月1日に**ルーマニア・ブルガリア**が，2013年7月には**クロアチア**が加盟した。イギリスは2020年，正式に離脱した。

ワーク3 ヨーロッパは飛び抜けた大国が存在しない。各国と日本（面積約37.8万km²，人口約1.2億人）を比較してほしい。1人当たりGNIは概して高いが，**ルクセンブルクとノルウェー，スイス**などの値は特に高い。2004年以降のEU加盟国の1人当たりGNIをみると発展途上国レベルの国もあり，加盟国の間に格差がみられる。

Step C ●共通テストにチャレンジ●

問1　③　問2　③　問3　⑤

【解説】 問1　旧東ヨーロッパ諸国の主要民族は**スラブ系**であり，A（ポーランド）とB（ブルガリア）も**スラブ系**に属する。ただし，両国にはさまれた，ハンガリー（ウラル系）とルーマニア・モルドバ（ラテン系）は民族が異なる。宗教は東方キリスト教と西方キリスト教の境界がこの地域を分割するため，A（ポーランド）の主要宗教は**カトリック**，B（ブルガリア）が**正教会**となる。

問2　①は誤文。EUの主要政策は，**関税の撤廃，ヒト・モノ・資本・サービスの移動の自由，域外に対する共通関税**であり，本文中にある「EU域内で流通する工業製品や農産物に関税をかける」ことは，その政策に逆行している。②は誤文。**風力発電**はドイツ・イギリス・スペイン・デンマークなどで盛んであるが，まだその比率は小さく，国境を越えた共同利用までには至らない。他の自然再生エネルギーも同様である。③は正文。**2004年以降，旧東ヨーロッパ諸国の加盟が相次いだ。**④は誤文。ワインはヨーロッパ諸国では全般に飲まれてはいるものの，1人当たりの消費量は生産国である**ポルトガル・フランス・イタリア**などが多く，ヨーロッパ全体の食文化の共通性とは言いきれない。

問3　Pは1人当たりのGNIは**大きい**が，人口の少ない北ヨーロッパ諸国などが該当し，説明文は**ク**になる。Qは**EUへの拠出金額が多い**国が多く，イギリス・フランス・イタリアなどEUの中心的な役割を担ってきた国々で，説明文は**カ**，Rは1人当たりGNI，EUへの拠出金ともに小さく，新加盟の旧東ヨーロッパ諸国などが該当し，説明文は**キ**となる。

67　ロシア【P.158〜159】

Step A ●ポイント整理●

1．ペレストロイカ　2．独立国家共同体　3．社会主義　4．市場　5．極東ロシア　6．ウラル　7．寒極　8．トナカイ　9．永久凍土　10．ダーチャ　11．チェルノーゼム（チェルノゼム）　12．BRICS　13．北方領土

Step B ●作業でチェック●

ワーク1 ①ヴォルガ　②オビ　③エニセイ　④レナ　⑤アムール　⑥ウラル　⑦バイカル　⑧カムチャッカ　ⓐエストニア　ⓑラトビア　ⓒリトアニア　ⓓベラルーシ　ⓔウクライナ　ⓕモルドバ　Ⓐ耕作限界

ワーク2 ㋐イラン　㋑トルコ　㋒プロテスタント　㋓カトリック　㋔正教会（東方正教）

【解説】 **ワーク1** ロシアの国土は世界の全陸地面積の**約8分の1**を占める。⑥以西のヨーロッパロシアには高度200〜300mの平坦な**構造平野**が広がる。⑥以東はアジアに属し，シベリアとよばれる。②流域には低湿な**西シベリア低地**が，③の東には**中央シベリア高原**がそれぞれ位置する。④より東は**新期造山帯**の山岳地帯で，北半球の**寒極**とよばれる。

ワーク2 バルト3国は，CISに加盟せず，ロシアとは一線を画している。民族はエストニアが隣国フィンランド同一系統の**ウラル系**で，他の2か国は**バルト系**である。一方宗教はエストニアとラトビアが共通の**プロテスタント**であり，リトアニアは旧ソ連諸国の中では唯一**カトリック**を信仰する。スラブ系民族の国家は，旧ソ連の中心をなした。**カフカス3国**は民族・宗教とも多様であり，紛争の種をかかえている。アゼルバイジャンは，隣国イランの影響もあり，**イスラーム（イスラム教）のシーア派**が多いのが特徴である。**中央アジア5か国**は，タジキスタンのみ民族系統が異なるものの，**イスラームスンナ派**という共通項をもつ。モルドバはラテン系の国ではあるが，宗教はカトリックではなくルーマニアと同じく**正教会（東方正教）**となる。

Step C ●センター試験にチャレンジ●

問1　③

【解説】 Aは黒海に面したソチで，旧来より「ソビエト版リヴィエラ」としてリゾート地を形成していた。該当するのは④である。2014年には冬季オリンピック・パラリンピックも開催されている。Bは**サンクトペテルブルク**（旧レニングラード）で，首都モスクワに次ぐ人口を持ち，各種工業が発展しており，③を選択する。Cは**ヤマロ・ネネツ自治管区**で，寒冷な気候からトナカイ遊牧が主業であり，①を選ぶ。Dは**ウラジオストク**で，シベリア鉄道の東の起点である。従来は水産・食品加工業などの軽工業が盛んであったが，近年は自動車工業や天然ガスプラントなどの誘致が進んでいる。文章は②が該当する。

68 アングロアメリカ【P.160～163】

Step A ●ポイント整理●

1. ワスプ（WASP） 2. ヒスパニック 3. サラダボウル 4. 公民権 5. ロッキー 6. アパラチア 7. 適地適作 8. コーン 9. フィードロット 10. 穀物メジャー 11. アグリビジネス 12. アパラチア 13. スノーベルト（フロストベルト） 14. サンベルト 15. 米国・メキシコ・カナダ 16. モータリゼーション 17. インナーシティ 18. メガロポリス 19. シリコンヴァレー 20. シリコンプレーン 21. 100 22. フランス 23. 多文化 24. ケベック

Step B ●作業でチェック●

ワーク1 ①ロッキー ②シエラネヴァダ ③アパラチア ④ミシシッピ ⑤リオグランデ ⑥コロラド ⑦コロンビア ⑧五大（スペリオル，ミシガン，ヒューロン，エリー，オンタリオ） ⑨ラブラドル ⑩フロリダ ⑪メキシコ ⑫ハドソン ⑬49 ⑭141 ⑮グレートプレーンズ ⑯プレーリー

ワーク2 ⓐニューヨーク ⓑフロリダ ⓒイリノイ ⓓノースダコタ ⓔカンザス ⓕテキサス ⓖカリフォルニア Ⓐニューイングランド Ⓑサンベルト ⑦ボストン ⑦ニューヨーク ⑨フィラデルフィア ⑪ワシントンD.C. ⑦アトランタ ⑪シカゴ ⑪ニューオーリンズ ⑦シアトル ⑦サンフランシスコ ⑪ロサンゼルス

【解説】 **ワーク1** アングロアメリカの地形は，太平洋側の急峻な**新期造山帯**の山脈（①や②の他，**アラスカ山脈**や**海岸山脈**，**グレートベースン・コロンビア高原**などがある。），大西洋側の穏やかな**古期造山帯**の山脈（③），中央の**安定陸塊**の平地の３つに大別できる。その中を流れる川は，アングロアメリカ最大の④（かつては世界最長であったが，現在は流域面積，長さともに４位）や，メキシコとの国境となっている⑤，太平洋に注ぎ，数多くのダムが建設された⑥⑦などがある。⑧の五大湖は典型的な**氷河湖**であり，**大陸氷河**がその南部まで覆っていた。⑨のラブラドル半島は，⑫の**ハドソン湾**を中心とした**カナダ楯状地**（ローレンシア）である。⑪の**メキシコ湾**の沿岸はアメリカ合衆国一の油田地帯となっている。アメリカ合衆国とカナダの国境は，新大陸ということもあり，経緯線を利用した**人為的国境**が多い。⑬⑭は世界的にも著名な例である。その他両国の州界も経緯線を利用する例がある。⑮⑯は，**黒土（黒色土）**の広がる農業地域で，とうもろこしや小麦の栽培がさかん。

ワーク2 アメリカ合衆国の州名はすべて覚える必要はないが，ⓑⓕⓖなどは頻繁に出題される。またⓒを中心とした**コーンベルト**やⓓⓔなどの**小麦産地**などは位置を確認しておくと便利である。**ニューイングランド**や**サンベルト**も頻出事項。また**サンベルト**に対して**スノーベルト**（おおむねフロストベルト・ラストベルトも同様の意味である）もよく用いられるが，これはニューイングランドから五大湖沿岸付近（東北部・中西部）を指す。都市名は**メガロポ**リスの各都市や各地域の中心都市を示したが，その他の都市を書き加えてもらってもいいと思う。メジャーリーグやNBAが好きな人は，本拠地を確認するのもおもしろいであろう。

Step C ●センター試験・共通テストにチャレンジ●

問1 ③ 問2(1)② (2)① 問3 ③

【解説】 問1 設問は「産業別従業者の割合の上位５州」であり，「従業者数ではない」ことに注目してほしい。アは水産加工業のさかんなアラスカ州や，酪農州と呼ばれるミシガン湖岸のウィスコンシン州が含まれ，**食品製造業**とわかる。また，中西部～北東部の州では畜産加工業が盛んである。イはシリコンヴァレーを抱えるカリフォルニア州やエレクトロニクスハイウェーのある北東部のマサチューセッツ州があり，**コンピュータ・電子部品製造業**，ウは**テキサス州**をはじめとしたメキシコ湾岸油田～中部内陸油田の諸州が含まれ，**石油・ガス採掘業**と判断できる。州の正確な位置や名称の判断は難しいが，油田・ガス田，酪農地帯，先端技術産業の盛んな地域の位置などから判断したい。

問2 人口重心とは**人口の１人１人が同じ重さを持つ**と仮定して，その地域内の人口が，全体として平衡を保つことのできる点をいう。つまり「やじろべえ」の支点のようなイメージである。アメリカでは，かつては，東部～五大湖沿岸のいわゆる「スノーベルト」に人口や産業が集中していたが，南部の発展に従い，人口重心が南西部に移動する傾向が顕著にみられ，21世紀に入って，人口重心はミシシッピ川を越え**ミズーリ州**に入った。したがって(1)の解答は②イとなる。これは，(2)の①の文にあるように「**安価な労働力**」と「**先端技術産業**」がその要因であり，北緯37度以南の「サンベルト」の発展が**人口重心の移動を促進した**と判断できる。

問3 カナダの閣僚の民族構成の問題である。ＡとＢを比較してみると，閣僚数・女性閣僚数・先住民の閣僚起用（Ｂには，ヌナブト準州に男性閣僚が存在する）などが明らかに異なる。本文中には「2015年に就任した首相は，**性の平等性**に配慮し，難民として移住してきた者や元パラリンピック代表選手など，**様々な背景のある議員を閣僚に任命した**」とあり，その特徴を備えた空欄（ア）はＢが該当する。女性閣僚の数だけ取り上げてみても，一目瞭然であろう。一方，空欄（イ）には**多文化主義**（１つの社会に複数の文化が混在することを積極的に評価する考え方）が入る。「**民族主義**」は民族の自立や独立を目指す考え方であり，「**多文化主義**」とは相いれないものである。

69 ラテンアメリカ【P.164～167】

Step A ●ポイント整理●

1. アンデス 2. セルバ 3. パンパ 4. 偏西 5. ペルー（フンボルト） 6. アタカマ 7. カトリック 8. スペイン 9. ポルトガル 10. メスチーソ（メスチソ） 11. モノカルチャー 12. ファゼンダ 13. エスタンシア 14. アシエンダ 15. 米国・メキシコ・カナダ 16. 便宜置籍 17. テラローシャ 18. BRICS 19. チリ 20. 銅鉱 21. 石油輸出国機構 22. ペルー 23. ファベーラ

Step B ●作業でチェック●

ワーク1 ①アンデス ②オリノコ ③アマゾン ④ラプラタ ⑤マラカイボ ⑥チチカカ ⑦ユカタン ⑧キューバ ⑨イスパニョーラ ⑩ジャマイカ ⑪フエゴ ⑫アタカマ ⑬パナマ ⑭マゼラン（マガジャーネス） ⑮ペルー（フンボルト） ⑯リャノ ⑰セルバ ⑱カンポ（カンポセラード） ⑲グランチャコ ⑳パンパ ㉑パタゴニア

ワーク2 ⓐキューバ ⓑコロンビア ⓒエクアドル ⓓブラジル ⓔチリ ⓕ原油 ⓖ銅鉱

【解説】 **ワーク1** ①の**アンデス山脈**は世界最長の山脈であり、その中には多くの高山都市が立地し、**銅**などの鉱産資源を埋蔵する。⑥もその中にあり、湖面標高は世界最高である。③の**アマゾン川**は流域面積世界最大の大河であるが、流域は未開発である。④は正確にはパラナ川とウルグアイ川の合流点から河口までを指し、**エスチュアリー（三角江）**を形成する。カリブ海には⑧⑨⑩をはじめ多くの島嶼がある。⑯～㉑の植生や地域はラテンアメリカでは必須の知識であるので、**Step A**などで確認してほしい。

ワーク2 ラテンアメリカ諸国で重要な指標となるのは、民族構成と主要輸出品である。言語はブラジル（**ポルトガル語**）など一部の国を除けば**スペイン語**が多いし、宗教もほとんどは**カトリック**を信仰するなど、共通項が多いからである。民族は大まかにみると、**アルゼンチンやウルグアイ**など南部の平原の国々には**ヨーロッパ系**が多く（キューバやブラジルもヨーロッパ系が多数派）、ペルーなど**アンデス山中の国々は先住民（インディオ）**が多い。アフリカ系の比率が高い国々は、**カリブ海諸国**である。その他の国々は**メスチーソ（メスチソ）**などの混血が多いと考えればよい。これは、白人や黒人奴隷の入植位置（気候や地形・農業政策）、インディオの生活様式などがその原因と考えられる。一方、輸出品は長い間**モノカルチャー経済**が続いてきた国々が多く、現在もそこから脱却できない国もある。ⓕの原油は多くの国々で輸出品目のトップとなっている。その他、ⓖの**チリやペルーの銅鉱**、エクアドルの**バナナ**、などはモノカルチャー経済の代表的な例であるが、**メキシコ**のように工業化を進展させ、機械類や自動車などの工業製品が輸出の上位に位置する国々もある。**メキシコシティ、ボゴタ、キト、ラパス**は代表的な**高山都市**で、標高はいずれも2,000ｍを超える。中でも**ラパス**は約3,600～4,000ｍの高地に位置する。

Step C ●センター試験にチャレンジ●

問1 ③ 問2 ① 問3 ③

【解説】 問1 ③が誤り。Ｃの**ブラジル高原**は安定陸塊の**楯状地**である。南アメリカ大陸には、**古期造山帯の地域**はほとんど分布しない。残りの文章はすべて正しい。①の河川は**オリノコ川**であり、河口Ａ付近は広大な三角州が形成されている。②はエクアドル付近の**アンデス山脈**であり、Ｂ地域には**コトパクシ山**をはじめ標高5,000～6,000ｍ級の火山が分布する。④Ｄのチリ南部は、**偏西風**が吹き、年間を通じて降水量が多い。そのため、北ヨーロッパとともに、氷食地形のフィヨルドが発達している。

問2 ①の文はＧ地域の説明である。ブラジル高原の**カンポ**は、アメリカの穀物メジャーにより大豆の栽培技術が導入され、20世紀末以降世界的な大豆産地に変貌した。**生産・輸出ともにアメリカを急追している**。②はＥの**コロンビア**。バナナ・コーヒーの世界的産地であり、主としてアメリカに輸出する。③はＦの**ボリビア**周辺の山岳地帯である。アンデス原産の**ジャガイモ**栽培や、伝統的な**リャマ**や牛の遊牧がさかんな地域である。④はＨの**アルゼンチン**のパンパである。大土地所有制度に基づく大農園**エスタンシア**での企業的放牧がさかんである。

問3 ③の**ムラート**は一般に**ヨーロッパ系とアフリカ系の混血**をさす。サトウキビなどの**プランテーション**労働者として、北アメリカ大陸同様アフリカ系が強制的につれてこられた。①は誤りで、北アメリカからの移民ではなく、ラテン系の**スペイン**や**イタリア**からの移民が中心である。②はポルトガル語ではなく、**スペイン語**が正しい。ポルトガル語を公用語としているのは、**ブラジル**である。④も誤り。南アメリカ諸国の宗教は、ヨーロッパ系の宣教師が布教した**キリスト教（カトリック）**が大部分を占める。

70 オセアニア【P.168～169】

Step A ●ポイント整理●

1. グレートディヴァイディング 2. グレートアーテジアン（大鑽井） 3. 白豪 4. 多文化 5. アボリジニ 6. メリノ 7. ピルバラ 8. ワーキングホリデー 9. 地熱 10. マオリ 11. サンゴ礁 12. ニッケル 13. ヒンドゥー

Step B ●作業でチェック●

ワーク1 ①グレートバリアリーフ（大堡礁） ②ウルル（エアーズロック） ③ピルバラ ④グレートアーテジアン（大鑽井） ⑤パース, Cs ⑥ダーウィン, Aw ⑦アデレード, Cs ⑧ブリズベン, Cfa ⑨シドニー, Cfa ⑩メルボルン, Cfb

ワーク2 ⓐ石炭 ⓑ金 ⓒ鉄鉱石 ⓓボーキサイト

【解説】 オーストラリアは都市を拠点にして開発が進められたので、**都市人口率が高い**。⑤～⑩の都市は、ケッペンの気候区分もよく問われるので、都市と結びつけて記憶しておくとよい。首都キャンベラは、シドニーとメルボルンの２大都市の間に、首都特別地区として新たにつくられた。

①②は世界自然遺産でもあり，日本からの観光客も増大している。③④も知っておくべき地名である。オーストラリアは世界有数の鉱業国であり，**石炭**は古期造山帯のグレートディヴァイディング山脈中に，**鉄鉱石はピルバラ地区**に，**ボーキサイトは北部のサバナ気候区**に多い。また，金は南西部の乾燥地域に多く埋蔵する。その他，銅，鉛，亜鉛，ニッケル，ウランなども産する。

Step C ●センター試験にチャレンジ●
問1　⑤　問2　④

【解説】　問1　アはグレートバリアリーフ（大堡礁）から北東部のC（クインズランド）である。イは鉄鉱石の産地（**ピルバラ地区**）が北西部にあることからA（ウエスタンオーストラリア）である。ニッケルや金，ボーキサイトもこの州の南部に分布する。ウは地球のへそともいわれる**ウルル（エアーズロック）**や，**グレートアーテジアン（大鑽井）盆地**がこの大陸の中央に位置していることからBと判断できる。

問2　①冷凍船の普及は南半球のオーストラリアやアルゼンチンで牧牛の発展を促したので正しい。②も正しい。羊は比較的乾燥に強いため，牧羊がさかんな地域は，**年降水量500mm前後のオーストラリアの南西部と南東部**であり，**小麦栽培**もさかんである。③正しい。ニュージーランドは**西岸海洋性気候**が卓越するため，温和な気候の北島では酪農や牧羊が行われている。④ニュージーランドの南島は偏西風の影響で**西側が多雨，東側が少雨**となる。西側では林業，東側は牧羊が中心となり，この文が誤り。

71　日本地誌【P.170～176】

Step A ●ポイント整理●
1．カルデラ　2．シラス　3．八幡　4．北九州
5．主要国首脳会議　6．琉球　7．吉野ヶ里　8．中央構造　9．ため池　10．石油　11．石見　12．秋芳
13．琵琶　14．阪神　15．堺　16．姫路　17．フォッサマグナ　18．糸魚川・静岡　19．中京　20．愛知
21．豊田　22．白川　23．砺波　24．ローム　25．小笠原　26．ヒートアイランド　27．京浜　28．ドーナツ化
29．都心回帰　30．リアス　31．やませ（ヤマセ）
32．潮境（潮目）　33．東日本　34．平泉　35．洞爺

Step B ●作業でチェック●
ワーク1　ⓐフォッサマグナ　ⓑ糸魚川・静岡構造
ⓒ中央構造　ⓓ富士　ⓔ阿蘇　ⓕ雲仙普賢　ⓖ三陸
ⓗ若狭　ⓘ志摩　ⓙ野付崎　ⓚ三保松原　ⓛ天橋立
ⓜ弓ヶ浜（夜見ヶ浜）　ⓝ函館　ⓞ志賀島　ⓟ洞爺
ⓠ十和田　ⓡ諏訪　ⓢ琵琶　ⓣ下総　ⓤ武蔵野　ⓥ秋吉
ⓦ平尾
ワーク2　①日高　②奥羽　③飛騨　④木曽　⑤赤石
⑥紀伊　⑦中国　⑧四国　⑨九州　⑩石狩　⑪仙台
⑫関東　⑬濃尾　⑭筑紫　⑮知床　⑯下北　⑰房総
⑱紀伊　⑲石狩　⑳北上　㉑利根　㉒信濃　㉓木曽
㉔吉野　㉕筑後　㉖佐渡　㉗淡路　㉘屋久　㉙石垣

Step C ●共通テストにチャレンジ●
問1　⑤　問2　②　問3　③　問4　②　問5　③

【解説】　問1　Aは荒川水系に属し，最終的には東京湾に注いでおり，利根川の流域でないことがわかる。したがって，正解はBとCになる。また，地図上の縮尺から**取手と佐原の距離はおよそ40km**と判断される。40km=40,000mであり，40,000mと勾配の1万分の1から判断すると，標高差はわずかに4mと計算できる。この2点間は関東平野南東部で茨城・千葉の県境にあたり，ほとんど起伏がない。

問2　図2は利根川をはさんで，**茨城・千葉東部の県境付近の地図**であり，銚子市・潮来市・香取市・旭市・鹿嶋市などの諸都市や霞ヶ浦や北浦の南部が含まれる。F地域は潮来市の中心であり，鉄道や市役所もある平坦地と考えられる。建物用地の割合が最も大きい②が該当し，これが正答である。E地域は利根川や霞ヶ浦の水利に恵まれ，80％以上が水田地帯と考えられる①，H地域は南西部が下総台地の丘陵地で森林が多いものの，北東部に平坦地が広がり水田も比較的多い③，G地域は丘陵地で畑や果樹園が多い④とそれぞれ判断できる。

問3　学芸員の言葉の中に「**利根川の支流への逆流**」という表現がある。つまりこの地域では利根川から八筋川へ逆流して水害が起こったと考えられる。水害の被害をできるだけ小さくするために，利根川により近い位置に水門が設置された。（P）には（チ）が該当する。（Q）はユキさんの「**大きな河川の下流域**」という表現からこの地域だけでなく，河川災害の一般的傾向を述べている。ダムは河川の上中流の山間地に建設されることが多く，下流域には適さない。したがって，（Q）は（f）の「**堤防の補強**」が該当する。

問4　国内の養殖生産量はマである。国内のウナギ養殖の歴史は古く，明治時代から行われている。しかし，国内養殖業の生産（マ）は減少傾向にあり，それに代わって**ウナギの輸入（ミ）**は増大した。1973年に輸入が始まり，2000年に輸入のピークを迎えたが，2013年以降貿易額が制限されるようになり，輸入量が激減している。また，（X）は（t）が該当する。川に帰ってきたウナギの遡上を可能とするために，**堰のそばに流路を設置する必要がある**ためである。

問5　GIS（地理情報システム）を用いて，「**防災施設から一定距離内に住む人口の変化**」を調べることは可能であるが，それによって「**住民の防災意識の変化**」を調べることは難しい。例えば転居などの事例があっても，どのような理由であるかは，個々に異なるからである。防災意識の変化を調査するのであれば，②のような**聞き取り調査**が適している。

年	組	番
年	組	番